湛庐CHEERS

与最聪明的人共同进化

HERE COMES EVERYBODY

AT denne Credityf-Zedels innehafwande haf-
wer i Stockholms Banco sub N.o 341. at fordra Ett Hundrade
Daler Sölfwer Mynt / dhet warder af oß Banco Director, Commissarier,
Bookhållare och Casseurer hwar för sigh och medh dheß egne Händers Vn-
derskrifft och Signeter attesterat; Såsom och til yttermehre wisso medh dhe
dher til förordnade större och mindre Banco Sigiller verificerat. Datum Stock-
holms Banco An. 1666 den 30. January.

Ett 100. Dal. Sölf. Mynt.

▲ 在17世纪60年代的瑞典，约翰·帕姆斯丘奇创立的斯德哥尔摩银行发行了第一批银行纸币（见上图），从此将纸币引入了欧洲。帕姆斯丘奇的银行倒闭后被瑞典银行接管，如今已成为瑞典的央银。

◄ 沃尔特·白芝浩是19世纪中期《经济学人》杂志的编辑，他曾描述了英格兰银行应对1866年欧沃伦格尼银行倒闭引发的金融危机的过程。他的论述已经成为著名的“白芝浩原则”，并被现代央银家们在应对2007年金融危机的过程中作为参考。

20世纪30年代的央银家们，包括德意志帝国银行行长亚尔马·沙赫特（左）、英格兰银行主管蒙塔古·诺曼（右），都无法控制当时严重的金融危机，从而导致了多年的经济衰退，最终引发了一场全球战争。现代央银家们也经历了同样的失败。►

▲ 20 世纪 70 年代，美联储主席阿瑟·伯恩斯缺乏意志力——或者说是缺乏不受尼克松执政影响的独立性，采取了代价惨重的措施试图控制那个时期严重的通胀。在他执政的最后一年，通货膨胀（以下简称通胀）率已经高达 9%！

▲ 保罗·沃尔克于 1979 年开始担任美联储主席后，大胆紧缩货币供应以阻止通胀，虽然在短期内引起了经济衰退，但是给后来被称为“大缓和”的繁荣时代奠定了基础。

▲ 欧洲国家领导们在 20 世纪后半叶都在努力搭建欧洲统一的纽带，以阻止再发生本世纪前半叶欧洲大陆所经历的国家间的摩擦。1992 年 2 月，他们在荷兰马斯特里赫特举行会议，同意使用一种共同货币。欧洲央银将在 1998 年成立，对共同货币欧元进行管理，这是欧洲统一最明显的标志。

▲ 2007 年，人们感受到了恐慌的第一波震荡，当时西方大国的中央银行（以下简称央行）领导者有英格兰银行行长默文·金（左）、美联储主席本·伯南克（中）以及欧洲央银行长让 - 克洛德·特里谢（右）。他们之间的合作关系将决定全球经济的走向。

▲ 世界各国央行行长们定期在位于瑞士巴塞尔的国际清算银行举行会谈，对经济形势和银行监管展开深度讨论。他们要频繁参加各种会议，包括巴塞尔的各项会议、全球经济峰会的会外讨论以及各种经济座谈会，比如每年 8 月在怀俄明州的杰克逊霍尔就要举办一次这种座谈会。一位央行行长说，他看到其他央行行长的次数可能比看到自己妻子的次数都多。

◀ 本·伯南克在做了多年的学术研究工作之后，于2002年加入了美联储。开始时他仍然保持着教授的做派，只把这个新工作当作草率转行做了公务员而已。4年后，他却当选美联储主席，成为世界上最有权势的人之一。

▲ 本·伯南克领导的联邦公开市场委员会负责美国货币政策的制定，经过争论确定降低利率，通过“量化宽松”或者用新印刷的货币购买债券的方式让疲软的美国经济流动起来。

▲ 危机期间实施的一系列金融援助使得以本·伯南克为代表的美联储遭受了来自左派和右派的激烈抗议，美联储长期拥有的权力和独立性之后也受到国会的质疑。照片中本·伯南克（前排坐者）以及财政部部长蒂莫西·盖特纳（前排立者）正在参加2009年关于对美国国际集团实施紧急救助的众议院金融服务听证会。

▲ 本·伯南克（左）、美联储理事凯文·沃什（中）以及美联储理事会副主席唐纳德·科恩（右）组成了内部小组，于2008年实施了一系列重视程度空前的政策干预，试图阻止全球金融系统的崩溃。照片是每年都会在杰克逊霍尔举办的堪萨斯城联邦储备银行经济政策研讨会（简称杰克逊霍尔年会）上，三人正在茶歇。

尽管美联储的救助计划遭受到了各方的批评，但是它仍然保住了对银行的监管权以及制定货币政策的独立性。美联储获得了奥巴马的支持，因为奥巴马受到了来自他的财政部部长、纽约联储前主席盖特纳的影响；美联储还获得了银行业说客以及美国各州联邦储备银行主席们的莫大帮助，包括图中的堪萨斯城联邦储备银行主席托马斯·赫尼格。▶

▲ 本·伯南克（右）在经济和危机管理上表现出的超群能力足以让奥巴马（左）提名他继任2009年开始的第二个4年任期的美联储主席一职，尽管参议院确认提名的决定比任何人想象的都来得快。

▲ 在应对危机的过程中，本·伯南克（左）和默文·金（右）有共同的背景：他们的背景都是经济学家，年轻时都在麻省理工学院担任过教师，还共用过一间办公室。默文·金是现代英格兰银行的第一任行长，他于20世纪90年代开始担任首席经济学家，2003年开始担任英格兰银行行长。

▲ 默文·金（右）有时会和英国财政大臣阿利斯泰尔·达林（左，任职到2010年）发生争执。照片中是他们共同参加2007年9月14日在葡萄牙波尔图举办的一次国际峰会。这一天，英国经历了自欧沃伦格尼银行倒闭后的首例银行倒闭，这回厄运落在了北岩银行身上。

▲ 阿利斯泰尔·达林写到，他对默文·金在2009年伦敦市市长官邸晚宴上的讲话感到意外，当时默文·金表示支持英格兰银行拥有对银行系统更多的监管权。但在2010年的晚宴上，默文·金（右）和新任财政大臣乔治·奥斯本（图中就座的那位）的关系好了很多。

▲ 2010年2月，主要领导国的央行行长和财政部部长们齐聚加拿大伊魁特参加G7峰会。在北极圈，他们达成共识，在实施了深入干预，包括积极的财政政策和货币政策以刺激经济增长之后，是时候退出干预角色了。但是后来的经济状况表明，最艰难的挑战即将到来，而此时转向紧缩还为时尚早。

◀ 默文·金（左）体验了一把狗拉雪橇，不过这位银行家对当地文化的兴趣也就到此为止了；只有加拿大的官员们还在伊魁特一起生吃了海豹肉。

▲ 欧洲央银行长让-克洛德·特里谢参加了杰克逊霍尔年会，任上他帮助欧洲通过使用共同货币实现了联合。这名经验丰富的法国公务员是欧洲央银第二任行长。2003年成立的欧洲央银是欧洲统一最明显的标志。但到了2010年，2008年开始的金融危机导致的经济低迷已经使得希腊的金融业陷入了极大的不确定性，这种形势很快波及欧洲其他国家，以致欧盟面临着解体的风险。

◀“让 - 克洛德，现在轮到你了。”在法兰克福的一次私密会议上，伯南克（右）对让 - 克洛德·特里谢（中）说道。当时欧元区危机正在变得越来越糟糕。

▲ 欧洲央银管理委员会经常在总部法兰克福聚会，为 17 个成员国的欧元区制定货币政策，但在 2010 年 5 月，从希腊开始的债务危机正在迅速扩散到爱尔兰、葡萄牙和西班牙，这次他们改在里斯本开会（如上图）。在当天的晚宴上，他们第一次开始讨论是否可以使用欧洲央银的资金购买那些遭受市场攻击的国家发行的债券。

▲ 强势的德意志联邦银行行长阿克赛尔·韦伯（左）最初同意那天晚上的会议关于购买债券的决定，但是第二天他就改变了主意。他成了这个提议最直言不讳的反对者，认为购买债券是用印钱去资助那些挥霍的政府。因为他和欧洲央银管理委员会的其他大多数成员在这个问题上存在分歧，所以他不太可能继任特里谢的欧洲央银行长职位了。然后，他在 2011 年初辞去了德意志联邦银行行长一职。

▲ 欧洲央银的干预在 2010 年夏天成功缓解了危机。不过那年的 10 月，在法国多维尔举办的一次峰会上，法国总统尼古拉·萨科齐（左）和德国总理默克尔（右）在海滩上散步，其间他们商定了一项计划，要促使希腊债务的私人所有者对他们持有的债权承担损失。这导致危机再次弥漫，影响扩散到了爱尔兰，而后传到葡萄牙、西班牙。

▲ 在让 - 克洛德 · 特里谢（右）的领导下，欧洲央银成为“三人委员会”的一员，三人委员会是由国际机构组成的一个小组，这个小组同希腊政府以及后来的爱尔兰政府、葡萄牙政府就削减成本、改革等事宜进行协商，以作为各国政府接受援助必须接受的条件。这使得央行甚至可以命令民主选举出的国家领导们采取何种政策。2011 年，欧洲央银前副行长卢卡斯 · 帕帕季莫斯（左）当选为希腊总理。

▲ 2011 年 10 月，让 - 克洛德 · 特里谢（左二）作为欧洲央银行长的任期还有几天就要结束了，所以在法兰克福为他举办了一场庆祝活动。但是后来，让 - 克洛德·特里谢、国际货币基金组织主席克里斯蒂娜·拉加德（右二）、默克尔（右一），还有其他人，本来打算在剧院观看一场交响乐演出，后来又忙着回到会议室，试图敲定一个新的协议来修复欧洲经济。

▲ 由于德国没有接替让-克洛德·特里谢的候选人，马里奥·德拉吉（右），这位意大利央行行长、资深经济学家和市场专家，接替了让-克洛德·特里谢的位置。但是，他并没有做到运用欧洲央银作为维护欧元区的力量而不损害该机构的可信度，并获得德国政府的支持。那么，“超级马里奥”能否在这方面获得成功，还需要打个问号。

延斯·韦德曼接替阿克赛尔·韦伯担任德意志联邦银行行长。他延续了韦伯对欧洲央银购买债券的质疑态度，即使德拉吉着力维护欧元区的稳定。▶

▲ 带着些许外交关系和浓厚的经济学家背景，德拉吉（照片中是2011年11月他正参加自己的首次新闻发布会）带领欧洲央银管理委员会实施一系列降息举措，以对抗欧洲大陆的经济萎靡。他将会公布长期再融资操作，这是给欧洲央银注入流动性的重大举措。2012年9月，他又向外界释放出不惜一切代价捍卫欧元的信号，试图阻止欧元区的崩溃。欧洲联合体至少暂时保住了。

The ALCHEMISTS

炼金术士

三大央行行长如何拯救危机中的世界

[美] 尼尔 · 欧文（Neil Irwin）◎著　巴曙松 陈剑 等◎译

THREE CENTRAL BANKERS AND A WORLD ON FIRE

四川人民出版社

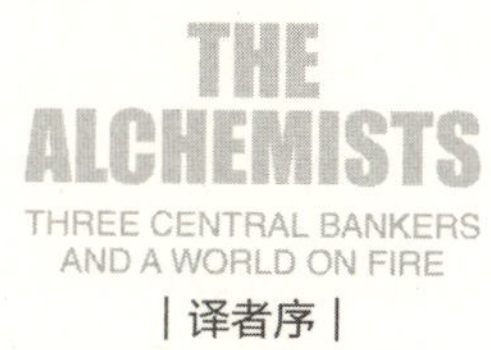

| 译者序 |

对一向神秘的发达经济体央银及其行长尝试祛魅的探索之作

巴曙松

北京大学汇丰金融研究院执行院长

香港交易及结算所董事总经理兼首席中国经济学家

如果要给目前我们依旧立身其中的全球金融危机找出一些独有的特点的话，那么，我认为需要排在前面的特点之一就是，这次危机发端于通常被视为处于全球金融体系中心和主导地位的发达国家金融市场。而在此之前的金融危机理论框架和金融危机研究中，通常的假定是，那些在全球金融体系中处于相对不是十分重要的新兴市场，或者说还不是十分成熟的金融市场，才是金融危机频繁爆发的主战场。

此次金融危机的这一特点也冲击了发达市场通常在金融市场发展上的优越感，引发了包括发达市场在内的全球金融体系的持续反思，同时自然也引来了新兴市场怀疑乃至批评的声音。本书虽然一直努力对发达经济体的央行祛魅，但实际上还是陷入了西方发达国家自我中心的本位。而在此次危机中发挥了重要影响力的一些新兴经济体（例如中国）以及一些在危机中发挥了重要协调功能的国际组织（例如 G20）则着墨甚少，挖掘不多，这看来也是下一步全球金融治理和金融决策研究中需要弥补的短板之一。

要把握一次影响深远的危机，并不是一件简单的事情。从特定意义上说，不同侧面的研究就如同我们在摸象，究竟大象是像一堵墙，还是像一个柱子，取决于我们选择的角度。在众多的角度之中，从央行行长的角度来分析，我觉得是十分有特色的。

从全球金融体系的发展来看，现代意义上的央行发展已有 300 多年的历史。几个世纪以来，央行作为经济体系中的重要一环，引人注目，也常常带有一些神秘色彩。本书作者即是从央行行长这个角度出发，从一个记者的笔触和视角，尝试为读者呈现 2007 年全球金融危机以来，英格兰银行、美联储和欧洲央银的高层们上演的一幕幕大戏。他们往往身兼数任，既是执掌国家金融决策大权的专家，又不得不成为卷入权力斗争中的政客，有时还被迫成为大胆冒险的“赌棍”，这还原了一个个多维度的，或者说是有血有肉的央银行长。

作者尼尔·欧文曾在《华盛顿邮报》担任专栏作家，同时在《华盛顿邮报》的政策分析部门任经济领域的编辑。在 2007—2012 年这 6 年间，欧文负责《华盛顿邮报》的经济领域以及和美联储相关的报道，主导了对 2007—2009 年金融危机、经济衰退等时政热点的专业评论。作为一名资深财经记者，欧文的评论领域还包括华盛顿地区的经济发展、互联网公司发展等热点。凭借专业的分析、犀利的点评，欧文成为美国经济界近年来声名鹊起的财经评论专家。这种记者视角，也使得本书更为通俗易懂，并且不拘泥于具体的金融决策理论框架。在他看来，央行行长作为“点纸成金”的政策制定者，虽然秉承着相同的理论出发点，但在面对经济难题时也会产生激烈的分歧，最终他们会因配方的不断改变而炼出“金子”还是“石头”，实在难以预判。他们需要通过分析海量的数据并选择适当的模型进行分析才能得出结论，但即使基于完全相同的数据，政策制定者内部也会产生截然不同的结论，因为在作者看来，可以说并没有一个真正统一的宏观经济理论。欧文在这本书中运用大量生动的实例描绘了美联储在20世纪70年代和日本银行在20世纪90年代时出现的政策制定难题，痛苦、纠结、争论、妥协伴随在政策制定的过程中。从这个角度看，《炼金术士》可以说是作者欧文作为一线记者多年来亲历亲闻的汇总，是财经记者视角中的一部央银决策史。

本书分为4个部分，共19章。第一部分回顾了1656—2006年间央银的发展历史，后三部分详细讲述了三个发达经济体的央银（英格兰银行、欧洲央银和美联储）在2007—2008年、2009—2010年和2011—2012年的美国金融危机和欧洲债务危机中的具体工作。

本书着力甚多的是较为详细地介绍了全球金融危机时期三位央行行长——本·伯南克（Ben Bernanke，美联储主席）、让-克洛德·特里谢（Jean-claude Trichet，欧洲央银行长）、默文·金（Mervyn King，英格兰银行行长）的个人历程，这些经历对分析他们在2007年经济危机时如何反应有着重要帮助。伯南克从幼年时就被称为“神童”，青年时是个留着长发的不羁学子，成年后成为“共识建立者”。默文·金和伯南克虽同是名校出身，但相比之下，他却更多地被视为一位思想传统的经济学家。特里谢也曾是诗人、左翼活动分子，而现已成为一名经验丰富的谈判专家。面对2007年8月9日开始的全球发达经济体的经济崩溃，这三位具有不同背景、性情和知识倾向且对世界经济具有显著影响力的央行行长，在危机后的五年内采取的行动，对全球金融体系产生了显著的影响。

2009年，随着金融风暴演变成欧元危机，主要发达国家的央行开始大笔购买政府债券，央行行长们对财政政策的制定也因此变得更具影响力。默文·金和特里谢开始对政府策略发表意见，这标志着央行不仅能够独立运作，还能利用自身的经济优势施加影响。有了这项新增的权力，一向决策果断、行动迅速的美联储在三家央行中相对来说表现最好，伯南克对以往危机的深入研究也起到了作用。英格兰银行相比之下有些落后，而欧洲央银更是远远落后了。欧文较详细地解释了欧洲央银在危机发展过程中提高利率的原因：对通胀的过度紧张。当时其他央行都在想办法保持低利率，而且欧洲央银在开始购买国债之后，仍坚持其强硬的立场，要求相关政府以削减赤字为条件来换取援助。

在本书中，作者希望凸显出全球央行权力递增的事实。央行行长们就如书名中的“炼金术士”那般，日益拥有“印钞票”的巨大权力。虽然伯南克应对金融危机的表现明显优于默文・金，但两人都造成了央行资产负债表的过度扩张和权力的增加。而在位于法兰克福的欧洲央银总部，则是另一种情况。西班牙和意大利已被迫执行了欧洲央银的政策，但迄今却仍深陷于衰退之中。在本书末，作者不忘点出央行领袖处理危机的错误，例如英格兰银行提倡紧缩导致英国经济陷入停滞、欧洲央银对减息犹豫不决以及美联储默许雷曼兄弟倒闭等；但同时又赞扬他们的成功之处，即能够做到国际通力合作，团结解决全球经济问题。

《炼金术士》出版以来，反响比较热烈："点赞”者有之，他们为书中大量翔实的历史和实例描写喝彩；批评者也有之，他们质疑书中对央行行长们的描写和论述不专业。不过，无论支持者或批评者，大多数人认为本书的最大亮点在于，它完成了一次对主要经济体的央行及其领军人物的祛魅运动，也就是把这些央行行长作为有血有肉的人来描述和分析，而不是通常的仰望和拼命涂上油彩。

让我们回到本书的标题——炼金术士，这是一个颇值得玩味的称谓。在金融体系的演变中，从 17 世纪中叶产生到现在 21 世纪，央银家被誉为炼金术士——他们创造了“信用”的概念，他们阻止金融危机的产生。这一切通常被类比为像炼金术士从无到有、点石成金一样神奇。现实中，央银确实是一项有影响力的金融制度创新。但是在书中我们可以看到，庞大的央行和它内部的专业人士在面临前所未见的金融危机时，同样会感到束手无策，无穷尽的争吵、妥协贯穿始终。通过这本书，读者将不再觉得央行的决策充满神秘感，它并不是无所不能的银色子弹。

本书的翻译由我主持和组织，并与陈剑博士共同进行了翻译协调和统稿校订工作；张悦、路扬、夏碧莹、马文霄、岳淑媛、刘晓依、周鹤、樊梦臾等也共同参与了翻译。为确保翻译质量，我们在初译之后又经过多轮交叉校订与统校，从专业性、语言修辞等各方面进行修订。整部著作的翻译耗时着实不短。鉴于本书篇幅较长，内容丰富，译稿中可能存在疏漏和不足之处，欢迎不吝赐教，以便我们持续改进。

是为序。

2015 年 4 月 5 日于纽约

| 推荐序 |

“炼金”卷轴　博弈再现
——重审全球经济危机史

林传辉
广发证券总经理

早在古希腊时期，被称为众神的使者、奥林匹斯十二主神之一的赫尔墨斯，化身凡人亲临人间，体验世间万物之哲理。他在人间发明了尺、数字和字母等符号，赋予了凡人伟大的创造，被人们尊称为“商业之神”。赫尔墨斯执着于追求“万能物质”的思想，他利用世间“气、水、土、火”4种元素，推导出物质转化理论，提炼出“贤者之石”，实现了他的构想。

时过境迁，随着阿拉伯世界的崛起，这种与神同等神圣的技术被阿拉伯人载入书籍，他们称此书为《炼金术》，并将运作这项技术的神秘团体誉为“炼金术士”，这一职业由此而生。

当这套炼金理论被逐渐引入多个领域后，经历了不同历史时期的验证，最终演变为西方的化学，而alchemy（炼金术）一词也衍生出更为广泛的哲学含义。

“炼金术士”效应

对于现代人来说，炼金术与其说是一项技术，毋宁说它是一种独门艺术。中世纪以降，诸多作家、诗人和画家都曾对炼金术产生过浓厚兴趣，并在自己的作品中对其进行了描绘。进入现代，炼金术的演变已由艺术领域被隐喻引入金融领域。这种炼金术在金融领域的广泛应用，构建了现代经济的基石，其意义不亚于创造了一个新世界。

由此，经济学者尼尔·欧文的这本书正是将西方现代金融行业置于“炼金术”这一宏大的历史隐喻之下，研究其跌宕起伏的历史进程。从这个意义上讲，该书的视野已远远超越了单纯的金融市场范畴。

在书中，作者追溯到1656年，从世界上第一家银行——斯德哥尔摩银行的成立，勾勒出神秘的“炼金术”在金融领域中的应用，直到1913年美国联邦储备体系创立。在对整个演进过程的描述中，作者对于一系列金融危机和诸多经济概念进行了多方面的深入阐释。尼尔·欧文想告诉读者的是：首先，欧洲银行危机是如何产生的以及危机引发的连锁反应对经济链条的影响有多大。其次，“炼金术士”是如何探究危机起因，对症下药，又是如何借助美联储拯救了欧洲银行，避免金融危机演变为全球灾难的。最后，作者想进一步说明的是，历史上危机管理的众多实例既有成功的典范，也有失败的教训。由于应对措施不同，导致了不同的结果。那么，欧元区未来将会如何演变，欧洲央行如何达成预期目标，美联储又将如何善后量化宽松政策，这一系列的变数给未来的政策制定者留下了深刻反思的空间。

书中的主人公便是作者展现给读者的“炼金术士”——美联储本·伯南克、英格兰银行默文·金、欧洲央银让-克洛德·特里谢。这三大央行领袖不为人知的幕后运作，演绎出了一部错综复杂、曲折跌宕、惊心动魄的“炼金”故事。

硝烟弥漫的金融史

翻阅《炼金术士：三大央行行长如何拯救危机中的世界》一书，使我们认识到，实体经济的跌宕起伏与金融业的兴衰荣枯互为表里。从亚当·斯密到凯恩斯，政府对于经济发挥的作用始终在争议中前行，政府与市场也在反复较量中各自寻找定位。市场经济与自由资本主义、垄断资本主义的较量，在全球经济的风云变幻中迄今未有答案。

在本书中，正如经济学家们所强调的，经济危机总是不期而至，就如同疾病总是与人类如影随形，是市场经济的必然现象，是现代社会的必然产物。人性中的“物种特性”无法去除，阶段性危机也就永不可避免。而帝国的兴衰被“炼金术士”所“冶炼”，他们制订或影响了可能导致和平或冲突的经济政策。当“金融加速器”使得经济陷入疲软之后，被民主社会赋予巨大权力的“炼金术士”通过纠错机制，采用所能借助的一切工具和方法最终阻止了这场恶性循环。

然而，历史的胶片不断重复播放，境遇总是似曾相识！从一系列惊心动魄的金融事件中我们看到的是利益的冲突、算计和妥协推动着金融规则的建立。对欧债危机的反思，尼尔·欧文总结为 4 个关键项：流动性陷阱、货币政策、内需、消费信贷。他曾在《华盛顿邮报》专栏中提出，“面对全球严峻的经济环境，传统的货币政策已经不能很好地发挥作用，而鉴于财政政策既可作为经济政策又可作为社会政策使用的双重属性，此时应成为政府政策的首选。面对欧美金融行业，从毫无约束开始，到懂得自律，最终将行业的管理权交给政府和社会，这个漫长学习过程的驱动力自始至终都是个体资本的利益。这种驱动下产生的经济危机形成了一个周期性的风暴，最终呈现为经济圈的优胜劣汰。事实上，也正是这种紊乱与多变才赋予市场丰富的色彩”。

从历史走向未来

纵观全球金融成长史，是一部从混乱走向秩序的历史。尼尔·欧文以国际化的视角，审视了美国金融变革的对象，包括各类基金公司、投资银行、金融技术创新公司、交易所等，总结了赢家和输家所带来的战略启示；描述出欧美央银及金融巨头的浮沉，以及它们面对全球金融风暴所采取的策略。

一个世界强国的崛起几乎总是与它是否能成为全球金融大国紧密相连，英国如是，美国如是，走在民族复兴之路上的中国又当如何？处于转型期的中国，面对复杂的内外部环境，如何应对次贷危机、欧债危机等带来的外部冲击，如何化解一系列经济难题，构建稳增长、调结构、惠民生的“新常态”，推动产业和社会转型升级，凡此种种，无一不有赖于建立一个更加开放、自由、监管有序、层次分明的金融体系。中国基金业也正处于深化改革开放的快速发展期，我们的“引进来”和“走出去”战略，都面临着国际市场复杂环境的挑战。有鉴于此，希望本书能使读者更全面地认识欧美资本市场发展的历史进程，以他人为镜鉴，引发大家对我国、对金融行业的现状与未来的更深层思考，为实现“金融报国”之梦尽一份绵薄之力。

2015 年 10 月于广州

测一测　　关于西方现代金融行业的启发性故事，你了解哪些？

1. 17 世纪，瑞典成立了第一家央银，提供更加便捷的纸币，取代了当时这个伟大帝国的货币——重 40 磅的铜板。

A. 正确　　B. 不正确

2. 1866 年的沃伦格尼银行危机，许多银行家们从中得到的教训是，即使一个央银积极阻止金融恐慌，它仍然不足以阻止糟糕的经济下滑，而且这种对金融恐慌的大规模干涉同样将自己置于政治危机中。这与著名的“白芝浩原则”非常吻合。

A. 正确　　B. 不正确

3. 美国第一任财政部部长亚历山大·汉密尔顿认为，国家需要一个央银来稳定政府摇摇欲坠的信用，支持经济更好地发展，他的提案从一开始就得到了南北各州在国会的议员的支持，其中包括托马斯·杰斐逊和詹姆斯·麦迪逊。

A. 正确　　B. 不正确

4. 在斐迪南大公夫妇在萨拉热窝被射杀的 10 天前，德国央行行长鲁道夫·范·哈芬史坦召集了德国主要的商业银行家们，要求他们在接下来的三年里使银行系统的流动性翻倍，以确保德国货币马克在经济体系内循环。表面上看，这是在试图引导德国走出经济困难。但其真正的目的是，保证国家拥有发动战争的必要资金。

A. 正确　　B. 不正确

5. 公元 1 世纪，一个罗马商人途经阿格里皮娜殖民地克劳迪亚和卢泰西亚去伦底纽姆，旅途中的每一个站点都需要完全不同的货币来购买商品。

A. 正确　　B. 不正确

6. 在日本零利率政策时期，日本央银借助财政部的力量，把它

新创造出来的货币散播到经济中去，时任美联储主席本·伯南克评价日本的做法相当于用直升机给病态的经济撒钱。

A. 正确　　　　B. 不正确

7. 当信贷紧缩，银行银行更加谨慎、削减贷款并减少向经济中注入资金。贷款减少意味着经济增速放缓——房屋建造与商品消费更少。经济疲软导致银行损失攀升，从而更进一步收紧信贷。这种恶性循环加剧了美国 2008 年的经济危机。

A. 正确　　　　B. 不正确

8. 所谓“动态债务”是指，当一个国家承担了较高水平的债务时，即使它需要支付的利率有微小的上升也不会对国家产生太大影响。

A. 正确　　　　B. 不正确

扫码下载“湛庐阅读”App，
获取测试题答案。

目录

央银的历史其实也是文明的历史：一点一点地探索，尝试着学会如何管理一个公正、繁荣的社会，日积跬步，向着更好的世界迈进。

THE ALCHEMISTS

THREE CENTRAL BANKERS AND A WORLD ON FIRE

打开水龙头

2007年8月9日，在布列塔尼海岸边，让-克洛德·特里谢在圣-马洛——他儿时的家中醒来，准备在孙辈孩子们的陪伴中，开始享受乘坐摩托艇闲游的一天。这是他作为欧洲央银行长忙碌一整年后，短暂的夏日休息时光。英格兰银行行长默文·金也计划度过一个悠闲的星期四：从位于伦敦诺丁山附近的公寓出发，前往城市南部的肯宁顿椭圆球场，观看英国国家队与印度队的板球比赛。唯有美联储主席本·伯南克仍旧按计划照常工作：由保安特遣队驱车，把他从位于美国国会山的联排别墅护送至财政部，在那里他将与财政部部长亨利·保尔森（Henry Paulson）共进早餐，而伯南克会喝燕麦粥。正是以上三位央行行长将引领全世界度过此后5年的动乱时期。然而这一天，这三人都没能像计划的那样度过。

大约上午7点30分，特里谢的电话响了，是欧洲央银市场运营部主管弗朗西斯科·帕帕蒂阿（Francesco Papadia）从位于法兰克福的央行总部打来的。“我们遇到了一个问题。”帕帕蒂阿说道。

庞大的法国巴黎银行宣布暂停从其管理的三个投资基金中赎回资金，因为这些基金大量投资于几乎无法估值的美国住房抵押贷款支持证券。在银行估算出这些投资确切的价值之前，客户的资金将被冻结。就其本身而言，这个举措影响不大——在全部资产中，这三个相对无名的基金仅持有16亿欧元。

但这一声明证实了欧洲银行家们最担忧的情况。数周以来，他们一直担心将在美国住房贷款上面临损失。据称，在2007年早些时候还能够自由交易的超级安全抵押债券，到7月底就已经很难进行交易了。随着越来越多拿到高风险贷款在坦帕、克利夫兰或凤凰城买房的人发现自己无力偿还贷款，建立在这些贷款之上的所有假定便开始遭到质疑：也许所有那些AAA级证券并不是真的AAA级？银行投放大量资金购买的债券的实际价值是否值它们看起来的那么多？如果法国巴黎银行不清楚自己管理的基金到底价值多少，其他银行又怎么能知道自己所投资的抵押贷款支持证券的真正价值呢？

“Credit”来源于拉丁语“creditus”，即信任，这并非毫无缘由。银行几乎将高评级的证券视为现金等价物，无论什么时候需要更多的美元或欧元，银行都可以将持有的债券交付给另一家银行作为借入资金的抵押品，从而确保它们在任何时候都有恰好足够的资金来履行义务。但是在2007年8月初，当用抵押贷款支持证券进行这种资金拆借时，本来简单的交换突然间变得很复杂。问题不在于这些证券的价值低于其先前的价值——毕竟，银行可以承担这些损失；而如果一家银行借钱给街边另一家银行，同时用证券作抵押借钱给另一家银行，没有人知道这个债券的价值到底低了多少以及它是否还能得到偿还。

帕帕蒂阿及其工作人员定期与被称为“货币市场联络小组”的20位主要欧洲银行的财务主管们谈话，正如一位央行官员所说，该小组成员接连几天都被警告“梗塞”即将来临。就在这个星期四的上午，预言成真：在法国巴黎银行发表声明后，各家银行都将现金囤积起来，往常的现金供给迅速紧缩。德意志银行首席欧洲经济学家托马斯·迈耶（Thomas Mayer）告诉《纽约时报》："信任被动摇了。"后来，某大型全球银行的一名高管说："我们都没经历过这种情况。就好像从来都是只要拧开水龙头，水就会流出来，而现在却不出水了。"

这是一个十分精确的隐喻：在那一天，银行系统中的流动性的确消失了。欧元、美元、英镑不再像水龙头里的水一样唾手可得。历史一次又一次地教育我们，当银行停业并开始囤积资金时，它们对所服务的实体经济也将如此。如果一位银行家不愿借钱给其他银行家，那么，很可能也不愿借钱给需要用钱建工厂的企业或买房子的家庭。如果这种情况不加以控制，欧洲银行之间的危机可能会对全球经济造成无法预知的破坏。突然之间，欧洲人习惯的夏末长假在此时变得十分不合时宜。

特里谢指示帕帕蒂阿召集执行委员会，他需要与遍布欧洲的 6 名有权联合部署央行资源（包括凭空创造欧元）的官员谈话。位于法兰克福的欧洲央银的职员开始往西班牙、意大利和希腊的各种别墅或度假区打电话，安排紧急电话会议。特里谢通常把设有围墙的中世纪海港小镇圣 - 马洛视为"世外桃源"，在那里他可以游泳、品读诗歌和哲学，但现在他却要在这里应对 21 世纪第一次大规模金融危机的初始阶段。

上午 10 点，全体执行委员会成员都已在电话线上。特里谢强调道："我们唯一可以做的就是提供流动性。"他坚称，欧洲央银必须向银行系统注入欧元。他提议央银履行其作为"最后贷款人"的传统角色，当私人银行紧缩资金时，介入银行系统，而且要采用一种全新的方式。欧洲央银将放弃向银行系统注入某一固定金额资金的惯例，而是向需要资金的银行无限量提供需要的欧元资金。在中欧时间下午 12 点 30 分，特里谢及执行委员会所执行的这一操作的技术术语为提供"全额获配固定利率招标"（fixed-rate tender with full allotment），意思就是："伙计们，过来拿钱吧。按照 4% 的利率，我们将提供你需要的全部欧元。”约 49 家银行共获得了 950 亿欧元。

伯南克的一天

纽约联邦储备银行给自己保留了一个市场席位，以监控全球金融市场的运行情况。但在这个星期四东海岸的早上 6 点半，只有很少几位年轻员工正在值班监控隔夜市场活动。消息花了几个小时才传到正在科德角度假的纽约联邦储备银行主席蒂莫西·盖特纳（Timothy Geithner）以及准备和财政部部长保尔森共进早餐的伯南克的耳中。

6 点 49 分，伯南克收到一封来自美联储货币事务部门主管布赖恩·马迪根（Brian Madigan）的电子邮件："您可能已经看到，一夜之间，市场又一次降价出清了。"邮件还进一步汇报了市场的最新动态。但马迪根尚不了解欧洲央银的行动。将近半个小时后，当伯南克的黑色凯迪拉克由一名来自美联储自有的警察部队的军官驾驶而加速行驶在独立大道上时，伯南克才得知欧洲央银已经采取非常行动的消息。7 点 16 分，伯南克收到了来自美联储新闻部官员大卫·斯基德莫尔（David Skidmore）的电子邮件："显然，德意志银行有两个货币市场基金亏损了，欧洲央银正在要约购买以美元计价的资产。我已经跟路透社的格伦·萨默维尔（Glenn Somerville）聊过了，他已早早地前往财政部新闻发布室。"

但该邮件中的一些细节是错误的：应该是法国巴黎银行而非德意志银行，是有三个基金亏损而非两个，是要约购买以欧元计价而非以美元计价的资产。但其内容核心是正确的：欧洲央银正以前所未有的方式干预市场，而且伯南克通过路透社记者一篇报道中的混乱流言中看到了这一点。到 7 点半，他与保尔森共进早餐时，将有大事发生的迹象已经很明显，即使没有人确切知道到底会发生什么。

直到 8 点 52 分，伯南克从美联储理事凯文·沃什（Kevin Warsh）的电子邮件中得到了一个更准确的消息，沃什是美联储的主管人员之一，经常充当美联储主席与金融市场和他国央行之间的沟通者。沃什整个早上都在打电话，他在邮件中写道："欧洲央银的这一举措传递了两个信号。首先，它们准备提供流动性，以确保欧洲货币市场的平稳运行。其次，它们将以政策利率提供流动性，并未将流动性短缺视为调整其政策立场的更根本原因。"美国人很快就明白了，特里谢试图将欧洲央银正在为金融体系采取的行动与为解决整个欧洲经济的潜在疲软所采取的行动明显区别开来。

早餐后，伯南克前往位于"雾谷"附近的白色大理石艾克尔斯大楼的办公室。上午 11 点，他会见了刘易斯 · 拉涅利（Lewis Ranieri），从他那里获得了一些看法。20 世纪 80 年代，拉涅利在所罗门兄弟投资银行担任债券交易员，在开发"抵押贷款支持证券"这一概念的过程中发挥了关键作用。也就是说，他或多或少地创造了当前这个面临崩溃的市场。下午 2 点，伯南克会见了瑞 · 达利欧（Raymond Dalio）及其他金融界人士。达利欧管理着世界上最大的对冲基金——桥水联合基金，管理资产 1 200 亿美元。他开发了一个复杂的模型，用来解释伴随着信贷扩张的经济运行状况。伯南克希望能从其分析中有所收获，或许可以将其融合到美联储对金融和经济动荡的原因的理解中去。

那天下午的晚些时候，伯南克的核心顾问集团，包括沃什和马迪根在内，聚集在他摆设豪华的办公室里，他们坐在皮革沙发上，俯瞰着美国国家广场。盖特纳从科德角接入电话会议，他把手机一直放在耳边并在自己的老别墅里踱来踱去。美联储理事会副主席唐纳德 · 科恩在驱车前往新罕布什尔州参加婚礼的路上也被接入了电话会议。纽约的市场专家们也都守在电话旁，纽约联邦储备银行那天早上向市场注入了 240 亿美元，以保持短期利率与美联储的官方目标一致，这是它日常工作中的一部分。美国银行并没有欧洲银行那样的流动性问题，所以并不需要类似特里谢所实施的干预。然而，美国市场却经历了一个残酷的星期四，这一天的道琼斯工业平均指数下跌 387 点，将近 3%。

伯南克急于向全世界表明美联储将与欧洲央银一道，准备在必要时支持金融系统。他认为，也许应该就此出一份声明。盖特纳喜欢采取最激进的措施提振危机中的市场，所以打算讨论一下降息，以对冲经济中的信贷紧缩。但至少在那一天，大家都认为这样的举动还为时过早，因而决定先发布一份声明。

伯南克和他的顾问们谈论如何组织声明中的语言，再由他的通信助理米歇尔·史密斯（Michelle Smith）回办公室进行编辑。下午 5 点 37 分，米歇尔将草拟的声明通过电子邮件发送给伯南克，声明将在第二天早上 8 点发出。这份声明只有 78 个单词，其中谈道："在当前形势下，由于货币市场和信贷市场的混乱，存款机构可能面临不同寻常的融资需求。""美联储将提供流动性，促进金融市场的有序运行。"

换言之，伯南克及美联储准备好要"打开水龙头"。

创造一个新世界

而那个星期四在肯宁顿椭圆球场，对于英格兰来说，是大起大落的一天。作为主场球队，英格兰惨败。比赛为期 5 天，第一天时，印度得了 316 分，失去了 4 位球员，但最终还是取得了胜利。就在默文·金观看比赛的同时，他在圣-马洛、法兰克福、华盛顿和纽约的同行们正急忙赶去拯救银行。默文·金给他的下属留下指令——除非紧急情况，否则不要打扰他。这使得英格兰银行的市场部职员们陷入了一个有趣的窘境：他们坐在位于伦敦针线街[①]如堡垒般的总部里，揣摩着欧洲央银意外地向银行系统注入资金算是紧急情况吗？

当他们最终认定答案是肯定的时，便跟默文·金通了电话。相对于英格兰银行需要采取的行动，他更担心欧洲央银采取干预措施而非袖手旁观是否会加剧市场恐慌。就在前一天的一次新闻发布会上，他还将信贷市场的紧缩描述为"一个可喜的进展，由此可以看到对风险更为现实的评估"。在私下谈话

① Threadneedle Street，英国金融中心，亦被称为"英国华尔街"。——编者注

时，他对特里谢的行动表示不屑，直率地说，他的老朋友反应过度了。默文·金认为，这种干预可能会阻碍必要且早就应该发生的市场自我修正行为。银行系统只是在对几年来的流动性过剩进行消化，而这种干预行为反而会阻碍自然的市场修正。

在全球主要央行的领导人当中，默文·金在此后一年多的时间里对此次危机的严重性一直保持着最深的怀疑。作为他这一代中最有成就的英国经济学家之一，默文·金相信市场是有效的，即使它陷入混乱，也不愿干预市场。默文·金被誉为“针线街之王”，他对自己的观点和分析非常自信，甚至会迅速辞退那些不同意他观点的人，即使其中有欧洲大陆某个最有权威的央行行长。默文·金，这个铁路工人的儿子，凭借其自身非凡的才智和深刻的竞争意识，努力爬升到现在的位置。20 世纪 90 年代早期，他作为首席经济学家加入英格兰银行，当时该机构的可信度非常低，他按照自己的想法重塑了英格兰银行的形象：分析严密，注重理论，会毫不留情地辞退或解散那些不符合他的高标准要求或不能理解他的观点倾向的员工或部门。

过去几年，默文·金不再强调对银行的管控，他认为与制定货币政策这种高雅的脑力劳动相比，管控银行只是个棘手的法律事务。他甚至当面鄙视银行家，并且私下里对他们的观点不屑一顾，“在银行里，金融稳定变得不受重视”，凯特·巴克（Kate Barker，2001—2010 年间任职于英格兰银行货币政策委员会）说道，“默文·金的上一任行长埃迪·乔治（Eddie George）对于没能发挥稳定金融的作用感到非常遗憾，但我认为，默文·金最开始就对金融稳定不太感兴趣。”

确实如此，在这个混乱的星期四，默文·金让副行长蕾切尔·洛马克斯（Rachel Lomax）代表央行与世界各地的同行们进行电话会议。后来，默文·金才加入对抗恐慌的最前线。但在第一天，他的傲慢把他留在了“看台”上。

从地理上来看，西方三大央行的领导人相隔甚远，而在分析世界经济面临的问题及应对措施时，他们的观点也不统一。特里谢认为，这是一次银行恐慌，是市场不确定性的表现。伯南克认为，这是一系列更为错综复杂的银行系统乃至整个经济的风险。他持有这一观点的部分原因在于，是美国的住房市场衰退和次级抵押贷款坏账为原爆点，引发了欧洲的问题。不过这一观点也是伯南克通过学术研究得到的结论。作为研究大萧条的著名学者，伯南克建立了一个理论，其认为是“金融加速器”（financial accelerator）使得这个时代的经济陷入如此困境：银行倒闭引发经济疲软，进而引发更多的银行倒闭，反过来促使经济更加疲软。他决定，如果有必要，将使用美联储所能采用的一切工具来阻止这种恶性循环。

美联储能有一位已为这种情形做好准备的主席，实属幸运。2005 年夏天，伯南克与美国总统乔治·W. 布什会面，当时这位在南卡罗来纳州的一个小镇子土生土长的狄龙人就被认为将取代传奇的美联储主席艾伦·格林斯潘（Alan Greenspan）。在会面中，伯南克并没有展现出他作为货币经济学家，特别是研究经济大萧条的学者所获得的学术成就。但是，他的这一背景将影响他从这个星期四开始的每一个行动。伯南克几乎比世界上任何一个人都清楚，当央行在危机中洋洋自得时，经济将会面临什么，而且他十分担心自己会和 20 世纪二三十年代的央行行长犯同样的错误，到后来才意识到自己已经给人类造成了大灾难。

无论是观念还是偏见，央行行长们都有一项强大的权力：创造和破坏货币的能力。为什么一张印有安德鲁·杰克逊（Andrew Jackson）的脸的纸可以价值 20 美元？为什么这张纸可以用来换回一顿热饭或几张电影票？略微夸张的回答是“因为本·伯南克说可以”。票据可能是由美国财政部部长签名，但在顶端却写着“联邦储备券”。350 年来，央银家们都在参与这一规模巨大的交易。民主国家授予这些神秘的技术专家对自己国家经济的控制权，作为交换，民主国家只要求货币稳定和持续繁荣（说起来容易，却很难实现）。央行行长甚至在一定程度上决定了人们能否找到工作，储蓄是否安全，甚至国家是繁荣还是衰退。

在应对始于2007年8月9日的全球恐慌时，央行行长将发挥主要作用。5年来他们横跨三个大洲，召开了成千上万次的电话会议，部署了数万亿美元、欧元和英镑，以拯救全球金融体系。他们将以总统和议会似乎永远不可能达到的速度和规模行动。在接下来的5年，让-克洛德·特里谢、本·伯南克以及默文·金采取的行动将不亚于创造一个新世界。

央行行长们的成功与失败

17世纪，瑞典成立了第一家央银，提供更加便捷的纸币，取代了当时这个伟大帝国的货币——重40磅的铜板。自此，货币既是一个实体对象，也成了一个抽象概念。中世纪的炼金术士们并没有想出用锡创造黄金的方法，但事实证明，这并不重要。央行如果有国家授予的特权和一个印刷厂，同样可以创造货币。依靠这一特权，它们创建了现代化的基础。正如电气设施和下水道系统使现代城市成为可能，央银缔造的资金流动使现代经济成为可能。央行通过阻止金融崩溃，使得巨额的长期投资成为可能，也正是这些投资使人们可以照亮房屋，乘坐喷气式飞机，在世界任何角落与几乎任何地方的任何人通话。

如今，货币在线交易的流行大大减少了交易过程中纸币的使用，使得印刷纸制美元和欧元这种体力劳动也成为央行的副业。在现代，创造或破坏货币的实际工作既强大又平凡：少数中层员工在曼哈顿下城的纽约联邦储备银行大楼9层、伦敦金融城或位于法兰克福的德意志联邦银行的电脑前，操作着买入或卖出证券并发出敲打键盘的咔嗒声。他们在执行近几年由伯南克、默文·金和特里谢领导的政策委员会制定的指令：当他们买入债券，使用的是之前并不存在的货币；当他们卖出债券，这些美元、英镑或欧元也随之不复存在。

有时，只有言语就已足够。对于外行来说，“可能批准额外的政策宽松”似乎没什么意义或让人难以理解。但当英格兰银行行长、欧洲央银行长以及美联储主席宣布这一消息时，则意味着央行行长将很快向全世界注入英镑、欧元或美元，并很可能燃起华尔街、伦敦和香港交易大厅的极度喜悦之情。

当这一消息冲击金融通信社的瞬间，股市通常会反弹，利物浦的富人们便可以考虑退休了；石油的价格通常会反弹，使得平时在斯图加特工作的卡车司机的成本更加昂贵；借钱的成本可能会下降，对于圣路易斯的年轻夫妇，买房变得更加容易。这种消息有时甚至不需要是一个完整的句子，只需要一个单词。在 2006 年的一个周末社交活动中，美国消费者新闻与商业频道 CNBC 的记者问伯南克，在过去的几天，市场是否正确地解读了他的看法，伯南克以为自己的谈话不会被公开，所以回答道："没有。"就在这次谈话被报道后的几分钟内，道琼斯工业平均指数下跌了 85 点。

在一定程度上，高层政府官员很少有这种感觉：央行行长们认为自己的行动与漫长的历史进程息息相关。他们前辈们的成功塑造了我们现在所了解的世界。英格兰银行在稳定金融系统方面起到了至关重要的作用（虽然常常遭到忽视），使得英国在 19 世纪统治了世界上大片地区。美联储的创立使得纽约在第一次世界大战之后取代伦敦成为全球金融中心，进而使美国崛起并成为全球超级大国，为第二次世界大战之后的繁荣奠定了基础。美联储以及其他国家的央行迟来的成就是击败了 20 世纪 70 年代的通胀，为长达 25 年的物价稳定和全球经济繁荣奠定了基础。然而在 2007 年 8 月 9 日这一天，经济开始崩溃。

当然，他们也深知央银曾有过的失败，大萧条只是其中之一。2007 年的这一天以及以后的很多天，伯南克、特里谢和默文·金的行动是受他们的认知所支配的。例如，1866 年，欧沃伦格尼银行的破产——一家强大的英国银行的倒闭引发了严重的恐慌，伦敦金融城的街道被成群的储户围住，他们争相将其在其他金融机构的钱取出。近代电报的发明使得恐慌很快蔓延到农村，甚至传递到英格兰最偏远的角落。正如当时的作家及公共知识分子沃尔特·白芝浩（Walter Bagehot）所写，面临着货币市场的冰冻期，英格兰银行把钱借给"商人、小银行家以及'这个人和那个人'"，从而停止了这一危机——尽管这并不是毁灭性经济衰退的后果。2007 年 8 月 9 日，欧洲央银采用的是同一策略升级后的电子版本。近 150 年后，特里谢、伯南克和默文·金仍旧经常引用白芝浩的话作为其应对危机的模式。

伯南克和其他美联储官员十分了解美国厌恶由央行实施的集中政治控制，这种集中控制导致了银行业恐慌在整个 19 世纪几乎是美国经济的常见特征，甚至连农民在收获季节可预测的现金需求都会使美国处于金融瘫痪的边缘。然而，建立伯南克如今领导的这个机构的过程极其艰苦。曾有国会议员在众议院的地板上陈列了一块巨大的墓碑，以哀悼美国农业和工业的衰亡——他认为美联储的创建意味着如此。为了获得国会支持所做出的妥协，使得这个机构的组织架构笨拙，难以领导，尤其当一个世纪后集权反对论再度出现时更是如此。

20 世纪 70 年代，在 2007 年爆发的危机中领导全球经济的伟人才刚刚成年。当时的央行行长以及政治当局十分担心经济衰退，甚至允许价格上升到失控的程度。1971 年，当时的美联储主席阿瑟·伯恩斯（Arthur Burns）在日记里写道："我知道未来我会被接受，只要我压抑我的意志，完全屈从于他的权威，虽然这在道义上是错误的。"这里的"他"是指理查德·尼克松，尼克松总统坚持要求伯恩斯保持低利率，以保证 1972 年大选前夕美国经济的增长。当时物价的飞快上涨，使得牛排餐厅不得不用贴纸粘在菜单上来更新价格，以应对本周的牛肉成本。从那时起，央行行长对通胀一直保持警惕，特别是在 21 世纪初期。保持警惕是好的，但也有不好的时候，例如有些行长就看到了根本不存在的通胀。

在过去所有的阴霾中，20 世纪二三十年代央行行长的失策对特里谢、伯南克和默文·金的影响最大。就在那时，德意志帝国银行发行了大规模货币，以资助政府。发行规模如此之大，以至于人们去杂货店时，甚至要用手推车携带现金；因为德国货币马克无法保值，人们便购买自行车或钢琴以保值。恶性通胀导致的绝望使纳粹党获得支持，接下来发生的事情也促进了他们的扩张。

大萧条本质上是央银的失败。21 世纪初，央行行长们在瑞士巴塞尔的办公楼里，商议着如何应对当代危机。20 世纪 30 年代初，就在离巴塞尔办公楼几个街区之外的一个酒店里，央行行长们远没有达成共识。由于受到民族主义的失信、被误导的保持本国货币与黄金挂钩的承诺的蒙蔽以及缺乏对经济如何运行的共识，他们得出的结论认为，1931 年的全球经济危机超出了他们的应对能力［在那个时代，受限的通信技术——横跨大西洋的通话很难实现，飞机旅行也无法成功，阻挡了德意志帝国银行的亚尔马·沙赫特（Hjalmar Schacht）和英格兰银行的蒙塔古·诺曼（Montagu Norman）等人的出行］。

特里谢领导的欧洲货币联盟是冲突的直接结果，在稍后的危机中，特里谢采取了特别措施以维系这一组织。特里谢 1942 年出生于里昂，当时德国军队占领了他的家乡，这位欧洲央银行长在一个被占领和战争毁坏后又重建的乡村中长大。与其他战后领导人一样，他十分专注于创建一个让武装冲突永远不再爆发的大陆，并将欧洲一体化视为一生的使命。欧元是他们皇冠上的宝石，是所有努力的物质体现，而 21 世纪爆发的全球危机对这一成果造成了毁灭性的威胁。

三人委员会

纵观历史，央行行长们塑造了帝国的兴衰，决定了导致和平或冲突的经济条件。特里谢、伯南克和默文·金之间的伙伴关系是具有不同背景、性情和知识倾向的三个人之间的关系，这也将会在以后发生的事件中日益凸显。从那个星期四开始，这三位位居主要西方国家的央行顶层人物将不得不互相注意，并设法将视野跨越彼此之间的差异。

当三个人各自上任时（特里谢和默文·金是在 2003 年；伯南克是在 2006 年），他们便以不同寻常的亲密关系建立了手足般的情谊。全球顶级的央行行长们经常进行私人会晤——每年夏天，在怀俄明州的杰克逊霍尔年会上以及无数全球峰会的会议间隙。最重要的是，在巴塞尔一年 6 次的会晤，使得他们可以短暂地躲避政治、人身攻击和那些艰难的选择（因为他们所做的工作似乎大多数人都不太理解，甚至被不少人认为是邪恶的）。

他们都说着同样的语言：都讲一口流利的英语，并且精通经济学。外交部部长、财政部部长和国防部部长可能会与其他国家的同行建立友好的关系，一些人甚至可能成为朋友。但他们并没有与国际同行在个性、思维、特质和盲点方面存在持续亲密的接触。相比之下，央行行长或许更了解来自其他国家的同僚。他们建立了国际关系中闻所未闻的亲密关系，他们对于这种关系也十分自信，认为在巴塞尔的办公桌上讨论的事情只局限在那里，不会被泄露。

在此之前，欧洲央银、美联储、英格兰银行的领导人之间就已经存在一定的联系：作为麻省理工学院的年轻教师，默文·金和伯南克共用过一间办公室；默文·金在剑桥大学上学，而特里谢作为年轻的公务员出国学习英国的税收系统时，他们有过一次温馨的邂逅。而 2007 年 8 月 9 日这一天出现的恐慌，将检验他们之间的纽带是否牢固以及他们能否一起引导全球经济走向繁荣。

人类赋予了他们惊人的权力。现在他们将要展示，如何结合历史教训来应对此次金融危机。随着世界上许多工业化国家的不良贷款及债务不断攀升的后果开始暴露，这个三人委员会比任何人都清楚失败的代价有多惨重。

THE ALCHEMISTS

THREE CENTRAL BANKERS AND A WORLD ON FIRE

| 第一部分 |

“炼金术士”的诞生 1656—2006

THE ALCHEMISTS

THREE CENTRAL BANKERS AND A WORLD ON FIRE

01

约翰·帕姆斯丘奇与央银的诞生

他最终成为一个孑然一身的绝望的人。约翰·帕姆斯丘奇（Johan Palmstruch）出生在拉脱维亚，在荷兰度过孩提和少年时代，后迁居瑞典，并成为一个银行家。他对自己的辩护更像是对针对他的审讯的辩护。储户和政府调查团在银行门外排起长龙，周围充斥着责备和谩骂，整个国家都想知道国家的钱都去哪里了。帕姆斯丘奇能够提供的最好解释是，描述世界上第一家央银正经历的这最后的混沌岁月。他反问道："在充满威胁、诅咒、斥责以及讨价还价的混乱时期，在面临生命危险的时刻，谁还能够清楚地记录账目呢？"

针对帕姆斯丘奇的斯德哥尔摩银行经调查发现，不仅保险柜里成千上万的瑞典圆消失不见，而且该行濒临倒闭的状况耗费了瑞典皇室众多财产。帕姆斯丘奇被要求偿还其银行所带来的所有损失。如果他无力偿还，那么他将被处决。毕竟那是 1668 年，不是 2008 年，他作为一个手握印钞大权的人导致了瑞典个人存款的大量流失，使国民经济遭到重创，迫使政府介入以阻止全面崩溃。

帕姆斯丘奇的判决被推迟到 1669 年执行，并于 1670 年获释。当历史上第一位央银家于一年后去世时，人们并不认为他是一位货币大师；相反，人们将他看作一个狂野不羁的罪人，搞垮了欧洲最强大的国家之一的经济。在之后的 5 年内，瑞典出现了一轮信贷扩张，人们的生活水平也相应提高，然后是通胀飙升、信贷泡沫破灭以及经济衰退。

换言之，在短短的几年内，瑞典就体会到了设立央银的好处和坏处。但是，帕姆斯丘奇以及斯德哥尔摩银行里的每一个人所做的远不止这些，他们开启了现代全球金融的时代，也打开了“潘多拉的盒子”。若要正确理解巴塞尔委员会如何应对 2007—2012 年的金融危机，从理解他们如何使用上述权力开始将颇有裨益。这个故事即从帕姆斯丘奇开始。

世界上第一家央银的诞生

如今，瑞典更闻名于世的并非宫廷中古典的陈设，而是其简约的家居风格和潇洒的流行音乐，而在 17 世纪的大部分时间里，瑞典都是欧洲大陆上的强国之一。瑞典作为一个庞大的帝国，其疆域横跨斯堪的纳维亚半岛，并延伸至现在的波罗的海诸国以及如今德国、波兰和俄罗斯的部分领土。

尽管瑞典缺乏欧洲大陆的其他大国所具有的一些优势，但它在国际舞台上仍然举足轻重。瑞典只有 100 万左右人口，相当于英国的 1/6，法国的 1/20。瑞典的农业部门并不十分高效——毕竟，瑞典全年有 8 个月是阴冷天气。由于瑞典国内粮食极其短缺，当地农民会把树皮和到面里，从而延长面包的保质期。但是，瑞典的经济也并非一无是处：在农业生产力没有英、法等国家发达的情况下，瑞典很大程度上依赖于渔业和铜铁采矿业。当然，商业若要保持活力，就必须创造一种交换媒介，一种比以物易物更加灵活的贸易手段：可能是盐，也可能是贝壳或金属硬币。于是在1534年，随着瑞典的独立自治，第一枚瑞典圆诞生了。瑞典圆“daler”的读音和当今美元“dollar”的读音相似，这也并非偶然。

然而，顺利进入17世纪后，瑞典人却苦于瑞典圆无法流通到需要它们的人手中，同时也苦于没有某种具备司职货币存放、流通和借贷的机构体系。在阿姆斯特丹、汉堡和伦敦，就已经有公司这样做过；在意大利部分地区，几个世纪以来也产生了类似的想法。但在17世纪早期，瑞典语中还没有表达上述含义的单词。因此，在1619年，瑞典国王和商人阶层商议，从意大利语中借用了“banca”一词，进而演变成瑞典语的单词“bank”。但各方并未就由谁给上述新机构提供启动资金达成一致。国王古斯塔夫斯·阿道弗斯（Gustavus Adolphus）及其权臣阿克塞尔·奥克森谢纳（Axel Oxenstierna）有意让瑞典各城镇出资，而城镇商人又想让国王买单并承担风险。这样的僵局持续了30年，由于没有足够的可用资金（无论是原始货币还是贷款），瑞典渐渐失去了其商业地位。瑞典人虽然有了“银行系统”这个说法，但其银行系统尚未真正成型。

一个门外汉改变了这一点。

汉斯·惠特麦克（Hans Witmacker）1611年出生于现在的拉脱维亚共和国首都里加，他是一个成功的荷兰商人的儿子。惠特麦克年轻时就到阿姆斯特丹创业，当时那里有着全世界最发达的银行系统。28岁时，惠特麦克因为未能偿付债务而入狱。一出狱他便去了斯德哥尔摩，一个有着4.5万人口的、在当时非常繁华的世界之都，他希望在那里东山再起。他还给自己取了一个新名字：约翰·帕姆斯丘奇。

历史上没有帕姆斯丘奇的肖像或对其个人相貌的描述流传下来，但把他形容为一个能说会道的人应该是比较客观的。他的言语中一定会传达出认真、正直和智慧，能让人不加怀疑地相信他。这些能力及其个人魅力使他受到富人和权贵的喜爱。若非如此，接下来发生的一切也就没有了立足点。

十世国王卡尔·古斯塔夫（King Karl X Gustav）希望实现古斯塔夫斯·阿道弗斯的愿望——建立一家银行，最终使瑞典的商业现代化。他将这一任务交给了一个将自己对荷兰银行系统的了解说得天花乱坠的 45 岁的外国人。1656 年 11 月 30 日，国王宣布了皇家法令，授权建立斯德哥尔摩银行，并由约翰尼·帕姆斯丘奇管理经营。我们不清楚他是否了解帕姆斯丘奇坎坷的过去——在 17 世纪进行充分的背景调查是非常困难的。

帕姆斯丘奇当然知道如何巩固他的政治基础：银行一半的利润都上交给了国王。另外，帕姆斯丘奇还将银行的利润份额分给了很多瑞典权贵——其中就包括皇家大臣和商会主席，且没有要求他们进行任何投资。其中一名股东后来被国王任命为“银行系统首席监察长”。可以肯定地说，这并不是银行监管领域的明智之举。

帕姆斯丘奇，与 21 世纪投资新抵押贷款的投资银行家不同，他是一位擅于金融创新的高手。正如瑞典自 1624 年所做的那样，将铜作为官方标准货币会带来许多问题。首先，当铜在银行金库中储存时，它并不能用于其他有效的实际用途。正如其他将货币与贵金属挂钩的政府所得到的教训一样，铜本位货币导致了货币价值的极大波动，而这是由国家无法控制的因素造成的。举例来说，当德国的经济被三十年战争[①]的战火摧毁时，铜的价格也被极大地压低了，同时导致了瑞典圆的货币价值的崩溃。

随后还有一个更为实际的问题，相比于最近已开始铸造袖珍型金属片状货币的国家而言，铜实在太重了。一个 10 瑞典圆的金属片是最为常见的单位货币，大小约为 30 厘米乘以 61 厘米、重 19 千克以上。这足以购买 30 千克的奶油或者是非熟练工人 33 天的劳动。这些铜片现在还不时出现在斯德哥尔摩附

① 发生于 1618—1648 年，是由神圣罗马帝国的内战演变而成的全欧洲参与的一次大规模国际战争。——编者注

近的水域，由于铜片在装载或卸载时会有掉落水中的情况，而且没有取回的方法。瑞典圆想必也是银行柜员们的噩梦。

帕姆斯丘奇最初的创新是在斯德哥尔摩银行金库存放巨型的金属片，同时提供纸质票据作为收款凭证。这一想法引起了十世国王卡尔·古斯塔夫的注意。在银行的特许证上，他提到这可以使瑞典的臣民获得“很好的便利性”并从“铜币在流通过程中的各种搬运麻烦”中解脱出来。

创新的成功让大量存款流入银行——截至 1660 年，也就是创新开始的三年后，有 40 万个铜币（相当于今天的 7 600 万美元）被存入银行。很快，银行家们又想出了另一个金融创新。正如帕姆斯丘奇稍后将会证实的一样，古斯塔夫·邦德（Gustaf Bonde）作为银行的股东，同时也是政府的首席监察长——“在 1659 年一天的早上来到汇兑银行，他径直朝喷泉走去，环顾四周，然后大声地说：‘汇兑银行这里已经存了大量的资金，我觉得这正是开始发放贷款的最佳时机。’”换句话说就是：“嗨，哥们，我们的所有钱都在这趴着，为什么我们不将其出借并赚一些利息呢！”

斯德哥尔摩银行开始将资金借贷给一些公司，为焦油、盐和糖类的存货融资。对于贵族和政府机关的掌权人来说，银行开始对有各种抵押形式的贷款进行担保。土地是最为常见的抵押品，但是，一些非常规的借贷也出现了：一位妇女抵押了一支纯银大烛台，借了 2 700 个铜币。此外，有一些贷款并没有做抵押处理，而是由一名或多名贵族进行个人担保。

在一段时期内，这套系统运行良好。国家贵族享受了价格低廉的信贷，而且他们的生活比没有贷款时更加舒适。商人能够借入资金为未来投资。当商业逐渐繁荣时，他们可以不再依靠自有储蓄扩大业务，而是通过斯德哥尔摩银行，通过使用他人的储蓄来达到业务扩张的目的。

直到 1660 年瑞典十世国王卡尔·古斯塔夫离世时，由于新的统治者还是个孩童，国会就替代了国王来领导整个国家，此后国会决定让铜币贬值。由于新货币比旧货币的含铜量少，因此一些贵金属餐具比官方定价要值钱得多。情况类似于纸币价值突然迅速升值，以至于 1 美元面值的纸币实际价值等于 1.1 美元。于是，瑞典民众做出了合乎逻辑的反应：他们全都出现在了斯德哥尔摩银行，并要求取回旧货币的全部存款。

帕姆斯丘奇当然已经把其中的大部分钱用来发放贷款了；钱并不在保险柜里等着储户提现。他试图通过主动收回贷款来解决这件事。这种方法本身产生了新的问题：他的客户们已经习惯于依靠借来的钱生活，并且他们既不愿意也没有能力将钱随时还给银行。帕姆斯丘奇写道："每天都有大量的人来银行，甚至是到我的家里，从早到晚对我穷追猛打，表示愿意提供质押物，恳求我借钱给他们。这激发了我基督式的怜悯，使我的心备受折磨，以致我在办公室都感受到了巨大到难以承受的压力。"

你几乎可以想象，痛苦的帕姆斯丘奇站在他那位于斯德哥尔摩市市中心蜿蜒而狭窄的街道上的银行门口，斯堪的纳维亚的冷风劲吹，如电影《生活多美好》（*It's A Wonderful Life*）中乔治·贝利（George Bailey）哭诉的那样："你们关于这里的想法都是错的，好像钱就在保险箱里一样。钱并不在这里啊。为什么？你们的钱都在彼特森的房产中！在纳尔逊先生的腌鲱鱼中！在克里斯特森女士的银质烛台中！"

之后，在 1661 年，帕姆斯丘奇发现了可以永远改变金融业运行机制的方法。

帕姆斯丘奇也许没有足够的在库铜币来满足储户的兑付需求，但是他可以印制票据。他可以发行票据，这样持有人可以根据自己的意愿赎回瑞典圆。他的这一主意来源于铜矿发给工人们的票据收据，这些票据可以在他们的社区里像现代货币一样被交易。中国在几个世纪前就开始使用纸质钱币，但第一次与现代货币如此相似的做法是在欧洲。和几个世纪以来欧洲银行早期发行的票据不同的是，这些票据并不与一个单一的账户或存款绑定，可以在人群中自由流通。政府通过了这一计划，同意银行票据可以用来支付税金账单。帕姆斯丘奇的现代货币，不仅以一些贵金属作为价值支撑，而且以金融机构和它的领导者——帕姆斯丘奇的信用作为担保，已经在欧洲出现。

在传统理解中，货币作为一种物质形态，它的价值涨跌主要由制成货币的金属的供需关系决定。但随着票据的出现，人们对于货币的传统理解也被替代：货币变成了一种概念，一种与印制它所使用的实物的真实价值无关的概念。取而代之的是，它的价值由发行它的政府，准确地说是央行决定的。正如帕姆斯丘奇印制的票据一样，现代货币可以保持其价值的根本原因在于公众对于货币发行当局的信心。政府可以说 1 美元、1 英镑或 1 克朗的价值相当于一定量的黄金、白银或铜，但是，政府同样可以改变比率或干脆废除这一关系（西方国家在之后的几个世纪都使用黄金或其他金属标准来衡量货币，直到 1971 年，大部分工业国家的货币才完全脱离了金本位）。

在 17 世纪 60 年代的瑞典，纸币十分风靡，连帕姆斯丘奇印制纸币的速度都显得滞后了。纸币很快便开始在所有大型金融中心——阿姆斯特丹、伦敦、巴黎和威尼斯进行交易。由于贷款无须再以铜的持有量作为支持，银行迅速扩大了贷款规模并新开设了许多支行，仅皇室就借了 50 万瑞典圆。

很快，由于太多的纸币流通在外，因此不需要很多提现要求就足以将斯德哥尔摩银行置于不利的位置（头寸）。到 1663 年，银行的金库里只剩下 4 000 瑞典圆，而一个储户告知银行要取回 1 万瑞典圆。

随着“银行难以快速及按时偿付储户”“即将倒闭”“银行在隐藏一些事实”等传言流传开来，银行进一步丧失了信用。斯德哥尔摩银行票据以票面价值 6%—10% 的折扣进行交易，这使得人们更想取回他们的钱。突然间这些纸币就不如以前值钱了，每一张纸币可以买的鲱鱼、罐头或木材的量都比以前更少，这一现象现在被称为通胀。随着帕姆斯丘奇独自增加货币的供给，几乎所有物品的价格都在上升。

政府对此也愈发担忧，并命令帕姆斯丘奇收回贷款，这样银行便可以支付储户。这并不是一个很容易采取的行动：总理强烈反对，当然很大程度上是因为他是银行的最大借款者。经过一番激烈的争论，尽管有一些“违规和不便”的证据，国会还是决定不解散银行。结果，收回贷款以及大幅减少流通中的纸币的决定，不仅没有产生积极的效果，反而带来了负面的影响：那些习惯于用借款维持运营的企业无法继续获得贷款。在两年前容易获取的资金如今变得非常困难，严重的经济衰退随之而来。

1667 年，瑞典政府接手并清算了斯德哥尔摩银行。帕姆斯丘奇被冠以骗子的罪名，并被剥夺了管理银行的权力。但是，瑞典建立一个中央金融权力机构的尝试并没有停止。斯德哥尔摩银行导致的骚乱和问题仍然存在。瑞典国会意识到，它需要一个其他机构来代替银行，理想情况是这一机构可以在政府更严厉的监管下稳定运营。

在那个时代，瑞典政府是罕见的民主政体。国会中有 4 个阶级：贵族、商人阶层、神职人员和农民。贵族和商人阶层都热切希望重新建立一个央银。毕竟，这样一个机构将带来更多的现金，方便商业的流通，符合他们的利益。但经历了帕姆斯丘奇所带来的灾难后，他们认为这个机构需要政府明确的金融和法律支持。银行支持者最终劝服了当时的神职人员和知识分子站在他们这边。但瑞典国会中的农民阶层代表很难被“收买”，他们不想将政府的金融支持给予一个只有利于上层阶级的实体。不仅如此，农民们还在向政府提交的文件中写道：“我们对于此事不太明白”，“其他阶层的人自然会做对于他们而言最好最有利的事，但是农民既然不能理解此事，就应当让农民免受这件事情的影响”。

他们确实这样做了。没有劳动阶层的参与，贵族阶层、商人阶层和神职人员联合创立了世界上第一个真正意义上的央银——瑞典央银于 1668 年在斯德哥尔摩中心宫邸建立。后来它成为瑞典国家银行，也就是今天的瑞典央银。

这绝不是最后一次在缺乏劳动阶层的热情支持下建立央行。

他们成为现代“炼金术士”

瑞典致力于建立一个现代金融机构的同时，现代科学也在迅速取代古老的炼金术。几个世纪以来，在欧洲和伊斯兰世界，人们一直在寻找可以将平凡的材料转变为更为珍贵的金银的办法。在中世纪，炼金术士既包括普通的骗子及技艺娴熟的冶金技术工人，也包括当时的一些杰出科学家。据说，牛顿爵士并不是真正的首位现代科学家，但却是最后一位炼金术士（这是一位兴趣广泛的经济学家——凯恩斯所说，之后的内容将提到他）。炼金术士是一个与外界隔离的群体，他们的语言外行人听不懂，他们自身对不懂行的人也是略带轻蔑。外行人将他们看作一个“黑暗的阴谋集团”。

最终证明，人类并不需要凭空创造出黄金的魔法。正如约翰尼·帕姆斯丘奇和瑞典人发现的那样，创造财富所需要的（曾经没有的）只是一些纸、一台印钞机和一个渗透着政府权力并由政府推动运营的央银。

THE ALCHEMISTS

THREE CENTRAL BANKERS AND A WORLD ON FIRE

02

朗伯德街、大不列颠准则、白芝浩原则

1866年5月10日，星期四下午3点半，银行业巨头欧沃伦格尼银行的客户遭遇了令人不安的状况。在这家银行位于伦敦朗伯德街的总部，在这个资本帝国的金融家们工作的办公室门上，贴着一张纸条，上面写着："先生，我们遗憾地告知您，由于存款和资金的严重挤兑迫使我们不得不延期支付，这是在考虑了能最好地保护各方利益的情况下所做出的决定。我们仍然竭诚为您服务，秘书威廉·博斯（William Bois）。"

这家公司不仅在英国有强大的话语权，在全球金融界同样如此，尽管在19世纪60年代这二者基本等同。格尼一家经营着东英格兰农村地区最大的银行。他们想将它扩展到伦敦——那个快节奏且票据交易活跃（尤其是公司债务）的花花世界，欧沃伦格尼银行由此开始形成。它与美国那些成功的区域性

银行没有多少不同，如美国银行和美联银行，这两家银行在 21 世纪扎入了华尔街的浪潮中。

塞缪尔·格尼（Samuel Gurney）和他的合伙人，约翰·奥弗伦（John Overend）从来没有听说过次级债或担保债务凭证，但这并没有阻止他们于 1809 年建立的公司去寻找一些奇异和不明智的方法放贷。例如，在西印度群岛的一个小岛多米尼加岛上，有一个农场以及一条连接两座爱尔兰繁华大都市波特丹和奥马的铁路线。他们有一个习惯，就是重复地在那些坏账上继续追加投放更多的钱，寄希望于情况在遥远的未来能够好转。这其中有贪婪的因素，也有纯粹的分析失误，或许还有一点欺骗在里面。

结果是：在 1866 年的春天，欧沃伦格尼银行陷入了大麻烦。随着银行遭遇损失的谣言传开，储户们陆陆续续过来要求提现。他们听说，一个铁路承包商拖欠了 150 万英镑的贷款，一群与西班牙人做贸易并且依靠欧沃伦格尼银行筹集资本的商人跑路，银行的合伙人正通过变卖自己国家的房产来补充现金。一位伦敦通讯记者写道："有消息称，一位男士去欧沃伦格尼银行提现一张 6 万英镑的支票，银行告诉他半个小时后再来，可是他再回来时银行已经关门了。"

在那个纸条出现在朗伯德街 65 号门上的第二天，天几乎都要塌下来了。如果连欧沃伦格尼银行都会破产，那么其他银行似乎也难逃厄运。如果将钱存放在大银行的账户中，明天早晨钱还会在那里吗？人们簇拥着来到欧沃伦格尼银行门口看那张纸条，之后又转到其他银行，这就是后来著名的"黑色星期五"的缘起。《时代周刊》写道："那些令人尊敬的银行的门口被人群团团包围，其中很多人并不是银行的债权人，而是那些被莫名的同情感驱使的乌合之众"，"人群簇拥着使得狭窄的朗伯德街无法通行"。《银行家杂志》（*Banker's Magazine*）补充写道："难以描述那种恐惧和焦虑，它在那一天剩下的时间里以及随后的一天中占据了人们的大脑。"通过新发明的电报，恐慌迅速传播到了英格兰的农村地区，当地的银行也发生了挤兑。

尽管瑞典的全球领先地位已经过去了很久，但约翰尼·帕姆斯丘奇的创新却被英国复制，1694 年英格兰银行的建立使英国上升到更具影响力的地位。但是现在，它的整个金融系统都面临着崩塌。英格兰银行此时会做些什么呢？那时的央银家们给出的答案为一个半世纪以后的本·伯南克、默文·金和让-克洛德·特里谢提供了范例。在欧沃伦格尼银行倒闭后，针线街上这些人的工作展示了英格兰银行是如何成为英国维多利亚时代掌控全球的中心的。

1850 年时的英国拥有 1 700 万人口，占全球人口比例的 1.3%，帝国的统治从新德里绵延到多伦多、香港，再绵延到约翰内斯堡。促使其金融势力形成的原因有很多，包括为工业化提供原燃料的北部煤矿，鼓励企业家精神和创新的文化，能够适应民主制的政治体系，从而杜绝了如海峡对面的某些邻国因遭受拿破仑侵略势力而出现的反动势力。

但是，如果没有聚集于朗伯德街上强大的金融力量，所有这些都不足以维持一个日不落帝国。

在金融领域，这个时代最权威的编年史作者是一个叫沃尔特·白芝浩的英国人。他于 1822 年出生于西南小镇长港镇的一个银行世家，早逝于 1877 年。他思想活跃、文笔犀利，曾写过一些关于米尔顿和莎士比亚的随笔。直到 1860 年，他去叔叔的《经济学人》杂志社工作，成为一名杂志编辑。他建立国会的努力不幸失败了，但尽管如此，他仍是英国维多利亚时代政治和经济的重要评论家和诠释者，并以“业余大臣”著称——也就是说，在货币事务方面他几乎与财政部部长有同样的影响力。

白芝浩并不是历史上那些伟大的实践经济学家之一，如凯恩斯或米尔顿·弗里德曼。他也不是诸如亚当·斯密或马克思之类的伟大政治经济哲学家。事实上，大多数历史学家对他的了解主要是，他的工作或多或少地以一种观点汇集而不是书写文章的形式创造了英国宪制的概念。不过他因出版于 1873 年的《朗伯德街：货币市场的描述》(*Lombard Street*：*A Description of the Money Market*)，一本分析欧沃伦格尼银行的倒闭以及英格兰银行的回应的著作，在众多央银家中获得了标志性的地位。直到今天，这本著作仍是许多央银家应对金融恐慌的“圣经”。在 2009 年杰克逊霍尔举行的经济政策研讨会（每年 8 月，当时的央银家们都会聚集在这个会议上）上，白芝浩的名字被提及了 48 次。凯恩斯、弗里德曼、斯密和马克思都未被提及。

为什么朗伯德街会存在

烘焙师做的是面包，钟表匠制造的是手表，那么银行家到底制造什么呢？这个问题的答案对理解以下问题会有很大帮助，比如英国银行业对于大英帝国有多重要？为什么危机（无论是发生于 1866 年的还是 2008 年的）始终伴随现代金融业左右？

将钱存在银行这种想法并非与生俱来。当人们储蓄时，他们更多的是希望可以看见他们的钱而不是将其存放在城镇中心的一个机构中，手里只有一纸记录。几个世纪以来，从逻辑上来讲，相比于存钱的储户来说，欧洲的银行对于那些希望远距离交易的商人，更有存在的必要性。从某种程度上来说，多亏了约翰尼·帕姆斯丘奇 150 年前发明的银行纸币，英国和其他一些国家中的储蓄情况才在 19 世纪发生了改变。

正如白芝浩所写：

> 当一个人开始拥有一堆钞票，他会很快意识到自己越来越信任银行家，但却没有得到任何回报。如果自己保存钱财，他会冒着损失和被偷窃的风险。只要他将钱存到银行里，他将免除持有现金的风险，同时也不需要承受银行倒闭的风险。不过，人们想要看到自己的钱的欲望太过于强烈，以至于一段时间内人们仍会持续囤积纸币。但是最终常识胜利了。

随着日益增多的富裕的商人阶层达成上述常识性共识，英国的银行逐渐发展为不仅仅是促进商业运转的润滑剂。但这种现象并未在其他主要的欧洲主权国家出现，而它们才是英国全球霸权的潜在对手。1873 年，伦敦所有银行的存款总额达到了 9 100 万英镑，相比较而言，法国有 1 500 万英镑，德国有 800 万英镑。为什么？白芝浩解释说，“只有在那些没有受到入侵、免于革命的国家”，纸币和由此产生的银行存款才可能存在。那是因为“当遇到较大的民族危险时，一个国家往往会陷入混乱，每个人都只关注自己，大家都更愿意持有一些贵重金属。这些当然都非常有价值，无论入侵或不入侵，革命或不革命”。荷兰和德国那时都处于不断被入侵的危险中，法国在经历 1789 年改革后陷入了几十年的不稳定时期。

“这就是为什么朗伯德街会存在，”白芝浩写道，“也是为什么英国有非常大的货币市场，而其他欧洲国家的货币市场相比较而言却非常小。在英格兰和苏格兰，纸币发行的系统开始在整个国家的所有银行扩散；在那些银行中，国家的存款被寄存，通过这个系统，这些寄存的存款会汇集到伦敦。在其他任何地方都没有类似的系统，结果便是伦敦充满了钱。而相比之下，其他欧洲大陆城市却空无一文。”

换句话说，欧沃伦格尼银行和它的竞争者们所做的便是把整个英国数以百万计的商人和农民的储蓄聚集起来，并储存到首都伦敦。这一行为意义重大。保存在床褥下的钱对于整个世界来说并没有什么用处。储存在活期账户里的 1 美元可以立刻被账户持有人同步使用——在现代世界，这 1 美元可以在地球上的任何一个城市的任何一台自动取款机（ATM）上出现；也可以成为庞大的长期投资项目的投入资金。经济学家将之称为“流动性转换”。

一个人无法轻易地积累出足够的资本来建设一个从新德里到孟买的铁路线或一家每天可以生产出数百匹布料的巨大纺织工厂。但是，如果你将数以万计的储户的钱聚集在一起，并由一个聪明的银行家来决定哪些项目比较有前途，可以获得贷款，突然间你就拥有了民众的存款来为那些对于工业经济非常必要、大规模、复杂且有风险的项目融资。“一个银行家手里的 100 万是非常有力量的；他可以马上把钱贷出去，”白芝浩写道，“货币在银行的集中是使得英国的货币市场越来越富有，远超其他国家的货币市场的富裕程度的主要原因，虽然不是唯一原因。”

所有财富都集中在了这个被称为“平方英里”（精确来说是1.1平方英里①）的地方，这是一个拥挤又弯曲的中世纪街道，仅仅是大都会伦敦的一个小地方而已，却以“伦敦城”这个大名闻名。19世纪中期，全球金融业最重要的十字路口就是今天的银行街地铁站。它的东北方就是针线街——英格兰银行的起源地。银行的街对面就是伦敦交易所，几个世纪以来它都是股票和债券交易的地方（现在这里是一个豪华的购物中心）。它的东南边是朗伯德街，票据交易商就在这里工作。

汇票是19世纪英国金融业的命脉，是英国人无数存款通往实体经济的路径。一个要建造远洋轮船的造船厂通常会发行这种纸质票据（本质上就是借据）来购买他需要的钢铁和木材。钢铁卖家如果愿意的话，可以持有票据并等待造船商支付，或者将票据拿到他的银行家那里，银行家将以一定的“折扣”（比如用970英镑购买一张1 000英镑的票据）来购买票据。那30英镑的差额代表了银行得到的利息收入，也是银行使得钢铁商可以立即得到而不是3或6个月之后才能拿到他的款项而获得的补偿（今天与之类似的形式是商业票据）。当货币紧缺时，也就是比银行的计划放贷量有更多的现金需求时，折扣会增加；反之亦然。

通常，若用现代术语来描述票据市场就是，有深度且具备流动性。商人通常很容易通过向银行卖掉他们的票据来得到现金，然后银行到朗伯德街，那里的票据经纪人将以一个合理的价位找到相应的买家，银行通过这种方式来管理自己的资产负债表。这一系统同任何一项现代工业革命中的新发明一样运转得十分顺利。

直到秘书威廉·博斯在朗伯德街65号的门口贴上了那张纸条。

① 1平方英里≈2.6平方千米。——编者注

白芝浩原则

在欧沃伦格尼银行倒闭之后，整个英国的储蓄者们都不知道他们还能够信任哪些机构。他们储蓄的银行会是下一个倒闭的吗？他们不知道，所以最安全的办法就是将他们的钱取回来，躲过这场暴风雨。但很可能正是这一行为导致了更多银行的倒闭。如果在同一时间每个人都想把他们的存款取出来，没有任何一家银行手上能有足够的现金来应对。存款机构必须尽可能地变卖它们的资产来满足兑现需求，对于欧沃伦格尼银行来说，就是要变卖他们所持有的票据。随着更多的票据被倾销到市场中，票据价格下降，这就导致那些本身经营良好的银行也遭受损失，因为它们的储户会更迫切地想要提取他们的存款。

这种恶性循环是任何一次金融恐慌的核心，虽然每次的细节可能都有所不同，无论是发生在 1866 年、1929 年还是 2008 年。如果这种恶性循环不停止，就会有更大范围的商业凋敝，并进一步摧毁一个国家里的所有储蓄。无论如何，这样的恐慌都会产生一种心理上的效应。正如白芝浩描述的那样："我们的银行系统中独特的本质就是人与人之间空前的信任。当这种信任被一些潜在因素削弱时，一个小事故就可能对银行造成很大的伤害，一个大事故有时甚至会摧毁银行。"

在针线街，英格兰银行将停止这一恶性循环视作他们的职责所在。他们的目标并非像一个私人银行家那样，为自己积聚钱财，而是要防止整个银行系统的崩塌。1866 年 5 月 11 日，那个黑色星期五的早上，伦敦银行家们在英格兰银行的贴现办公室门口排起了长队。据记载："那些习惯于将证券抵押给欧沃伦格尼银行的银行家们因惊恐而失控"，"他们围住英格兰银行和财政大臣，向公众表达着他们的恐惧……在长达四五个小时的时间里，大家一度认为伦敦一半的银行将要倒闭。"当时的英格兰银行行长亨利·兰斯洛特·霍兰德（Henry Lancelot Holland）不得不决定是否要满足流动性需求，这意味着他的机构将会面临比以往更大的风险。

实际上，他的决定是，提供尽可能多的贷款，并谴责那些唱反调的人，其中包括英格兰银行理事会的人，而理事会就相当于它的董事会。简而言之，核心策略就是："如果一个银行家或经纪人或交易员有一张票据或其他类证券，如果它在非恐慌时期是有价值的，那么它就可以被抵押在英格兰银行以换取短期现金，但相对于其真实价值会有一个折扣。"霍兰德后来说道："每一个拿着符合条件的证券来申请贷款的人都会得到公平的受理待遇。"

利用英格兰银行可以发行英镑的能力来阻止危机的进一步蔓延非常必要。霍兰德要想超出英格兰银行贷款法定限额的限制，需要得到财政大臣威廉·格拉德斯通（William Gladstone）的特殊许可。第一天，它放出了400万英镑贷款。在接下来的3个月中，它发放了4 500万英镑贷款，"尽一切办法……并通过我们从来没有采纳过的方式"。当时英国所有的银行存款加在一起大约才9 000万英镑。在2008年的金融危机中，它相当于美联储在雷曼兄弟倒闭后发放的3.5万亿美元贷款。

恐慌逐渐平息，避免了一个帝国经济的毁灭。几个月以后，霍兰德以这样一种方式描述了英格兰银行的行为："银行是一种十分特殊的行业，它太依赖于信用，以致一点点怀疑的冲击就足以将它一年的收获一扫而空……我们已经尽了最大努力（也是最成功的努力）去处理危机。我们没有在困难面前退缩。"通过这些事件，白芝浩总结了一系列经验，也就是被人熟知的"白芝浩原则"。他写道，在恐慌的时候，央银必须要利用它的资源，"敦促其他银行发放贷款。那些银行必须要将钱借给商人、小银行家，借给'这个人和那个人'，无论证券的资质是否足够好"。

今天的央行银行家们比较熟悉的速记版本是这样的：对于优秀的抵押品，鼓励放贷，并且如白芝浩指出的，要收取惩罚性的利息，"没有任何一个人或企业可以在没有高额回报的情况下轻易借到钱"。这是一个简单却有力的指引。央银可以敞开它的大门和保险箱，用其丰厚的现金（也是市场所需求的）储备停止恶性循环。此外，它应该只在有优质抵押品的情况下放贷，优质抵押品也就是指那些只是由于恐慌气氛而非基本面问题，从而导致价值被低估的证券。然而，银行应该对这些贷款收取足够高的借款利率，以防借款人出现道德风险。

还有一些从欧沃伦格尼银行倒闭中得到的教训，但与白芝浩原则却不大吻合。首先，即使一个央银积极阻止金融恐慌，它仍然不足以阻止糟糕的经济下滑。因为英格兰银行在恐慌时期的借款只流向那些流动性差的公司，因此对于那些面临破产的公司来说并没有什么益处。除了欧沃伦格尼银行之外，还有大量银行倒闭，如伦敦银行、综合银行、加州英国银行。每当银行倒闭、信贷趋紧时，各类从商人员都不得不停止其商业活动。当欧沃伦格尼银行破产时，伦敦、查塔姆和多佛铁路公司正在加拿大和克里米亚半岛建设铁路线（这些建设主要依靠汇票融资），而由于信用的紧缩，这些工程也不告而终。同样，建于泰晤士河底的地铁线的融资也蒸发了。

由于无法获得贷款，那些依赖于商业扩张来维系生活的人们，如钢铁工人、矿工、造船工人等都遭遇了大规模失业。这段时期的经济学统计数据不是没有就是不可信，但一个贸易联盟估计，1866 年英国的失业率为 2.6%，1867 年信用冻结后的失业率为 6.3%。

欧沃伦格尼银行危机的第二个教训是，当一个央银对停止恐慌进行大规模干涉时，它同样将自己置于了政治危机中。后果就是，整个国家的愤怒都直指英格兰银行。毕竟，一个具有公众背景的机构给了那些押了赌注的富有银行家们很多好处，而这些赌注全都失败了。同时，广大劳动人民和商人们所面对的经济状况也变得很糟糕。《时代周刊》发表文章说，银行救助了不值得救助的公司，它们抢夺了很多资金却不懂得节约，引用《圣经》中 10 个童女的寓言："愚蠢的童女大声疾呼，要求聪明的童女们将她们仔细收集的灯油与愚蠢的童女分享。"

一些忧虑来自针线街自身：英格兰银行的许多理事对于行长霍兰德应对危机的所为感到十分吃惊。一名英格兰银行理事会的理事汤姆森·汉基（Thomson Hankey）写道，让央行作为最后贷款人是"这个国家的货币或银行系统提出的最有害的理论；也就是说，英格兰银行的职能是每时每刻都必须保有货币以供应那些自己资产不够的银行的需求”。虽然英格兰银行已经得到英国财政大臣的授权，但它在危机期间的行为是没有任何正式的法律权威的。国会中没有任何立法赋予英格兰银行在未来行使这一职能的权力。

一个半世纪之后，本·伯南克和他在巴塞尔的伙伴再一次发现自由放贷给“这个人和那个人”也许是在金融恐慌中最好的应对方式，但这种方式不是所有人都会支持的。

THE ALCHEMISTS

THREE CENTRAL BANKERS AND A WORLD ON FIRE

03

有名无姓俱乐部

戴着丝制帽子的大胡子男人大步走向了他的私人轨道车—— 一辆停在新泽西火车站，有着天鹅绒窗帘、锃亮的黄铜器件和桃木镶嵌的车。另外 5 位男士以及众多搬运工及仆人很快也加入了队伍。他们彼此之间只称呼名字——这在 1910 年是很不常见的非正式叫法。他们的装扮似乎是为了让人猜不出他们是谁，唯恐流言会登上报纸，甚至传到纽约和伦敦的交易大厅。其中一个叫保罗·沃伯格（Paul Warburg）的德国移民随身携带着一把借来的猎枪，以便让自己看起来像个猎人，尽管他一生中从未用枪瞄准过一只水鸟。

两天之后，那辆车将这些人带到了佐治亚州的一个港口小镇不伦瑞克，在这里他们登上了一艘船并开始了他们旅途中的最后一程。他们的目的地是哲基尔岛，那里是一个私人度假胜地，隶属于势力强大的银行家约翰·皮尔庞特·摩根（J. P. Morgan）和他的一些朋友，是他们冬天在大西洋上的避寒胜地。他们的召集人，也就是那位戴着丝质帽子的男士，名叫纳尔逊·奥尔德里奇（Nelson Aldrich），是当时非常有权势的参议员之一，是这个快速发展的国家的金融事务政策的制定者。

9天中，6个人整日整夜讨论着如何改革美国的银行和货币系统，试图寻找到一种可以使这个刚刚站上全球舞台的国家尽量少遭遇各种在西欧国家似乎很普遍的金融危机的方法。保密是至关重要的。一位参会者后来写道："必须不被发现，否则我们的时间和努力都白费了。如果我们这个特别的群体聚集保证在一起写了一项银行法案这件事暴露在公众面前，那么这个法案将永远没有通过国会的机会。"

在之后的几十年中，美国金融界最有权威的这几个人都称彼此为"有名无姓俱乐部"的成员。保罗、哈利、弗兰克和其他几个人组成的小团体，在那9天里创立了联邦储备系统。他们的任务不仅局限于行政管理方面，毕竟那些和触发美国独立战争相同的动机——对中央当局、大财团以及遥不可及的精英们的不信任，使得美国在其历史的前130年中都不可能有一个成功的央银。

在哲基尔岛的这几个人试图解决的不仅是一个经济问题，而是一个像他们的共和国一样古老的政治问题。

一个没有央银的美国

美国金融体系需要重塑。美联储有一段漫长但并不为人知的历史。当共和政体成立时，整个国家还承担着为支持战争而积累的债务，而想脱离英国的控制并没那么容易。美国第一任财政部部长亚历山大·汉密尔顿（Alexander Hamilton）认为，国家需要一个央银来稳定政府摇摇欲坠的信用以及支持经济更好地发展，而这对于行使新《宪法》赋予的权力是绝对必要的。已有一个世纪之久的英格兰银行展示了一个中央机构对于引导国家金融的重要性。它可以代表政府发行债券，这确保了国家能够一直获得融资。它可以发行纸币，并使得这个国家的任何一个地方都可以使用这些纸币。它可以引导国家对于储蓄资源的有效运用，确保储蓄将用以投资，而不是像黄金一样待在保险柜中以备不时之需。

但是汉密尔顿的提案遭到了反对，尤其是在农业化的南方，那里的立法者认为央银主要为北方的商人阶层服务，因为北方有大的商业中心波士顿、纽约和费城。“是什么使得我们的祖先来到了这个国家？”一位来自佐治亚州、带着抗争倾向的暴躁的国会议员詹姆斯·杰克逊（James Jackson）问道，“难道不是因为英格兰和苏格兰那些教会企业和无所不在的垄断吗？难道我们在这个国家仍然要遭受同样的不幸吗？什么是普遍的福利？仅仅是指费城、纽约和波士顿的福利吗？”一些人，包括托马斯·杰斐逊（Thomas Jefferson）和詹姆斯·麦迪逊（James Madison），认为建立国家的银行是违反《宪法》的。

汉密尔顿在说服乔治·华盛顿总统后赢得了战斗，虽然《宪法》没有明确地允许联邦政府建立一个国家银行，但也没有明确反对。在 1791 年 2 月，华盛顿总统签署了汉密尔顿的银行提案，并使之成为法律文件。那年年末，美国银行在费城开业。到 1805 年，它在东海岸已经拥有 7 家分行，在新奥尔良也拥有 1 家分行。但是当 6 年后银行的执照到期时，汉密尔顿已经去世，当时执政的是麦迪逊总统，私人银行业者开始将国家银行视为竞争者。美国银行关门停业了。

1812 年，这一年发生的事看起来就是个错误。美国与英国开战，麦迪逊总统甚至因为白宫被英国军队烧毁而被迫撤离。如果说央银在三个半世纪的历史中非常擅长一件事，那就是为战争融资。由于没有央银负责发行政府债券，美国政府在资金支持上面临挑战，而这在有着英格兰银行支持的对手看来是难以想象的。几年前的麦迪逊总统还认定央银是不符合《宪法》的，现在却不得不再次建立起美国银行。

美国第二银行1816年成立，在尼古拉斯·比德尔（Nicholas Biddle）的管理下运行得很出色。尼古拉斯·比德尔是一个爱好文学且非常有才气的年轻人，他在15岁时以班级第一的成绩完成了在普林斯顿大学的学业，并且参与了路易斯安娜购地案的谈判。他做了很多即使是现代的央银家也会为之喝彩的事情。由于美国西部发行的纸币通常被认为没有东部发行的值钱，他便致力于消除国内不同地方的美元不同价这一趋势。他发现自己可以通过买卖银行票据来影响美国国内信贷的供给，并以此紧缩或放松信贷条件，进而压制通胀或刺激经济增长。起初，比德尔试图让自己远离党派政治。在参考了乔纳森·斯威夫特（Jonathan Swift）的声明“货币既不是辉格党的，也不是保守党的”之后，比德尔告诉一位记者：“国家银行既不是杰克逊的，也不是亚当斯的，它只是一个银行。”

但是一旦国家银行的生死存亡成了问题，比德尔就不仅仅是一个政治家，更是一个权谋政治家。

来自农村的南方人安德鲁·杰克逊在1828年被选为总统，因为他获得了如火如荼的平民主义运动的支持。杰克逊是一个反城市、反知识分子、反大财团，并且非常反对美国银行的人。杰克逊向国会演讲时传达的第一条信息就是：“关于这个银行的建立在法律方面的合法性和私利性都遭到了广大民众的质疑，而且必须承认的是，在建立一个统一和完善的货币机制方面，它最终失败了。”他说他将否决任何试图延长银行执照期限的提案，银行的执照最终将在1836年到期。

在势力强大的亲银行参议员亨利·克莱（Henry Clay）的帮助下，比德尔在1832年争取到了银行执照的提前续期。实际上，这一建议非常利己：克莱本身希望被选为总统，他知道银行问题的分歧足以引发一场运动。关于银行的问题，在国会讨论得十分激烈。密苏里州参议员托马斯·哈特·本顿（Thomas Hart Benton）争论道，国家银行的存在将为“我们未来民族的荣誉和财产”奠定基础——“辛辛那提公爵！列克星敦伯爵！纳什维尔侯爵！圣路易斯伯爵！新奥尔良王子！……当我们对执照续期进行投票表决时，我会认为自己是在为美国的上议院和下议院的建立投票，也是为一位国王的最终确定投票！”

比德尔在他的竞争对手中以“尼古拉斯沙皇”（Czar Nicholas）称号著称，甚至会为了保住国家银行而采取卑劣手段。他将政治家置于银行的工资名录上。他付给报纸编辑 1 000 美元（在当时看来是很大一笔钱）让其发表他写的那些支持银行机构的文章，同时对作者的身份保密。他甚至缩减西部的信贷额度，因为那里反对银行的热情最为高涨，而他运用国家银行的权力悄无声息地惩罚了他的敌人们。

美国第二银行的执照重启在国会中侥幸成功了，但是杰克逊还是同他承诺的那样行使了否决权。随着美国银行关闭在即，比德尔采取了一个激进的紧缩信贷措施，这造成了经济的严重下滑。他认为这样会告诉整个国家，当没有央银时会变成什么样子。但策略适得其反：比德尔和央行因经济萧条遭到了责怪，反而使杰克逊的决定看起来更明智。

从 1836 年美国第二银行的终结到 1863 年，也就是所谓的自由银行时代，美国没有有效的国家货币。货币由各个州特许的私人银行发行及提供支持。如果一张面值10美元的纸币由一家经营良好的地方银行发行也许能价值10美元，但若由一个经营不善或者说与消费地距离太远的银行发行，它也许只值 7 美元。这就意味着，纸币无法作为一种可靠的保值方式。而且，没有最后贷款人的存在就意味着沃尔特·白芝浩写到的发生在英国银行的恐慌事件，且有可能摧毁整个国家经济。在 1837 年、1839 年和 1857 年，都发生了多起严重的恐慌并伴随着经济的萧条，同样还有很多小型的恐慌事件。

更成问题的是，当 1861 年美国南北战争爆发时，联邦政府缺少一个央银为战争筹措资金。私营银行很不情愿购买政府债券，而外国的投资者们更是拒绝购买一个连存亡都成问题的政府的债券。这种窘境促成了银行系统在战争过程中的一次彻底革新。随着 1863 年《国家银行法案》（*National Banking Act*）

的出台，联邦政府开始发放银行牌照，并对它们实行比州际执业许可银行更为严格的监管，这些银行就是现在的金融巨头（如花旗和摩根大通）的前身。

但是，仍有一些问题没有解决。例如，货币的供应量应与银行持有的政府债券挂钩。如果货币的需求保持稳定，这种机制是没有问题的。但是，金融史给了我们一个重要教训：事实并非如此。例如，在恐慌时期，所有人都想要现金。而美国的银行系统弹性不足，意味着它的货币供应无法按需随时调整。这也就意味着恐慌很快就会传遍整个国家，所有银行都会发现自己无法满足实际中的现金需求，进而导致一大波银行的破产和经济萧条。例如在 1873 年，费城的投资银行杰伊・库克公司在铁路证券上损失惨重后倒闭了。这一次衰退非常严重，以致到了 20 世纪 30 年代，19 世纪 70 年代的那 10 年仍以“大萧条”而闻名。

在货币供应缺乏弹性的时期，恐慌极易发生。仅是农业生产的周期性就会引发不少问题。每逢秋天，全美国的农场主都需要现金用来支付收割农作物并运输到市场上的农民工资，而农场主会在货物出售几个月后收到现金。在那之前，银行都无法满足新增的货币需求——毕竟，新的黄金和国债不会因为玉米收成季节的到来而突然增加。为了解决这一问题，银行创设了私人票据交换所，允许彼此之间调剂资金余缺，这样，每年秋天资金就可以从大城市的银行流转到乡村地区。

而在一般年份中，虽然季节性的货币短缺并非灾难性的，但如果碰上了其他经济问题，那就可能是毁灭性的了。因此，除了 1873 年那次较大的危机，还有一些较小的危机，如分别发生于 1884 年、1890 年以及 1893 年的危机。

接下来就是 1907 年的恐慌了，它最终促成了美国立法者改革这个国家落后的金融系统。这次恐慌始于 1906 年发生于旧金山的一次毁灭性大地震。突然间，所有保险公司在同一时间都需要大量美元，它们卖掉了债券和其他资产以满足支付索赔的现金需求。

当时的美国社会仍处于农业经济形态，一个依靠作物丰收的年代，同时国家经济也在走向繁荣。因此，全国各地的公司都需要比往常更多的现金来投资新办企业。仅仅在旧金山，地震之后连续好几个星期都无法取现：现金被紧锁在地下金库里，从而远离因燃气管道破裂而造成的大火，因为一旦打开，金库就会猛烈燃烧起来。

所有这些都意味着当时的货币需求不是一般的大，而货币供给却无法大幅提高，这从不断升高的利率和不断增加的挤兑行为中就可以看出。在这个熟悉的场景中——约翰·帕姆斯丘奇在 17 世纪 60 年代经历过：挤兑引发了更多的挤兑，很快，整个国家的银行都命悬一线。

然后在 1907 年的 10 月，铜矿主出身的银行家 F. 奥古斯塔斯·海因策（F. Augustus Heinze）和他做股票经纪人的兄弟奥托（Otto）试图通过购买他所拥有的联合铜业公司的所有股份来垄断市场。资金从银行及与奥托做生意的股票经纪公司中喷涌而出。但收购失败了，联合铜业公司的股票大跌。投资者们匆忙把资金从银行里撤出，即使那家银行与奥古斯塔斯只有很微弱的关系。

首先是海因策自己位于蒙大拿州比尤特的银行破产，接着就轮到了位于纽约的尼克伯克信托公司，它的总裁是海因策的生意伙伴。成百上千的储户在它位于第五大道的奢华总部里排起了长队，身上还挎着准备用来装现金的背包。银行职员站在大厅中央，大声宣布银行有足够的偿付能力，但这些都无法阻止他们。尼克伯克信托公司的破产使得美国国内所有的银行都把现金贮藏起来留作备付，甚至不愿借给其他银行，担心它们会是下一个尼克伯克信托公司。

华尔街之王

的确，在 1907 年那个可怕的秋天，美国并没有一个央银。但这并不意味着它没有一个央银家。在当时，约翰·皮尔庞特·摩根是毋庸置疑的华尔街之王，其他银行家在遇到困难时都会向他求助。他并不是处于世纪之交的商业巨头中最富有的一位，但以他的名字命名的银行是全美国最大且最重要的一家。他的影响力远超出其控制的大量美元现金。

摩根曾在 1895 年一波早期的恐慌中，通过组织其他华尔街巨头购买联邦政府债券救助了美国财政部。当 1907 年危机四起时，摩根无法避免地要在华尔街 23 号，也就是他的银行的办公室里接受一系列银行家的拜见。他们都想获得他的帮助。

摩根要求美国财政部部长到纽约来（注意这里是谁召见谁），并命令一位有能力的年轻银行家本杰明·斯特朗（Benjamin Strong）分析下一个遭遇冲击的大型金融机构——美国信托公司的报表，看看它是真的面临破产还是仅仅是短期的现金流问题，即是偿付能力不足还是流动性不足的老问题。摩根的结论是流动性不足。于是，银行家们救助了它。

这并没有遏制事态的发展。由于储户无法确定哪些银行、信托和经纪公司是确实具有偿付能力的，整个纽约乃至全美国的挤兑行为仍在飞速增加。1907 年 11 月 2 日星期六的晚上 9 点，摩根召集了四五十个银行家到他的藏书室——几家最大的银行的高管聚集在东侧，而来自出问题的信托公司的高管则聚集在西侧。摩根和他最亲密的顾问们聚集在一个私人房间里，“对于焦虑的银行家们来说，完全无法想象出比这更不适宜的会议地点了，”银行家托马斯·拉蒙特（Thomas W. Lamont）写道，“其中一个房间高贵而华丽，墙上挂着挂毯，箱子里堆满了罕见的《圣经》资料以及金色装饰的中世纪手稿。另一个房间里放着文艺复兴早期的大师们的作品。还有巨大的火堆，门半开着，通往最神圣的地方——在那里原始手稿得到了很好的保护。”

正如托马斯·拉蒙特所说，银行家们等候着“现代美第奇的重要决定”。最后，摩根设计了一个方案，银行托拉斯为它们中较弱的成员的储户提供担保——这是他们在凌晨 4 点 45 分达成的协议。先不论摩根和美第奇的比较，令人惊奇的是，摩根的角色与一个世纪后的蒂莫西·盖特纳的角色非常相似。他们都将高管们聚集起来，鼓励较强的银行和经纪公司收购较弱的公司，救助一部分银行并让另外一部分破产，以及彻夜商谈以便在第二天开市前采取行动。

当然，也有一个很大的不同：盖特纳工作的机构是由美国国会设立的，尽管它的治理并不是那么民主，但它代表着政府的权威。盖特纳的主要决定都经过了联储理事会的同意，理事会成员由总统任命并由参议院确认。他能够应对2007—2008 年危机，归功于其凭空创造美元的能力。

相比之下，摩根只是一个非常有影响力的人，他提出了一个合理的公益性方案，并有能力劝说其他银行家按他希望的去做。

美联储的创立

到此为止吧，不多说了。1907 年的恐慌引发了美国历史上最严重的一次衰退，同时也在世界各地引发了类似的危机。国会议员终于意识到，设立一个央银并不是一个坏主意，"很明显，" 参议员奥尔德里奇——就是戴着丝制高帽、去过哲基尔岛的那位，说道："虽然我们国家的自然优势比其他任何国家都要大，但对信用和信心的周期性破坏严重阻碍了它的正常成长与发展。"

恐慌过后，国会立刻通过并颁布了《奥尔德里奇 - 瑞兰法案》(*Aldrich-Vreeland Act*)，解决了金融系统中一些最为紧迫的问题。但是，法案推迟了对一个更重大的问题的处理，即什么样的央银对于一个长久以来拒绝设立央行的国家来说是有意义的。法案创立了国家货币委员会，它由一些国会议员组成，并远赴欧洲国家的首都，考察它们的银行系统的运作。但委员会受到各方的牵制。

农业利益集团害怕央银会成为华尔街的工具。他们坚信政府应采取一些举措来保证农业信贷的持续供应，不会随季节波动。与此同时，大银行都想要一个最后贷款人来终止危机，但它们更想由自己掌控，而不是让政治家来掌控。

1910 年的那个秋天，“有名无姓俱乐部”聚集在哲基尔岛，他们的任务是提出某种办法，使得美国在引进欧洲央银体系优势的同时能够平衡到这些顾虑。

他们在摩根的海岛寓所内开会设计出的方案是，在全美国范围内设立一个央行网络，而不是单单一个央行。这种多层次的央银系统会接受任何“真实票据”（本质上是从客户处获得的付款承诺）作为换取现金的抵押物。在收割季节时，面临现金短缺的银行可以向农民发放一笔贷款，同时到当地的区域性央行，以贷款作为抵押向央行换取现金。国家的央行理事会为这些贷款设定利率，并因此可以在国家层面上对信贷松紧进行整体控制。在哲基尔岛的这些人起草了设立国家储蓄协会的法案，三个月后，当时对国家金融事务最有影响力的参议员奥尔德里奇向国会介绍了这个草案。

法案轰然落地。尽管“有名无姓俱乐部”设法在此后的几年内对自己的行为保密，但对于一个正在经历平民主义复苏的国家（很大程度上是由于 1907 年恐慌以及紧接着的萧条而对托拉斯产生了愤怒）来说，设立一些由银行控制的新的权力机构是不切实际的，尤其在民主党于 1912 年接管国会后。而奥尔德里奇和“有名无姓俱乐部”一直试图解决的主要问题仍然十分严重。

奥尔德里奇最初的提案失败了，但他建立了讨论的框架。国家需要某种形式的中央权力机构，同时也需要在各地设立分支机构。并且，大家也逐渐清楚地认识到，他提出的这个基本方案——即权力在集中的同时需要分散到全国各地，且权力由银行家、当选的官员以及商业和农业利益集团共同享有，是唯一可行的政治解决方案。因此，关于央银的讨论落实到如何平衡区域性银行和中央机构的权力以及如何平衡不同选区的权力上来。

卡特·格拉斯（Carter Glass），弗吉尼亚州的一个报纸出版人，也是未来的财政部部长，率先在众议院起草了一项法案，强调了远离华盛顿和纽约的分支机构的权力和优先性。他想要在全美国设立 20 家储备银行，每一家银行都自主决策，不存在一个集中的理事会。他认为，国家太大了，各地有不同的经济状况，让一群华盛顿的政府官员负责所有事情是不合理的。相反，总统伍德罗・威尔逊（Woodrow Wilson）希望有更明确的政治控制以及更为集中的权力。他认为只有由华盛顿的政府官员来管理这个机构，它才具有民主合法性。同时，参议院尝试了一些方法，例如让政府任命官员来管理区域性银行，这就使得美联储更为直接地受政治权力的控制。

1913 年，尽管存在以上这些明显的分歧，但有一些基本的东西是大部分立法者都同意的：我们需要一个央银来支撑银行系统。它包括分散在各地的区域性央行，而且它需要多方的治理，包括政治家、银行家以及农业和商业利益集团。难处在于细节的设计。

谁来管理这些储备银行呢？理事会由以下人员组成：当地银行家和他们挑选的商人，以及代表公众利益的第三方群体。华盛顿的联储理事会包括由总统任命并经过参议院确认的财政部部长和美联储理事长。

那一共有几家储备银行，它们又在哪里呢？立法确定了一个折中的数量，8—12 家，而不是格拉斯设想的 20 家。法案设计了一个详细的委员会程序来对储备银行进行选址。当然，有一些地点非常明确——纽约、芝加哥。但到最后，很多决定实质上是政治性的。虽然弗吉尼亚州的首府里士满既不是最大的城市之一，也不是最大的银行中心之一，但因为格拉斯来自弗吉尼亚州，所以它被选上也就不足为奇了。

参议院委员会对《联邦储备法》（*Federal Reserve Act*）的投票实质上是一票制胜的，关键一票在密苏里州的参议员詹姆斯・里德（James A. Reed）手中。同样不足为奇的是，密苏里州成为唯一一个拥有两家联邦储备银行的州，两家银行分别在圣 - 路易斯和堪萨斯城。从此，即使美国人口在不断增加，联邦储备区的地点都没有改变过。截至 2000 年，旧金山区涵盖了全美国 20% 的人口，而明尼阿波里斯区覆盖的人口仅有 3%。

同时，美国联邦储备系统也对那些对央银有戒心的人做出了让步，像美国第一和第二银行一样，设置了一个解散的时间：1928 年。人们很容易便能想象到美联储许可证到期的短短几年后将会发生什么，那便是大萧条的到来。

扎根在内心深处的厌恶

关于《联邦储备法》的争论是令人厌恶的。1913 年 9 月，明尼苏达州众议员乔治·罗斯·史密斯（George Ross Smith）将一块 7 米乘以 1.2 米的木制墓碑抬到了众议院，以此“悼念”由政府官员管理新成立的国家银行而导致的工业、劳动力、农业以及商业的死亡。他辩称：“杰克逊总统当时对第一和第二国家银行的权力控制与现在对美联储理事会强大的权力控制相比，简直是小巫见大巫，而这个法案每逢大选都会被作为争取选民的筹码。”

并非只有暴躁的平民主义者反对建立央行。华尔街精英们偏爱的参议员奥尔德里奇也抱怨说，威尔逊政府坚持对央行实行政治控制会使法案变得“激进和革命性……同时也和所有公认的经济法标准不一致”。

尽管存在一些反对声音，利益集团的策略已足够有效（1907 年的历史也是如此），以使得国会在 1913 年 12 月通过这项法案。威尔逊在圣诞节前两天签署了文件，美国终于有了自己的央银，“大部分专家一致认为，如果这个新方案能够防止未来国内发生‘现金恐慌’，这部新法律将是一个世纪以来最好的圣诞礼物。”《巴尔的摩太阳报》（*Baltimore Sun*）写道。

当然，政府还是没有解决产生恐慌的问题——尽管它获得了一个应对恐慌的更好的工具。对央银的厌恶扎根在美国人民的内心深处，这种厌恶不但没有离开，反而日益增长。无论何时经济形势发生了转变——大萧条、20 世纪 80 年代的严重衰退、2008 年恐慌后的经济下滑，人们都会将沮丧的情绪发泄到这个他们赋予了过多权力来防止此类事情发生的机构身上。

然而在超过一个世纪的努力之后，美国总算有了自己的央银。纽约已经准备好与作为世界金融之都的伦敦竞争，以获得更多市场控制权。随着时间的推移，我们逐渐发现"有名无姓俱乐部"一个世纪前在哲基尔岛上提出的一系列折中方案，以及它创造的笨重且复杂的组织结构还是存在一些好处的——尽管这个国家更擅长于创立央银而不是维持央银的运营。

THE ALCHEMISTS

THREE CENTRAL BANKERS AND A WORLD ON FIRE

04

疯狂、噩梦、绝望、混乱：当央银两次决策失误时

鲁道夫·范·哈芬史坦（Rudolf von Havenstein）是那时最高级别的公务员：毋庸置疑，他是一个为人正直、善良、慷慨之人；一位训练有素的律师，担任过法官，最后在普鲁士财政部演绎了自己杰出的职业生涯。

他也可能是历史上最糟糕的央行行长。德意志帝国银行成立于1876年，对于德国这个刚刚统一的作为全球工业和金融力量的国家的崛起至关重要。在1908年哈芬史坦担任其行长期间，该银行顺利地建立起了现代金融系统，并逐步淘汰了金币、银币和铜币，转而推行纸币。在19世纪末20世纪初，谨慎的货币政策和近乎奇迹般的经济扩张使得德国及其金融产业发展成为以伦敦为中心的新兴竞争者。德国也成为钢铁和化工材料的主要出口国。但随着这个新经济和工业强国触碰了英、法两国的现有权力，危险的武装冲突很快就出现在

了欧洲大陆上。哈芬史坦认为这一点至关重要：政府资助这样一场战争将会对德意志帝国银行非常有利。

斐迪南大公夫妇在萨拉热窝被射杀并由此引发了第一次世界大战的战火。1914 年 6 月 18 日，也就是此事件发生的 10 天前，哈芬史坦就召集了德国主要的商业银行家们。不清楚他是请求、命令还是威胁这些银行家们：他们要在接下来的三年里使银行系统的流动性翻倍，以确保德国货币马克在经济体系内循环，而不是留在银行里。表面上看，这是在试图引导德国走出经济困难。但其真正的目的是，保证国家拥有发动战争的必要资金。

哈芬史坦把这场战争看作一次等同于军队冲突的经济冲突。他写道，归根结底，英国“对于我们经济的繁荣，国际贸易的发展以及不断壮大的海上势力的嫉妒和憎恶是这次世界大战的根本原因”。对德意志帝国银行为这起冲突筹资，他没有表现出不情愿。在早期，这场冲突被认为是一次短期事件。尽管存在破坏，但他的主要目标是保持德国商业的正常运转。“经济活动持续发展的前提条件是最大限度地使用原来的信贷来源，即德意志帝国银行。”哈芬史坦在 1914 年 9 月说道。

鼓励德国的普通民众放弃他们的金币储备和珠宝，来换取德意志帝国银行发行的纸币，这就相当于给予政府通过央行为战争筹资的更大能力。历史学家杰拉德 · D. 费尔德曼（Gerald D. Feldman）写道，纸币的推行“带着无法想象的爱国和盲目崇拜的性质”。哈芬史坦亲切地说起了几个人—— 一位富裕的实业家的妻子，还有他自己的姐夫，他们都把储蓄换成了纸币，并劝说其他人也这么做。一张德意志帝国银行的宣传海报上写道：“黄金献给祖国！我为了保卫国家而奉献出黄金，获得坚实的城墙作为至高无上的报酬。我们要增加黄金储备！把你的黄金首饰带来黄金收购局吧！”

如此大规模地发行纸币会导致马克逐渐贬值的事实被审查机构隔离在公众讨论之外。哈芬史坦和德意志帝国银行的其他高管将价格的普遍上涨归咎于商品囤积。通胀率确实很高，但还没有到达灾难性的地步。战争伊始，马克兑美元的汇率为 4.2。而在 1918 年 9 月的休战纪念日，汇率达到了 7.4，这意味着马克相对于美元每年贬值 13%。这比美国 20 世纪 80 年代初的通胀率高不了多少。

但历史上已有先例，且具备了三个适当的条件为接下来发生的事情做好了准备：德国现在是一个以纸币而不是金币为通货的国家；纸币的购买力在逐年下降；鲁道夫·范·哈芬史坦认为，运用其发行货币的能力为政府的各种需求筹集资金是他的使命，他不管需求到底是什么。

德国政府要成功运用哈芬史坦的央行印钞为国家在战时融资这一策略（在此期间要承担异乎寻常的债务）的前提是赢得战争。即便如此，要使国家的经济状况顺利过渡到和平时期依旧是一项挑战（20 世纪 20 年代的英国在管理负债累累的国家经济时可并不轻松）。但在法国举行的和平谈判中，胜利的协约国下决心要为战争索赔——或者用一个好听点儿的词："补偿"。最终签订的《凡尔赛和约》（*Treaty of Versailles*）并不是一个协商的结果，上面罗列的是协约国的需求：德国放弃在非洲的殖民地以及它领土的 1/8、人口的 1/10 和钢铁生产能力的 38%。

更具毁灭性的是，这个变小和变穷了的国家还要支付大量赔偿金——总共 1 320 亿金马克[①]，相当于国家三年多的国民总收入。它每年欠下的 30 亿金马克相当于德国出口总值的 26%。这项债务在接下来的几年里逐渐降低，但直到 2010 年，德国仍欠着购买了与赔偿金相关的债券的外国投资者的钱。

经济学家凯恩斯曾离开剑桥到英国财政部援助这场战争，他对凡尔赛会议上的所见所闻感到厌恶。协约国对于赔偿的饥渴及缺乏宽宏之心，给战败的德国加上了不可能肩负得起的债务负担。他对于条约带来的潜在隐患感到焦虑和担忧，还因此染上了疾病。他在条约签署之前就向财政部请辞，并很快撰写了《和平的经济后果》（*The Economic Consequences of the Peace*）一书，阐述了德国承担的赔偿要求对于世界来说是一个巨大的风险，战前意义上的和平已成为一种比大部分人意识到的更稀有且更复杂的现象。

① 金马克是德意志帝国在 1873 年到 1914 年期间发行流通的货币单位。——编者注

“我们当中很少有人能够坚定地认识到西欧发展的半个世纪所依赖的经济组织的本质是极其不平常、不稳定、复杂难懂、不可靠和暂时的。”凯恩斯在书的开篇写道：“如果欧洲内战以法国和意大利滥用暂时胜利国的身份摧毁德国和现在饥荒的奥地利而告终，它们也会招来自身的毁灭，因为通过隐藏的精神和经济盟约，他们已经深深地、无法逃脱地和它们的受害者联系在了一起。”

1919 年 6 月 28 日，两位低调的德国官员签署了《凡尔赛和约》——根据一位英国目击者所说，他们一个“清瘦，有着粉色的眼睑”，另一个“圆脸，神情痛苦”，他们的脸色都如“死一样的苍白”。这也不奇怪：他们国家的经济出了问题，而政治环境却是中立派的脆弱结合，面临着左翼布尔什维克主义和类似于右翼民族主义者的不间断威胁。德国在战争期间已累积了大量债务，以至于拿出第一笔赔偿金对这个国家来说都非常困难。

可怕的恶性通胀

印纸币是唯一的选择。虽然战争的债务都以黄金计价而非纸币，但只要通货还有一点价值，就可以快速筹集资金，然后将其转换成黄金支付给协约国。然而哈芬史坦很快发现，用印钞机资助政府背后隐藏的残酷数据：随着新马克在经济体系里流通，同样数量的商品需要支付更多的钱，进而导致了价格的上升，因此每一马克的价值变得更少了。为了调整通胀，德意志帝国银行需要印制更多的马克去支付等量的政府开销，而这又更进一步地提高了通胀率。

逐年的物价涨幅甚至大到以几何级数增长。1920 年年底，1 美元可以兑换 73 马克；1921 年年底，1 美元可以兑换 192 马克；而到 1922 年年底，变成了 1 美元可兑换 7 589 马克。1923 年 11 月，同样的 1 美元可以兑换 4.2 万亿马克。

当时还发生了很多奇闻异事。在餐厅吃饭，结账时的金额要大于点菜时的金额；小偷偷了一筐现金——然后留下了筐把现金扔掉了。一个简单的付钱动作变得很烦琐：当时的照片显示，人们拖着巨大的现金箱子进行日常的采购活动。社区建立了代用品的物物交换系统。例如，一个鞋厂用鞋票来支付给它的员工，员工可以用这些鞋票到面包店和肉店购买食物。毕竟，实物商品——鞋子、面包、肉类可以保持其价值不变，而纸币却做不到。为了提供一个稳定的储蓄载体，奥尔登堡市提供了一种名为“黑麦券”的票据，它的价值等于125千克的黑麦面包。

为了进行长期储蓄，人们转向了其他实物商品，尽管他们并不需要这些商品。一份奥格斯堡1923年的报告显示，德国人均购买6辆单车，7—8台缝纫机，2辆摩托车，所有这些都作为储蓄。巴伐利亚当局报道说，钢琴也很受欢迎，即使那些人并不弹钢琴也会用来作为储蓄。工人们在收到工资后会第一时间花掉，银行家们也开始习惯用万亿马克的票据进行交易。一位银行职员写道，登记那么多的零“使得工作效率变低，我对于我处理的那么多钱已经失去感觉了，它并没有现实意义，只是一张纸”。

德国的恶性通胀耗尽了一代人的储蓄，他们原本是正逐步走向繁荣的商人阶级。欧内斯特·海明威（Ernest Hemingway）采访的一位服务员说，一年前他就存了足够的钱来购置一个酒馆，到1923年，“那些钱只能买4瓶香槟”。“在已经置办了家居的房子里，椅子的皮革曾用来做鞋子，窗帘的里衬曾经被做成孩子们的衣服，”一位英国的社会工作者在1922年写道，“这并不是特例，而是常态。”严格的房租管制法意味着房租无法跟上飞涨的物价，因此，到了1923年的第三个季度，一个普通德国家庭只需花费收入的0.2%来支付房租，房东早已破产。但由于农场主囤积粮食并进一步推高了价格，因此，无论工人在房租上节省了多少，他们都要在食物上花掉92%的收入，而在战前，这个比例仅为30%。

“你可以在大街上看到背着麻布袋或推着婴儿车的邮递员，里面装满了第二天就会贬值的现金，”赛珍珠（Pearl S. Buck）采访的一个德国女人厄纳·范·皮斯陶（Erna von Pustau）说：“生活就是疯狂、噩梦、绝望、混乱。”

到底鲁道夫·范·哈芬史坦在想什么？他深知如果切断德国的现金来源，脆弱的德国政府将会面临什么：花费更高的成本借钱，将迫使政府削减开支，这很可能带来经济萧条，进而导致政治革命。但是，即使他确实曾有过一些伟大的策略——尽管不成功，这个有学问且值得尊敬的人仍然固执地认为通胀的问题是大家的错，而不是他的错。他认为，维持巨大的预算赤字是政府的错——这虽然是事实，但通胀的出现是德意志帝国银行印纸币为那些赤字融资的结果。这同时还是货币投机者的错，他们卖出马克，并希望从贬值中获益。尽管还有无数这样的人，但却是德意志帝国银行的政策证明了他们的赌注是正确的。

哈芬史坦在 1923 年 8 月 17 日，也就是恶性通胀的顶峰时期发表的演讲中进一步暴露了他的目光短浅。他说："德意志帝国银行现在每天发行 20 万亿马克。下一周，我们会将这个数量增加到每天发行 46 万亿马克……现在的总发行量达到了 63 万亿马克，因此几天后我们就能在一天内发行总流通量的 2/3。"

仅一天之内，哈芬史坦便将货币供应量提高了 2/3。而他似乎认为这是件好事。他倔强地以德意志帝国银行具有克服生产和分发如此大量的金钱的能力为傲，"德意志银行的票据印刷组织（曾经变得非常庞大）的运营创造了对人力资源的最大需求，"他在 8 月的演讲中说道，"数不胜数的货物从柏林装运发往各个省份，而送往一些银行的……只能通过空运。"

柏林、慕尼黑、杜塞尔多夫的街道上弥漫着不满的情绪，人们经受了长达 10 年的苦难，只想要寻找一个答案。共产主义者和法西斯分子争相要成为公众愤怒的受益者。"人们不理解发生了什么，"出版商利奥波德·乌尔斯坦（Leopold Ullstein）写道，"他们所学的所有经济理论都无法说明这个现象，认为这完全取决于一种匿名的权力——正如原始民族相信巫术一样。一些人肯定知道真相，而这些人肯定是一个阴谋集团。"

1923 年 11 月 8 日，一群民族主义者冲进了慕尼黑的一个巴伐利亚高级官员聚集的啤酒馆。一个具有超凡魅力的年轻退伍军人，希特勒登上了舞台。“一个新的国家政府将会在这个特殊的日子里在慕尼黑成立！”他向人群怒吼道：“一个新的德国国家军队将会马上成立……德国临时国家政府的任务是向那个有罪的巴比伦城市——柏林进军，拯救德国人民！明天要么我们死去，要么你们会在德国看到一个新的国家政府！”啤酒馆政变之后，上述情况都没有发生，但在接下来的几代中塑造欧洲乃至全世界的力量已经被释放了出来。

4天后，财政部部长汉斯·卢瑟（Hans Luther）受够了恶性的通胀。他召来了亚尔马·沙赫特，一个急性子且野心勃勃的银行家，沙赫特的父亲崇尚美国的废奴主义。沙赫特将出任货币理事长，负责引入新的德国通货——它被寄希望成为纸马克无法做到的一个可靠的价值贮藏工具。在财政部一个窄小昏暗的杂物室里，仅配有一个秘书，他没日没夜地通过电话工作，希望能够引进一个与国家土地挂钩的货币体系。尽管在柏林一条街道的两头工作，但沙赫特和哈芬史坦从没有说过话。而后者尽管体力虚弱，并且在国家遭遇的灾难中所承担的角色问题上受到了蛊惑，但他还是拒绝了退休的请求。

解决这一问题耗时并不长。11月20日，在沙赫特担任货币理事长8天后，他设置了一个兑换率：每一单位新的地租马克等于一万亿纸马克。新的货币对美元、英镑和法郎的汇率将恢复到战前水平。那天晚上，哈芬史坦在一个会议上突发心脏病去世。也是在同一天，德国的恶性通胀和它的制造者同时死亡。

黑色星期四

作家门肯（H. L. Mencken）有这样一句著名的话：华尔街是一条从墓地到河流的通道，因为象征美国金融产业的中心就连接着三一教堂（Trinity Church）的墓地和东河（East River）。但这条线从来没有像1929年10月24日这一天那么有倾向性，这一天在历史上被称为“黑色星期四”。成千上万的人突然聚集到下曼哈顿区这条狭窄蜿蜒的街道上，只是为了呆呆地看着600名被派遣到华尔街来控制他们的警察。他们在那里见证了股票市场的大规模抛售所引发的混乱，而在此之前，股市还一片乐观。一位观察员写道，他们通用的表情是“并不是很痛苦，只是惊讶与不敢相信”。

下面是关于黑色星期四的一些事实：尽管它以大萧条的开始被铭记，但它的结束也没有那么糟糕。道琼斯工业平均指数在交易的最初几个小时内大幅度下跌了 20%，但随着时间的推移，美国金融界的关键人物聚集在摩根大通的总部华尔街 23 号，并一致同意介入。道琼斯指数最后以仅仅下跌 2% 收盘。第二天的《华尔街日报》的头条是：“银行家们阻止了股市的崩盘”。

但银行家的介入仅推迟了市场修正，而不是终止了它。紧随黑色星期四其后的，首先是“黑色星期一”，其次是“黑色星期二”，道琼斯指数在这两天分别下跌了 13% 和 12%。两个数字加起来就足以将股票价格从上个月的历史最高点拉低 40%，伟大的美国财富机器遭遇了突然逆转。

美国股市的崩盘当然是件大事，且登上了全世界报纸的头条。但不管怎样，它都应该是可控的。它没有理由造成德国工业中心的经济活动的下滑，或者英国煤矿工人的大规模失业，又或者全球货币系统的崩溃。纽约股市的崩塌还不足以引起这么大的反应，这需要各国央行行长的一系列分析失误和彻底的错误决策才能引发。

脆弱的繁荣

沙赫特修正马克的 6 年后，德国再次成为一个逐步上升的工业国家。在一个稳定的货币机制下，工厂开始重新运作，股票市场开始繁荣。20 世纪 20 年代中期，柏林又成为一个繁荣、城市化和充满艺术创新的地方。德国因其繁荣的经济和大量投资机会成为外国资本的理想目的地之一。事实上，到 1927 年，沙赫特开始担心，大量国外资金的流入可能造成经济过热。

与此同时，法国、英国的央行行长正在努力克服由于金本位制度以及些微的个人仇恨所导致的两国之间的紧张关系。20 世纪 20 年代，世界主要经济力量又回到了与黄金挂钩的货币制度，而这也是它们当时为了资助第一次世界大战而废弃的货币制度。粗略地说，如果想要保持物价的稳定，一国经济的货币供应必须与经济增长速度相匹配。一个不断发展的经济意味着不断增长的黄金需求。

但若回到各个主要工业国家的增长上来看，矿工的生产率并不会突然提高。作为战前世界金融中心的伦敦拥有黄金，而快速增长的经济体——法国、德国和美国则需要黄金。它们从伦敦购买黄金来填充自己的金库——更通常的做法是，把黄金永久保存在英格兰银行的金库里，并通过书面记录重新分配所有权。

到 1927 年，这种制度给有才干而性格古怪的英格兰银行行长蒙塔古・诺曼造成了一个两难局面。他需要做出一个不愉快的选择：他可以提高还没从战时的不景气中恢复过来的英国经济的利率水平，收紧国家的货币供给，进而降低发展速度，并允许波动的存在。或者他可以维持现状，但如果人们对英国可以保持货币与黄金挂钩这一点失去了信心，就会有英镑危机的风险。

这一两难局面因诺曼与其在巴黎的对手——法兰西银行行长埃米尔・莫罗（Émile Moreau）纠结的个人关系而变得更为复杂。莫罗使得英国因储藏了大量黄金而举步维艰。但诺曼和莫罗的隔阂比纯粹的政治争论要深得多。莫罗不会说英语，诺曼会说流利的法语，但诺曼坚持用他的母语讨论。在他们 1926 年的第一次会面中，莫罗总结说，诺曼是“一个为他深爱的祖国谋求对世界支配权的帝国主义者”，并说“他不是我们法国人的朋友”。诺曼离开时对莫罗的印象是一个“愚蠢、固执、缺乏想象力和理解力，但会为了狭隘和贪婪的目的战斗到底的人”。他们连外形都是对立的。正如《金融之王》的作者利雅卡特・艾哈迈德（Liaquat Ahamed）[①] 所说，高大、高贵，甚至有些时髦的诺曼

① 职业投资经理人，其著作《金融之王》的简体中文字版已由湛庐策划，四川人民出版社出版。——编者注

和矮胖、秃顶，看起来像福楼拜小说中的乡下人形象的莫罗形成了鲜明的对比。

在美联储，冲突并不是发生在央银之间，而是在美联储系统内部。现在，美联储的不同部分——位于华盛顿由总统任命的联邦储备委员会、强大的纽约联储以及分散在全美国的其他 11 家储备银行的权力和责任已经清楚明白，央行很明显由华盛顿掌控。但在20世纪20年代，其中的界限则较为模糊。1927 年在长岛的一处居所里，纽约联储主席本杰明 · 斯特朗与沙赫特、蒙塔古 · 诺曼、莫罗的代理人召开了一次秘密会议，他并没有邀请联邦储备委员会的任何人。他认为处理国际经济关系是他一个人的事。联邦储备委员会主席（后来分别由艾伦·格林斯潘和本·伯南克担任）被认为势力太弱，以致罗伊·杨（Roy Young）在 1930 年离开了这一岗位，成为波士顿联储的主席。

斯特朗于 1928 年去世后，由年轻的贵族律师乔治 · 哈里森（George L. Harrison）接任纽约联储主席之职。哈里森在 1929 年 10 月股票市场的崩溃中设计了一系列干涉方案，不料却被他在华盛顿的同事驳回。紧接着的下个星期，他便和纽约联储连夜做了个决定，在没有得到华盛顿的许可之下，向金融市场注入 5 000 万美元——这一举措受到了罗伊 · 杨的指责。美国的金融系统正处于危机之中，而美联储的创立正是用来处理这一问题的，但却因为其内部的权力争斗而变得软弱无力。

由本杰明 · 斯特朗、埃米尔 · 莫罗、蒙塔古 · 诺曼和亚尔马 · 沙赫特构建的全球金融体系给世界带来了一段时间的繁荣。但是，无论是经济基础、金本位，还是居于管理地位的机构和个人都比任何人料想的更为脆弱。

埋下第二次世界大战的祸根

随着华尔街崩溃的消息在全世界传开，投资者们马上就将他们在纽约的银行及其他证券市场里的钱取出。在美国，冲击是令人震惊的，工业生产在短短两个月的时间内就下降了 11%。但是，导致全球衰退的路径并非直接且明显。

事实上，随着美联储采取信贷放松、下调贴现率（从 6% 降至 2.5%）来应对股市崩溃，情况在 1930 年初看起来似乎略有好转。哈里森呼吁尽快实行更低的贴现率，但是纽约联储主席却受到来自华盛顿以及美国国内其他联邦储备银行同事的阻碍。

这些官员们用说教的词汇来评论这次崩溃，将其视为繁荣后的必然后果——实际上是一种遗留物，作为对备受溺爱的一国的惩罚。1930 年 1 月，联邦公开市场委员会的正式声明称："在目前下行的趋势中，用尽我们所有的资源来尝试刺激商业是不明智的……阻止不可避免的衰退是一种徒劳的尝试。"毕竟，这很快将会结束，而最坏的情况已经过去了。"毋庸置疑我们一度处于严重的危机当中，"查尔斯 · S. 哈姆林（Charles S. Hamlin）州长在 1930 年 1 月的一次演讲中说，"恐惧，"无论如何，"将会马上一扫而空，冷静的判断和理智的措施将会出现。我能够看到日常生活的黎明，也坚信太阳不久将会升起。"

起初，对于欧洲的冲击看起来很小——伦敦与巴黎的股票价格下降了，但下降的幅度比纽约要小很多。但是，政策的失误所导致的小冲击却演变成了大危机。德国经济依靠美国投资者的推动，因此，华尔街的崩溃对德国的经济增长产生了非常大的影响，德国经济在 1929 年年末至 1930 年年初的经济萎缩中尤为低迷。德国的失业保险项目是按照资助 80 万失业人口进行预算的，但是，1930 年年初的全球经济危机使得 1 900 万德国人失业。

政府倾向于通过预算赤字支付额外的债务。沙赫特不同意此事，他认为政府财政赤字导致了 20 世纪 20 年代德国早期的恶性通胀。他公开指责政府财源方面的问题，政府采纳了他的建议。德国政府通过提高多种类型的税收来平衡财政——不只是个人的收入，仓储、矿泉水、啤酒等都在范围中。但是，德国政府的政策没有抵消美国崩溃带来的负面效应，反而进一步减缓了经济的复苏。

同时，英国与法国之间的旧模式，开始变得更具有破坏性。当美国和德国都进入了严重的衰退期时，英国却采用了具有侵略性的降低利率来避免衰退，但相对较为繁荣的法国却在享受大量的黄金流入。当越来越多的黄金流入法国时，其他国家的央银在更困难的情况下就越来越难增加货币的供给。

然后，情形变得更糟了。

美国股市的崩溃催生了一种之后被本·伯南克称为“金融加速器”的机制。银行在金融崩溃中遭受了损失，然后从借贷中弥补。更少的借贷意味着更弱的经济增长，更弱的经济增长意味着银行将会损失更多——如此循环。同时，美联储杰出的绅士们看着经济变得越来越糟——1930 年的失业率达到 9%，比 1929 年增加了 3%，然后得出了完全错误的结论。1929 年年末，他们的干预措施尝试鼓励经济增长，但失败了。他们推论，需要加倍努力，但这一举措有勇无谋。联邦储备银行“拥有充足的准备金，同时准备好了为复苏之后的众多企业提供大规模的信贷支持”，美联储委员查尔斯·哈姆林在 1930 年 11 月说道。换句话说，美联储准备好了为银行系统提供流动性——但这仅在情况好转的前提下。

哈姆林表示，由于无法偿付他们的存款人，仅这个月就有 256 家美国的银行倒闭。12 月，又增加了 352 家，其中包括美国银行的巨头。随着银行系统的崩溃，数百万美国人损失了他们的存款，同时经济衰退中的货币供应量也相应减少。赫伯特·胡佛（Herbert Hoover）和美联储都袖手旁观，希望情况能够好转。但是，1931 年的失业率攀升到了 16%，1933 年则高达 25%。

当维也纳最大的银行安斯塔特信用社在 1931 年 5 月出现危机时，意味着美国银行业的危机扩展到了欧洲，连年借贷给有疑虑的项目最终引发了问题。奥地利政府担保银行的存款——却忽然发现它们的好信誉也出了问题。于是，全球性的银行挤兑出现了。如果安斯塔特信用社也会破产，那么在阿姆斯特丹和华沙的过度放贷银行呢？在法兰克福和慕尼黑的呢？

当大规模的挤兑在大型德国银行发生时，德意志帝国银行却处在一个尴尬的位置上。德国银行系统的崩溃是一场经济灾难，但央银是整个系统的支撑，这意味着当黄金储备逐渐减少时仍需要扩大货币供给。这需要德国抛弃金本位，而这个国家关于完全信赖政府公信力发行货币的惨痛记忆仍未消退。

作为德意志帝国银行原行长沙赫特的接任者，汉斯·路德唯一的选择是去他的邻居那里寻求帮助。1931 年 7 月 9 日，路德从柏林搭乘了一架私人飞机，他在阿姆斯特丹见到了荷兰的官员，然后在克罗伊登机场（在希思罗机场建成之前是伦敦最主要的机场）见到了蒙塔古·诺曼及其他英国官员。但只有一个国家可能成为德国银行系统的支撑，那就是最近 5 年中有大量黄金流入的法国，而正是法国的大欧洲中心被德国取代导致了战争，它同时也是在凡尔赛谈判中最热切希望惩罚德国的国家。

路德前往巴黎，为自己争取机会。但是，连年的——甚至是几个世纪的怨恨和畏惧挡住了去路。德国只有忍痛接受一些无理要求，法国才愿意提供可以挽救其经济崩溃的各种类型的大量贷款，这些要求包括：禁止民族主义的政治活动，放弃建造战舰的计划以及和奥地利更为密切的联盟。这些是德国不能接受的。

对尝试协定最终绝望的路德前往巴塞尔，向一年前刚刚成立的国际清算银行辩护德国的情形。当时就像如今一样，央银家们在巴塞尔的周末是被美味的食物和难得的建立兄弟般关系的机会所充斥的。蒙塔古·诺曼在创建这个机构的过程中扮演了关键的角色，“使得央行行长成为堪比货币宗教的大祭司们的存在”，正如国际清算银行主管在他的办公室与央行行长们的一次聚会中所谈到的。那是为了诺曼，正如传记记者安德鲁·博伊尔（Andrew Boyle）写的那样，“一个远离家园的精神家园”。但是，尽管努力尝试，国际的央行合作仍旧进展缓慢。

没有一个简单的架构可以让人从中了解全球经济正在发生什么，因此，银行家们对于现状发生的原因有不同的理解。在绝大多数国家，可靠的经济数据都很有限。由于缺乏飞行交通工具，美国、日本等国家的官员几乎无法正常参加外交活动，因此，巴塞尔只是一个欧洲俱乐部。美国人在一开始时甚至不被允许参与：经常怀疑自己会受到国际关系牵连的美国政府，阻止美联储成为商业信息系统（BIS）的一员。德国在 1931 年夏天面临的经济危机，被诺曼总结为“对于央银来说过大了”。

当汉斯·路德最终不再是隐藏的救世主时，第二次世界大战的种子也被埋下了，那天是 1931 年 7 月 3 日。如果德国和法国能够达成协议，那么德国将能避免全面的经济崩溃，进而阻止德国向民族主义和军国主义的道路前进。相反，德意志帝国银行拉高了利率来维持金本位，公开宣布一个两天的“银行假期”，同时落实了外汇管制以减少资金外流，失业率急增至 34%。这些都招来了法国以及其他国家的敌意。纳粹从边缘政党变成了执政力量，甚至连在整个 20 世纪 30 年代都是顶级经济官员且聪明又文雅的沙赫特也成为了希特勒的盟友（尽管由于纳粹的反犹太主义主张的过于张扬，同时他在第二次世界大战期间与反希特勒的势力合作，使得他背离了纳粹党）。和平、民主的德国愿景的坍塌，毫不留情地击碎了货币系统的基石。

在英国，类似的对于金本位的压力也变得难以承受。德国银行系统的崩塌增加了伦敦银行将会是下一个的恐慌的猜测，大规模的挤兑开始出现。英国政府开始向摩根大通及其他美国银行申请紧急贷款。正如德意志帝国银行一样，英格兰银行需要提高利率来维持英镑与黄金的相对价值，同时阻止资金外流——这将会进一步放慢经济复苏，尤其在失业率已经高达 20% 的情况下。正如凯恩斯私下对一群国会议员所说的：“我用我的名誉保证，我们正在走向末路，因为被蒙蔽的政治家们采取了将会令他们后悔的错误政策。”

蒙塔古·诺曼的副手得出结论——诺曼自己正在北大西洋中的一艘船上忍受定期发作的疾病带来的煎熬，并且他们除了放弃金本位之外别无选择。诺曼——那个时代伟大的银行家，在从加拿大回来的轮船上接到了一则电报：“抱歉我们需要向明天进发，无法等到你回来再开展了。”诺曼将其解读为他的副手欧内斯特·哈维（Ernest Harvey）先生不欢迎他的归来。但事实上，这意味着英格兰银行将要放弃金本位。据一位朋友回忆，凯恩斯“就像在一个他不喜欢的人背后引爆了爆竹的孩子一样暗自发笑。”

在富兰克林·罗斯福成为总统后，美国花费了两年多的时间才放弃美元与黄金挂钩的企图。在那时，1/4 的美国人失去了工作。然而在每个大型的工业国家，放弃金本位是结束经济萎缩的信号，同时也是走出衰退的开始。

整个社会都在劫难逃

1933 年，美国及其他主要西欧国家或多或少都达到了 1929 年的生产能力：同样的工厂，同样的农场，拥有同样有知识、技术并热心辛苦工作的人们。但当物价下降、信用崩溃时——20 世纪 30 年代初，央银家任通货紧缩的循环自行发展，整个系统都停滞了。商品的价值降低，负债变得越来越沉重。绝望开始蔓延。斯塔兹·特克尔（Studs Terkel）当时采访了一位艾奥瓦州名为奥斯卡·赫琳（Oscar Heline）的农民后说：“焚烧粮食或者玉米比煤还要便宜。这里偏东的一个县，整个冬天他们都在县政府的大楼里燃烧玉米。在南达科他州，县里的谷仓贴着玉米是负三美分的告示：一蒲式耳[①]负三美分。如果你想卖一蒲式耳的玉米，你还需要倒贴三美分。”与此同时，城市里却有大量的贫民在挨饿。

过多的钱与快速的物价飞涨极具破坏性，正如德国在 20 世纪 20 年代的情况。过少的钱与大幅下跌的价格也具有严重破坏性，正如西方大国在 20 世纪 30 年代的情况。随着破坏性从金融市场反弹到社会经济，再到银行，然后再到政府的金融政策，然后又再次循环，这种破坏性又跨过大西洋从美国到欧洲的金融中心来回反弹。央银家们完全无力阻止这一现象，他们被严格遵守的金本位所束缚，无力——或者不愿意与别人合作。

但是，德国的恶性通胀和大萧条都告诉我们一个最基本的教训：当央银家们的决策失败时，整个社会都在劫难逃。

---

① 一蒲式耳（玉米）容量约等于 25.4 千克。——编者注

THE ALCHEMISTS

THREE CENTRAL BANKERS AND A WORLD ON FIRE

05

阿瑟·伯恩斯的苦恼

所有总统在那个星期五都需要两架直升机——为了世界经济，他们最好分别从两个不同的地方出发。如果让媒体记者看到海军一号从白宫的南草坪起飞，并知道了 1971 年 8 月的那个周末随同理查德·尼克松在大卫营参加乡村活动的官员的完整名单的话，他们就会泄露关于国家货币政策将会转向的消息——而这将会破坏整个计划。

为了远离公众视线，第二架直升机从波林空军基地起飞。在飞驰的汽车里，尼克松的经济顾问赫伯特·斯坦（Herbert Stein）告诉演讲撰稿人威廉·萨菲尔（William Safire）："这将会是 1933 年 3 月 4 日以来，经济史上最为重要的一个周末。"当时，富兰克林·罗斯福宣布了一次银行假日来阻止备受挫折的美国金融机构的持续恶化。

在28分钟的飞行之后，尼克松在阿斯彭小屋的客厅中（可以俯瞰马里兰州的卡洛琳山脉），聚集了众位大佬。有财政部部长约翰·康纳利（John Connally）——在约翰·肯尼迪被暗杀时与其同乘一辆汽车，同时也受了伤。还有白宫助理皮特·彼得森（Pete Peterson）——不久之后他将会成为私募行业的先行者。除此之外，还有预算主管乔治·舒尔茨（George Shultz）以及他的代理人卡斯珀·温伯格（Caspar Weinberger）——他们在20世纪80年代将会分别作为美国国务卿和国防部部长引导冷战结束。高大、安静的财政部副部长保罗·沃尔克（Paul Volcker）也出席了会议，他们中的任何一位都将在历史上留下深刻的印记。

这些人聚在一起对美元的未来议论纷纷。几十年来，美元一直与黄金挂钩，维持着35美元兑换1盎司[①]黄金的水平，但这种关系正在遭受冲击：全球投资者认为，美元的真实价值有所下降，所以他们就利用其与黄金的“可兑换”，将美元换成黄金。美元价值将维持在一个较低水平的传闻只会助长投资者兑换更多的黄金——他们更愿意持有黄金，因为这样能够获得最大收益。如果聚集在大卫营的政要们无法给出解决方案，那么美国终将耗尽全部黄金储备。出于完全保密的考虑，尼克松解释说不能向外打电话。沃尔克那时认为，如果给他10亿美元且不干预他的行动，那么他将赚取大量利润，因为他知道为了弥补230亿美元的赤字，政府将会采取什么手段。

一个回答是美联储将会提高利率，以提高美元的价值，使其与黄金挂钩。但是，失业率已经高达6%，而且总统将在次年谋求连任，这对于尼克松和他的助理来说是个噩梦。他将其在1960年选举的失利归咎于竞选时期美联储紧缩的货币政策。因此，尼克松指示他的团队找出方法处理危机以避免对美国经济震动过大。阿瑟·伯恩斯——名义上独立的美联储主席，保证他将会给予全力支持，尽管他反对此次峰会上即将达成的必然结果——抛弃金本位，“总统先生，”他说，“我会尽我所能提供帮助。”

---

① 约为1千克。——编者注

在周末结束时，15 人团队中的每一位成员都收到了绣有他们名字的大卫营防风外衣——尼克松总统将当时正在播出的电视剧《大淘金》(*Bonanza*)切换为他在办公室发表的演说。美国正在落实工资和物价控制，并尝试用法律降低通胀。同时，美国关闭了“黄金兑换窗口”，结束了美元与黄金的自由兑换。由世界各国领导人于 1944 年在新罕布什尔州布雷顿森林创建的用来阻止大萧条灾难复发的世界金融架构已经结束，随之而来的是世界央银行长们带来的另一场 20 世纪的大失败。

“防风外衣小组”希望他们最终可以找到抑制通胀而又不会导致经济衰退的办法。但结果却是，巨大的通胀才刚刚开始。这是央银行长们在 20 世纪的又一次大败笔。尽管这一次的后果较之 19 世纪二三十年代所犯的错误轻微一点，但伯恩斯确信不会有什么好结果。

“我努力阻止黄金兑换窗口的关闭……但是没有成功，”美联储主席在会议前夕的日记中写道，“黄金兑换窗口可能将会在明天关闭，由于我们有一个无能的政府，这种无能不仅指领导层的建设能力，在其他方面也是如此。这真是人类的悲剧！”

避免灾难性的转变是经济政策的第一目标

阿瑟·伯恩斯是一位追求完美的教授，一头中分的白发、厚眼镜，手里一直拿着烟斗。他“为人谦恭，是一位博古通今的绅士”。一位文件记录员写道。他出生于 1904 年，对经济将会再次挫败有根深蒂固的恐惧，就像他年轻时所见证的大规模失业的情景一样，“他是从大萧条走出来的一位人物，”一位校友曾这样评价他，“那是他走向学术成熟的时期，他见证了整个经济体系的衰变。他学到的教训是，避免灾难性的转变是经济政策的第一目标。”

尼克松澄清了他希望伯恩斯确保美国战后经济繁荣且不会在他的任期内出现动摇的传闻——特别是在 1972 年的竞选中，“我尊重他的独立性，”尼克松谈到1970年1月伯恩斯在白宫东厢的宣誓就职时说，“但是，我希望他的独立性可以考虑听从我的观点。”为了避免任何关于这些观点的困惑，尼克松继续说：“这是对降低利率和增加货币供给的信任的一票。”

美联储的高级职员史蒂芬·阿克西尔罗德（Stephen Axilrod）回忆起被传唤到白宫简要介绍货币政策细节时的情形。直至最后，约翰·埃利希曼（John Ehrlichman，总统最亲近的助理之一）突然到访，“当你早晨起来，对着镜子刮胡子时，”阿克西尔罗德回忆起埃利希曼当时的发言，“我希望你能仔细思考一件事，那就是问问你自己，‘我今天可以做什么来提高货币供给量？’”关于尼克松，伯恩斯在他的日记里写道：“我知道只有抑制自己的想法，全方位地妥协于他的权力，才能在将来被接受——尽管在法律和道德上我都是错误的。”

当伯恩斯表现出明显的独立性时，尼克松当局会通过强硬手段向其施加压力。查尔斯·科尔森（Charles Colson，一位总统顾问，他之后被牵涉到水门事件中）四处散播伯恩斯要求加薪50%的同时还催促控制全国薪金上升政策的实施的言论。白宫散播的另外一个谣言是，当局正在考虑更换美联储的管理层，欲将美联储调整到当局的行政机构中，同时将美联储委员的人数加倍至14人，进而削弱美联储主席的权力。伯恩斯将之与富兰克林·罗斯福在40年前注定失败的压缩最高法院的计划相比较。

但是，这位美联储主席的回应正如尼克松与他的助理们所希望的那样。当与总统会面时，伯恩斯甚至接受了被政治操作的官方语言，“时间越来越短了，”他在1971年12月10日告诉总统（根据总统办公室的录音），距离竞选只有不到一年的时间，“我们希望经济能够继续增长。”

除了政治压力之外，伯恩斯的行动还被一些基本的经济误解所影响。这是一个对明智的政策制定者为经济发展定调充满信心的时代，也是一个任何比例的失业率都不能被容忍的年代，甚至是用高通胀作为交换。当时最有名的经济学家保罗·萨缪尔森（Paul Samuelson）和罗伯特·索洛（Robert Solow）认为，哪怕是3%的失业率——以任何历史标准来看都是令人震惊的低，都是一个

"非完美主义者的目标"。1950—1968 年间的平均通胀率只有 2%，但为了追求异常低的失业率，美联储忍受了物价的飞速上涨——先是 1968 年的 4.7%，随后在 1969 年达到了 5.9%。1970 年年底，《时代周刊》发行的一期封面上有大量的美元账单，乔治·华盛顿的脸颊上印有一滴流下的眼泪，上面用红字潦草地写着："价值 73 美分。"

短短几年之间，通胀的阴影就已深深嵌入战后美国人的心中。企业和消费者们都开始接受物价上涨的新现状。在 1970 年签订的一项协议中，卡车驾驶员的年均工资增长了 15%，火车工人的工资增长了 13.5%，建筑工人的工资平均增长了 17.5%。我们可以合理地假设，卡车司机、火车工人以及建筑工人事实上并没有在同期增加两位数的经济产出。相反的，高工资的结果是高物价，这依次提高了面包、牛奶以及其他物品的价格。

这一恶性循环在 20 世纪 70 年代初逐步发展起来，伯恩斯并没有做什么来阻止这一循环。美联储在 1971 年年初甚至降低了利率目标（当时的年通胀率已经超过 4%），随后在秋天又再次出台了宽松的政策，这最终导致了美联储放弃金本位的后果。

美联储主席也有一些不走运。美国在 1972 年的天气十分不适于农业耕作，而这抬高了 1973 年所有食物产品的价格。肉、家禽和鱼的价格甚至在 1972 年 8 月至 1973 年 8 月的 12 个月之内上升了 40%——这实在是太快了。作家大卫·弗鲁姆（David Frum）写道："牛排餐厅的菜单中打印出来的价格上都贴上了白色的手写价格的贴纸。"

1973 年 10 月，埃及在犹太人赎罪日对以色列发动了一场出其不意的袭击。美国立即对以色列施以援手。10 月 16 日，作为报复，石油输出国组织将原油价格提高了 70%。这一行动动摇了人们对未来石油行业的信念，不少公司开始囤积石油。在短短 6 个月的时间里，美国汽油的价格从 42 美分 / 加仑上涨到了 55 美分 / 加仑，这对美国人心理上的冲击比经济上的还要糟糕：石油无法从燃油供给充足的地区转移至短缺的地区，部分地区只能耗尽汽油。时代的标志性景象变得异常沉重，许多低效的汽车在仅有的几个没有挂着“抱歉，没有汽油”的加油站外一字排开。

和 30 年前一样，如何盯住商品价格成为央银行长们要面对的一个难题。通常，高价的食物和汽油被视为是脱离了央银行长们控制的一次性跳跃，他们往往不会做出提高利率的反应。但如果高价格的汽油导致了高通胀的预期的话，那么将会很有可能提升利率。对于伯恩斯和美联储来说，石油价格的冲击才是最糟糕的，此时的高通胀预期已经脱离了控制。消费者价格指数从 1973 年的 8.9% 飙升至 1974 年的 12.1%。

甚至在 1974 年 8 月尼克松辞职、杰拉德·福特（Gerald Ford）接任之后，伯恩斯与美联储都没有回应。他们认为，为了使通胀降低至可控制的水平，利率需要被提高，但可能会导致严重的经济滑坡。他们被年轻时大萧条的噩梦缠绕，再次出现同样的经济滑坡是不能容忍的。

当伯恩斯的任期在 1978 年结束时，总统吉米·卡特（Jimmy Carter）任命了倒霉的 G. 威廉·米勒（G. William Miller）为美联储主席。米勒是俄克拉何马州一家公司的首席执行官（CEO），学习法律专业，没有任何真正的经济方面的背景。他会在理事会会议的桌子上放一个煮蛋计时器来限制知识分子的冗长言论，并规定每人的发言时间为 3 分钟。他还放了一个“请勿吸烟”的牌子，但他的同事们通常都会忽视这个牌子。一位职员说，米勒认为美联储“就跟他之前担任董事会主席的那家多样化的企业集团一样”。

更值得注意的是，米勒惧怕衰退，拒绝使用货币紧缩政策来抑制通胀。到 1979 年夏天时，通胀率达到了 10%，卡特再也无法忍受了。他将米勒“提拔”到了财政部部长的位置（但这个位置的实权相对较少），同时他在寻找一位会严肃对待通胀的人选。为了寻找一位新的美联储主席，卡特转向了这个国家最成熟的经济政策制定者：他曾在 4 任总统麾下工作，并在早期的国际金融体系制定中扮演了重要角色，包括参加了 1971 年夏天尼克松的大卫营聚会。这是一个将会改变世界经济在未来 10 年走向的人事决定——同时这也导致卡特在 1980

年的连任竞选中败给了罗纳德·里根（Ronald Reagan）。

保罗·阿道夫·沃尔克（Paul Addph Volcker），一个一米八九的大个子，此时被赋予一项伟大的工作。卡特选他担任美联储主席是因为当时世界金融市场正在加速丧失对美国经济体系的信心，而沃尔克作为纽约联储的主席，能够提供任何其他候选人所没有的：及时的公信力。在职位任命之前与总统的会面中，沃尔克告诉卡特他有意缩紧货币供给来对抗通胀。这正是卡特寻找的候选人——但他几乎可以肯定的是不知道自己之后将会得到什么。

沃尔克是个有着双下巴、说话略微含糊的人，有短暂的银行工作经验，但从未在私人部门待过足够长的时间来获得大量财富。他是新泽西州蒂内克市市长的儿子，抽着便宜的安东尼奥·克利奥帕特拉牌雪茄，住在华盛顿一间狭小、杂乱的公寓里，常在昏暗的中餐馆而不是乔治城的高档沙龙里吃饭。这在美联储是一件怪事，他在获得晋升之前必须接受大约 50% 的减薪［作为区域美国联邦储备银行的首脑，他看起来就像是一般的私营企业员工，工资比美联储理事会成员（被认为是更纯粹的公务员）只多一点］。这位在美国权力榜上排名第二的人每年赚取约 6 万美元的工资。

在沃尔克接手的那一年，消费者物价指数上升至 13%。美联储委员亨利·沃利奇（Henry Wallich）在还是一个孩子时目睹了德国在 20 世纪 20 年代的恶性通胀。“我曾经说过，从未想过这可能发生在美国，”沃利奇说，“但现在我没有那么坚信不疑了。”9 月，沃尔克得出结论，整个美联储的“剧本”都要被废除。不是提高利率而是要尝试不同的目标定价方法—— 一个几乎可以肯定的方法是提高借款成本至史无前例的水平。

在搭乘空军飞机前往在贝尔格莱德召开国际货币基金组织的会议途中，沃尔克对卡特的经济顾问们阐明了他的计划。他们一点儿也不喜欢这个计划。诚然，卡特希望降低通胀，但是，较高的利率对经济的影响将会滞后好几个月才会出现。目前，距离总统的连任竞选已经不到一年的时间了——这意味着当他们的总统在第二次竞选拉票时，沃尔克的新政策将会让失业率飙涨。

巧合的是，退休的阿瑟·伯恩斯也来到了贝尔格莱德并做了一场演讲。他描述了无论央银行长多么希望与通胀对抗，如果没有政府当局的支持，他们就无法真正实施。充满了自我辩白与借口开脱的这场演讲有着一个夸张的题目：《央银业务的苦恼》（*The Anguish of Central Banking*）。

“金发女孩经济”

1979年10月6日，是华盛顿历史性的一天。约翰·保罗二世（John Paul II）第一次以罗马教宗出访的形式来到了白宫。保罗·沃尔克召集联邦公开市场委员会来到一个可以俯瞰国家广场的会议室，试图彻底结束“大通胀”。上午10点会议开始，卡特将会在三个半小时后的白宫北门廊迎接教皇，“目前是左右两难的情况，”沃尔克说，意味着同时有经济萎缩和持续且急速的通胀的巨大风险，“完全克服困难也许只是一个美好的愿望，但这也许是个错觉。眼下我们不得不将赌注压在其中一条或另一条上，然后继续前进。”

在沃尔克长达6个小时熟练的官僚伎俩战术下，他的委员会同意了主席想要开展的方案：因为之前的缘故，美联储开展的目标不是货币价格而是银行系统中的货币数量。一般地，美联储会为货币设定一个价格——经济中的美元数量取决于银行、企业和消费者对该价格的反应。这就相当于餐厅为一个汉堡定价为10美元，汉堡的数量将取决于有多少消费者愿意以这个价格购买。

但是现在，为了处理过多美元在经济中流动这一现实，美联储开始采取不同的措施。取代原来的方法，美联储将声明要求的货币量，同时根据希望达到的货币量调整利率。这就好比是，一家餐厅计划卖100个汉堡，然后通过调整汉堡的价格来达到这一目标，无论这意味着一个汉堡是10美元、8美元，还是12美元。实际上，美联储正在承诺降低货币供应量的增长，无论需要将利率拉到多高。连年天文数字般的通胀之后，将货币供应量下降至新的目标不是一件容易的事，因为汉堡的成本将会很高。

沃尔克的新闻助理乔·科因（Joe Coyne）开始召集记者们并告知他们晚上将会有一个新闻发布会。跟进央行新闻的记者们在星期六下午的例行电话通知中并没有收到这个令人惊讶的新闻发布会消息，因此他们纷纷穿着便装赶来。在科因打电话给哥伦比亚广播公司之后，华盛顿分社的社长回电，他只有一个摄影团队能在那天工作——而那个团队正在跟进教皇的访问。"我告诉他，这场新闻发布会将在教皇离开小镇后被久久地铭记。"科因在之后回拨时说道。

随着 50 个记者挤进了会议室后，沃尔克在下午 6 点走进了会议室，两侧的后方跟着两位助手（每一步都跟在主席后方）。沃尔克从纠正一周前在金融市场上四处流传的两则错误信息开始，"我将会告诉你们这个新闻发布会的主要目的，"他说，"我并没有辞职，与最新的谣言相反，我还在这里。"

随后，他开始讲中心议题：美联储政策委员会决定开始以货币供应量为目标，同时将会提高银行借贷利率整整一个百分点。新闻界主要聚焦于之后所采取的行动，这将会更容易理解。然而在美联储的政策改革中，这种看似技术性的改革弱化了那天报道的重要性；沃尔克也有意降低它的影响。当被问到这一措施是否会导致经济滑坡时，他说道："你将会得到不同的答案。"耶鲁经济学家詹姆斯·托宾（James Tobin）稍后说："伯恩斯抽烟斗，沃尔克抽雪茄。但都会产生烟雾。"

沃尔克不久就变成这个国家最不受欢迎的人物之一，因为美联储提高了利率来促使货币供应量达到新的目标。"信贷危机正在到来，"《新闻周刊》在 1980 年 3 月发出警告：需要注意到的是美国西尔斯罗巴克公司正在要求它的信用客户提供更高的偿付，同时美国大通曼哈顿银行开始停止无抵押的个人贷款。随着利率超过 20%，很少有人能负担得起住房抵押贷款。相关的建筑活动实际上已经停滞了。

建筑商开始寄送 0.6 米乘以 1.2 米的木板给沃尔克来表示他们的抗议（数十年以后，他把其中一个给了本·伯南克；它仍待在主席办公室的一个书架上）。汽车制造商也非常生气：高利率意味着消费者难以支付购买汽车的利息。

但胜过建筑工人的是，他们给沃尔克寄送了卖不出去的车钥匙。但农场主的情况可能是其中最糟糕的。在 20 世纪 70 年代末期，玉米的价格在乡郊还会持续上涨，许多农场主都通过贷款购买了更多的土地。随着粮食价格的下降和利率的上升，美国中产阶级失去了他们的农场。他们驾驶着拖拉机来到华盛顿，围着美联储宏伟坚固的总部绕行来表达他们的抗议。

其他的抗议活动就没有这么和平了。1981 年，一个声称对高利率非常失望的人带着一把短猎枪、一把手枪、一把刀和一个假炸弹越过了美联储总部后面的守卫。他被一位临时负责主会议室的守卫击毙，沃尔克随后第一次被配备了一个全职安全特遣队。

沃尔克在国会前来回走动，一边抽着雪茄一边解释美联储的策略，就像一个立法委员一样不断引发他们的选民对这位不修边幅、使得他们借贷困难的男人的怒气。“我们摧毁了美国梦。”艾奥瓦州的共和党代表乔治·汉森（George Hansen）说。建筑行业杂志则指控沃尔克“预谋已久，是谋杀数以百万计小型企业的冷血元凶”。

1982 年，当沃尔克判断高通胀的恶性循环已被瓦解时，他开始降低利率。那一年，价格只上涨了 3.8%，是 10 年中最低的年度数据。把通胀预期拉到合理水平的代价是两次世界大战以来最为严重的经济滑坡，数百万美国人失去了工作。

但是，沃尔克带来的衰退为之后的伟大事业奠定了台阶。美国人不会再忍受令人不适的物价飞涨。企业将会更有自信地投资，因为它们相信这些投资将会获得回报。放款人将会更为舒适地扩展贷款，因为他们相信收回的钱是有价值的。同时，美联储获得了高通胀时的公信力，打破了高预期通胀的循环，成就了一个自我实现的预言。沃尔克的成就让格林斯潘更容易做到保持低而稳定的通胀；一旦人们相信美联储将会采取一切能够采取的措施来保持价格远离不受控制的螺旋上升，那么，只需要一点轻微的利率变动——或者是美联储主席的几句话，就可以控制物价上涨。

当央银行长们领教了发行过少或过多的货币可能导致的后果后，他们就得到了教训。同时，“金发女孩经济”覆盖了世界上的许多国家，这是一段持续繁荣与低通胀并存的美好时期。大通胀已经结束了，同时“大缓和”也开始了。

THE ALCHEMISTS

THREE CENTRAL BANKERS AND A WORLD ON FIRE

06

转动马斯特里赫特的轮盘赌

在英格兰银行厚重的墙壁后，商人们在进行一场战斗，但最终他们输了。他们以疯狂的速度大规模购买英镑。先是3亿，接着是另一个3亿。截至1992年9月16日星期三早晨8点40分，购买的数额已达到10亿英镑。尽管他们试图在全球市场上支撑所持货币的价值，但无论买了多少，屏幕上的数字几乎没有变动过。他们不知道的是，前天晚上在一洋之隔的纽约，金融家乔治·索罗斯（George Soros）已经给他的首席投资组合经理斯坦·德鲁肯米勒（Stan Druckenmiller）下了一个不寻常的命令：不要停止，尽可能地卖掉英镑。

德鲁肯米勒认为，在欧洲汇率机制下，英国政府不可能以其在两年前承诺的水平持有货币。他的观点是，如果欧洲国家间的不同货币相对于其他货币能维持一个相对稳定的价值，那么这些国家就能促进它们经济的发展。举例来说，如果德国马克、法国法郎和意大利里拉彼此间的币值比较稳定，将会非常有利于公司在欧洲开展业务。那时，在撒切尔担任英国首相时签署的最后一份协议中：英国加入了欧洲汇率机制，致力于保持英镑兑换马克的比例在 2.95 的基础上上下浮动不超过 6%。

但德鲁肯米勒和索罗斯深信由于通胀和英国经济增长疲软，英镑的潜在价值实际上低于此。他们打赌英国货币将不可避免地跌到与其基本面更匹配的水平，并且政府负担不起通过进入市场购买英国货币的方式来保持货币价值的虚高。在这样的压力下，芬兰和意大利已经退出汇率机制，这让它们的货币价值暴跌，相应地却使打赌的人赚了一大笔钱。时任英格兰银行首席经济学家的默文·金去了法兰克福两天，到德意志联邦银行请求其帮助维持两国货币挂钩，而德意志联邦银行正处于瓦格纳式的电闪雷鸣之中，之后默文·金称此次出行“也许是世界上最不成功的外交之一”。最终的结局向大不列颠袭来。

这两名投资者决定“做空”英国货币，即卖掉借来的英镑，然后在英镑下跌后再低价购入英镑偿还之前借来的英镑。“直取要害。”索罗斯在那个星期二的晚上对德鲁肯米勒说。

他们经营的量子基金把英镑卖给任何一个可以买的人——开始时是伦敦市场的英格兰银行，然后是全世界的投资者。很快，其他人也开始抛售英国货币。英格兰银行虽然可以一直购买，但如果国家最后放弃货币挂钩，那么英格兰银行买得越多，英国纳税人就损失得越多。

那个星期三，英国首相约翰·梅杰（John Major）政府做了一个紧急决定，将利率调高 2 个百分点，然后在星期四再调高 3 个百分点，以此达到扭转抛售并让投机者狼狈不堪的目的，即使冒着破坏英国经济增长的风险。但索罗斯和全球其他投资者没有表现出丝毫犹豫，继续抛售，有增无减。

伦敦时间 9 月 17 日晚 7 点 40 分，英国财政大臣诺曼·拉蒙特（Norman

Lamont）站在英国财政部前，对与会的采访者说道："大规模投机资金的流动将会持续不断地扰乱汇率机制的作用。"他已经召集了欧洲财政部部长召开会议，讨论下一步的行动，"同时，政府已经决定立即中止我们的汇率机制的会员资格，最大限度地保护英国的利益。"

英镑价值迅速下跌。乔治·索罗斯和斯坦·德鲁肯米勒已经打败了英格兰银行，为自己和投资者赚取了10亿美元，从而成为金融界的传奇。但是，英国、意大利和芬兰从汇率机制中的退出意味着，如果能在欧洲不同国家间创立一个统一的金融体系，在这一体系中的资金能在不同国家间自由流动就像美元在美国各州自由流动一样，这将比仅仅一个承诺更有约束力。

那就要使用欧元。

统一欧洲货币

公元1世纪，一个罗马商人途经阿格里皮娜殖民地克劳迪亚和卢泰西亚去伦底纽姆，旅途中的每一个站点都可以使用同样的便士购买商品。也就是说，他可以从罗马出发经过科隆和巴黎到伦敦旅行，途中使用相同的货币。然而在之后的20个世纪，尽管查理大帝和拿破仑尽了最大的努力，但却很少能享受到单一政治和金融监管制度下的便利。

第二次世界大战以后，西欧的领导者找到了这样一个方法：通过创立一个新的经济联盟从而将20世纪前50年的争端搁置。那些在经济上有着紧密联系的国家都不希望与别的国家发生战争，而由于拥有面积广阔、人口稠密的领土，且在这块领土上的人们彼此之间可以自由交易，美国成了世界上最强大的国家。战后欧洲人面临的挑战是，以一种国家认同及民主的方式来建立一个经济联盟。这始于德国和法国——这两个国家之间的矛盾是20世纪战争的核心，而钢铁和煤矿这两种材料也是战争中最需要的。

"在生产中建立的团结协作充分说明，法国和德国之间的任何战争不仅是不可想象的，而且在物质上也是不可能的。”法国外交部部长罗伯特·舒曼（Robert Schuman）在1950年5月9日的一次公告中说，“通过联营基础生产和建立新的最高权力机构，他的决定将会约束法国、德国和其他成员国，这一提议将会成为实现欧洲联邦与维护和平不可或缺的第一块基石。”

在欧洲煤钢共同体条约签订后不到一年的时间里，它不仅囊括了法国和西德（原德意志联邦共和国的简称），而且还包括意大利和比利时、荷兰、卢森堡三国。“最高权力机构”是最终发展为欧盟的欧洲经济共同体，欧盟现在涵盖了27个国家的5亿人口。总部设在布鲁塞尔的欧盟委员会有24 000名雇员监视着市场。从20世纪50年代起它扩大了范围，除了钢铁和煤矿之外还监视着瓜果蔬菜何时可以上市交易。

但是，美国的经济天赋不仅仅来源于商品跨界的自由流通和标准的贸易规则，还得益于使用单一的货币，如从缅因州到加利福尼亚州都使用同一种货币。一直到1970年，欧洲的领导者都在寻找为欧洲大陆带来共同利益的各种方法。第一个方法是1972年的“汇率的蛇形浮动”（snake in the tunnel），即法郎、里拉和其他货币的价值（即“蛇”，the snake）相对于美元（即“隧道”，the tunnel）的小范围浮动。这一方法在两年内就解体了。汇率机制于1979年开始，持续了相当长时间，但以1992年索罗斯的大胆押注告终。

事实上，欧洲的不同货币被掌控在具有不同文化和目标的央银手中。德意志联邦银行精明且独立，其首要目标是保持低通胀，而意大利央行更多地被掌握在政客手中，制定货币政策也更加随意。20世纪80年代，德国年均通胀率为2.9%，法国为7.4%，意大利为11.2%。

自1969年以来，组建货币联盟就是欧洲大陆领导人的明确目标之一，但政治现状却成了阻碍。高通胀率的国家，如意大利、法国、西班牙嫉妒德国稳定的物价水平，它们急于依附德意志联邦银行的可信度。但德国不愿意把它对货币供给的控制权在某种程度上交给那些对通胀的可接受水平持散漫态度的人，“并非所有德国人都相信上帝，但是他们都相信德意志联邦银行。”欧盟委员会委员雅克·德洛尔（Jacques Delors）曾这样说道。如果欧洲要有一种单独的货币，德国的政治学将会被某些东西改变。

欧洲货币联盟的诞生

1989年11月9日柏林时间下午6点，君特·沙博夫斯基（Günter Schab-owski）—— 一位东德政府发言人站在东柏林的媒体前，在横跨中欧，在苏联和西方的边界，阻止跨界的法则开始瓦解——开始是在匈牙利，然后是捷克斯洛伐克。就在沙博夫斯基召开新闻发布会之前，他上交了一份有关在东柏林和西柏林之间的旅行规则的最新文件。自1961年以来，东柏林与西柏林被一堵象征着冷战的墙隔开。

沙博夫斯基没有时间仔细阅读文件，在长达一个小时的会议的最后时刻，他看起来对其中的描述也很困惑，“今天，据我所知，一个决定已经做出，”沙博夫斯基说，“这是一个已被采纳的政治局决议，从旅行法则的草案中人们应该找出一条通道。”这将何时生效？“立即，马上。”沙博夫斯基说，“关于旅行以及我们这面墙的通过率的问题，现在还没有答案，这个法则唯一的意义是加强边界。”

大家都说，沙博夫斯基是在宣布柏林墙的开放。长期被禁止进入西柏林的东德人，开始聚集在柏林墙检查站周围。值班的警卫不知道该做什么。而且，本可以解释沙博夫斯基的发言是错误的或者命令警卫动用武力驱散拥挤人群的高级官员却难以从会议中抽身。晚上11点30分，在博恩霍尔姆大街过境处的警卫看到了这个新闻发布会且面对着呼喊着“开门！开门！”的人群便照做了。沙博夫斯基先生十分不经意地结束了一个分裂的德国时代。

接下来的几个月，西德领导人抓住时机试图重新统一他们在第二次世界大战时期被分裂的国家。对远离战争的恐怖仅仅40年的法国和其他欧洲国家来说，一个统一的德国是令人讨厌的。法国总统弗朗索瓦·密特朗（François

Mitterrand）在柏林墙倒塌后的几周时间里的一系列微妙外交行动，很清楚地表示只要德国支持欧洲，欧洲也会支持一个重新统一的德国。

从赫尔穆特·科尔（Helmut Kohl）总理到普通公民，德国人并不喜欢来自法国的压迫。但这也可以理解为为纳粹主义持续所付出的代价，甚至在大屠杀之前就已经显而易见了，正如德国哲学家卡尔·贾斯珀斯（Karl Jaspers）在1933年所写的，他的国家"今天的命运是，德国只能存在于统一的欧洲中，她昔日荣耀的复兴只有通过欧洲的统一才能实现，我们不可避免地要与恶魔，就是法国这个自私自利的资产阶级社会，达成协议。"

欧洲财政部部长和央行行长们开始进行艰巨的谈判，以便决定货币联盟的运作模式。1991年12月3日，在布鲁塞尔举行的多轮外交的其中一轮中，法国财政部部长皮埃尔·贝雷戈瓦（Pierre Bérégovoy）和法国央行行长让-克洛德·特里谢会见了他们的德国同行。他们带来了一条来自密特朗总统的信息：法国人要求其正在谈判的货币联盟不能撤销，且要永远约束它们的国家，并在21世纪初期之前以某个固定日期开始运转。法国人的要求得到了满足，因此在1999年1月1日前就有了一种新的欧洲货币。但作为回报，他们容许德国人让欧洲央银模仿德意志联邦银行，拥有强大的安全措施以保障其独立性，从而保证德国的低通胀。

1992年2月7日，数百名谈判人员和政府官员聚集到荷兰的马斯特里赫特小镇来完成协议。当林堡交响乐团演奏莫扎特的音乐时，欧洲财政部部长和外交部部长们一个接一个地在那本厚达189页的皮革书上签了字。它呼吁在新的欧洲联盟体制下，除了英国和丹麦以外，统一各国的货币。相较于其他国家，英国和丹麦更希望保留自己对货币的选择权。除了货币联盟，它还创立了欧洲议会，呼吁协调各国国防政策，并允许居民跨欧盟边境的自由流动。

荷兰的外交部部长鲁德·卢伯斯（Ruud Lubbers）——这次集会的主人，用一杯香槟庆祝了这一时刻，"现在它完成了，"卢伯斯说，"除了干杯庆祝就没有别的事了。游戏已经开场，一切已经决定。"这是句赌博用语，指的是当赌局结束时，赌场上的管理人会说：轮盘转起来了，没有更多赌注了。现在我们只能等着看结果。

欧洲不是美国

在马斯特里赫特会议之后，麻省理工学院的经济学家鲁迪格·多恩布什（Rudiger Dornbusch）建议，多数英国甚至更多美国的经济学家可能会分成三个阵营："不可能发生"阵营、"坏主意"阵营和"不能持久"阵营。

怀疑派认为，拥有一个可行的经济联盟所需的不仅仅是单一的货币，还需要政治联盟，从而统一从银行管制到税收的一切政策以及可以四处流动的人才。更基础的是，它要求货币区不同地方的人因属于同一个民族而对彼此赋有共同的义务。对于欧洲这样一个大的经济体来说，某些地方将会不可避地出现不同的经济状况—— 一个地方的房地产市场破产，而同时另一个地方的工业异常繁荣。当这两个地方被相同的央银服务时，能够应对疲软经济的强大工具便失去了效用。

美国作为一个大国，在实现统一的政治制度上也存在挑战。但考虑到一些"非对称冲击"方式应该在一个地方被统一处理——美联储必须为一个有着 3 亿人口的国家制定单一的货币政策。

当一个地方的失业和贫困都很严重时，美国政府会用从那些繁荣的地区获得的资金来援助贫困地区，这不仅发生在独特的经济困难时期。一些州会持续从联邦政府获得比他们所交税收还多的钱——尤其是那些拥有更多领食品券和失业津贴的人口的州。2005 年时，亚拉巴马州人均向华盛顿缴税 5 434 美元。但华盛顿给了亚拉巴马州人均 9 263 美元。更富有的新泽西州向联邦政府人均缴税 9 902 美元，但只接受了 6 740 美元的回赠。然而美国的政治统一就在于，人们从不会看见新泽西州的政客或报纸抱怨懒惰的亚拉巴马人拿了新泽西州的钱。

美国的银行系统也是一样。保护着国家银行系统的机构——最显而易见的是联邦存款保险公司只是美国政府的工具，而不属于任何一个州。所以，如果某个区域内的银行开始出现破产，整个国家都会站在它们身后。全美储蓄和贷款的紧急救助在 1986—1995 年间大约花掉了美国纳税人 1 238 亿美元以及私营企业的 291 亿美元。得克萨斯州的损失——在 20 世纪 80 年代后期的房地产泡沫破裂和石油价格下跌中，存款和借贷大量减少，据估计，这一损失约占 62%。想想如果联邦政府不拯救得克萨斯州的银行，后果将不堪想象。得克萨斯州政府会面临一个可怕的选择：让银行倒闭，居民会因此失去他们的存款而经济也会崩溃；救助银行，但整个州会陷入财政危机。得克萨斯州 1986 年的全部税收只有 102 亿美元。在仅有这些资金的前提下，即使它停掉其他任何开支——学校、公路、公众安全，它仍需要 9 年多的时间才能支付完银行的救助金。但话又说回来，20 世纪 80 年代后期，当其他州在救助得克萨斯州的银行时，民众并没有多少抱怨，康涅狄格州如是说。

当美国一个地方的经济很糟糕时，美国人完全能够将全部家当打包搬到另一个条件更好的地方去。例如 2007 年，78.7 万多美国人从美国的东北部迁移到南部。这反映出了阳光海岸大都市（如休斯敦和亚特兰大）有着比衰退的北方工业中心（如布法罗和普罗维登斯）更光明的经济前景。《马斯特里赫特条约》（*Maastricht Treaty*）即《欧洲联盟条约》，保证了欧洲人在类似的潮流中有重新安置的合法权利。但从葡萄牙移民到德国与在美国国内的迁移完全不同，就如一个人很可能会嘲笑为什么纽约人和得克萨斯人说的是完全不同的语言一样。

这一切都归结于此：经济联合体不仅仅拥有同样的货币，还要有统一的政治机构以及更宽泛的—— 一种文化上的归属感。而英国人和美国人认为欧洲缺乏这个。用一个术语来说，它不是一个“最优货币区”。加州大学伯克利分校的巴里·艾肯格林（Barry Eichengreen）展示了欧洲不同地方的经济在增长模式上相比于美国的不同地方有着巨大的差异——这意味着需要更多地财政整合政策，而不是更少。在一篇被大量引用的写于 1997 年的文章中，哈佛大学的马丁·费尔德斯坦（Martin Feldstein）提出了一个观点，即禁锢于同一种货币实际上会增加欧洲国家间冲突的可能性，“一开始在货币政策的目标和方法上，欧洲货币联盟成员国可能存在重要的分歧。”费尔德斯坦在《外交事务》（*Foreign Affairs*）中写道：“当商业周期在某个国家或某些国家中提高了失业率时，分歧就会被激化，而这些经济分歧会造成欧洲国家间更普遍的不信任。”保罗·克鲁格曼（Paul Krugman）在麻省理工学院时总结了欧元怀疑论者的传统智慧，他在《财富》杂志发文写道：

> 故事是这样的：欧元被引入的一年、两年或三年后，欧洲部分地区出现了衰退，但只是局部地区。这造成了经济疲弱的国家和强调平民价值和理想的政府（比如意大利或西班牙，或任何一个来自欧洲的懒散的南方国家）之间的利益冲突和那些有强大的经济并死守严格的经济政策承诺的国家（比如德国）。疲软的经济需要低利率，且不在意小幅的通胀，但是，德国却不惜一切代价坚决维护物价的平稳。这就使欧洲无法像美国一样处理“非对称冲击”，通过将工人从萧条地区转移到繁荣地区……。结果是激烈的政治争论和可能发生的财政危机，市场也开始折价出售经济疲弱的欧洲国家债券。

欧洲的经济学家都很熟悉这种评论。他们说，美国人不了解的是统一货币只是整个事件的一部分。欧洲可能还不是最优货币区，但货币联盟是形成最优货币区的必要步骤之一，一旦欧元就位，其他一体化的形式就会跟上。至于那些有自己的疑虑的欧洲经济学家——政治领导人有跟他们交涉的策略。正如比利时经济学家保罗·德·格劳威（Paul De Grauwe）几年后向《纽约时报》解释的那样：“欧盟委员会确实邀请了经济学家们表达他们的观点。这是一个达尔文式的过程。我也被邀请了，但当我表达了我的疑虑后我就再也没有被邀请过。到最后自然就只剩下热衷者了。”

第一任欧洲央银行长的任命

在欧元热衷者的掌控下，货币联盟便走上了不可逆转的进程。当然，有些事情还需要谈判商量。在德国的坚持下，新的央银将被设在法兰克福而不是大多数泛欧机构总部的所在地布鲁塞尔。它将会有单独的授权来保持物价稳定（相反，美联储主要负责维持物价稳定和充分就业）。但通过印刷钞票为政府提供融资是被严格禁止的，任何魏玛共和国风格的政府债务货币化的预兆都是被禁止的。

但当 1999 年 1 月 1 日这一至关重要的最后期限来临时，由谁来运营这一机构仍是个问题。关于这一问题的争论，答案有多年后可能会影响欧元的各种民族主义的爆发、强硬的谈判、令人不悦的妥协。1997 年，舆论认为荷兰央银行长维姆・德伊森贝赫（Wim Duisenberg）会成为欧洲央银的第一任行长。德伊森贝赫拥有独特的优势：在德国人看来他对硬通货和货币独立有充分的决心；同时在其他欧洲人看来，作为非德国人，他具有足够的影响力以获得支持。毕竟，德国已经得到了他们想要的大部分欧洲央银的架构及职位。如果银行的第一任主席也是德国人，那么银行也许可以被称作“新德意志联邦银行”。

1997 年 11 月 3 日，法国总统雅克・希拉克（Jacques Chirac）打电话对德伊森贝赫的候选资格提出了质疑。希拉克告诉卢森堡的总理，他决定提名让 - 克洛德・特里谢。由于德国在自己的领土上按照自己的意愿设计了央银，希拉克要求法国得到首次管辖权，一次期限为 8 年。从法国国内看，特里谢很难说是一个理想的候选人，他强调低通胀的德国式风格疏远了左派和右派的法国政客。但因种种原因，希拉克还是决定推举他，不管是象征性的（他希望由一个法国人掌权）还是讽刺性的（他希望把他在法国国内的政治对手放到一个不舒服的位置上），又或者是因一个表面上看起来完全不相关的原因（他对自由的荷兰禁毒法的厌烦）。

1998 年 5 月初，在 8 个月后共同货币即将发行前，欧洲领导人聚集在布鲁塞尔举行了至关重要的最后一轮谈判。讽刺的是，担任这次周末谈判的主持人的所在国家并不采用欧元。英国首相托尼・布莱尔（Tony Blair）曾经是一位支持与欧洲建立更密切关系的热衷者，但他的财政大臣戈登・布朗（Gordon

Brown）却在不停地找理由阻止任何承诺。

妥协开始出现，谈判终于看到希望的苗头：在将为期 8 年的管辖权移交给特里谢之前，德伊森贝赫会在短期内管理欧洲央银。希拉克建议德伊森贝赫在 2000 年 6 月他的 65 岁生日时退休。但荷兰人对其在短期内被迫离职感到很生气。德国人也一样，他们将这看作对央银独立性的一次公开侮辱——毕竟，一次给欧洲央银主席 8 年不变的任期，目的就在于当新领导者接任时，像希拉克那样的政客不能进行微观操作。

> 据报道，希拉克在一次紧张的谈话时问道："那个说想在自己的位子上多干几年的人是谁？"
>
> "'这个人是谁？'肯定不是大街上随便蹦出来的某个人。"荷兰总理维姆·科克（Wim Kok）说道。
>
> "真笨！"希拉克轻蔑地说道，过了一会儿又说："我们已经接受把银行建在法兰克福。"

在法国否决德伊森贝赫以及荷兰和德国否决特里谢的威胁下，布莱尔提出一个妥协方案：由德伊森贝赫做一份个人的自愿声明，说明他要在任期满之前退休。法国人会在合理的时间范围内得到他们的行长职位，荷兰人和德国人至少会有一个在表面上看起来独立于政治之外的央银。那个周末，在离开布鲁塞尔的谈判后，赫尔穆特·科尔——战后时期一位伟大的政治家，看起来很颓废，用一句话形容了这场结束的会谈："这是我在欧洲经历过的最难的岁月。"

欧元，新货币的诞生

1999 年 1 月 1 日，欧元发行了，开始是电子交易，三年后变为纸币。那一天它的价值是固定不变的：1.955 83 德国马克、2.203 71 荷兰盾、1 936.27 意大利里拉。为了更便利地使用新货币，欧盟委员会制定了一个新符号，类似于美元和英镑。设计师很快就选定了一个跟欧洲文明的起源一样古老的图案：€，希腊字母“ε”的改写。

新货币在前几年运转得出奇地好，既没有严重的经济衰退，且通胀率低而稳定。但是，这样的成功需要持续多少年才能证明“不能持久”论者和“不可能发生”论者都是大错特错的呢？选择一个行长已经充满争议——处理一场大危机后留下的烂摊子又会怎样呢？

游戏已经开场，一切已经注定。

THE ALCHEMISTS

THREE CENTRAL BANKERS AND A WORLD ON FIRE

07

速水优、番茄酱和零利率政策的痛苦

位于佛蒙特州的伍德斯托克是一个拥有 3 000 人口的迷人的新英格兰小镇，古朴的伍德斯托克旅馆就坐落在镇中心。然而在 1999 年 10 月的两天里，这个小镇来了一群人，他们对古董店和落叶毫无兴趣，反而热衷于别的事情。一些世界顶尖的经济学家和央行行长们造访了伍德斯托克，参加了由波士顿联邦储备银行组织的，以“低通胀环境下的货币政策”为议题的会议。与会人员还包括一批日本经济的最高决策者——无论他们到哪里，身后总会跟着一大群扛摄像机和录音机的日本记者团。

大多数工业化国家在 20 世纪 90 年代后期都有了繁荣发展，但日本是个例外。作为世界第二大经济体，日本正经历着一场巨大的房地产泡沫余波，并陷入了经济零增长和商品价格下降的循环中。在伍德斯托克，美国和英国的经济学家们对日本银行的代表说：这是你们的错误，你们完全可以自己解决。但若要击退通货紧缩，你们需要比过去更大胆。其中，普林斯顿大学教授本·伯南克，看出了一个尤其令人困惑的失败政策。

“极端的政策错误是大萧条的主要起因，”伯南克在伍德斯托克旅馆的演讲台上说，“如今在日本，人们从政策制定者那里听到了一些会令人回想起20世纪30年代的奇怪言论……我们仍然有充分的理由去相信激进的货币扩张……可以提高价格，刺激日本经济的复苏。但是央银独立性的缺点在于，不管原因是什么，一旦央银决定不再采取必要的政策措施，那我们将无计可施，至少在短期是这样。”

“是不是阻止通货紧缩的可行性意味着长期的通货紧缩将永远不会出现呢？”在给出自己的答案之前，伯南克自问道，“不能，因为我们不能立法禁止胆小或无能。”

可以毫不夸张地说，在20世纪80年代末，日本强大的经济力量似乎将要接管这个世界。第二次世界大战结束后的40年，这个国家比美国和欧洲都发展得更快。它将最先进的电子产品和最值得信赖的汽车出口到全世界，并且日本还购买了非常多的土地。

引起美国人民注意甚至愤怒的是，日本投资者在美国的高调收购：1989年的洛克菲勒中心、1990年的卵石滩高尔夫球场。但这些国外交易跟日本国内的房地产市场比起来，根本不值一提。在东京和其他大城市，办公室和公寓楼的价格被抬高到了无法预估的水平。据估算，东京皇宫周围一处约3 400平方米的花园的价值相当于整个加利福尼亚州。1990年的东京千代田是一个人口数为3.9万的地区，其土地的市场价值等同于拥有280万人口的加拿大的所有土地的价值。东京住宅区的租金比纽约高4倍，住宅用地的价格则比纽约高100倍。

价格走高是信贷推动潮的一种典型情况，由金融工程，即日本人所说的

“财术”推动形成。一个经济日益繁荣且与世界其他国家保持持续贸易顺差的国家，其储蓄源源不断地被存入日本的银行。这些银行反过来将其作为贷款发放到任何将购买的土地作为抵押品的人。毕竟，土地的价格在现代日本持续走高。人们也似乎有充分的理由相信它在将来也会继续走高。信贷员甚至会突然出现在此前没有任何业务关系的公司里，以未来土地将继续升值为由向他们提供购买房地产的资金——未来土地的价值将远远高于现在的售价。

人们还设计了一些理论，将高地价和大量银行贷款合理化：日本是一个岛国，它的土地是有限的，但是它的增长潜力显而易见是无限的。该分析忽略了一个事实：增值只集中在日本的 6 个主要城市，农村还剩下巨大的可用于调节进一步增长的未开发空间。

日本银行在经济繁荣时期起着至关重要却鲜为人知的作用。在第二次世界大战结束后的那些年，日本银行非常强大，不仅掌控着经济中日元的供应，而且决定着主要工业公司的投资领域。1946 年在美国占领军的同意下首次被任命为央行行长的一万田尚登（Hisato Ichimada）拥有极大的权力。他的一位同事曾说：“他被称作教皇，因为在他的统治下央银的权力比政府还要大。”当川崎请求得到建设一个钢铁厂的许可时，一万田尚登回答道，“日本不需要更多钢铁了，”并且说道，“但我可以教你怎么种荠菜（一种野菜）。”

在接下来的那些年，日本银行变成了一个更传统的央银。20 世纪 80 年代末期，由于投机泡沫膨胀，银行放出去的钱抬高了办公楼和股份等资产的价格。但没有拉高粮食和汽油价格。随着通胀得到控制，日本银行认为不再需要紧缩货币供给，但经济泡沫仍然没有消减。到 1989 年，形势失去控制，银行最终提高了利率，试图戳破泡沫。而且事后看来，这一举动非常成功。

日本的经济泡沫并非一下子完全破灭的。导致资产价格和银行借款不断上升的循环不久就反转了：房地产和其他资产的价格开始下降，银行面临损失，因此它们缩减了新的借贷，经济增长也因此停止了。20 世纪 90 年代初期，日本银行履行了央银在经济衰退时的义务：降低利率，刺激企业投资和消费者消费而非储蓄。但效果并不明显，它并未意识到国家经济的危险程度。利率从1991年的6%下降到1995年的0.5%。日本经济在1996年似乎出现了一点好转，但在1997年又再度下滑。

20世纪30年代初期，温和的通货紧缩使世界经济出现瘫痪，价格也从停滞开始逐步下降。用于偿还债务的日元相比借出去时更加昂贵，这使得经济繁荣时期欠下的债务负担更为繁重。稳定的通货紧缩甚至让日本银行的低利率政策在推进增长方面效率低下，因为它意味着“实际利率”，或经通胀调整后的利率比其在通胀时更高。

1998年3月20日，速水优（Masaru Hayami）——这位多年前曾在日本银行工作的资深企业高管，成为日本银行的第28任行长。这发生在他73岁生日的前4天。他继承了一个曾经繁荣但已陷入经济萧条和价格下降近10年的经济体。那些央银用来引导经济的常用工具已被证明无效。速水先生可以做什么来复苏日本经济呢？而更重要的是，他将会怎么做呢？

“直升机伯南克”

零利率政策，经济学家称之为“ZIRP”。速水的挑战在当时看来还是日本独有的现象——日本银行已经将利率降到零，但经济仍然很糟糕。再降低利率是不可能了。实际上，负利率意味着向拥有存款账户的客户收费——这样的话，为避免这种费用，人们自然会将钱从银行取出。

当日本在20世纪90年代后期正致力于解决这一问题时，一些经济学术界的大人物（包括东方的和西方的），都开始思考可能的解决办法。他们认为，日本银行仍然有足够的能力刺激经济活动——只要它有勇气去行动。他们指出，由于日本银行有唯一的且不受限制的能力去创造货币，它就没有理由允许日元变得太贵。例如，日本银行可以承诺在接下来的几年里保持低利率，直到通胀最终回复到正常水平。如果人们认为这一承诺是可信的，那么经济将会回升，因为企业在更高通胀的预期下便会开始收取更高的价格。

但这说起来轻松，这些经济学家认为，日本银行可以更直接地增加经济体的货币供给。银行可以子虚乌有地创造日元并用它们来买东西——政府债券、股票、办公大楼。这些额外日元的存在将创造出足够的通胀来打破价格下降的循环。在一个关于日本银行并且被经济学家理查德·古（Richard Koo）反复提到的故事中——但可能是伪造的，伯南克作为美联储主席在21世纪初期拜访了日本，他认为日本银行可以通过购买任何东西甚至是番茄酱向经济注入日元（伯南克不记得说过这句话，而且非常怀疑他自己怎会如此轻率。2012年，一些日本银行前官员在接受采访时表示，听说过他的这一评论，但没有人能证明这是他们亲耳听到的）。

即使伯南克没有说过这句话，对于一个面对零利率的央行而言，“购买番茄酱”的办法却难逃一个基本问题：即使银行有不受限制的能力去创造货币，但让货币在经济中流通却不是那么容易的。当一个银行提高或降低了利率，它就改变了经济中货币的价格，但它并不决定谁得到了货币而谁没有得到。换句话说，它不能让做番茄酱的人比做芥末的人——又或者，造房子、做服装或造汽车的人得到更多好处。从理论上来讲，在经济中选择成功者与失败者是民主政府中官员的一项工作，但这是财政政策需要解决的问题，而非货币政策。现代社会已经普遍接受让未经选举的经济学家来转动货币供给的转盘这一观点。然而，如果他们不仅能决定创造的货币数量，而且还能决定用创造出来的货币买什么，那么，他们实际上早已远离了民主。

在零利率政策时期，央银需要财政部的帮助，把它新创造出来的货币散播到经济中去，但这就意味着违背现代央银所看重的政策独立性。伯南克在2002年一次关于日本经济问题的演讲中承认了这一事实：央银可以购买政府债券，然后财政部用那些钱暂时削减税收，这相当于是用直升机给病态的经济撒钱。

不久后，当评论家们将他称为“直升机伯南克”时，他肯定后悔引用了这个特别的比喻。

量化宽松政策

速水优在他成年后目睹了日本的崛起。1925 年出生的他花了 20 世纪中间的几十年时间从基层做到日本银行的高层。虽然他只取得了学士学位，但却从事国际事务，在巴塞尔和其他海外论坛上代表着日本银行。他是一个虔诚的基督徒，这在一个由日本神道教和佛教主导的国家很不寻常，他常引用《圣经》中的语句来点缀他的公共评论。了解他的人说，他有一种强烈的认识：一个强势的货币相当于一个强大的国家，“在战争刚刚结束，日元还非常疲软时，他参与了多场同西方国家的谈判。”植田和男（Kazuo Ueda，他在 1998—2005 年期间是日本银行的政策制定者，现在是东京大学的教授）说，“也许他认为货币的疲软是痛苦的……一段时间后，日本经济有所发展，日元也变得强硬了，大概他从中看到了两者之间的因果关系。”这让作为日本银行管理者的速水优，很不情愿去做任何将会推动日元急剧贬值的事情——即使是经济理论所建议的让国家经济重回正轨的方法。

除此之外，他还看到了在这个国家重返长期繁荣之前需要解决的很多问题：一个不同意进行冲销坏账和资本重组的银行系统、保护彼此从而免受残酷的全球竞争的工业企业网络、没有能力做出艰难决定的政治体系。他怀疑学者们提出的用以解决这个国家的问题的理论，无论这些学者来自日本银行内部还是西方。从跟他一起参加政策会议上的一些人那里可以了解到，他并不完全理解其他经济学家的技术性讨论。

1998 年年末，在投资者的要求下，日本政府的借贷成本大幅飙升，十年期日本政府公债利率从 0.7% 上升到 2%。政客向日本银行施压，迫使其通过购买有价证券推动利率下降来干预债券市场。但是，速水优把这一举动看作对央行独立性的严重威胁，认为这是对 20 世纪三四十年代，银行印刷货币资助政府军队发展，从而导致了一段时期的高通胀的又一次故伎重演，“购买日本政府公债不是一种选择，”速水优对议会说，“它将不利于财政自律且会产生恶性通胀。”

然而，速水优更愿意下调常规利率和运用沟通的力量。1999 年 2 月，日本的银行全部实行零利率政策，并将短期目标利率从 0.25% 削减到 0.15%（速水优就职的前一年利率是 0.5%）。执政者保证超低利率会保持不变，“直到通货紧缩恐惧的结束”，这似乎意味着一段相当长的时间。但是，利率削减仅仅持续了一年多的时间。

“对局外人来说，”伯南克在 2000 年 1 月说道，“日本的货币政策看起来已经瘫痪，这种瘫痪很大程度上是自我诱导的。最引人注目的是，金融当局不愿意尝试任何不能确保绝对有效的政策。”

的确，速水优迫切地想要寻找任何理由来摆脱低利率政策——就在 2000 年的前几个月，日本经济确实获得了一些支持，“我们离所谓的‘通货紧缩的担忧已经被扫除’的目标越来越近。”速水优在 2000 年 5 月一次记者招待会上说道，但这一言论实际上已经违背了先前对长期保持低利率的承诺。这一政策在 8 月份被正式摒弃，银行把利率拉回到 0.25%，然后又到 0.5%。

当日本经济再次下滑时，速水优的央银采取了不同寻常的方案：量化宽松。“日本银行应该做些什么来缓和，但却没有这么做，因为这很明显表明他之前做错了。”植田说道。除了将利率降回到零，银行也开始买进债券来增加经济中的货币数量，直到日本银行系统增加了 4 万亿—5 万亿数量的日元，增加量相当于 80 亿美元。

“结束零利率政策的决定没有错。”速水优在 2001 年 3 月宣布量化宽松政策的新闻发布会上说道。这一举动完全是被他想保住颜面的愿望所驱使，没有哪个独立的现代央银曾这样做过。几乎是违背了自己的意愿，速水优领导了一项非同寻常的货币政策——该政策 10 年后被“直升机伯南克”和美联储用于抵抗大危机，他们在这一过程中买了 6 000 亿美元的巨额美国国库债券。

“这是一个艰难的决定，”速水优于 2003 年告诉记者，“这是我们第一次采取这些措施，我非常不确定甚至感到害怕，我会记得……”

一个零利率政策的奇异新世界

央行行长都是一帮保守派。社会赋予他们令人敬畏的责任，同时也对他们提出了特殊要求：严肃、冷静、谨慎。没有哪个国家元首会将整个国家的经济管控权委托给一个轻浮和具有冒险倾向的人。我们希望央银被那些无聊的人领导，大多数时候，这都没什么问题。“首先无害”是一个强有力的观念，一个总是太快做出尝试的央行行长可能会对经济造成很大的伤害。

但是，当经济体最需要央银的帮助时，这份工作就需要激进和偏离正统。那些成就一位央行行长的特质，让其不愿意去尝试可能会帮助经济走出深渊的大胆实验。

由于过分谨慎，日本银行最终把利率削减到零，并承诺让其稳定在这一水平，同时用新创造出来的日元购买了大量资产——但即使这么多努力也不足以恢复经济。这一代日本人看到了经济前景的黯淡，如果日本的人均经济产出在 1991 年至 2011 年的增长速度和美国一样高，那么，日本人的年均收入就会多 9 500 美元。

货币政策确实很强大——但并不是万能的。正如普林斯顿大学的经济学家艾伦·布林德[①]（Alan Blinder）于 1999 年在伍德斯托克旅馆的闭幕式上所说：“一个名义利率为零的经济会一如往常地遵循相同的经济法则吗？——除了利率这一变量停留在零。或者这一情形更接近于零重力或者温度为绝对零度时的物理世界，处于这样的世界中的人的行为会完全不同，甚至很奇怪？在伍德斯

① 美国著名经济学家、普林斯顿大学经济学教授、曾任美联储副主席，其著作《当音乐停止之后》已由湛庐策划，即将由四川人民出版社出版。——编者注

托克我们得出的结论是，这可能确实是一个新世界。”

代表日本银行的植田用一个承诺结束了这次会议——同时也被证明是一个有先见之明的预警，美联储、英格兰银行和欧洲央银已经加入它们的亚洲同行，进入了这个零利率政策的奇异新世界。

“我承诺，”植田说，“把我在这次会议上听到的所有有趣的观点带给我在东京的所有同事。同时，我必须要说，这次会议最重要的信息之一是：不要把自己放到零利率的位置上，那将会让你比自己能想象到的更加痛苦。”

THE ALCHEMISTS

THREE CENTRAL BANKERS AND A WORLD ON FIRE

08

杰克逊霍尔共识和“大缓和”

对于全世界的央行行长而言，2005 年 8 月，在怀俄明州的杰克逊湖酒店的聚会是属于胜利的时刻。在过去的几个世纪里，他们的前辈都未能成功引导世界各国经济度过繁荣与萧条、通胀与通货紧缩，而最终，是他们吸取了管理经济的所有重要教训。探险厅里聚集的 110 位央行行长和经济学家们都对自己十分满意。仿佛他们已经知道了所有问题的答案，且认为自己会创造出一个比以往更加稳定、繁荣的世界。

在那个星期五的早上，一位接一位学者走上讲台，站在用麋鹿角做成的枝形吊灯下瞻仰伟人。艾伦・格林斯潘微微驼背，戴着大眼镜，面带愧色，带着如蒙娜丽莎般神秘的微笑，他很快就要卸任美联储主席一职，美联储掌握着 12.6 万亿美元规模的美国经济——世界上规模最大的经济体的命运。来自全世界的同僚们聚集在一起见证了格林斯潘时代的结束，并讨论这一时代所留下的遗产。本次活动的官方名称是“堪萨斯城联邦储备银行经济政策研讨会”，但在金融界被简称为“杰克逊霍尔年会”，因为每年夏天的聚会都会在这个古冰川盆地举办。如果巴塞尔是央行行长聚在一起讨论最新经济发展状况的地方，那么，杰克逊霍尔年会便是一个解决更大、更长期的问题的地方，这里汇集了区域更广泛的经济思想家，周围的景色也更为壮观。

美联储首席历史学家艾伦·梅尔策（Allan Meltzer）站上讲台，毫无保留地断言格林斯潘是美联储在 92 年的历史中最优秀的领导者。英格兰银行行长默文·金表示：“格林斯潘离开央银将使我们丧失智慧、灵感和领导力。”其他两位同事在承认格林斯潘任职期间的“一些负面行为”的同时，也写下了这样一句话:“总体来看，我们认为他完全有理由成为有史以来最伟大的央行行长。”若考虑到该文章的主要作者是普林斯顿大学的艾伦·布林德，这样的赞词似乎显得更加慷慨，因为在 10 年前一段短暂的不愉快经历后，他辞任了格林斯潘任内的副主席一职。

外界更是热情洋溢地给予格林斯潘一致好评。鲍勃·伍德沃德（Bob Woodward）将其在 2000 年出版的关于格林斯潘的书命名为《别了，格林斯潘：一个巨人的背影》（*Maestro*）。一年前，《时代周刊》已经把格林斯潘和鲍勃·鲁宾（Bob Rubin）以及克林顿时期财政部的拉里·萨默斯（Larry Summers）作为“拯救世界委员会”的成员刊登上封面。格林斯潘还被任命为法国荣誉军团司令，并被授予英国荣誉爵士头衔（“这对于一个经济学家来说是非常不寻常的一天。”在苏格兰的巴尔莫勒尔庄园，格林斯潘被英国女王伊丽莎白二世封为爵士后说道）。

现如今已经是被称为“大缓和”的最佳时期——在之前的几个世纪里，繁荣与萧条、通胀和通货紧缩、金融恐慌和随之而来的财富毁灭等各种力量沉重地打击了各个国家的经济。美国经济的发展已经持续了四分之一个世纪，仅被两个短暂而轻微的经济衰退所打断。与前 20 年 6.4% 的平均失业率相比，格林斯潘在 19 年任期中的平均失业率仅为 5.5%，且通胀得到了遏制。欧洲大国在经历了战事频频的一个世纪后，在经济上已经紧密相连，并因此统一了货币。英国经济正处于真正的繁荣时期，伦敦已发展成为全球银行中心，并威胁到纽约全球金融中心的地位。中国和其他发展中国家也在迅速成长，并在很大程度上通过吸收自由市场的经验教训，学习西方顶尖经济学家成熟的管理知识，引导着数亿人摆脱贫困，进而进入全球中产阶级。

探险厅里的男男女女们怀着共同的目的，相信他们将引导整个世界走向繁荣——他们确实做得不错。他们会从前辈的错误中学习，并且拥有相关的知识、工具和意愿，以便阻止糟糕的经济事态给人们带来的痛苦。格林斯潘担任主席期间，独自应对了两次经济衰退，大缓和期间也包括美国的两次股市崩盘，日本长期的经济停滞以及墨西哥、俄罗斯与阿根廷的金融危机。但这些都没有成为全球性的灾难。

在 2005 年的杰克逊霍尔会议上，仿佛所有的世界经济问题都已经解决了。

房价飙升的隐忧

美国密苏里州堪萨斯城联邦储备银行是美联储的 12 个地区分部之一，于 1978 年开始主持年会，召集学者并展示他们的研究成果。这个活动在一开始并不引人注目，那时是在几个不同城市间轮流举办，关注的是该银行所在的落基山地区的核心事务，“西部水资源：未来的问题和政策选择”和“未来农业银行可贷资金的来源”是早期的两个主题。出席较早几次会议的人员并没有受到那些全球重大事件的困扰。

堪萨斯城联邦储备银行主席罗杰·古费（Roger Guffey）和研究主管汤姆·戴维斯（Tom Davis）想要改变这种状况，希望会议能够在经济政策制定者中占据特别的地位。首先，他们将议题由水资源和农业这类局部问题向被广泛讨论的货币政策问题转变。然后，吸引顶级人物参加，这意味着要确保当时的美联储主席保罗·沃尔克的出席，因为他是世界上最有权力的央行行长，而且可能是美国第二有权力的人物。众所周知，沃尔克爱好钓鱼，古费和戴维斯猜想，如果他们能在一个同时是钓到鳟鱼的好时机的时间和地点来举办这一活动，沃尔克就很有可能会来。如果沃尔克来的话，那么，当今著名经济学家们和政策制定者们也将随之而来。

戴维斯打电话给已经于近期举办过该活动的科罗拉多州的联络人。

> “我们需要一个可以钓鳟鱼的地方来举办我们的研讨会。”他说。
>
> “你们打算在一年中的什么时候举办？”联络人问。戴维斯后来回忆到，他回答说是 8 月。
>
> “嗯，如果要在 8 月份举办的话，是没法在科罗拉多州钓到鳟鱼的，因为这里太热了……你们可以去怀俄明州吗？”

沃尔克当时身在曾是沼泽地的闷热的华盛顿，正因其高利率政策而受到激烈的批评；而美联储办事处的周围也因某种原因被称为“雾谷”。负债的农民们开着拖拉机包围了美联储总部。愤怒的汽车经销商邮寄给沃尔克的包裹中装满了未售出车辆的钥匙。得克萨斯州众议员亨利·B. 冈萨雷斯（Henry B. Gonzalez）甚至要求弹劾美联储主席。古费和戴维斯在 1982 年的这个时间点邀请沃尔克到远离办公室的地方钓鱼并参加讨论正是最好的时机。

沃尔克很快成为杰克逊霍尔山间清新环境的常客，而他一年中在户外钓鱼的时间长到连出席正式开幕晚宴也要带着他的钓鱼装备。不久之后，其他央行行长也开始于每年 8 月飞到紧挨着落基山山脉的小机场。如今，在杰克逊湖酒店房车云集的停车场散步的游客们似乎还没有觉察到，在大厅的灰熊标本四周涌动着、咆哮着的人群正是那些世界顶尖的经济学家和最具影响力的政策制定者们。由美国财经频道 CNBC 摄制组塑造的其在外一成不变的形象已深入人心，而表情严肃、头戴耳机的安保人员却比这些央行行长们更令人印象深刻。

包括记者在内的 110 位与会人员由堪萨斯城联邦储备银行主席及其助手选

定，嘉宾人数受到杰克逊湖酒店“狩猎现代主义宴会厅”的容量所限。这一会议无疑是独一无二的，诺贝尔奖得主、加州大学伯克利分校的经济学家乔治·阿克洛夫（George Akerlof）只是作为旧金山联储主席珍妮特·耶伦（Janet Yellen）的配偶被邀请，而非因其自身的名气。不可避免的，那年启动晚宴的闲谈话题变成了“分析谁出席了，谁没出席”。曾是该会议常客的诺贝尔奖得主、《纽约时报》专栏作家保罗·克鲁格曼总结道，他之所以被排斥在会议之外是因为他过于严厉地批评了格林斯潘。

到2005年为止，杰克逊霍尔年会都有自己的传统甚至习俗。格林斯潘的顾问唐纳德·科恩于2010年前担任美联储副主席，由于他的干劲儿，由他领队的星期五下午的远足以“科恩的死亡行军”著称；经济学家们总是在开始的一公里中，兴高采烈地讨论货币政策传导机制，直到上气不接下气。欧洲与会者对美式咖啡牢骚满腹，有一年——但没人记得是哪一年，欧洲央银行长让-克洛德·特里谢在主席台上解释为什么法国捕猎者第一次将附近的山区命名为“大提顿山”时出了错。还有一个关于央行行长到旅馆的礼品店买《纽约时报》的故事。“你要今天的还是昨天的？”店员问道。“今天的。”困惑的银行家回答。“那么明天再来。”

在正式会议中，一部分经济学家会起身展示自己的学术论文，其他与会者则给予评论，这些评论有时会很尖刻。经济刊物可能是展示高级宏观经济理论更加理想的场地，但杰克逊霍尔年会是发表和讨论有关如何管理现代经济这类实际问题的论文的场所。在这里，讨论的主题集中在政策制定者面临的具体决策——当然是由会议参与者讨论。“21世纪早期主要的工业经济体的利率是否压得太低？”在杰克逊霍尔年会，斯坦福大学的约翰·泰勒（John Taylor）和普林斯顿大学的艾伦·布林德两位顶尖的学院派经济学家，可能会对实际负责有着6 200万人口的英国的利率政策的英格兰银行副行长查尔斯·比恩（Charles Bean）的论文发表相反意见。

但非正式会议可能更能吸引央行官员，其中一部分人要从地球的另一端赶来参加。除了钓鱼和远足，还有会议之间的茶歇、星期五和星期六晚上的西式自助餐，有几位比较执着的与会人员会在蓝鹭酒吧进行深夜谈话，点上一瓶啤酒或几杯威士忌，有的人还会抽几支雪茄。

“杰克逊霍尔共识”（Jackson Hole Consensus）正是在这些雪茄、餐点、咖啡和远足中形成的。比恩在 2010 年的会议中提交的一份文件里发明了这个词，意为在该会议上就央行“一个成功的政策框架的细节”达成了一致。但杰克逊霍尔共识不仅仅汇集了世界主要央行行长们的智慧，更被看作如何将大缓和维持下去的方案，其内容包括：

- 货币政策是稳定经济的最佳手段。政治的混乱现实意味着财政政策，也就是税收和支出并不能很好地解决经济中的常规波动，需要央银通过调整银行系统中货币的投入和收回来处理这些问题。
- 央行行长最好能与政治绝缘。避免政客的干扰，做出在长期内最有利的决策。
- 物价稳定是目标。央行可以为经济做的最好的事情是，确保价格能够随着时间的推移平稳、可预测地变化。
- 发挥市场的作用。资产的价格，如科技股或佛罗里达州的房价，由有效市场来决定。当然，偶尔也会出现非理性繁荣，但在之后收拾残局好过试图主动解决这些泡沫。
- 金融危机是历史。一个拥有经验丰富的央行行长和现代化的金融市场的发达国家，不可能存在拖累整整一代经济的灾难性金融危机。我们太了解如何预防其发生了。

在当下的世界里，这些想法并不奇怪。比如美国几年前发生的几起事件，20 世纪 90 年代末，股市已经上升到难以置信的高度，1995—1999 年中的每一年都上涨超过 20%。投资者已经坚信“新经济”的出现能确保永久的繁荣，甚至那些碰巧在名称中加入“.com”这样最不周全的冒险计划的公司也能获得惊人的回报。就像当年互联网泡沫破裂并回归现实，美国于 2001 年 9 月遭受毁灭性的恐怖袭击，这造成了全国范围的恐慌浪潮，并煽动战争，甚至通过造成曼哈顿下城的交通不便来摧毁美国金融体系的基础设施。

这期间到底发生了什么？就在股市下跌开始挤压扩张中的经济时，美联储于2001年1月开始调低短期利率目标，并在一年内降息11次，其中一次仅在“9·11”恐怖袭击的6天之后，股市的暴跌被更便宜的资金抵消，由此创造了更大的经济刺激，鼓励消费者购买汽车和房屋，鼓励企业借款购买新设备。恐怖袭击发生的上午，美联储主席格林斯潘还在从巴塞尔回来的路上，所以由副主席罗杰·弗格森（Roger Ferguson）负责发表声明：“美国联邦储备系统正在开放和运营中，贴现窗口可满足流动性需求。”也就是说，美联储已准备好并愿意向银行系统注入美元，以避免美国人因银行缺乏资金而无法在自动取款机上提取现金。之后的几天里，美联储一直在与欧洲央银、英格兰银行和加拿大银行交换美元，以尽力防止全球银行系统的瘫痪。

2001年确实发生了繁荣后的衰退。但格林斯潘领导下的美联储的干预措施成功地遏制住了经济的下滑，并使之成为现代社会中最温和的一次经济衰退。等到全球央行行长们齐聚杰克逊霍尔表彰格林斯潘时，失业率已回落至4.9%，甚至低于20世纪80年代时期的单月水平。

然而，在杰克逊霍尔共识带来全球经济繁荣的8月份，已经有迹象暗示即将有事发生。美国的房价升到了新高。2006年，美国家庭的平均花费是美国收入中值的5.2倍之多。而1985—2000年，这一数值只有大约3倍。在美国国内的某些地区，尤其是迈阿密、凤凰城和拉斯维加斯这些阳光城市更为显著，其房地产市场与几年前的互联网热潮有些许相似之处，“南佛罗里达正处于一个全新的经济模式。”一位迈阿密房地产经纪人于2005年告诉《纽约时报》。

贷款人放宽了贷款条件，并通过增加购房贷款抢占业务（若在其他年代，银行家们连考虑都不会考虑）：不需要现金就可以买房子的零元贷款；只需人们宣称收入多少而不需要收入证明来申请的贷款，很快这就被称为“骗子贷款”；消费者每个月的还款甚至不足以偿还利息金额的消极分期贷款，这意味着他们的欠款将会随着时间的推移增多，而不是减少。这仿佛是一个房地产投机可以无风险地获得财富的新时代。

美国并非住房价格攀升至迄今未知水平的唯一一个国家。在西班牙阳光明媚的地中海沿岸，英国和德国的退休人员如此积极地购房以至于房价在1997—2005 年间上涨了 145%。英国正处于一个世纪中经济增长势头最好的 15 年，房屋价格在同一时期增加了 154%。爱尔兰得益于良好的商业环境和泰坦尼克号创造的就业机会，房屋价格上涨了 192%。全球人民很快得出了四面墙和一个屋顶比他们过去任何时候的收入都更有价值的结论。《经济学人》计算出在仅仅 5 年中，发达国家所有房屋的价值，已经从 30 万亿美元上升至 2005 年的 70 万亿美元。

但房价的升高只是世界经济中一些基本问题造成的结果，而不是原因。事实上，房价飙升的国家都是那些家庭债务上升到前所未有的水平的国家。1980 年，美国的全部家庭债务——抵押贷款、信用卡、汽车贷款以及其他家庭债务的总和占经济产出的 52%。到 2005 年，美国人已经积累了足够多的债务将这一数字变为 97%，这意味着正好需要国家大约一年的总产出才能还清。

过了 20 多年后，尤其在 2000—2005 年，能够轻易地借到钱成为各种经济创伤的药膏。有时甚至连工作都已经变得稀缺——在 1991 年和 2001 年的经济衰退之后都是缓慢的“失业”复苏，但消费者仍旧能够继续购买东西，是因为他们总是可以在艰难时刻使用信用卡或者再次按揭。其最终结果是：美国的家庭债务由 1980 年的 6 400 美元上升到 2005 年的 41 000 美元。如果债务水平的增速仅与整体经济增速保持一致，那么消费者可能仅拖欠不到一半的借款。

其他房价上涨的国家在细节上有所不同，但基本趋势一致。例如，2000—2004 年，西班牙的抵押贷款债务平均每年上涨 20%，同一时期的房价每年上涨 16%。若没有借款，房地产价格几乎不可能以那么快的速度上升，这引出了一个问题：究竟是谁，又为什么在借出资金？要回答这些问题，必须往回倒退一点。

全球金融危机的根源

20 世纪 90 年代末，一连串新兴国家都经历了严重的金融危机。投资者对那些曾经增长迅速的经济体失去了信心，从泰国、印度尼西亚和韩国抽出了资金。因此，这些国家遭受了货币和股市的崩溃，并新增了数百万失业者。不仅仅是这些直接受该危机影响的国家，全世界的政府都从中吸取了教训：全球投资者既可以注资，也可以撤资，且很可能会在最糟糕的时间拿走资金。

经济快速增长的国家领导人已经注意到，银行中最好有大量的储备存款可用来抵御投机者的撤资，最好的办法就是购买一些世界上最安全的资产。如果你是发展中国家的富人，比如一个中国制造行业的老板，或中东的石油大亨，或苏联出身名门的商人，你们的想法可能是非常一致的。为什么要担心政府可能会有倒下的风险，或担心可能会失去支持，或以其他方式失去你已习惯的超级特权？

防止这些危害的最好办法就是在一个政治稳定的国家投资一堆最安全的资产。在 21 世纪初，由于文化、法律等种种特殊因素，许多发达国家的人同样渴望投资这样的安全资产。在德国，储蓄导向的民众将很多钱存进银行后，银行不得不寻找其他地方安置资金。随着世界发达国家婴儿潮一代进入收入鼎盛时期，养老基金也急需投放资金的地方。

2005 年，后来成为美联储主席的本・伯南克，将所有这些额外现金称为“全球储蓄过剩”（global savings glut）。因为资金过多，寻找安全的地方存放资金的人群多于可以存放资金的安全地。资本主义具有满足需求的强大力量，甚至是安全投资这样无形的、难以捉摸的需求。为了尽量满足安全存放资金的需求，同时赚取大笔财富，金融业凭空捏造了一些投资工具。

作为投资，任何一笔抵押贷款都具有风险。借款人可能会失去工作，从而无法偿还贷款；周边房价可能会下降，而不是上升。但是，如果将很多抵押贷款打包成一个可以在金融市场上买卖的单一资产池，就可以规避一些风险。通过分层设计可以将所有高风险抵押贷款转变成超安全的投资：附带的不仅是一个抵押贷款债券，可能是好几个。

底层证券是为那些愿意承担一定风险，可能获得更大回报的投资者设计。若有人不偿还抵押贷款，投资者将遭受损失，这是他们为获得更高回报率而付出的代价。最高层是比较谨慎的投资者投资的证券，除非发生大规模亏损，如亏损了借出资产的40%，否则他们不会损失一毛钱。虽然这些投资者获得的报酬要低得多，但他们几乎没有赔钱的风险。毕竟，如此多的人无法偿还抵押贷款的概率能有多少？或者房价下跌至损失借出资产的40%的概率又有多少？这样的概率确实很低，至少看起来如此。

金融业魔法般地将具有高风险的个人贷款转化成最令全球投资者垂涎的最安全资产——评级公司将该证券评为AAA级。这种投资思想在20世纪80年代已经存在，但在21世纪以前所未有的方式风靡。单就美国而言，这些非公开发行的抵押贷款支持的证券规模就由10年前的360亿美元上升到2005年的9 010亿美元。

而且这种方法并非只适用于按揭贷款，大型金融机构可以对信用卡、学生贷款、企业贷款等我们所能想象的几乎所有类型的贷款进行同样的操作。在美国，这种证券存续额从2000年的2.6万亿美元上升到2005年的8.1万亿美元，并在2007年达到顶峰，几乎达到11万亿美元。其中每一个证券都同时是一方的资产——也许是德国银行、韩国的政府投资基金或者一位富有的印度人；又是另一方的负债——也许是一个佛罗里达州家庭借钱购买了梦寐以求的带游泳池的三居室住宅，或者一个堪萨斯州家庭用信用卡支付了迪士尼乐园之旅的费用，或者一位纽约房地产开发商以空前的高价购买了办公楼。

一个人的债务是另一个人的存款的说法已经是老生常谈。银行作为这种交换中介已有几个世纪的历史，但在过去，银行家会上下打量借款人，研究其财务状况以及让贷款人知道如果借款人未能偿还贷款就是银行的问题。然而在这个新时代，与借款人直接联系的人已经与贷款人分开。全美国与日俱增的抵押贷款经纪人仅仅是“华尔街黏合机”的供应商。虽然经纪人知道其中一些贷款是不良贷款，但华尔街的大公司只想通过组合打包创造出销往世界各地的新证券来赚取费用，没有兴趣过多了解他们得到的是什么。全球投资者购买这些证券，而不必知道借款人以及他们的偿还能力等复杂细节，有 AAA 级的金印就足够了。

大型银行是使财富明显激增的超级中介。2007 年，全球金融资产规模达 202 万亿美元，是全球经济年产出的 3.6 倍，这一比例在 1990 年为 2.6。这表示，要有超过已有规模的额外 42 万亿美元的纸币才能使这个比率保持不变。全球大型银行、对冲基金、保险公司以及无数其他金融机构是连接在全球过剩储蓄和承担了越来越多债务的借款人之间的链条。而在 2005 年的杰克逊霍尔会议中，好像几乎没有人意识到这个链条有多么脆弱。

但他们是怎么理解的呢？央行行长对于世界经济中的不正常表现知道什么？他们又是什么时候知道的？

在大西洋的两岸，央行一直担心不断上涨的房价，即使他们并不完全确定应该怎么做。如果没有确定的答案，他们只能委婉地阐述房地产市场中发生了什么。西班牙和爱尔兰的房地产市场存在“浮力的因素”，正如让 - 克洛德·特里谢在 2007 年 5 月所写的那样。格林斯潘承认两年前泡沫尚未形成，但已经存在“气泡”，即某些市场存在一些小泡沫，“明显存在一种不可持续的迹象。”他告诉纽约经济俱乐部。而在 2005 年杰克逊霍尔会议的三个星期之前，默文 · 金已经相当担心英国的房地产泡沫，他试图提高利率以减缓房价的上涨。他的提议被英国利率制定委员会否决，这对一个央行行长来说是不寻常的。当时有一个传遍伦敦金融圈的笑话：作为平庸的阿斯顿维拉球队的忠实球迷，默文 · 金莫名其妙地感到不舒服。

美联储于 2005 年在内部继续展开辩论，这表明央行官员要将他们认为的房地产市场的问题转化为具体的政策是多么具有挑战性。当美联储联邦公开市场委员会在盛大的红木桌私下会面，俯瞰着华盛顿宪法大道制定美国利率政策时，这些担忧虽然时而会被传播出去，但却很少有政策能缓和房地产问题的紧迫感。

“几乎每天都有报刊文章声称，美国房地产泡沫很快就会破灭，并将对经济产生灾难性影响。”对此表示不屑的纽约联储经济学家理查德·皮奇（Richard Peach）在2005年6月29日秘密提交给美联储联邦公开市场委员会的报告中表示，“房地产市场涨势迅猛，”他说，“可能是由房地产市场中潜在的固定因素，即低利率、强劲的生产力、婴儿潮一代到达收入巅峰以及收入的增加，尤其是富裕群体收入的增加导致的结果。”

同一天，委员会倾听了关于房地产下跌将如何影响金融体系的陈述，“无论是借款人还是贷款人，都未显示出一丝摇摇欲坠的迹象。”经济学家安德烈亚斯·莱纳特（Andreas Lehnert）在其对美国银行及其他机构的抵押贷款风险敞口的分析报告中这样告诉美联储的领导人，“也许可以简单冒险地判断，当房价大幅下跌时，全美国抵押贷款体系可能会受影响，但不可能毁灭。”

美联储决策者们就房价可能会下降，也许是急剧下降的可能性达成一致。但他们无法理解住房与金融体系的联系有多么紧密和错综复杂，或当金融体系遭到冲击时会有多么脆弱，“房价大幅下跌对金融机构的溢出影响似乎是有限的。”芝加哥联邦储备银行主席迈克尔·莫斯科（Michael Moskow）说。

在美联储2005年政策会议厚厚的记录中（这在几年后才公开），偶尔有官员认识到问题所在。当美联储理事马克·奥尔森（Mark Olson）表示，当他听说贷款资金来源于华尔街非公开发行的资产池，而不是传统的由政府资助的房利美（Fannie Mae）和房地美（Freddie Mac）的住房抵押贷款时，似乎就发现了什么。

> “不是在美国。我不知道这是在哪个国家或星球。”莱纳特在奥尔森打断他之前说。
>
> “这颗星球是地球，这个国家是美国，”奥尔森反驳道，“而且人们讨论的是正在发展中的不规范的二级市场。”

他们很快就明白了。奥尔森是在谈论新债的发行量，而莱纳特想突出的是总存量。这个误解消除后，话题立刻停止了。

对于经济中的风险的种种讨论，美联储缺乏的不是专业技术——虽然肯定有专业技术；也不缺乏注意力或纪律——讨论是面面俱到的，并由一群努力尝试得到正确答案的聪明人参与。美联储缺乏的是创造力，即认识到房地产和金融体系如何相互影响，并会造成比任何单独的一方所能产生的损害都要大，尤其是房价的快速上升将如何威胁到全球金融体系。在当年关于这一课题的 8 次闭门会议上，会议记录有将近 1 100 页，没有一页提到金融体系的发展可能让房地产泡沫的破灭变成全球金融危机，例如，投资银行对借款的过度使用以及安全性存疑的抵押贷款支持证券对现代金融机制的深深影响。

在美联储 2005 年的会议中，当前美国经济所面临的最急切需要明确的不是关于住房价格指数或证券化市场演变的技术讨论。研究主任大卫·斯托克顿（David Stockton）在一旁苦笑。斯托克顿指出，已有多项指标表明房地产市场的繁荣可能会结束。他继续说：

> 我再提供一个表明这个板块即将终结的证据。某个晚上，我不断地换着电视频道，就在原本很耐心的妻子都感到厌烦时，我突然在探索频道看到一个全新的电视节目叫《房屋反转》（*Flip That House*）。据我所知，该节目的主旨是通过修缮房屋、精心的布置以及银行的准入权，让每个人都可以进入房地产财富市场。这足以让市场效率的狂热信徒们陷入生存危机。

换句话说，全球金融危机的根本原因一目了然。很多央行行长对全球房地产泡沫感到担忧，而对全球债务泡沫的担忧较小——不仅是抵押贷款，还有消费贷款和企业债务。少数的担忧仍然认为，金融业的快速扩张可能威胁全球金融稳定，而全球经济的根本性不平衡是一切问题的根源。央行行长们已经意识到这一点，但尚未决定该如何解决。

讽刺的是，部分问题在于央行行长们的成功。投资者已经从大缓和中获得这样的认识：央行行长们掌控了经济。所有的发达国家和越来越多的新兴经济体已经战胜了通胀。央行能够控制不良事件的影响，无论是快速成长的亚洲经济体的金融危机，还是美国股市泡沫的破灭，并阻止了损失的进一步扩散与蔓延。在一个看似无风险的世界里，投资者们反而愿意承担更多风险。

比地球上任何人都更能影响金融界未来的格林斯潘，清楚地明白这些联系是否已经到了会让世界经济陷于危险的程度。他在杰克逊霍尔会议的讲台上说，用于补偿承担额外风险的风险溢价较低，这是长期经济稳定帮助推高了资产价格所导致的直接结果。而股票、债券和住房价格的增长造就了更多的财富和购买力，同时，格林斯潘说道，这些资产价值的大幅增加，“在某种程度上是投资者接受较低风险补偿所导致的间接结果。”

“历史，”他说，“没有好好处理长期低风险溢价带来的后果。”

“千禧桥”效应

但那一年杰克逊霍尔会议上的另一位经济学家甚至比格林斯潘，或者更确切地说是比任何人，在这个人人对经济充满信心的时刻，在认为世界应该担忧什么方面更有先见之明。

现在回想起来，很多现象都指向国际货币基金组织首席经济学家拉古拉迈·拉詹（Raghuram Rajan）在2005年的杰克逊霍尔会议上明确展示的论文。拉詹确实敏锐地认识到，鼓励风险的补偿政策误导了金融业，让全世界陷于更加危险的境地：即使长期表现很差，银行家们还是会因为短期内赚到了钱而获得巨额奖金。但拉詹仅仅指出了可能会变得极糟的问题的一部分。

申铉松（Hyun Song Shin），当时是伦敦政治经济学院的教授，在回应拉詹的论文时最准确地描绘了全球经济的状态。

“我想谈一谈伦敦的千禧桥。”他说道。为了庆祝2000年的到来，英国建造了令人惊叹的横跨泰晤士河的人行天桥。其横向悬挂的设计免去了那些看起来笨重的柱子，使其成为工程界的设计典范。

“女王在6月的一个晴天宣布了这座桥的开通，”申铉松继续说，“媒体聚集于此，成千上万的人到场迎接这一时刻。然而，就在大桥开通的瞬间，它开始剧烈地颤抖。”千禧桥开通的当天就关闭了。一开始工程师们疑惑是什么地方出了错。只有一排士兵步调一致地过桥形成的足够强大的垂直振动会导致桥体摇晃，才会出现上述问题。附近的艾伯特桥建于一个世纪前，甚至设有一个指示行军的士兵通过时要打乱步伐而不是保持步调一致的标志。但千禧桥不存在这样的问题。“1 000个人随意走动最后正好步伐一致，并在之后保持步调一致的概率有多少？”申铉松问道，“这个问题很容易回答，答案是接近零。”

但却真的发生了这样的事。这座桥的设计师未能考虑到人们对周围环境的反应。当桥在开放日行人的脚步中轻轻摇动时，每个人都自然地调节着自己的姿态来保持平衡，虽然只是一点点，但每个人都在同一时间朝着相同的方向，这创造了足够的侧力把轻微的摇动变成剧烈的振荡，“换句话说，”申铉松说，“桥的晃动以其自身为能源。即使最初的冲击，比如一阵微风，虽然已经过去了很久，但晃动将继续并不断变强……。大桥仅通过了对暴风雨、地震以及重物通过所进行的电脑压力测试，开放日那天所发生的一切就如同一场‘完美风暴’[①]。但这是一场注定每天都会到来的‘完美风暴’。”

金融市场就如同这千禧桥一般，每个玩家——银行、对冲基金和个人投资者，对其身边所发生事件的反应与其他个体互相呼应。当全球投资者所处的位置发生位移，每个人都将改变自己的立场。而当每个人的立场都同时朝向同一个方向时，这正好加强了最初的变动，因而整个系统便会突然剧烈地摇晃起来。

杰克逊霍尔会议的与会者们礼貌地聆听着，然后去享受他们的休息时间。此刻，距离桥梁开始摇晃还有两年多；三年多后，桥梁终将坍塌。

① 意为糟糕的事情聚集到一起，“众祸其至”的反话正说。——译者注

THE ALCHEMISTS

THREE CENTRAL BANKERS AND A WORLD ON FIRE

| 第二部分 |

金融大恐慌 2007—2008

THE ALCHEMISTS

THREE CENTRAL BANKERS AND A WORLD ON FIRE

09 三人委员会

就在杰克逊霍尔会议隆重送别艾伦·格林斯潘的两年后，他的继任者是否能出席会议都成了问题。2007 年 8 月的市场充满混乱，而在欧洲央银出人意料地介入法国巴黎银行危机的三个星期后，会议就召开了。本·伯南克的亲信幕僚们争论着，在市场如此紧张的情况下是否要飞到怀俄明州的荒野中召开会议。仅在几年前，手机信号才覆盖到杰克逊湖酒店，连接互联网至今仍是个问题。如果再一次爆发恐慌，他们要如何收集需要的信息呢？

但如果他们取消了已成惯例的公开露面，这是否会让市场更加风声鹤唳：如果他们无法参加杰克逊霍尔会议，那么情况一定远比我们想象的更加糟糕。因此，美联储在华盛顿的信息技术及安全团队被派往杰克逊霍尔。在伯南克二楼办公室的大厅里，远离主要活动区域的地方，他们搭建了一个信息中心，房间里装有保密电话、互联网、彭博金融数据库，这样一来美联储的官员及其国际同行们就可以远程工作了。

伯南克和他的小圈子——纽约联邦储备银行主席蒂莫西·盖特纳、美联储副主席唐纳德·科恩以及理事会成员凯文·沃什、美联储货币事务主管布赖恩·马迪根——在二楼的保密会议室中花了近两天的时间，研究应对可能出现的市场恐慌的策略。

可惜的是那年会议的主题是住房融资，其中的一些表述是相当有前瞻性的。例如，耶鲁大学的罗伯特·希勒（Robert Shiller）就警告说，房地产市场的长期繁荣可能很快就要结束，这将带来严重的经济后果，“不能仅靠基本面因素，如租金或建筑成本等来解释繁荣，”他认为，“心理学理论所描述的，把住房看作一项重要投资的社会性倾向更好地解释了房地产市场的景气。”

讨论中心不可避免地集中在美国，但却没有真正认识到糟糕的美国住房贷款可能会对欧洲银行和包括美国国际集团在内的保险业——全球金融的基础造成多么严重的威胁，讨论并没有意识到问题正超出次级贷款证券本身。“千禧桥”在晃动，每个人都感到不安——但还不够，对这三位西方央行的领导者来说同样如此。

让-克洛德·特里谢和欧洲央银在向欧洲银行系统注资之前，都没有向他们在华盛顿和伦敦的同行发出正式警告。伯南克和美联储充当了银行最后的贷款人的角色，他们也在权衡及考虑是否要通过降低利率来保护整个经济。默文·金和英格兰银行则指出，此时应该让银行独自承受多年高风险贷款的后果。

这三个人并不知道，他们现在的合作可能只是个开始。即使三人有着完全不同的背景、性格以及独特的通往权力之路，但所有这些终将形成世界上最重要的伙伴关系。

致力于欧洲一体化的特里谢

让-克洛德·特里谢是拥有数十年危机解决经验的政府官员，同时也是诗人、哲学家、文学家，他认为作为央银家，他的职业超出了经济学本身，“我相信，经济与文化事务，金钱与文学、诗歌是紧密地联系在一起的，这种紧密超出了很多人的想象。”特里谢在2009年时如是说，“诗歌如同金币，为了维持自身的完整性，它以自己的节奏、韵律、隐喻存在着。从这个意义上来说，诗歌就像金钱，它们也是长期‘贮藏价值’的手段。它们都渴望永恒，都注定要在人与人、心与心之间流转。”

对特里谢来说，欧洲央银是欧洲团结最具体的象征，是结束欧洲大陆数百年，甚至上千年的不和谐的一种途径，“经济和货币联盟是一项伟业，形成了欧洲繁荣和共同稳定的基础。”他在同一讲话中还援引德里达、但丁、普鲁斯特和歌德的话，并将其视为代表一个团结的欧洲大陆的哲学基础。

特里谢属于这样一代领导人——他们有能力从其父辈的错误中吸取教训并为欧洲建立起新的秩序。他是一个具有完美主义倾向的欧洲人，对于他们这一代精英而言，这意味着超越个人身份，即并不只是作为一个法国人、德国人或意大利人，而是一个欧洲人。对于孩子而言，这将意味着他可以和他最喜欢的叔叔一起自由地去德国、奥地利、意大利旅行，结交一位英国的笔友。对于成人而言，这将意味着更多。正如特里谢在2004年6月17日接受法国新闻杂志《快报》(*L'Experss*)采访时说：“这是……一个非常激动人心的时刻，”当时他刚与欧洲央银总理事会开了第一个电话会议。欧洲央银总理事会是一个庞大的组织，其中的很多欧洲国家央行甚至根本不使用欧元，“我转了一圈，询问是否每个人都在。爱沙尼亚的部长？‘是的，我在。’立陶宛？马耳他？塞浦路斯？他们都在。这才是欧洲，这令人印象深刻。”

作为一位希腊文和拉丁文教授的儿子，特里谢早年就显示出对文学和哲学的热情。在父母的鼓励下他学习了数学和自然科学，之后在当地的煤矿担任深层地下工程的实习生。但是他热衷于政治，而且很快就离开了矿山，到国家行政学院这所法国公务员的精修学校去学习。1968 年的法国正处于动荡时期，激进的学生与警察之间的冲突不断。跟许多人一样，特里谢也参与了左翼学生的行动。由于他热衷于为工人谋福利，他在统一社会党的同事戏称他是“贾斯提斯”（Justix），即《阿斯泰里斯》（*Asterix*）卡通系列中一位不知疲倦的高卢英雄。特里谢以名列前茅的成绩——100 名学生中的第 5 名，完成了其在 1971 年那届国家行政学院的学习，并开始了在法国财政部的漫长职业生涯。此后他与艾琳・瑞贝卡（Aline Rybalka）结婚。瑞贝卡生于乌克兰，是法国外交部的翻译。

作为一名政策制定者，特里谢在为欧洲统一进行艰苦谈判的过程中，可以保障其持续工作至深夜的充沛体力与其他能力一样重要。他是一位擅于充分发挥自身优势的大师。例如，在 2011 年与 27 个国家就银行资本规则进行谈判时，会议从早上开始，但过了午餐时间，即使工作人员已经在走廊上放好三明治，特里谢也没有要求休息。到了傍晚时分，越来越饥饿的谈判者更可能屈服，因为只有这样他们才可以吃点东西。

根据不同的情况，特里谢不仅会采取持久战策略，还会通过双手抱臂、点头、互投赞成票等任何一种他觉得必要的方式来达成谈判。而这些正是帮助他在大学毕业 16 年后成为财政部负责人、再过 6 年后升任法国央银行长的重要技巧，“如果我不得不选择一个人代表我在复杂的交易中进行谈判，这个人无疑会是特里谢。”他在央银的一名同事说。特里谢曾经是法国在《欧洲联盟条约》谈判中的代表之一，该条约促成了欧元的诞生。20 世纪 90 年代早期，特里谢还是巴黎俱乐部的主席，该俱乐部云集了全球金融官员，协商困扰拉美及其他发展中国家的债务重组问题。

从上述经验来看，特里谢就是那种时刻准备着与任何人进行艰苦谈判的人，特别是在银行与政府需要面对国家财政失控、经济徘徊在悬崖边缘之际，特里谢都能出色地完成任务，“危机就是他 DNA 中的一部分。”芬兰央银行长埃尔基・利卡宁（Erkki Liikanen）曾这样评价他。特里谢其实更像一位外交官而非经济学家。到2007年，他已经是世界上最有经验的应对金融危机的管理者之一。

特里谢说话流畅，着装时尚，这同样让他充满魅力，“举止谦逊、平易近人为特里谢赢得了经久不衰的尊重，”欧洲央银的长期观察者大卫·马什（David Marsh）指出，“他会向女士们以传统的吻手礼致敬——无论她是德国总理默克尔，还是驻法兰克福记者的妻子们。他也会戏称英国前财政大臣为‘校长先生’。”即使与他共事了数百甚至数千个小时的人，也没感觉到与他有多少私人互动。无论在什么情况下，特里谢都保持着正式且适当的穿着，他从未展现出丝毫的不自信。他轻易就能获得他人的尊重，但却让人琢磨不透。

作为法兰西银行的行长，特里谢负责监管所有环节，为他的国家加入欧元区做准备。他经常与一些政客发生冲突，因为这些政客认为他的“强势法郎”政策有损法国的出口，进而影响就业。还有人说特里谢“操着德国口音说法语”，意思是尽管他出生在法国，但却有着德国人“硬通货哲学”的理念，这也使他成为欧洲央银（成立于1998年）首位领导人的最佳候选人。

在证明自己与里昂信贷银行这家大型商业银行的信息披露丑闻无关后（那时他在财政部任职），特里谢于2003年被任命为欧洲央银行长，并开始了长达8年的任期。作为一位工作勤奋的人，特里谢事无巨细，亲自打理这个拥有1 600名员工的央银，他会亲自审查部门预算，甚至斟酌新闻通稿中的语言。

“我一直都致力于在充分和解与深厚友谊的基础上加深欧洲一体化，从而为时代的繁荣服务。”特里谢曾经如是说。但是，危机却始于2007年8月9日打给圣-马洛的一通电话，这打乱了他的规划——他曾努力创造的用于紧密连接欧洲大陆的货币，将面临分崩离析的威胁。

研究大萧条出身的伯南克

与特里谢在欧洲领导层的长期浸润、不断升迁不同，本·沙洛姆·伯南克在很多方面并未展现出全球经济领导人的特质。1953 年，伯南克生于南卡罗来纳州的狄龙镇。早在孩提时代，他就展现出罕见的聪慧。他直接跳过一年级，代表南卡罗来纳州参加 1965 年的全美拼字大赛，并以 1 590 分这一接近满分的成绩取得该州有史以来最高的 SAT 成绩。[①]他的成绩足以被哈佛大学录取，但他的母亲并不想让儿子去那么远的地方上大学。在得到肯尼斯·曼宁（Kenneth Manning）的保证后，他的母亲才心软让伯南克去哈佛大学上学。肯尼斯·曼宁是一位年轻非裔美国人，他与伯南克是同乡，也就读于哈佛大学，并鼓励伯南克也申请此学校。

伯南克在哈佛大学表现十分出色，获得了最佳经济学本科毕业论文奖。他随后去麻省理工学院攻读研究生，从该学院毕业的一批博士后来都为经济政策带来了重大改变。仅在 1977 年，就培养出了马里奥·德拉吉（Mario Draghi，欧洲央银行长，特里谢的继任者）、奥利维尔·布兰查德（Olivier Blanchard，国际货币基金组织首席经济学家）、保罗·克鲁格曼（诺贝尔经济学奖得主、最具影响力的《纽约时报》专栏作家）等。伯南克晚他们两年毕业，师从斯坦利·菲舍尔（Stanley Fischer），菲舍尔后来成为国际货币基金组织的首席经济学家和以色列银行行长，并且是央银研究领域的教父式人物。

“如果你在学生时代认识本·伯南克，你根本不会选他作为未来的央行行长。”罗伯特·索洛，麻省理工学院的诺贝尔经济学奖得主后来这样告诉记者。伯南克的外表与众不同，索洛补充说：“他留着长发，真的是很长的长发。”

事实上，在职业生涯的早期，伯南克并没有展现出除一流学者之外的其他特质。他的妻子安娜·弗里德曼（Anna Friedmann）毕业于韦尔斯利大学，之后成为一名七年级的西班牙语老师。他们先是搬到加州，后来又搬到新泽西，

① 那时，SAT 考试的满分为 1 600。——编者注

在普林斯顿大学，伯南克成为一名明星经济学家。他在金融、经济、货币政策的交叉研究方面发表了很多重要论文，探究导致大萧条的失败政策的原因，提出“以通胀为目标”的观点，建立了根据价格上涨幅度，相应调整货币政策的目标。

不仅在学术领域表现出色，伯南克发现自己在领导团队做决策方面同样具有天赋。作为一名优秀的倾听者和说服者，他于 1996 年就任普林斯顿大学经济学系主任。这是一个吃力不讨好的工作，需要承担所有领导职责，但又缺乏明确的权力。毕竟，卓有成效的学者都不喜欢别人对自己的教学和研究指手画脚。伯南克经常开玩笑说，他最大的责任就是决定是否要在教职工会议上带点面包圈或甜甜圈，以此来自嘲自己的职责范围。他引导全体教职工参与到决策制定中，例如，他就是否应增设金融课程的次数这一问题征求老师们的意见，这样一来，每个人都会觉得自己是决策过程中的一部分，尽管他们可能对最终决定并不认同。

伯南克还曾在新泽西州蒙哥马利镇教育委员会任职过一段时间，该委员会曾就是否通过增税来建立更多学校这一问题有分歧，甚至引发了一场恶战——在一次会议后争论双方曾大打出手。他以前的同事德怀特·杰斐（Dwight Jaffee）告诉《华盛顿邮报》的记者，伯南克原本认为应该降低税收，但“他会查阅数据，计算是否有必要建立新学校……他真的会认真计算相关数据，并以此为据，据理力争”。他最终为提高当地财产税投了打破僵局的一票。

一系列偶然的机会，让这位擅长数学计算的教授成为世界上最有权力的人物之一。首先是在 2001 年，伯南克入围普林斯顿大学教务长的候选人，即可能成为学校的首席学术官和第二大行政领导。如果他真的得到了这份工作，那么在格伦·哈伯德（Glenn Hubbard，时任美国总统乔治·W. 布什的白宫首席经济学家）问他是否有意于 2002 年就任美联储理事时，他可能会有完全不同的答案。伯南克此前并未认真考虑过是否从政，但这对他还是很有吸引力的。尤其在 2001 年“9·11”恐怖袭击之后，伯南克服务公众的思想就开始萌动了。

他很快就在格林斯潘领导的美联储任职，主要负责向外界解释政策委员会的想法。2002 年，他在官方照片上还是一个头发蓬乱、胡子拉碴的教授。

仅仅 3 年后，79 岁的格林斯潘决定退休。此时，布什政府正处于内外交困之际：政府应对卡特里娜飓风处理不当，长期陷入伊拉克战争无果。布什早前将白宫法律顾问哈丽雅特・迈尔斯（Harriet Miers）高调委任至最高法院，引起了轩然大波，因为人们质疑迈尔斯的能力。参议院已经无暇应对，思想上也趋于保守，他们希望新一任美联储主席最好能像哈伯德或里根的政府经济顾问马丁・费尔德斯坦。对于支持率只有 40% 并且仍在下滑的布什而言，作为华盛顿初来乍到的新手，伯南克成为总统最安全的选择。

即使成为美国最有权势的人之一，伯南克还是喜欢晚上与妻子待在家中，而不是参加深受格林斯潘青睐的位于乔治敦的各种社交活动。伯南克穿着普通牌子的西装，也毫不留意办公室的安保、汽车和司机等奢侈细节。他周末来办公室时，大都穿牛仔裤，为了舒适地在难得的清静中思考这一周以来所做的决定。

当然，伯南克仍旧缺乏经验。格林斯潘任美联储主席之前做了近 20 年的总统经济政策顾问，伯南克必须以极快的速度学习如何应对政治方面的工作。他的助手说，当电视上转播与他私交甚笃的参议员在听证会上嘲笑他时，他看起来完全不知所措；他需要时间来了解这些只不过是简单的政治把戏而已。

他首先要让自己看起来像模像样，伯南克可能是有史以来唯一一个被美国总统和《华盛顿邮报》在不同场合嘲笑衣着的高官——他穿了一双棕褐色的袜子，而不是海军蓝色的。但伯南克在升任美联储主席之后，努力塑造着一个不同以往的形象，以确保他在掌控全球经济时显得强劲有力、稳定可靠。他会去参加金融巨头与政客们的私人聚会，以便更好地了解他们的世界。例如，他曾到詹姆斯・沃尔芬森（James Wolfensohn，世界银行前主席）位于杰克逊霍尔的家中吃晚餐。他也会去参加彼尔德博格会议，这个会议最吸引眼球的是有关阴谋论的主题，实际上就是一群富人、大亨们聚在一起度假、闲聊。伯南克还专门聘请了一位演讲教练，练习克制自己在紧张时颤抖的声音。他甚至开始剪看起来更利落的发型。他更频繁地剪发，更加仔细地打理他的胡子。[他每隔三周在美联储华盛顿总部理发时，都会与理发师莱尼·基洛（Lenny Gilleo）谈论棒球。]

但是，有一件事伯南克并不需要改变，那就是他的领导方法。在其任期的8次年会上，有权有势的美国联邦公开市场委员会由19个难以对付的人组成，即华盛顿美联储理事会成员和12位地区银行行长。尽管美联储主席是领导者，但其实他也只有一票。专业地讲，他并不是其他委员的“头儿”。他必须通过说服、通过智慧来领导他们。自伯南克领导委员会开始，他使用的就是他曾经作为大学系主任和教育委员会成员时的管理技巧来对付其他委员。“拍桌子、叫嚷、要求你同意我或其他人的看法，这些都不符合伯南克的性格。”艾伦·布林德于2009年说，布林德曾是伯南克在普林斯顿大学的同事，“那不是他的处事方式。我认识他25年了。他总是能尊重别人的观点，并通过自己的智慧来说服别人。他不会对别人说‘如果你不同意，你就是个混蛋’。”

在工作人员介绍完开场之后，会议正式开始。首先是每个人阐述自己对经济的看法，然后茶歇。当同事们都去喝咖啡时，伯南克会去会议室隔壁他自己的办公室，把刚才听到的内容简要地记录下来。在会议重新开始后，伯南克会读着他的笔记，表示“这是我认为我听到的内容”，然后把一系列观点串联起来。在格林斯潘时期，一些政策制定者经常发现自己与格林斯潘意见不合，然后会感觉自己被排除在了讨论之外，但这些政策制定者们与伯南克相处得更加融洽，“任何委员会的主席都可以就质疑他的观点做出回应，并告知委员们这个观点不值得讨论，”里士满联储主席杰夫·拉克尔（Jeff Lacker）说，“但伯南克不是这样，他会认真考虑不同的看法。”

布什总统任命伯南克为美联储主席时，并未考虑过他的学术研究。但是随着金融危机于2007年爆发并在2008年逐步深化，伯南克以前的工作就显得格外相关。他认为，金融领域的问题并不仅仅局限于问题本身，而是会传导至经济的其他方面，减缓整体经济的增长，这也就是为什么20世纪30年代的大萧条会带来如此严重的衰退的原因。当银行和其他贷款机构遭遇重大损失时，它们会全面削减各种贷款，就如在2007年对抵押贷款债务所采取的措施那样。这会削弱经济，并进一步加剧银行的损失，如此一来就陷入了一个恶性循环——伯南克和他的主要合作者马克·格特勒（Mark Gertler）称之为"金融加速器"。在危机之初，美联储高管关注的是美国住房市场问题会不会演变成危险的连锁反应，而事实也的确如此。

伯南克的学术背景已经为将要应对的事情做了充分的智力准备。现在的问题是，他平和的领导风格是否能引导美联储和世界经济安然渡过这场危机。

"独裁者"默文·金

默文·阿里斯特·金那时还只是"金行长"，直到2011年获封"默文·金爵士"。他在危机初期看上去似乎远离了他的国际同行们，但这并不是因为他不熟悉情况，他其实长期充当着特里谢和伯南克的沟通桥梁。20世纪60年代，当特里谢参观学习英国税制并结识了这位未来的行长时，默文·金还只是剑桥大学的一名学生。此后的20世纪80年代，他和伯南克同在麻省理工学院任职，他的办公室就在伯南克的旁边。事实上，2007年8月，默文·金展现出来的自主性正是他管理英格兰银行时超级自信的一面。

那些不切实际的心理学家们可能会将他这种典型的精英阶层的自信，归因于他的智慧、勤奋以及极度倔强，而不是出身。作为一个铁路职员的儿子，默文·金出生于1948年，在西米德兰的一个小镇伍尔弗汉普顿长大。初中时他就显现出早熟的智慧，并最终凭自己的努力先后在英皇书院、剑桥大学、哈佛大学读书，后来成为伦敦经济学院的教授，并被视为那一代英国经济学家中最年轻、最有前途的一位。20世纪90年代初，在加入英格兰银行并成为首席经济学家后，默文·金给英格兰银行打上了自己的烙印：分析严谨、理论扎实，当哪个员工或部门不符合他的倾向与高标准时，他会毫不留情地表示轻视。

他热爱运动，经常在演讲时提到自己最喜欢的足球队——阿斯顿维拉。他会定期（但有时也会不凑巧）抽出一个下午参加网球、板球或足球比赛。在学生时代，他就是一位充满活力的运动员，即使没有足够的实力，他也总能以充满竞争力的激情参加学校的板球和足球比赛。他精力充沛，经常和格林斯潘及其他政府官员打网球。他还会经常步行 8 000 多米，从自己在诺丁山的公寓去位于针线街的英格兰银行总部上班，而不是乘坐银行为他配置的专车。

他对竞争的热衷已经渗入到他在银行的工作中，他在银行和政府的对手总会发现与他发生冲突很不愉快。对于他的朋友而言，无论在国际经济俱乐部还是在伦敦社交圈，默文·金都堪称一位超级机敏、眼神犀利的绅士。而对于他在银行的同事而言，默文·金就是一个有文化的“流氓”——对自己的想法非常自信，并会为达到目的而不择手段，包括孤立、打压那些与他意见相左的同事。财政大臣阿利斯泰尔·达林（Alistair Darling）形容他“令人难以置信的顽固”和“可气”。达林曾写道，英格兰银行的核心问题就是，默文·金将它视为“自己的独裁领地”——达林曾两次参与关于任命默文·金为英格兰银行行长的讨论。

默文·金于 1991 年就任英格兰银行的首席经济学家，当时正是“针线街老妇人”（英格兰银行的绰号）的低谷时期，英国的高通胀已经持续了几十年。1992 年，金融大鳄乔治·索罗斯及其他全球投资者成功“攻陷”了英格兰银行：他们猜测，在英格兰银行坚持的联系汇率制度下，英镑的价值相比于其他欧洲货币被高估了。基于这一理论，他们迫使英格兰银行放弃联系汇率制度，或者将利率提升至足以使英国经济陷入崩溃的水平。此时，默文·金被派往德意志联邦银行，恳请德国人削减利率以便英国可以较为容易地捍卫汇率制度。但是默文·金没能扭转局面，索罗斯动用 10 亿美元，使英格兰银行声誉扫地。

作为银行的首席经济学家，默文·金着手重建英格兰银行作为货币政策制定者的信誉。他雇用了很多聪明又年轻的英国博士，开除了一些擅长巴结而不擅长经济分析的老员工。这件事情的成功使得默文·金赢得了托尼·布莱尔工党政府的信服。1997 年，政府终于授权英格兰银行保持政策独立性，使其不受政治因素的影响，英格兰银行长期费力争取的目标终于实现了。多亏了默文・金的工作，以后的利率政策再也不用受官方意图的影响，“他通过提高整个银行经济学的知识层次来确保独立性的可信度。”瑞秋・罗马克斯说，瑞秋曾经在 2003 至 2008 年间任职于货币政策委员会。1998 年，默文・金因创新性的工作被任命为副行长，分管货币政策，之后于 2003 年升任行长。

虽然默文・金早已不是教授，但他并没有放弃学术思维。作为行长，他关注与英国经济如何运作相关的理论，讨论、发展并完善经济模型。在处理银行决策等普通问题时，他总是遵循“第一准则”：央银的目的是什么？货币政策如何起作用？默文・金总是呼吁同事们要多从学术专家那里听取建议，而不是听信那些富有实践经验的人士。有人回忆说，就央银如何处置新发行的英国政府债券的拍卖程序进行讨论时，默文・金建议邀请一些专门研究“拍卖理论”的顶尖学者参会，而不需要那些对英国政府债券富有实际经验的市场人士。

据他的同事说，行长私下对那些从未接受过经济学理论专业教育的商业银行家和商人的经济看法不屑一顾。他总是热情洋溢，游走于艺术家、知识分子、政府官员等多种角色之间。他不屑于参加私人聚会，但当他必须在一些重大场合对金融权贵们发表重要讲话时，他往往会跳过鸡尾酒时间，按时出现，履行他的义务。

与货币政策具有完整的理论基础不同，银行监管则是一片混乱——为了维持政策独立性，英格兰银行将银行监管的大部分职能让渡给 1997 年新成立的金融服务管理局，“英格兰银行在维护金融稳定方面的职能逐步淡化。”凯特・巴克说，她在 2001 至 2010 年间是货币政策委员会的成员，“埃迪・乔治对英格兰银行丧失维护金融稳定的职能十分遗憾，但我认为默文对此自始至终就不感兴趣，”英格兰银行前经济学家理查德・巴韦尔（Richard Barwell）告诉《金融时报》，“在金融危机之前，从事维护金融稳定的工作绝对是没有职业前途的。”

那些致力于研究并建立经济如何运作的理论模型的经济学家，发展得都很好，因为这一领域正是默文·金自己感兴趣的领域。由于职业发展受限，那些持有不同工作方法的员工也相继离开了，“他对银行的研究方法变得十分局限。”巴克说。默文·金对于细节的关注和控制全局的欲望已经延伸到最细小的环节中：在每年的夏季晚会上，当员工及其家属都在享受烧烤和运动时，默文·金却“过于关注谁到场了、谁赢得了比赛等小事”，一位前雇员这样告诉《金融时报》的记者。

默文·金在孩提时被认为五音不全。他想加入学校的管弦乐队，但大家都认为他不具备音乐才能。成年后，他对古典音乐产生了兴趣，并投入了极大的热情，甚至在伦敦交响乐团的顾问委员会中任职。他认为自己就是英格兰银行的“大管家”，而英国经济就是他所指挥的一场伟大的音乐会，“我认为指挥家应该兼备自由精神和运用想象力的能力，这就像做研究一样，我对此投入了大量的精力，”默文·金在 2004 年接受电台主持人吉尔伯特·卡普兰（Gilbert Kaplan）采访时这样描述自己对音乐的热爱，“要做到这一点，要领导一个团队，就需要让团队中的每一个人都为你演奏。这就是我试图在英格兰银行推行的，这也是我为什么喜欢成为指挥家的原因。”

默文·金的“演奏团队”都要调整好状态，在漫长的星期五下午汇总下个星期四的货币政策委员会会议的资料——尽管部分团队成员总是会受到他的偏爱。将会有超过 100 家银行的工作人员出席本次会议，并发布其最新的经济数据和分析。这些“银行代理人”来自英国各地，看上去都毫不起眼，主要负责与商业银行和企业保持联系。“会议将持续 3 个小时。”大卫·布兰奇福劳（David Blanchflower，大家都称他为“丹尼”）说，他是货币政策委员会的成员，由于他个人与默文·金在某些事情上意见相左，最终他们之间发生了公开的争执，“那都是纸上谈兵，在最后 10 分钟代理人会进行汇报——他们所说的东西与书本理论完全不同。”

在货币政策委员会内部的小型会议上，大家会根据目前的经济状况，集中讨论银行使用的各种模型——这些模型都假设金融体系自身是有效的。尽管默文·金在 2008 年的夏天陷入了银行系统的麻烦之中，但是他仍然保持这种理论研讨会，并与他的委员们分享一些心得，“货币政策委员会应该跳出这种循环，”有人这样认为，“默文龟缩在自己的办公室里阅读和思考。没有丝毫的紧迫感，也没有很多会议。我们这些人无所事事，‘上帝呀，我们都做了什么？’”

随着危机的扩大，金融市场被不确定性所笼罩。但至少有一件事可以肯定：在英格兰银行，默文·金始终手握“针线街”的大权。

难以驯服的金融市场

2007 年 8 月末，这三个人分别在世界上的不同地方忙碌着。伯南克在杰克逊湖宾馆，在他设置在二楼大厅的“机密危机处理中心”，筹谋着如何应对这场危机；特里谢宣称因个人原因，在最后时刻取消了他的行程；默文·金今年依旧是指派他的副手查尔斯·比恩参加会议。

在 2007 年 8 月 31 日星期五的晚上，杰克逊湖宾馆终于迎来了参会政要及其配偶，接宾客的大巴在门前一字排开，晚宴开始了。经济学家和银行家们不一定都穿着牛仔装，不过在这种场合他们穿什么都无关紧要。他们喝着啤酒，而当地的牧场主试图证明自己懂马语。但是不给面子的母马根本不顾及主人的肢体语言和轻柔话语，无论牧场主如何安抚，它都不停地反抗着，拒绝套上马鞍。此时的场景与金融危机初期十分相似，同样也是嘈杂混乱：央行官员们私下对金融市场喊话，试着安抚它们。但就像刚刚的表演，舒缓的话语显然是不够的。

牧场主请客人们随意享用牛腩和烤豆自助晚餐，他自己来对付那匹马。结果直到晚餐结束，马儿才安静下来，它的主人才能驾驭它。

金融市场，也正因危机的横空出世，而更加难以驯服。

THE ALCHEMISTS

THREE CENTRAL BANKERS AND A WORLD ON FIRE

10

惨淡的圣诞节

2007 年 9 月 14 日星期五上午，默文·金和阿利斯泰尔·达林乘飞机来到葡萄牙波尔图，参加事先安排好的欧盟央银行长及财政部部长会议。然而，他们到访这座以甜味加强型葡萄酒闻名的河滨城市的时机不太对。

在过去几周，坐落于英国东北部、拥有 1 000 亿英镑资产的北岩银行陷入了危机。自从 8 月以来，抵押贷款证券就成了全球投资者的“毒药”，而该银行的大部分业务正是抵押贷款证券。当储户意识到北岩银行面临严重的现金危机后，纷纷取出资金，引发了挤兑风波。在新闻报道中，储户排起长队想要取出存款，“没有人想要成为队伍的最后一个，因为银行的钱可能在之前都被取完了。”一位很不安的储户在雷丁支行外对着采访的镜头说。

在如宫廷般的摩尔式大厅内，英格兰银行行长和英国财政大臣正通过电视关注着，他们的心情同很多不愿排在队伍最后的北岩银行储户一样，“这些储户的行为是非常合理的。”达林回忆起默文·金对他说的话。

尽管这是一个很准确的表述，达林也不愿意听到。自从1866年的欧沃伦格尼银行倒闭后，在他们两人的监管期间，见证了第一家英国银行的失败。

在1997年以前，北岩银行的前身北岩建屋互助会是个非常现代且多样化的银行。大部分存款来自网络，全英国各地的人采用电子方式把钱存在北岩银行以获取高利息，其房屋抵押贷款多发放给那些位于东北部的造船和煤矿小镇的买家。但是，这些贷款并不会像之前几世纪的做法那样被计入贷款银行的账目，而是被北岩银行通过证券形式尽快出售给了全世界的投资者。其规模发展极为迅速，以大约每年20%的速度连续增长了17年。到2007年，北岩银行已是一家大银行，其建于各个购物中心的分支机构遍布英国各地，但还称不上庞大——其规模大约只是巴克莱银行的1/20。

当2007年8月金融体系开始摇摇欲坠时，曾被看作是北岩银行的优势之处却变成了它的软肋。那些害怕抵押贷款证券会变得一文不值的投资者们不再愿意购买更多，他们也不愿意把钱借给这家几乎完全依赖于房屋贷款的银行。

在欧洲大陆或美国，这种情况并不会成为一个很大的问题，因为欧洲央银和美联储已经放松了紧急贷款计划，所以，银行在碰到类似北岩银行的窘境时可以获得优惠贷款。但是默文·金考虑到道德风险，英格兰银行没有提供类似的安排，直到为时已晚。于是，当北岩银行需要现金的时候，它通过位于欧元区的爱尔兰分行向欧洲央银寻求帮助，但却得知需要两三个月才能把相关法律细节安排妥当，这对银行来说，时间实在是太长了。

几个星期过去了，北岩银行的现金危机持续发酵。因为对其未来充满疑虑，私人市场上的贷款者不愿意借款给银行，这使得北岩银行的现金短缺问题愈发严重。

9月9日是个周日，当默文·金在巴塞尔会见其他央行行长之时，达林和英国金融监管局主席卡勒姆·麦卡锡（Callum McCarthy）电话联系了他。他们认为英格兰银行应该像欧洲央银和美联储一样，采取积极措施来支持银行系统。但默文·金却十分固执己见。

“在电话会议中，默文执意认为正常的判断仍然适用于当前已经明显不正常的情况，对此我愈发感到沮丧。”达林之后写道。

默文·金坚持认为银行应该为其过去的错误买单，但是，英格兰银行在过去300年的职责就是要防止银行倒闭以及因储户担心存款安全而引发的更广泛的公众恐慌。他的策略是，央行可以在必要时作为最后贷款人进入北岩银行，但他坚持要确保央行的确是最后贷款人，并且提供紧急贷款需要收取“惩罚”利息，这对那些想要到针线街寻求帮助的任何一家银行来说都不是一个理想的选择。

默文·金辩称，采用隐秘的方式为北岩银行提供紧急贷款是最有效的。毕竟，如果公众知晓北岩银行已经在寻求央行的资金帮助，就会更加恐慌。但是，双方银行的律师却苦恼于，如果没有及时披露贷款将会违法，会给北岩银行的股东就银行经营状况造成错觉。后续调查对这一法律陈述提出了质疑，但是不得不承认在“那个发烧、狂热的氛围下”，想要保守住对北岩银行给予大规模贷款的秘密会非常困难。

的确如此。2007年9月13日星期四，央行集中力量为北岩银行提供了一笔融资，而这个协议将在精心策划下于下个星期一对外公布，目的是使储户和投资者放心其资金的安全性。但是当天晚上8点30分，英国广播公司（BBC）商业编辑罗伯特·佩斯顿（Robert Peston）在直播中宣布了这一消息，并称援助已经迫在眉睫。显然计划泄露，精心的策划泡汤了。

储户突然意识到北岩银行已经绝望到去寻求央行的帮助，而且政府也无法保证其存款的安全。北岩银行一些小的分支店面已经挤满了人，刚到的只能在外面等候。当银行前开始排起长队，电视新闻开始报道时，“北岩银行挤兑风波”正在进行。那些在线存款的储户们纷纷取出现金，以至于银行服务器已经难以承受如此大的负荷。当网络客户无法取出现金的消息传开时，恐慌加剧了。

9 月 17 日星期一，挤兑终止了，达林宣布政府将为北岩银行的所有存款提供保障——尽管并没有明确的法律权威来支持这一做法，“非常的混乱。”一位相关英国官员说道。之后，队伍中的人减少了，挤兑停止了。政府为自己争取到了时间，在保护储户资金的前提下，对银行进行国有化并有序关闭。

当天，达林和美国财政部部长亨利·保尔森进行了一场事先安排好的会面。“默文·金对痛苦的忍受力很高，”保尔森对他说，“我希望你也能如此。”

2007 年的夏天和秋天，几家主要的央行对新兴市场危机给出了不同的解读。默文·金和英格兰银行认为，这是银行在多年的过度冒险操作后所必须经历的是一种健康的市场修正。他们不愿意介入以及为银行的错误买单，以免变成对银行危险行为的奖励。让-克洛德·特里谢和欧洲央银关注到了银行的恐慌。欧洲银行受到摇摇欲坠的美国抵押贷款证券的影响程度已经超出了人们的想象，但是，欧洲央银和欧洲各国监管机构正向系统注入欧元以保持银行流动性的充裕。他们希望这一措施能够防止欧洲经济陷入真正的险境。

本·伯南克和美联储意识到，来自银行恐慌和经济衰退的双重威胁：金融体系和美国经济都陷入了危机。他们本可以采取和欧洲央银一样的措施来保住银行，但伯南克关于金融体系与经济的其他部分的联动性研究使他担心借钱给银行会使美国经济枯竭，发展缓慢甚至更差。为了应对这一风险，美联储在 9 月中旬开始削减联邦基金利率，降低资金成本，试图刺激整体经济增长。

与此同时，包括日本以及亚洲和拉丁美洲的一些新兴国家在内的主要央行则采取了孤立的立场：发生在美国和欧洲的金融市场困境是别人的问题，不太会影响到我们，我们还有很多自己国内的问题需要担忧。默文·金最先意识到这些问题有多么严重，并且与其他国家真实存在的问题紧密相关。

在欧洲央银和美联储的大力干预以及英格兰银行较为犹豫的努力之后，危机感在 10 月消退，美国股票市场甚至在当月创下了新高。但是，当世界各地的央银行长们那些零散的措施开始不再奏效时，市场在年底又出现了逆转。

银行行长们是时候停止以不同节奏、不同策略单独进行的行动，转而开始通力合作解决危机了。在危机发生初期，极少有政策制定者和私人经济学家能完全明白欧洲银行对于美国金融体系的重要性。

经济学家申铉松在 2011 年发表的论文中的千禧桥比喻很有预见性。相较其他银行，欧洲的银行更有能力去购买由华尔街创造、很少甚至没有资本来抵御损失且宣称毫无风险的房屋抵押贷款和其他资产。这就解释了为什么在 2008 年初，大部分是欧洲银行而非美国银行，在美国拥有超过 10 万亿美元敞口，这相当于美国经济产出的 70%。欧洲银行拥有的资产（债券）与负债（欠他人的资金，尤其是货币市场基金）数目大体一致。这个系统看似平衡：一家德国银行可能拥有大量美元资产和美元负债，但两者数量大体相同。

但是，当佛罗里达州的房屋抵押贷款支持证券开始出现危机时，账目上的资产价值下跌，这家德国银行安全渡过难关所需要的是美元，而不是欧洲央银所能提供的欧元。通常来说，这家银行本可以轻易地从欧洲央银借入欧元，然后在国际货币市场临时兑换成美元。然而，这场危机的本质却是往常银行间互帮互助的信任关系蒸发了。

在巴塞尔的晚宴上，在 9 月下旬德意志联邦银行 50 周年的纪念会上，在无数次的通话中，央行行长们为如何克服这一困难绞尽了脑汁。对话内容是如此的开放和广泛，以至于不同的参与者对某个想法的来源有着不同的记忆。先是伯南克、特里谢和默文·金进行一对一的单独谈话，再让那些稍小央行的代表们加入。这些央行都会派遣员工参与，以市场运营主管为主，来敲定包括如何、何时发布公告以及公告内容在内的诸多细节。

2007 年 12 月 12 日，他们发表了一份声明："今天，加拿大银行、英格兰银行、欧洲央银、美联储和瑞士国家银行将联合宣布措施以解决短期融资市场上不断上升的压力。"央行行长们希望他们的通力合作能向世界传递信号以提振人们的信心。

5 家央行宣布将再度实行"9・11"恐怖袭击后采取的措施：互相交换货币以确保资金在全球范围内的自由流动。比如，美联储会拿出 100 亿美元给欧洲央银以换取同等价值的欧元，欧洲央银会把这些美元借给欧元区内缺少美元的银行。在一定时间后，比如 90 天，两个央行会归还彼此的资金。美联储同样可以通过正式渠道借入欧元来帮助美国的银行，但在实践上，这只是个单向交换：欧元区和瑞士的银行迫切需要美元，但美国的银行已经拥有了其需要的所有欧元和瑞士法郎。

该策略的第二个方面就是让主要的央行促进资金以充足的规模在外流通，并提供宽松的环境，使商业银行意识到利用这点是明智之举。这是克服商业银行不愿从央行获取资金而留下污点的一次尝试——它们基本上不会拒绝这样的提议。对英格兰银行来说，这意味着 3 个月的贷款规模将增加 4 倍，达到 110 亿英镑。并且接受 AA 级债券作为抵押，而不是往常要求的更高级别的债券。国际银行行长和英格兰银行内部人士认为，这次全球性的策略顾全了默文・金的面子：相较于让英格兰银行自行采取行动，这种措施看上去更不像是一种公然的政策逆转。

减轻了危机吗

与此同时，美联储引入了一个新项目，将从根本上促使资金流入银行系统。不再等银行来贴现窗口，央行宣布改变这一过程：年底将通过两次拍卖发放 400 亿美元，以保证资金在外流通，支付最高利率的银行将获得这笔贷款。这一项目被称作定期拍卖工具（TAF）。此时，美国公众并不知道，美联储官员也不急于告诉大家，获得贷款的银行主要是欧洲银行在美国的分支机构。

在该项目下发放的第一笔200亿美元贷款中，只有很少一部分给了美国的银行——例如，花旗银行获得1 000万美元，美联银行获得2 500万美元。与此同时，坐落在纽约的以下银行各拿到了20亿美元——德国的西德意志银行、德累斯顿银行、中央合作银行和巴登符腾堡州银行以及总部在比利时和法国的德克夏银行。在拍卖中，从美联储借到了大量资金的还有英国、日本、加拿大、西班牙和芬兰的银行，它们借入的资金远比美国的银行要多得多。

“定期拍卖工具减轻了危机，”一位美联储官员多年后说，“它看上去是在解决美国的问题，而真正解决的是欧洲银行的美元缺口问题。”

三年后，当美国国会命令将对外国银行贷款一事公之于众时，美联储官员指出了这些银行在支持美国信贷市场上的作用。毕竟，这些外国银行是用欧洲人的储蓄为美国人的信用卡和房屋抵押贷款提供资金的重要途径之一。另外，法律禁止美联储在贴现窗口放贷时歧视外资银行，而这正是定期拍卖工具所做的。但是，很难想象美联储可以采取以美国公众及立法代表能够理解的方式，轻易将资源提供给外资银行。

对于特里谢和欧洲央银来说，他们担心宣布一个向欧洲的银行注入美元的新项目会加剧投资者对其偿债能力的担忧，投资者会就此推断事情可能比原本想象的还要糟。所以他们公开参与其中，做了欧洲银行能做的去帮助美联储解冻美国借贷市场，“我们认为在1月份做出配合是正确的。”特里谢在2008年的一场新闻发布会上说。虽然美国公众和政策制定者可能并不理解掉期和定期拍卖工具两者之间的联系，但是，欧洲央银很清楚这是解决欧洲银行美元短缺的两种方法。欧洲央银内部甚至将自己借出的美元称为“欧元定期拍卖工具”。

金融加速器

通过共同努力，货币市场上的恐慌在2007年年末得到缓解，但却是短暂的。一个危险机制正在形成——正是伯南克提出的可怕的金融加速器。当信贷紧缩，银行会更加谨慎、削减贷款并减少向经济中注入资金。贷款减少意味着经济增速放缓——更少的房屋建造与商品消费。经济疲软导致银行损失攀升，从而更进一步收紧信贷。伯南克认为正是这一恶性循环加剧了经济大萧条。

2008年早期，金融加速器就已在美国加速运转。虽然经济度过了金融恐慌的早期，但到2007年12月，美国正式陷入衰退，经济数据更加明显地体现了这一点。然而此时，欧洲的大多数经济体仅仅是经济放缓，发展中国家的经济则是急速发展。

直到2008年3月，曾经存在于欧洲银行中的最严重的问题，横跨大西洋传导到了美国的投资银行。然而更多的美国传统银行，如美国银行或摩根大通，很大程度上依靠个人与企业存款融资——现金会保持不动；而投资银行，如贝尔斯登公司，更依赖于现金流，其业务融资很大程度来自“三方回购市场”——依靠那些愿意以可靠的抵押物发放贷款的贷款者，其资金来源通常很稳定。毕竟贝尔斯登公司自1923年就已经存在且安全度过了85年的时间，其贷款方未曾遭受一点损失。即使在2008年3月13日，在抵押贷款打包成证券的公司业务开始崩溃很久以后，它的股票价值合计仍有80亿美元。

但是，投资者已被未来潜在的损失所惊吓，并且怀疑贝尔斯登公司的资产账目价值是否和它宣称的一样多。同时，贝尔斯登公司没有给其杠杆留下空间：它拥有3 980亿美元账目资产，但也有3 870亿美元负债。这意味着，抵押贷款证券的价值不用下降多少就会导致贝尔斯登公司无力偿还。3月13日星期四下午，贷款者没有出现：他们拒绝借贷对贝尔斯登公司生死攸关的隔夜资金。

贝尔斯登公司面临破产，而伯南克身处窘境。美联储长期担任银行的最后贷款人，但只针对传统银行。虽然贝尔斯登公司在很多方面和传统银行相似，但它实际上完全属于不同的类别。它不受美联储监管，也无须服从美联储设定的资本规定。它也没有接受美联储紧急贷款的渠道。伯南克没有义务采取任何行动，可以任由贝尔斯登公司破产后，再去清理其后续可能给经济带来的破坏。

但是，伯南克在大萧条的研究成果中得出的一个重要结论是，如果允许金融机构倒闭，就会带来整个经济的下滑。在规模上，贝尔斯登公司不到北岩银行的三倍。但其重要性，即在与其他金融体系的交织程度上，贝尔斯登公司远比北岩银行重要。伯南克及其核心集团相信贝尔斯登公司的破产给金融市场带来的影响将是毁灭性的。

已经没有时间仔细地做数值计算，在一整晚的讨论之后，他们做出的最佳猜测是，贝尔斯登公司的崩溃立刻就会导致第二大投行——雷曼兄弟的资金枯竭，后果可能还不止如此——还可能会导致货币市场共同基金的倒塌，因为放置于共同基金内的个人与企业的现金被投资于类似贝尔斯登公司的短期债务上。而且这可能会促使整个股票市场下跌 25% 左右，造成全美国财富的损失。这一切并非基于严格的分析，相反，涉及纳税人数亿美元的决定不得不依赖于这一小部分与危机做抗争的人：盖特纳，美联储经济学家唐纳德·科恩，前投资银行家、伯南克核心集团成员凯文·沃什以及纽约联储主席比尔·达德利（Bill Dudley）的直觉。

他们在那个星期五早晨的黎明前决定，必须采取任何能阻止危机的行动。他们选择援引《联邦储备法》中的第 13（3）条款，该条款允许美联储在“不寻常和紧急情况下”向“个人、合伙企业或公司”提供资金。在这样一个早晨，他们跳出了 95 年来的惯例，将美联储的资源用于支持一家证券公司而不是银行。在接下来的周末，盖特纳和美联储设计出一个方案解决贝尔斯登公司危机：美联储会接手贝尔斯登公司价值 300 亿美元的资产，摩根大通会把剩下的资产买下来。同时，美联储使用 13（3）条款中的应急权力，将贴现窗口对所有投资银行开放——雷曼兄弟、高盛、摩根士丹利，旨在防止这些公司出现现金短缺。

近一个世纪以来，美联储充当了美国银行的最后贷款人。而在这三个月内，这一角色扩大到包含总部在欧洲的银行以及华尔街投资行业的执掌者。沃尔克不仅仅是权威的象征，这个在格林斯潘之前领导着美联储的一米八九的大个子，见证了这一历史性变化。

“将来源不清的抵押贷款和抵押贷款证券直接从投资银行转移到美联储，事实上是对危机时期下这句久负盛名的央行箴言的一种测试：在高利率水平下以优质的抵押物自由借贷，”沃尔克在救助贝尔斯登公司后不到一个月告诉纽约经济俱乐部，“这个测试只能进不能退。”

2008 年的夏天是暴风雨中的又一次短暂平静，金融危机似乎正在消退，但其他问题开始涌现。这导致特里谢和默文·金犯下了代价昂贵的错误。

在那个夏天，石油和几乎所有全球大宗商品的成本都大幅提升，导致全球物价飞涨。由于中国及其他发展中国家的需求爆发式增长，玉米、铜、混凝土——所有来自土地的商品供不应求，价格飞涨。这样的价格激增导致经济在同一时间既过热又过冷：消费者在燃料上花费更多，意味着在其他商品上的消费更少，整个经济环境也更糟。正常情况下，央行并不会调整货币政策以抵消短期大宗商品价格的变动，毕竟石油价格在某个月上涨并不代表在下个月仍会上涨，价格攀升通常只是一次性事件。

但是随着价格频繁走高，这个逻辑被打破了。消费者开始相信这并非一次性事件而是永久性的。企业呈现出价格的平稳增长，工会要求提升薪酬。借款者征收更高的利率来弥补欧元在未来收回时相比现在借出时的价值损失。一旦这些事情发生，通胀会愈演愈烈。在那个燃料价格飙升的夏天，特里谢的确注意到了通胀的开始：航空公司提高了票价中的附加费；工会要求工资上涨 4% 或 5%，而不是欧洲央银更易接受的 2% 或 3%。

在此之前，特里谢坚持让欧洲央银不使用货币政策来支撑欧洲银行系统。2007 年 9 月，正当美联储开始削减利率以全面对抗危机及其可能带来的经济影响时，特里谢做了个类比：“电视剧会拍的常常是医疗救援团队、医院急诊室和心脏手术，而不是关于定期测血压、检查胆固醇的内科医生的故事。”特里谢在法兰克福的一次演讲上说道：“央银也有一个急诊室，偶尔也会处理交通事故的伤亡，实施血管成形术和心脏搭桥手术。尽管这些行动很重要，也会涉及整个系统的运转，但它们仅仅是央行职责中的一小部分。央行在很大程度上是由大量观察 X 射线和进行严肃会诊的内科医师组成的。”

在 2008 年夏天一次严肃的“会诊”中，特里谢“医师”和他的“医疗团队”认为，不断上升的通胀将带来大麻烦。

欧洲央银货币政策集团规模庞大且多元，成员来自整个欧洲区。在欧元塔—— 一座位于法兰克福市中心火车站旁的现代化摩天大楼内，成员们每个月都会聚集在 36 层会议室的圆桌前。主席和其他 5 位执行理事会成员都由欧洲各个国家的元首通过充满幕后交易的秘密方式指派。实际上，这 6 个席位中的 4 个往往来自欧洲四大经济体：德国、法国、意大利和西班牙。除了这 6 个人以外，与会人员还有来自欧元区各个国家的央行领导人——包括从强大到需要负责 8 200 万人口的财富的德国，到小至只需保障人口仅 418 000 的财富的马耳他央银。

爱尔兰是欧元区中唯一一个大部分人口都使用英语作为母语的国家。选择英语作为欧洲央银开展工作的语言其实代表了一种妥协：德国人不能忍受自己的央行使用法语，同样，法国人也不能忍受其央行使用德语。理论上讲，人们聚集到理事会的圆桌前，使用熟练程度不同的英语来探讨最有利于整个欧元区而不仅仅是自己国家的事项。但现实并不总是这样。不过，欧洲央银出于防止任何民族主义情感的目的，对会议记录和投票结果保密 30 年。如果讨论和投票可以保密一代，那么，意大利银行行长会更容易投票去支持一项并不利于意大利的政策（相反，美联储和英格兰银行会在几周之内就公布消息）。

实际上，特里谢很容易就能使这个由 23 个不同国籍的成员组成的委员会达成共识。在这个 6 月的第一个星期四，也就是英格兰银行做出决定的那天，成员们于早上 9 点聚集在一起。英格兰银行首席经济学家在第一个小时内简要介绍了其手下员工的分析结果。随后，特里谢针对委员会应该怎么做给出了自己的观点，这使得那些没有自己观点的成员更倾向于接受他的意见。在总结讨论与计票时，特里谢会把那些没有具体说明投哪一票的成员看作是和他站在一边的。

由于委员会规模庞大以及须做出决定赶在中午之前公布，这就意味着每位成员只有大约 5 分钟的时间陈述自己的观点，这对特里谢来说是有利的：长时间的辩论可能会将话题引向他不希望的方向，但这次不会发生这种情况，因为时间不够。而且持异议者会被要求保密，这意味着特里谢不用担心少数成员会对结论不满，因为将异议泄露给媒体是不符合规定的。

下午 1 点 45 分公布会议结果。2 点 30 分，特里谢会在新闻发布会上陈述会议决定。当然，这些会后声明是按照他自己的喜好起草的，有时，个别信息被看作欧洲央银透露给世界的信号。例如，如果他说委员会将对通胀监管保持“强烈警惕”，这就是一个下个月的利率几乎肯定会提高的信号。

2008 年 6 月 8 日，在管理委员会会议上，成员们意见不一。正如特里谢那天所说的：“和往常一样，我们非常坦诚地交换了许多观点与看法。其中一些人认为我们有理由提高利率；也有些人认为虽然有理由，但应该在将来的某个时刻而不是现在；还有些人认为完全没有必要提高利率。”折中后，特里谢没有宣称“强烈警惕”和几乎肯定的利率上升，而是说“高度警觉”，这意味着他虽然没有承诺，但也增加了利率上升的可能性。

7 月 3 日，正当很多商品价格处于历史高位时，管理委员会再次会面。低硫轻质原油的价格已经达到了每桶 145 美元，几个月前的 4 月份价格为每桶 100 美元，而一年前还只是每桶 73 美元。欧元区的通胀率达到了 4%。特里谢说服了意见仍不统一的委员会，引导大家同意提高利率。

当这位法国人宣布欧洲央银的利率上浮目标为提高 0.25 个百分点的时候，他同时向那些认为欧洲央银没有认真对待通胀问题的人做出了严正的声明：“我们郑重地告知所有的经济主体、公司企业、价格制定者和社会伙伴们，他们能做出的最坏的决定就是，坚持相信持续的高通胀会延续至适中的水平。”

但事实证明，欧元区的通胀并非问题所在。

此时，英格兰银行还不确定通胀和经济衰退哪个会对经济造成更大的威胁。所以银行选择了保持耐心。即使是在因政府的不干预而促使了 141 年内的第一家英国银行的倒闭之后，央行仍在耐心等待，既不提高也不降低利率，等着看接下来会发生什么。

达特茅斯学院的教授大卫·“丹尼”·布兰奇福劳是货币政策委员会的 9 位成员之一，唯有他相信英国的经济已处于严重的危机之中，需要立即采取措施。

布兰奇福劳预想，迅速蔓延的金融危机会推高失业率并压榨消费者支出。在委员会内部的讨论中，他不是最具说服力的发言人。即使是那些对布兰奇福劳的观点抱有同感的货币政策委员会成员，也认为他只是提供了模糊的警告而不是确凿的证据——在默文·金管理的针线街领域内，确凿的证据就是一切。从事银行业的人都知道最可靠的职业发展路径就是从事那些对默文·金来说最重要的事：他所创建的货币分析和数据统计体系，这种理论严谨的货币分析方法被普遍采用。相反，布兰奇福劳则采用被他称为“行走的经济学”的方法，依据棘手的现实问题做出决定。

到 8 月底，布兰奇福劳已对说服其他委员会成员感到厌倦。所以，布兰奇福劳电话联系了一位路透社的记者，告诉布兰奇福劳自己的真实想法。“我们将看到产出急剧下降，”他告诉这位记者，并预测在圣诞节时将有 200 万英国人失业，“我感觉我所害怕的事情就要发生，我对将要到来的事情非常确信，但是我未能说服其他人。”

“无所事事是不会让我们摆脱这一切的。”布兰奇福劳警告道。在货币政策委员会将于下周举行的每月例会上，他说他将会奋力争取超过 0.25% 的降息。

> 默文·金大发雷霆，把布兰奇福劳叫到了他的办公室。“你怎么敢这样做！”布兰奇福劳回忆起他的愤怒。
>
> “关你什么事？”布兰奇福劳问道。
>
> 默文·金控诉布兰奇福劳违反了央银的不成文规定，即要求保密、得体以及最重要的共同掌权。
>
> “我不在乎你怎么想，”对默文·金掌控一切的风格愈发愤怒的布兰奇福劳说，“你竟敢这样对我说话。这件事与你无关。滚开，立马滚开！我是委员会的一个独立成员，我觉得你完全是疯了。我代表的是全体英国人民，而不是你，而且我认为你错了。”
>
> 说完，布兰奇福劳走了出去。

两周以后，2008 年 9 月 11 日，布兰奇福劳和默文·金在保得利大厦内与同事坐成一排，国会议员的办公室就位于这座泰晤士河岸边的现代化建筑中。他们将向英国下议院财政委员会演说。尽管布兰奇福劳相比之前在默文·金的办公室里表现得更有礼貌，他还是坚定地讲出了自己的真实想法。

“我的确十分绝望，”他回答议员约翰·麦克福尔（John McFall）的问题，“我认为经济下滑要比我们想象的严重。”

货币政策委员会的主席怎么看待这个预测呢？“我认为我们并不真的知道失业情况将会怎样，”默文·金在听证会上说，“至少我还没有从失业数据上看到明年的走势。可能丹尼看到了，但是我还没有。”

布兰奇福劳三年后回忆起这个情景时还是显得很沮丧。“是的，我当时只关注数据，白痴！”布兰奇福劳说，“真的，我本可以打他。他就坐在下面离我两个位置远。”

市场瞄准了雷曼

全世界央行的行长们钦佩伯南克和盖特纳拯救贝尔斯登公司的创造力，甚至将之称为优雅。一名欧洲央银家说，这是一次“熟练的”急救。他们认为，美国人完全能够很好地解决金融机构的下一次摇摇欲坠。然而事实上，在那个看似平静的2008年的夏天，伯南克和盖特纳却意识到了他们的能力是多么有限。

伯南克要求他的工作人员广泛地思考美联储应如何提振金融体系；他使用引人注目的标题“蓝天”给他们发送邮件，指示大家展开头脑风暴。但是，随着那些击垮贝尔斯登公司的因素开始威胁雷曼兄弟时，他们发现自己几乎无能为力。

如同贝尔斯登公司及华尔街上许多其他公司一样，雷曼兄弟也卷入抵押贷款证券的发行中。同时，雷曼兄弟还严重依赖借款，其7 000亿美元的总资产中，只有250亿美元的资本。7月，雷曼兄弟向纽约联储提出申请：将雷曼兄弟转型为银行控股公司，这种机构受美联储监管，以获取央银全部项目的准入权来保证资金的稳固。对盖特纳而言，这一申请看起来是在“耍花招”。这样的证券公司已不是真正意义上的银行，美联储为什么要对它与其他银行一视同仁？

与此同时，在纽约和华盛顿的美联储官员正在全盘规划，如果雷曼兄弟遭遇与贝尔斯登公司同样的情况应该如何应对。7月14日晚，在盖特纳、唐纳德·科恩以及其他人共同参加的电话会议上，时任纽约联储市场部主管的比尔·达德利陈述了央行就雷曼危机应采取的处理办法。第二天，他在邮件中进行了详述，即将雷曼兄弟分割为两部分：一个是“坏账托收银行”，包括600亿美元的复杂抵押贷款和危机期间无法被准确估值的其他证券，其中的550亿美元由美联储资助；另一个是“干净的雷曼”，包括剩余的所有部分，即剥离了不良资产后更具流动性、减少了杠杆的投资银行。为了换得美联储对“坏银行”的资金支持，美联储将获得“好银行”的部分股份。

这一想法理论上完美无缺，但却让华盛顿的美联储律师们大为震惊。他们批准的贝尔斯登公司的紧急贷款权，允许他们在有安全抵押品做担保的情况下放出贷款，而不是以投资股票的形式投资一家投行。因此，在这一计划中，没有其他公司可以像摩根大通一样注资并接管贝尔斯登公司。根据一封邮件内容显示，科恩当晚并没有在电话会议上完全驳回这一提议，而是一位名为基兰·法伦（Kieran Fallon）的美联储律师告诉法律顾问斯科特·阿尔瓦雷斯（Scott Alvarez）这一提议将“引发重大问题”。类似达德利所描述的方法从未实现过。

过了不到一周，伯南克给自己最亲近的顾问发了题为“我们对雷曼兄弟挤兑事件的解决办法”的邮件。帕特里克·帕金森（Patrick Parkinson）回复道：“借用蒂姆星期三提供给联邦公开市场委员会的简短回答：没有什么好的选择。”他继续给出了详细回复：即使美联储马上采取行动，给雷曼兄弟注资 200 亿美元——当时央行的资产负债表上的总资产是 930 亿美元，也就是对一家银行投入超过总资产的 20%，也无法挽救这一局面。“如果我们的救援措施中缺少收购方，将无法保证雷曼兄弟能从危机中幸存。”帕金森在 7 月 20 日这样写道。

美联储注入的资金或许足以让雷曼兄弟应对它的隔夜贷款人，但由于污名效应，雷曼兄弟将很有可能面对来自其他有业务往来的公司的现金需求。或者，如果投资者开始怀疑美联储是否无法再满足隔夜贷款市场不断增加的现金需求，那么，这些资金将远远不够。“这并不意味着我们不值得放手一搏，但这的确是孤注一掷。”帕金森总结道。

雷曼兄弟的资产状况在 2008 年的夏天已变得岌岌可危，美联储一致认为除非有买主挺身而出，否则没有更好的选择来救助雷曼兄弟，“如果我们发现挤兑情况已严重到无法卖出雷曼兄弟，”纽约联储经济学家杰米·麦克安德鲁斯（Jamie McAndrews）7 月在邮件中写道，“那么，我们提供的所有借款将被永久记在政府的资产负债表上——和北岩银行的结果一样。”

对雷曼兄弟的清算和贝尔斯登公司一样：在人们议论纷纷几个月后，真正的崩塌在几天之内就秘密地发生了，紧随美国政府相关监管机构接管房利美和房地美的脚步，这是破产的一种形式。在经历一个夏天的相对平静后，危机席卷重来，正如美联储一直以来担心的那样，市场将目标“瞄准”了雷曼。

2008 年 9 月 11 日星期四早上，纽约联储官员给华盛顿的同事发了一份长达 5 页纸的周末计划书，标题为“清算财团”。这一计划书旨在集合所有在雷曼兄弟倒下后损失巨大的公司的总裁，“给他们召开座谈会，促使这些公司挖掘任何创造联合资助机制以避免雷曼兄弟破产的可能。”同时也可阻止金融灾难的广泛传播。美联储只想邀请那些愿意在谈判桌上谈判的机构。文件中还写道，如果一家公司离开了，“更多家也将随之离开”。

美联储在会议开始前不到两个小时才通知了被邀请的高管们，目的是为了最大限度地防止消息泄露，然而当这些高管于星期五下午现身时，新闻摄影师们早已围住了位于曼哈顿下城的纽约联储总部。

接下来的两天是现代全球资本市场最重要的时刻。周末提出的指导准则中表明，是华尔街而不是美联储，应该帮助雷曼兄弟摆脱困境。盖特纳和亨利·保尔森在各个房间穿梭着，急切地期待着买方的出现，或者如同盖特纳所说的那样，至少能有更有实力的财团出现，能够在雷曼兄弟坠毁的跑道上放上一些可以缓冲的泡沫。

“我们别无选择”

当美国政府官员准备迎接冲击的时候，欧洲央银行长和财政部部长正相聚在法国南部的一个豪华庄园中。这座庄园坐落于法国尼斯和摩纳哥之间的滨海博略村，他们在有着百年历史的花园里俯瞰地中海，杯觥交错，谈笑风生。庄园的主人准确地说是 20 世纪初期的一位银行女继承人——碧翠斯·埃弗吕西·罗斯柴尔德（Béatrice Ephrussi de Rothschild）。一位歌剧男高音的歌声在夏末的夜空中久久飘荡。除了女士们并未穿上舞会礼服，男士们也没系白领结或穿燕尾服之外，一位参加者说，这样的场景会让人以为仿佛一切又回到了第一次世界大战之前。

彰显富裕的陈设并不是可以让人回想起第一次世界大战的唯一事物。正如英格兰银行负责货币政策的副行长查尔斯·比恩在那个早上的国会听证会上所说，也即布兰奇福劳想要给默文·金一拳的那个早上，“一年前，当这场危机刚刚出现的时候，我们以为它会在圣诞节前结束，就像第一次世界大战那样，然而当危机持续蔓延后，我们才意识到我们将长期面对更为严重且持久的难题。”全球性金融危机将以各种形式长期存在，并深刻地威胁着欧洲的统一。

然而，欧洲央银的行长们并没有意识到他们的国家将要面对的危机。那一晚，在法国蔚蓝海岸的月色下以及第二天在尼斯的工作会议上，他们自信地认为美国人可以收拾好自己的烂摊子。他们曾有过同样的经历，并且美国银行似乎对雷曼兄弟的情况表现得泰然自若。欧洲央银的工作人员常常会给在美国的联系人发邮件、打电话——往往都得不到什么回应。没有人准确地知道纽约联储正在讨论的细节问题是什么，因为盖特纳和保尔森早已忙得焦头烂额，以至于无暇顾及自己在海外的同行。因此，尼斯会议的讨论重点都放在了长期金融监管改革上。特里谢甚至就自己近期关注的“金融市场调整”发表了演讲，小心翼翼地避开了“危机”这个词。

9 月 13 日星期六晚，当欧洲人离开尼斯的时候，美国人目睹了一切都在土崩瓦解的景象。美国银行选择援助美林证券，而不是雷曼兄弟。英国银行的监管者对巴克莱收购雷曼兄弟感到不安，担心这会将美国政府的困境带给英国政府。星期日，美国人走到了绝境：没有人愿意为雷曼兄弟买单。

成立财团的想法破灭了，这在很大程度上归因于组成财团的银行的财务状况不良。美联储只允许在有安全的抵押品做担保的情况下借出资金。无论外界对贝尔斯登公司的紧急救助存在多少质疑，美联储都有合理的理由认为它的钱可以收回。而雷曼兄弟却没有偿债能力——贷款并不能解决雷曼兄弟的危机，也没有合法的方式允许伯南克或保尔森把钱交给一家私营公司。当时，对于美国的政客——从美国总统乔治·W. 布什到对华尔街的紧急救助感到厌倦的国会民主党，是否会站出来声援雷曼兄弟都不得而知。

这也就是为什么伯南克在星期日致电特里谢解释说，雷曼兄弟没有其他选择，星期一早晨将申请破产保护。

伯南克用听起来不那么有说服力的语气说，他本希望贝尔斯登公司陷入危机后的半年时间内，世界各地的银行会做好其他大型金融机构会再次倒闭的准备。特里谢反驳道，无论如何你也不能让雷曼兄弟破产，他对美国人如此草率地处理一家在世界各地都有密切金融关系的重要银行感到愤怒。

“我们别无选择。”伯南克告诉特里谢。

“我认为，”这位法国人答道，“这一举措将带来非常严重的后果。”

11

金钱之墙

最终，这个让雷曼兄弟破产的决定，根本不是一个真正意义上的决定。本·伯南克、蒂莫西·盖特纳和亨利·保尔森从未有过一个防止其破产的可行计划，更别说决定是否将其付诸行动了。当雷曼兄弟濒临危机时，危机斗士们正在克服他们在法律和政治上的能力限制以阻止雷曼兄弟的倒闭。

然而，他们告知外界的说法并不是这样。他们想表现得自信和冷静，以给人这样一种印象：雷曼兄弟的破产是他们经过深思熟虑后所做的决定，他们相信金融市场对这一失败的可能性已经做好了充分的准备——从6个月前贝尔斯登濒临倒闭到现在，这个决定似乎越来越迫近。这是美联储官员对记者——他们的市场联络人，乃至其他国家的央银行长们所传递的信息。

“他们看起来冷静得近乎疯狂，”一位欧洲央银行长表示，“他们冒了很大的风险，这个决定似乎是保尔森做出的一种带有政治意味的选择，但他们却用‘市场对此已有充分准备’的说辞来包装它。”

私下里，其他央行行长们对保尔森和布什政府的指责比对伯南克和盖特纳更多。但即使是那些表示同情的同僚们也不理解美联储面临的两难境地，“对于有着不同传统的央银以及有能力为自己的银行做担保的政府而言，它们对我们会受到约束感到不可思议。”一位美国官员（试图在公开时改变言论）表示。无论如何，结果都让人痛心：美联储允许如此庞大的国际经济金融机构破产，没能在全球央银系统中承担应有的职责。

然而，已经没有时间后悔了。2008 年 9 月 15 日星期一，经历了一个无眠的周末处理完雷曼兄弟之后，盖特纳和他在纽约联邦储备银行的同事们面临着一个全新的危机：美国国际集团（AIG），一个有着 1 万亿美元的资产负债表和 11.6 万名员工的保险公司，正处在崩溃的边缘。

AIG 几乎在世界经济中的每一个角落都有业务：为房屋业主设计火灾险条款，为自治州提供养老金计划，向航空公司租赁波音 747。这家公司的金融产品部门在过去的数年中获得了惊人的收益，但现在这部分正受到局势逆转的威胁。AIG 开发了一项利润可观的业务：对那些由华尔街创造的看似高质量的抵押贷款债券提供担保。因为有 AIG 支持这样的证券，投资者们才认为它们几乎是无风险的。同时，保险公司认为这些超级安全的债券保险亏损的概率实在太低，以至于没有为这笔支出储备任何现金。

当 AIG 担保的抵押贷款证券贬值时，其客户——包括法国兴业银行、德国的德意志银行和美国的高盛集团在内的全球银行，要求 AIG 拿出数十亿美元来确保能够弥补潜在的损失。但该公司的保险业务管理严格，不能将现金转移到其金融产品部门。

通常，AIG 可以轻易从主要银行借款以便给自己腾出时间来出售一些赚钱的生意。但银行几乎没有心情向一个已经陷入困境的公司放款750亿美元。它们还有自己的问题要面对：它们之中恐怕会有步雷曼兄弟后尘的。在股票市场上筹集资金也不可行。雷曼兄弟申请破产保护后的星期一早晨，道琼斯工业平均指数下跌504点，为历史上最大的单日跌幅。许多曾在经济危机初期对美国大型金融公司进行大规模投资的海外投资者看到他们的钱全都打了水漂，对陷入困境的保险公司增发新股票自然也失去了兴趣。

盖特纳开始确信，AIG的崩溃对于整个金融体系将会是灾难性的——虽然，直到雷曼兄弟倒下的那个周末，包括美联储在内，基本上没有人能明白这个公司承担的风险，或者说如果它破产将会发生什么。出于很久之前一笔对储蓄和贷款的收购，美国储蓄机构管理局名义上负责监督AIG，但因AIG过于庞大和复杂，让这家最不幸的美国金融监管机构很难管理。

美联储领导人不得不做一些非常迅速且骇人听闻的猜测，“我们估计，AIG的危机将会是收尾，”伯南克在多年后的讲座上说，“这是很多不同公司的相互作用……。我们都非常担心，如果AIG破产了，我们将无法进一步控制危机。”至少，美联储有个貌似合理的方法，即进行法律援助——而不同于雷曼兄弟，美联储没有良好的法律手段对其进行援助。这一次，华盛顿不会再让世界失望。与用于贝尔斯登公司的“罕见而紧迫”的紧急贷款权一样，央银可以给AIG数十亿美元的贷款，而这是当时的私人银行得不到的。这个贷款，从某种意义上说，以AIG的保险业务作为“抵押”，也就是AIG将来在迫不得已时须出售保险业务以筹集还款资金。但还是没有办法能确切知道，纳税人是否能把钱拿回来。

当伯南克和保尔森在9月16日星期二的晚上去国会解释美联储救助AIG的计划时，所有人都持一种怀疑态度。参议院多数党领袖哈里·里德（Harry Reid）用手紧紧抓着自己的头，说道：“我想让你们明白，你们没有得到国会的官方支持。”

“你有800亿美元？”众议员巴尼·弗兰克（Barney Frank）问道。伯南克回答说："我有 8 000 亿美元。"他指的是当时美联储的资产负债表规模。问题在于，不要低估了伯南克调配资金的能力：对于一个能印钞票的机构来说，这并不是什么真正的限制。

伯南克和盖特纳自认为是在用严格理智的逻辑来判断哪些机构他们会救助而哪些不会。他们的决定依赖于出问题的公司准确的财务状况和可行的法律手段。尽管对外界而言，他们的行为看起来就像是在摆姿态。

2008 年的秋天，一个多米诺骨牌比喻广泛流传：一家投行倒下后，推倒了一家保险公司，随之又牵连到一家商业银行……然而不久后，布什的经济顾问爱德华·拉齐尔（Edward P. Lazear）认为，一个更为贴切的比喻是爆米花。金融机构的倒下常常是没有顺序可言的，并不是一个倒闭后另一个随之而来。就如同所有金融机构都是锅里的爆米花核，周围有一个常见的热源：会带来损失的各类证券——最初是抵押贷款证券，但最后演变为其他各种类型的贷款，这将带来任何人都意想不到的巨大能量。爆米花核不会在同一时间爆开，有些甚至根本不会爆，但它们都处在热源中。世界各地的央行行长在 AIG 事件后努力做的都是在寻求关掉烤炉的办法。

9 月 16 日，正当伯南克和盖特纳关注应该如何处理 AIG 时，又一个爆米花核似乎要爆开了。美国储备管理公司是最早一家通过募集世界各地个人存款作为公司自有基金的创新性公司。该公司于 1971 年推出储备先导基金（Reserve Primary Fund），与其他货币市场共同基金一样，扮演了银行应有的职能——兼具储蓄和借贷职能，却不需要像银行一样承担高昂的监管和费用成本。银行的职能是什么？它将拥有闲散资金的人的钱借给需要投资的人。货币市场共同基金也有同样的作用：储户存钱，基金管理人将募集来的钱用于安全性高的短期投资——例如，通用电气为了管理现金流而发行的商业票据，或者美国政府发行的国库券，又或者是投资银行使用其自有资金执行回购协议。

然而与银行不同的是，货币市场基金并不需要维持一大笔缓冲资本——它将募集来的所有资金都投入到证券中。它没有银行分支机构和职员的高额开销，因此可以付给储户较高的存款利率而给借款人较低的贷款利率。但它仍然缺少政府提供给银行系统的保障——联邦存款保险和美联储紧急贷款权。货币市场基金在 20 世纪 70 年代到 80 年代间可谓风靡一时，最大限度地避开了各类监管，尤其是它打破了银行利率的上限。尽管如此，这样的投资方式看起来却非常安全，所以，大量的美国人在货币市场基金中投入了大笔现金：截至 2008 年 8 月，有 3.8 万亿美元——相当于全美人均 1.2 万美元，比美国所有银行储蓄存款总额的一半还要多。

储备先导基金仅募集了 620 亿美元。在这 620 亿美元的资产中，只有 1% 多一点的资金——7.85 亿美元投给了雷曼兄弟发行的证券。然而当雷曼兄弟倒下时，整只基金近乎暴跌。从它的公开披露中投资者得知这只基金给了雷曼兄弟巨额投资。根据随后在诉讼程序中提供的邮件内容显示，9 月 14 日星期日晚上，当投行显现出濒临破产的征兆时，储备先导基金的管理人已经不安地预感到这将导致储户从基金中赎回资金——大约有 15 亿美元。在星期一早上 8 点 37 分，他们就已经收到 50 亿美元的赎回申请。

当人们要求赎回资金时，这意味着基金经理要变卖其他资产以筹集所需现金。2008 年 9 月 14 日那周真是金融史上最糟糕的一周，几乎所有人都在试图变卖商业票据和其他短期投资。尽管储备先导基金并不是一个银行，但它正在遭遇类似银行的挤兑。星期二晚上，储备先导基金宣告它将不得不“跌破账面值”，这意味着每份正常价值 1 美元的基金份额将实际只值 97 美分。

这产生了连锁反应，投资者开始从其他货币市场基金赎回资金，第二天的赎回总额达到了 1 690 亿美元。一个恶性循环开始了：当投资者要求赎回基金时，基金被迫倾销商业票据以腾出空余现金，这使得基金的价值进一步下跌，进而产生了更多损失。同时，过多的赎回使许多美国公司对用以支付每日运营的资金产生了怀疑。

当纽约联储市场监管专员给华尔街交易员打电话——更高级的美联储工作人员向他们的老朋友试探时，他们被告知目前的形势似乎将要失去控制：更多的基金将跌破账面值，这将使3.8万亿美元的美国人民的储蓄面临风险。并且随着资金撤出共同基金，银行可用现金以及公司用于维持运营的商业票据融资都将变少。如果货币市场的资金被抽离，那些经历了雷曼兄弟倒闭和AIG濒临倒闭的冲击的银行的偿付能力也将随之恶化，并且类似的美国公司也要为此买单。

“我们距离大萧条非常非常近，市场在经历过敏性休克。”伯南克在2009年如此告诉《时代周刊》的记者。

全世界的最终贷款人

现代经济抵御经济动荡的活力，令人非常惊讶。当21世纪初期网络公司的股票泡沫破灭时，经济下滑温和得好像投资者只是舔了舔他们的伤口，资本被转移至他用，从互联网中失去工作的员工又找到了新的工作，每个人都开始着手他们的新生意。但是，金融系统的核心——人们对于自己的储蓄安全的自信被打乱及其产生的后果是非常可怕的。

即便对于头脑最清醒的投资者来说，金钱本身也可能成为触发原始恐惧的不安全因素。2008年恐慌所带来的问题并不是投资价值的损失，而是对于许多跌价的投资来说，其原本是被视为绝对安全的——货币市场共同基金就是一个典型的例子。人们已经揭穿了现代货币体系的基本事实，即金钱就是一个简单的想法、一个概念，甚至是一个巨大的骗局。所有人都想离局了。

2008年9月的那周，人们能明显地感受到空气中弥漫着这种气氛。现在的问题是，世界各国的央行行长们为此都在做什么？沃尔特·白芝浩阻止恐慌的传统方法——以惩罚性利率借贷给那些缺乏流动性尚未破产的公司，还能否发挥效用？此时，恐慌已在世界各地同时蔓延开来，而市场上的传统规则已经不再适用了。

美联储应对恐慌的策略只是象征性地制定出处理危机的总体方针。作为大萧条理论的学者，伯南克十分钦佩富兰克林·罗斯福在 20 世纪 30 年代所采取的策略。虽然那届政府所承诺的项目并不是每一个都进行得很好，但必须要有一种实验精神，即将所有问题都扔给政府，看看政府到底能做什么。因此，在应对货币市场基金的危机时，伯南克就指示其部下采取同样的办法：尽可能尝试一切。

首先，在联储基金跌破净值的三天后，美联储就推出了资产支持商业票据货币市场共同基金流动性工具。纽约和华盛顿的美联储工作人员应对此次危机已经显得捉襟见肘，该计划由波士顿联邦储备银行主导，因为它们是货币市场基金方面的专家：这个城市聚集了大量重要的共同基金公司，比如道富银行就是一家与多家基金开展对手交易的银行。当时的想法就是利用这种早就建立起来的基础架构，引导资金向银行流动以弥补货币市场基金的缺位。美联储可以借钱给银行，然后银行就可以购买货币市场基金所抛售的证券，并将这些证券再抵押给美联储。这里，银行本身并不承担财务风险，只是充当中间人的角色。

该计划在运营的第一天，即 2008 年 9 月 22 日，就借出了 240 亿美元的资金，直至危机结束前，这项计划通过像道富银行和摩根大通这样的银行，向那些家喻户晓的共同基金，如杰纳斯基金公司和奥本海默基金公司，共计注入了 2 170 亿美元的资金。为了满足美联储法规的要求，该计划只能接受由特定资产支持的商业票据，如信用卡贷款权益。但对于该市场上的买方来说，他们所拥有的证券只是一个子集，货币市场共同基金完全可以筹集到足够的资金从而避免其跌破净值。

同时，还需要花些时间来应对其他形式的冲击。10 月 7 日，美联储宣布推出商业票据融资工具（CPFF），其关注的是同一个问题的另一个方面，公司在出售自己的商业票据时存在困难，这主要由货币市场基金在很大程度上不愿意成为买方所致。运用 CPFF，美联储使用 13（3）条款的授权，在“不寻常和紧急情况下”，向“特殊目的公司”（SPV）注资来购买符合条件的发行人的商业票据。该计划的参与者要在缴纳其全部商业票据余额 0.1% 的手续费后，才能向 SPV 出售所持票据。这一要求旨在为美联储提供一定程度的保障。如果某些借款人违约，基于该条款，任何损失都可由上述费用承担。换句话说，由参与该计划的公司来承担损失，而非纳税人承担损失。

在一切结束之前，2010 年年初，市场大约从 82 个不同公司的子公司里购买了 7 380 亿美元的商业票据。美国国内外的大银行都榜上有名，且其中很多公司都是美国企业巨擘。受惠于该计划，威瑞森电信公司在 2008 年 10 月末的连续两天合计借入 15 亿美元资金。哈雷 - 戴维森的金融部门多达 33 次利用 CPFF 合计募资 23 亿美元，帮助其能够继续放贷给购买其摩托车的潜在客户。美国主要汽车公司的金融部门——福特信贷、通用汽车金融、克莱斯勒金融服务，也都纷纷加入了该计划。通用电气也是。黄金投资公司向麦当劳的加盟商提供借款，使其可以新建或修缮餐馆。该公司 8 次利用 CPFF 合计募资 2.03 亿美元，以确保麦当劳能够继续提供更多的巨无霸供人们享用。

在罗斯福式的实验精神下，美联储创造了如此多的紧急贷款工具，而且对这些工具的说明都很简单，一张纸就足以罗列和总结所涉及的法律范畴。甚至在 10 月 21 日还发布了一个名为货币市场投资者融资工具（MMIFF）的复杂计划，但自始至终也没有借出过一毛钱。MMIFF 旨在创造另一个平台，供货币市场基金抛售其所持资产。但美联储的工作人员并未指明该项目在保证纳税人不受损失的同时，对于市场参与者来说有何吸引力。这是紧急贷款计划一直存在的问题。

当时，评论家往往会问：钱都去哪里了？到底是谁从美联储借的钱？人们只能根据日后披露的信息判断这些问题的答案，即钱无处不在，每个人都是借款人。《时代周刊》提名伯南克为“年度人物”，他“变出了数万亿新美元，并将它们注入经济……这些钱转借给共同基金、对冲基金、外资银行、制造商、保险公司和其他做梦也没想到能获得联储资金的借款人；他跳开了被汽车贷款、公司票据阻滞的信贷市场……他将央银的寂静大楼变成了一个孤注一掷进行即兴演奏的舞台”。

难怪他的眼中充满了疲惫。

雷曼兄弟破产的影响很快就越过大西洋，扩散到了欧洲。而那些欧洲银行自 2007 年 8 月开始便惧怕发生的事——还会有另一家大型银行由于出现巨额账面损失，以至于借钱给它将会变成一件极有风险的事，也成为现实。连雷曼兄弟都倒闭了，其他大银行不也有可能吗？既然如此，为什么银行家们还愿意以只有百分之几的利率借美元给他们的竞争对手呢？正如 2007 年年底发生的那样，美元极度供不应求，而银行的问题是，虽然它们的总部位于法兰克福、苏黎世或者巴黎，但其资产负债表上却有着巨额的美元贷款。

银行间拆借利率本不应该高于 2% 这一美联储当时设定的基准利率，但这一数字却在雷曼兄弟倒闭后的三天内飞涨。但这其实是一个具有误导性的数字：它实际上反映的是一个已经停止运行的市场，那里有许多企业实体希望借到美元但却没有一个人愿意出借。也就是说，银行间的拆借行为实际上已经停滞。因此，即便是那些可以轻松地承担雷曼兄弟的欠款所造成的直接损失的银行，也发现它们已经没有办法获得足够的资金以支付每日的债务了。由于作为国际货币的美元出现异常情况，世界范围内的美元短缺使得全球经济面临着大幅下行的风险。

“这很明显是一次前所未有的金融危机，”瑞典央银——瑞典国家银行行长斯蒂芬 · 英韦斯（Stefan Ingves）说，“我们没有办法印制我们自己的货币来借给银行。我们也无法印制美元以及印制欧元。”

恐慌迅速渗透到银行的零售层面，特别是在那些没有可靠的政府存款保险系统的国家。许多普通储户在看到一个全球金融巨头的倒下和金融市场的震荡之后，便开始从远离雷曼兄弟曼哈顿总部的各银行取走他们的现金。官员们都已经深入到基层大众面前请求他们的市民们：“爱尔兰银行里的存款没有任何危险，”爱尔兰财政部部长布赖恩·勒尼汉（Brian Lenihan）在 9 月 19 日如是说，

“人们不应该因为一些电台节目中毫无根据的建议而去把自己的存款取走。”

世界各国的央行纷纷进行电话会议，他们希望以一种合作的方式来面对这次来势汹汹的金融危机。央行的市场部长官们——纽约联邦储备银行的比尔·达德利、欧洲央银的弗朗西斯科·帕帕蒂阿以及世界其他经济体的6位长官，共同致力于加强他们早在9个月之前就为应对轻度的恐慌扩散而定下的策略。电话会议一般在纽约时间的清晨举行，这时的伦敦、法兰克福或东京并非午夜。会议由达德利主持。毕竟核心问题是美元的短缺，所以，那个全世界唯一有能力印制美元的机构自然而然地坐上了领导者的位置。

银行家们不仅要找到方法应对扰乱金融系统的恐慌，还要正确处理盖特纳所说的“战场”。抛开他们可能的作为不说，他们认为，单单就全世界的央行联手共同对抗危机这一事实就有助于鼓舞人心。如果一家德国银行相信某家瑞士银行在还钱后也不会出现资金短缺，那么，这家德国银行就会倾向于把美元借给这家瑞士银行。一位美国官员曾这么说：“让大家知道我们已经开动了消防车与这辆消防车已经到达火灾现场同样重要。”

与危机初期不同，那时默文·金和英格兰银行并未积极合作以共同应对危机，而现在大家都站在了同一条战线上。纽约时间9月18日凌晨3点，也就是雷曼兄弟倒闭后的第4天，消防车开启了警报喇叭。2007年年底，美联储宣布了一项与欧洲央银以及瑞士国家银行等的货币互换协议，额度共计240亿美元。现在，根据实时发布的声明，为了刺激欧洲市场的开放，这一货币互换协议总额将会增加至1 800亿美元，同时将参与者范围扩大至英格兰银行、日本银行以及加拿大银行。6天后，根据一项午夜发布的声明，美联储又向此计划新增300亿美元以及追加4个央行成员，他们分别来自澳大利亚、丹麦、挪威和瑞典。

根据2007年年底这一基本策略所描绘的：以更加宽松的条款，让更多的美元注入银行系统，流入更多的国家。尽管有法律保障来确保美国纳税人的钱不会损失，但是，真正的担保并非来源于纸面上所写的，而是经过多年在巴塞尔及其他各地会谈所建立起来的信任纽带。伯南克和他的幕僚们相信，他们跨地域的伙伴们是不会食言的。

当美国国会的议员们问起这一货币互换计划时，伯南克强调，那些从这项计划中获益的欧洲银行在美国本土也有贷款业务，因此也可以将美国经济视为这一举措的直接受益者。但从更深的层次上看，伯南克坚信世界金融系统是连为一体的，也就是说欧洲的命运也将是美国的命运。一位欧洲央银官员此后说："在某种程度上，我们欧洲变成了第 13 个联邦储备区。"

截至 12 月 10 日，外国央行已经借出 5 800 亿美元的联邦储备资金，相当于其总资产的 25%。美联储同时也对部分在美国有子公司的外国银行进行注资：其向苏格兰皇家银行注资 850 亿美元、瑞士联合银行 770 亿美元、德意志银行 660 亿美元、英国巴克莱银行 650 亿美元、比利时德克夏银行 590 亿美元以及日本农林中央金库 220 亿美元。相关人士一直对外国银行的贷款规模讳莫如深，甚至连美联储都是遮遮掩掩的，直到两年多以后美国国会立法以及银行就《信息自由法案》（*Freedom of Information Act*）诉讼案上诉至最高法院时才得以公开。通常情况下，会有几十位联邦储备系统内部人员有权查看对银行借贷的数据。在恐慌期间，这一信息被严格保密，因为如果这一信息被公开可能会带来风险。在 12 个联邦储备银行中，每家只允许 2 人有权查看相关数据。

10 月初，新一波请愿者出现了。在给伯南克的正式信函中。在巴塞尔廊下与其副官的窃窃耳语中，全球多位发展中国家的领导都表达了这样的请求：帮我们走出困境。直到 2009 年 3 月，当美联储理事凯文・沃什在英国霍舍姆举行的 G20 峰会上代表美联储参会的时候，一位接一位世界新兴国家的特使们都还在试图在走廊上说服他，以期获得他们的帮助。

与相邻的发达国家的同行们一样，这些新兴经济体银行同样面临美元短缺的现状。沟通不畅，这成为又一个棘手的新问题。美联储与巴西央银或者墨西哥银行的关系并不像它与英格兰银行或者加拿大银行那样亲密和长久。而且，在多位联储主席之间已经出现了这样隐约的担忧——跨国出借美元相当于财政政策而不是货币政策。特别是里士满联储，长期以来都有因为这一原因而不赞同任何一种货币互换协议的传统。

但最重要的是，往这些较为贫穷且政治体系不稳定的国家送钱是要承担很大风险的。所以伯南克和他的同僚们就制定出了一套标准，以求安全地扩大美联储的货币互换协议：这个国家必须想求助于他们（中国和印度并不是特别感兴趣）。由于这会跟美国的利益挂钩，这个国家必须在全球经济中起到显著作用或是重要的金融中心（包括巴西、墨西哥、韩国，还有新加坡；但是秘鲁不算），这样伯南克才能向国会申请援助计划。这些国家必须有一个政策独立且值得信任的央银（比如，俄罗斯就会被排除在外）。2008 年 10 月 29 日，声明来了："今天，美联储和巴西央银、墨西哥银行、韩国银行以及新加坡金融管理局共同宣布临时互惠货币约定成立。"

自美联储成立的那天起，它就是美国的最终贷款人。而在 2008 年年底，本·伯南克的美联储成为世界的最终贷款人。

7 000 亿美元问题资产救助计划

9 月 17 日星期三的晚上，就在决定救助 AIG 的后一天，伯南克和他的同事们聚集在他的办公室中，眺望着远处的美国国家广场。这位美联储主席决定，是时候和保尔森说清楚了——央银再也不会对任何单个的破产企业进行救助了。这也是美联储在做的事情之一——救助那些并非自身经营不善而是由市场恐慌导致流动性变差的企业或者市场。另外一件事是救助破产的机构，而这应该是美国国会及行政部门的职责。伯南克在电话里对保尔森说，他觉得他们应该去国会提请一揽子救助计划。第二天早上，伯南克已经准备好在给保尔森的第二通电话中着重阐述这一观点，但是保尔森打断了他，因为财政部部长也有同样的建议。

那天下午，他们两人在白宫和乔治·W. 布什总统见面。带着总统的期望，他们随后去了国会山，对国会的领导人们做了演说。众议院议长南希·佩洛西（Nancy Pelosi）的会议室里阴云笼罩，他们提醒国会的领导人们，整个金融体系处在崩溃的边缘，这对美国经济将产生灾难性的后果——虽然目前在初期还不明显。"全球金融系统的崩塌，"伯南克对立法委员们说，"只是时间的问题。"国会需要开启立法以允许财政部在特定范围内采取行动对抗危机，并且事不宜迟。

在那天以及接下来一系列纷繁的国会听证流程中，伯南克与保尔森一道，不厌其烦地解释和建议 7 000 亿美元的问题资产救助计划（Troubled Asset Relief Program，简称 TARP）将会如何。保尔森的强力支持是成功的关键。作为高盛前高管，保尔森很强势，但他不擅于向非专业人士解释复杂的经济问题。负责保尔森听证会的记者们经常说，引用他的话非常困难，并以此来开玩笑，因为他的话总是以一种莫名其妙的混乱逻辑又绕回到问题本身（"我们为了寻找处理这一问题的方法，"保尔森在 9 月 23 日一场参议院银行委员会听证会上说，"是我们正在寻求解决的——首先，我们处理复杂的证券、住房抵押贷款和其他相关抵押贷款，现在我们有各种资产类别，对不同的资产类别我们要有不同的方法。但是当我们运用市场机制的时候，我们想——你们知道，我们要着眼于成千上万的机构，因为要使这个正常运行下去，我们需要处理大银行、小银行、储蓄和贷款机构、信用社。我们现在努力去做的是建立一种发展机制，我想我们会成功的，在那里——在那里我们能够获得价值，并且在那里市场也会看到价值。"）。

作为研究大萧条的学者，伯南克看起来非常可信，并且他清晰、系统的演讲风格也使得他更具说服力。他对自己的定位，不是向对方建议一些特定的法规，而是去解释目前经济的形势以及立刻、大胆地采取行动的必要性。尽管伯南克没有参与问题资产救助计划的细节商讨中——当他从电脑上的彭博数据终端看到股票市场上一个巨大的跌幅时，他就明白了此计划的第一轮投票没有在众议院通过的原因。从此，立法者和公众将会一直把他与这项不受欢迎的法规联系在一起。

国会最终于10月3日通过了问题资产救助计划。10天后，保尔森召集了全美9个最大且最有影响力的银行行长来到财政部大楼。他让他们排成一排，每个人都备有名牌，一齐坐在约7米长的红木会议桌的一边。他们于昨夜被告知下午3点来此聚集，但并没有被告知原因；甚至其中有几位在最后一分钟还不太愿意参加，但到2点59分，所有人都整齐地站在了他们应该出现的地方。保尔森、伯南克、盖特纳和联邦存款保险公司主席希拉·贝尔（Sheila Bair）进入会议厅并在各位银行行长的面前坐下。保尔森开始了这场会议，他说，在列的每家银行都会从政府的新救助计划中得到数十亿美元的新资本金。任何拒绝这一安排的人都会被监管者们审讯事由——伯南克和贝尔的到场加强了这一暗含的威胁。盖特纳宣读了每个银行所能获得的资本金额。花旗集团250亿美元，摩根士丹利100亿美元，等等。有几位行长因为担忧这会稀释现有股东的股权以及对他们的工资会有新的限制，还提了各种反对意见。伯南克——这位永远的调解人说道："我实在不知道你们对此有什么好紧张的。"

问题资产救助计划是美国政府至今所采取的最不受欢迎的计划之一：当保尔森和伯南克与银行家们开会的时候，哥伦比亚广播公司和《纽约时报》进行了一项民调，发现只有28%的人支持这项新通过的救助计划；甚至在两年后，当年为这项计划投了通过票的参议院议员仍然因此事被对手抨击。这项计划的实质就是将当时救助银行的负担从伯南克和美联储身上转移到另一个负担更重的项目上去。但是，由于在所有步调上和保尔森保持一致——在国会山以及在告诉行长们救助的金额时，问题资产救助计划以及它的政治污点，将会在未来如幽灵般围绕在伯南克的身边。

政府为银行买单

在欧洲，特里谢也同样被推上了政治舞台。

9月29日星期一午夜，爱尔兰，这个有着400万人口、世界排名第57位的经济体，国内生产总值（GDP）比美国路易斯安那州还小的国家，其领导人做出了一项决定并将之付诸实践，这项决定后来改变了欧洲的历史。这个国家的银行业已经因爱尔兰和英国的房地产不良贷款而不堪重负，那些资助了这些银行的人——包括普通爱尔兰储户以及购买银行债务的国际投资者很快也失去了信心。

特里谢已经与爱尔兰财政部部长布赖恩·勒尼汉通过电话并下达了严厉的指令。据勒尼汉事后回忆，当时特里谢这么说的："你必须不惜一切代价拯救你的银行。"特里谢警告勒尼汉和爱尔兰银行行长约翰·赫尔利（John Hurley），雷曼兄弟倒闭所引发的恐慌正在迅速扩散到整个欧洲的银行业。德国、荷兰和法国的大量机构都已遭遇困难。但在那个星期一，爱尔兰遭受的打击尤为沉重。盎格鲁爱尔兰银行的市值猛跌了46%，领跌于下滑近13%的整个股票市场——这是该国历史上最糟糕的单日下跌。

财政部部长布赖恩·勒尼汉于当晚召集几家最大银行的行长进行会议，商讨下一步如何处理。在大约凌晨4点，在没有与这个国家的其他任何人协商的情况下，政府决定，为爱尔兰6个主要银行的债务进行担保——以政府的支出来保证所有被这些机构欠款的债权人和储户都不会遭受损失。

赫尔利在早晨6点打电话给特里谢并告诉他此项计划。而英国财政大臣阿利斯泰尔·达林是从BBC的晨间新闻得知这一消息的。欧洲各国的反应起初是震惊，随后是愤怒。一方面，特里谢及其同僚认为，他们所采取的向银行注入欧元（还有通过互换协议获得的美元）的措施足够使他们免于经受倒闭潮。另一方面，如果银行最终的损失比看起来更严重的话，爱尔兰仅仅是采取了一项会消耗大量政府支出的措施。并且，爱尔兰还制造了一个其本国银行相对于其他欧洲银行有更强大的国家担保的情形。

这将会花费投资者们超过一年的时间来问这个重要的问题：爱尔兰政府是否有能力担保它的银行？当时，资金涌入爱尔兰的银行——同时也从欧洲其他各国银行流出，特别是从英国。达林于当日早晨9点和勒尼汉通了电话，告诉他这项举动将会把英国置于"不可能实现的境地"，因为英国政府没有意愿——或者，更担心没有资本对英国庞大的银行系统承担类似的担保。欧洲各国突然意识到它们自己的银行业比想象中更多地暴露在美国的金融危机下。法国总统尼古拉·萨科齐（Nicolas Sarkozy）在法国 - 比利时银行（德克夏银行）得到 92 亿美元的救助后这么询问他的幕僚："美国到底在搞什么？"而且这场危机很可能马上会演变为一种人人自危的局面，也就是说，资金将会根据哪国能够提供最佳的担保而快速转移到哪里。

在与欧洲各国财政部部长和国家首脑的私人对话中，特里谢始终强调一致性。他告诉他们，如果欧洲的每个国家对本国银行的债务担保都有自己不同的政策，这是完全行不通的。国家首脑们原则上同意这个看法，但在具体细节上该如何调和却无法达成一致意见。接下来几周，萨科齐邀请了德国、英国和意大利的首脑到巴黎爱丽舍宫，试图敲定一个协调一致的合作计划。法国人的策略是全欧洲共同创建一个泛欧职能机构，为银行提供支持，爱尔兰、比利时和其他国家无须单独采取行动。

要想在如此短的时间内制订出一个涉及范围如此广的计划，存在巨大的技术和政治挑战。但最为重要的是，德国作为欧洲最大的经济体却不在其中。德国认为拯救银行完全是一项国内事务。这样的安排并非巧合，因为德国很可能不愿承担代价去拯救如爱尔兰这种更小更弱的经济体的银行，"说得婉转些，德国对这个宏伟的全欧计划持高度谨慎的态度，"德国财政部部长皮尔·斯坦布鲁克（Peer Steinbruck）在巴黎峰会前说，"其他国家尽可随意考虑，但我没看到有德国人对此感兴趣。"

据报道，在与德国总理默克尔会面后，萨科齐偷偷对他的副官说："如果我们不一起制订欧洲的解决方案，就可能会演变成一场崩溃。但不是我造成的崩溃，而是默克尔。你知道她对我说什么吗？'各扫门前雪。'大家自顾自吧。"

和问题资产救助计划讨论会上的伯南克一样，特里谢扮演着影响者的角色，而非决策者。在峰会上，他强调了各国要协同一致为银行提供新的财政支持的重要性。但与法国政府所希望的不同，他并不强烈拥护共同分担整个欧盟的银行救助费用。无论他当时真正想要的是什么，他都是这场交易的撮合者，而由于德国的强烈反对，他看不到达成协议的可能。一位观察了工作中的特里谢的欧洲官员说："他的应变能力非常强，能根据当下可能达成的内容来调整他的位置。"

特里谢曾在公开场合表达过对那些认为欧洲因缺乏一个中央政府而阻碍其对银行危机响应的看法的不屑。"谁能说我们做得不如大西洋那边的国家？"10月6日他这样对记者说道，"欧洲并不缺乏合作，因为有欧洲精神的存在。我们有不同的政府，它们有不同的干预方式。"

在巴黎举行的这场峰会草草收场，因达成的协议太过模糊而变得毫无意义。星期日晚，德国总理默克尔匆忙赶回柏林，那里的顾问延斯·韦德曼（Jens Weidmann）向她发出警告，民众正以反常的速度提取500欧元的纸币，德国银行挤兑就快开始了。默克尔出现在电视机前安抚她的民众，"我在此宣布，所有公民的存款都是安全的，"她说道，"联邦政府将会为此提供担保。"随后一位发言人解释说，默克尔发表的并非是为德国银行提供明确的法律担保，仅仅是陈述一项大致原则而已。但这并没有多大关系：在世界上的其他人听来，她声称德国要做的事情，正是6天前受到她批评的爱尔兰政府所做的。

在随后的几天内，欧洲的领导人们将会对存款保证金如何运作达成更广泛的协议，但共同的财政资金来源仍然没有头绪。也就是说，德国支持德国的银行，西班牙支持西班牙的银行，以此类推。这对那些银行系统相对于经济规模过大的国家来说尤其是个问题：爱尔兰的银行担保意味着政府已经被"绑架"了，因为银行的总负债相当于国家4年的经济产出！

伯南克将花三年的时间来处理成功游说国会救助银行后所产生的后果。出于同样的目的，特里谢将会把时间用于处理欧洲的领导人未能协调一致所产生的后果。

全球首次统一下调利率

在雷曼兄弟破产前夕，大西洋两岸货币政策的差异就已开始凸显。欧洲央银从 2008 年 7 月起就上调了利率，紧缩货币供给；英格兰银行已经 6 个月没有任何调整；而美联储在 2008 年年初就已开始下调，放松货币供给。但在 2008 年 9 月和 10 月那些疯狂的日子里，到处都是危机可能加剧并导致经济受损的信号——尽管没人知道会加剧到什么程度。在美国和欧洲，每天都有大量关于裁员的新闻。根据航运公司的数据可以知道，全球贸易急剧缩水。同时，在 2007 年夏天让特里谢和默文·金感到头痛的通胀却很快地收紧——石油，从 7 月的 145 美元 / 桶降到年底约 40 美元 / 桶。

所有信号都指向一个事实——全球经济正在触礁，不景气甚至衰退。央银出手的时候到了，它们要终止人们对高通胀的担心，并开始为经济注入资金。麻省理工学院的两位老同事伯南克和默文·金指出，如果所有主要的央行能联合行动，将会产生比它们各自为战时大得多的影响，即使它们分别做的是同样的事。如果协同一致，就可以避免因单独行动可能给货币市场带来的扭曲，这种扭曲也正是特里谢尤为关注的。他担心，如果欧洲央银下调存款利率，欧元可能会暴跌。然而，到 10 月初的时候，他已经准备好与伯南克和默文·金并肩作战。上调存款利率后仅过了 3 个月，特里谢就准备做出相反的决定了。

这三巨头与其他稍小央行的同事们做了交流——伯南克和加拿大银行的马克·卡尼（Mark Carney），默文·金和瑞士国家银行的菲利普·希尔德布兰德（Philipp Hilderbrand），特里谢和瑞典央银的斯特凡·英韦斯。伯南克召开了一次美联储政策委员会特殊会议，通过视频会议系统将这些决策者的脸排列在大屏幕上，看起来就像美剧《脱线家族》（*The Braely Bunch*）里的场景。

联合声明于纽约时间 2008 年 10 月 8 号早上 7 点发出。这一历史上首次全球协调一致的放松货币政策的行动，也给人留下了些许疑问：若不论各国在危机前夕有怎样的不同，这一行动将于何处结束？“纵观当前这场金融危机，各央行一直保持密切沟通，前所未有地共同采取联合行动，例如为金融市场提供流动性，减轻压力。”声明中写道。当指出通胀的压力减轻后，声明继续写道：“某些放松全球货币政策的条件因此得到保证。因此，加拿大银行、英格兰银行、欧洲央银、美联储、瑞典央银和瑞士国家银行，今天发出声明将调低政策利率。日本银行对这一系列政策行动表示了强烈支持。”

遵照在共同努力下建立的行动方针，各银行在随后的几个星期里连续调低各自的利率。英格兰银行的货币政策制定者们计划在 11 月聚集，分析者预测他们将把利率再调低0.5个百分点。但经济指标比他们中的悲观主义者丹尼·布兰奇福劳想象得还差。会议举行之前，他会见了其在货币政策委员会的同事蒂姆·贝斯利（Tim Besley）。在几个月前关于利率的讨论中，他们还是对立方。贝斯利已经转变想法——经济状况恶化得比他想象中更快、更差，“我们下一步该怎么做？”他问道。

“我们得降 150 个基点。”布兰奇福劳答道。他认为各央行应将利率下调 1.5 个百分点，也就是市场所预期的 3 倍。贝斯利去找委员会中更鹰派且更关注通胀的委员会成员谈。布兰奇福劳去找默文·金谈：“这太不可理喻了，除非你决定立即下调 150 个基点，否则我就召开新闻发布会，立即展示你的所作所为。”

默文·金很快和他达成一致。他虽然生性固执，但当周围一切证据都显示是他错了时，他愿意改变自己的观点。委员会在 11 月 5 号星期三下午聚到一起，继续当初的讨论，而且第二天早上就要做出决定了。默文·金拉开了这次会议的序幕，“‘我意识到我们的处境，’”布兰奇福劳回忆他说的话，“‘我们面临的形势非常严峻。摊开来说可能会更明白一些，我提议将利率下调 150 个基点。’”

11 月 6 号上午 11 点 30 分，他们做出了一致决定。布兰奇福劳和同事们回到了自己的办公室并发誓在中午发表公开声明之前将保持沉默，绝不泄露消息。在市场将被央行会下调利率 150 个基点的消息震惊之前，布兰奇福劳震慑于此，经过数月要求银行降低利率的斗争失败后，他最终赢得了胜利，“我在颤抖，由内而外地颤抖。”他说道。在公告的倒计时中，预计声明将在格林威治时间正午准时发出，以保证所有的新闻输出口在同一时间收到此消息。媒体、金融市场，甚至英格兰银行的其他员工都被如此激进的行动震惊了。最终，作为在2007年这一事件进程中最为顽强的危机斗士，英格兰银行也终于开始准备拔出其手中的政策之枪。

在美联储，伯南克对没能在10月下调利率并不满意。但由于今年早些时候美联储猛降利率的行为，已经没有进一步下调的空间了。经过此次联合降息和三周后美联储的单独降息，11月1日的联邦基金利率仅为1%，已经处于历史最低水平。换句话说，美联储三任主席支撑摇摇欲坠的经济形势的惯用策略已经不管用了。也许美联储可以把利率降到接近于0，但绝不可能降到0以下。如果利率为负——这就意味着储户不仅不能赚钱，其资金还会随时间逐渐缩水，民众肯定会把资金从银行抽离。

然而10年以前，还是学者的伯南克坚称，即使短期利率触到所谓的下限0，央行仍有其他方式对抗经济滑坡。下调长期利率也是一个可行方案。2008年年末，经济形势直线下坠，且不知何时是头（GDP以每年9%的速度下跌，但当年冬天出台的第一次经济数据显示，这个降速仅为3%）。11月25日，美联储理事会发表声明，计划购进受政府扶持的公司（如房利美和房地美）的抵押贷款支持证券，金额高达5 000亿美元。但就在他们急于为金融系统注资的过程中，美联储的律师犯了一个错误：此项决定不在美联储理事会的权力范围内。它属于货币政策，因而需要由联邦公开市场委员会全体成员进行决议，包括全美各联邦储备银行主席。

在12月16号会议开始的前几天，伯南克召集了他在全美国的同事。所有人都承认经济形势非常严峻，有些人为没能参与到对抵押贷款证券的决策过程而感到愤怒，其他人则已经为美联储的大规模借贷感到焦虑不安。伯南克希望下一次政策声明以果断而统一的姿态出现。他想要的不仅仅是下调利率，而是把利率降到0并维持一段时间，同时为购买抵押贷款支持证券的计划做出正式许诺，从而通过多种方式为美国经济注入资金。

通常，伯南克认为，在决策过程中有一两个政策制定者意见不一致，这是委员会处于良好状况的标志（“如果两个人总是持一致意见，”他说，“那有一个人就是多余的。”）。但在这一步棋中，他非常渴望听到全体一致的声音。毕竟，如果美联储能团结一致地采取行动，就会让市场对长期保持低利率的许诺抱有更强的信心。然而，达拉斯联储主席理查德·菲舍尔（Richard Fisher）对此项行动持反对意见，他认为这一主张非常冒险，对改善经济无益。一开始，他投了反对票——但不久之后，当他的同事们正吃午餐而职员们在准备发布会的时候，他悄悄走到伯南克身边并要求改变他的投票决定，“当我下楼去散步的时候，我感到我不想从中抽身，”菲舍尔过后说道，“我不想被看成并非这个团队的一员。”

伯南克多年以来对建立共识的尊重终于得到了回报——恰好在他最需要的时候。

世界经济大跳水

那个秋冬，世界各个央行的银行家们不间断地工作着并互相保持联系，历史的重担也一直压在他们身上。2009 年 1 月出版的利雅卡特·艾哈迈德的《金融之王》[①]，解释了 20 世纪二三十年代，央银家的失败带来了大萧条。盖特纳在晚上一遍遍地阅读此书，最后不得不停下来，因为他发现即使是再睿智、再善良的政策制定者，在面对某种处境时都可能做出足以给人类带来巨大不幸的决策，这使他感到恐惧。

但是，这群世界上最有权势的央银家们在 2008 年秋季所做的，是一步步地构筑了金钱之墙，并试图用巨额资金去兜住这个问题。他们为银行、投资公司甚至私人企业提供资金借贷。他们在彼此以及与新兴国家的合作伙伴间互换

① 中文简体字版已由湛庐策划、四川人民出版社出版。——编者注

美元、欧元和英镑。他们尽力说服自己的政府解救破产的银行。当地球上几乎每个国家的人都在囤积资金的时候，央银家们创造了更多的资金席卷了整个金融系统，用他们几乎无限的资源来安抚那些恐惧的世界投资者们。

但他们没能阻止世界经济的跳水。从2008年5月到2009年3月，全球股票市场下跌了47%，市值缩水约27万亿美元，这一数字相当于全世界的人半年内生产的商品和服务总和。如果你去看美国股票市场的统计图，你会发现1929—1931年的轨迹与2007—2009年的轨迹非常相似，范围更广的经济统计数据也是如此，如工业产值。但是在20世纪30年代，衰退持续了好几年，而这一次的衰退在2009年春夏之际就已经止住。

还有很多工作等着人们去做，但全球央银家们筑起的金钱之墙已经树立了起来。

THE ALCHEMISTS

THREE CENTRAL BANKERS AND A WORLD ON FIRE

| 第三部分 |

后危机时代
2009—2010

THE ALCHEMISTS

THREE CENTRAL BANKERS AND A WORLD ON FIRE

12

美联储的斗争

雷伯恩众议院大厦 2128 号房间外走廊的地板上挤坐了数十人。他们身穿居家卫衣、紧身短裤和破旧的冬季外套，一点都不像等候参加众议院金融服务委员会听证会的人群。他们的确不是。学生、投递员，甚至无家可归的人，他们竞争几十个向公众开放的席位，代表着一种不靠谱的华盛顿亚文化：他们靠替富有的金融游说家排队赚钱。2009 年 3 月 24 日，随着失业率的上涨，经济产出大幅下跌，股票市场回落到 1997 年的水平，他们进行了更多不靠谱的竞争：一群中年妇女穿着亮粉色衬衫和救生衣，手举牌子，上面写着："我的工作在哪里？""我的个人退休账户在哪里？""帮助我们摆脱困境！"

这些粉红代码（Code Pink，一个致力于抗议伊拉克战争的左翼组织，他们的兴趣已经拓展到包括经济问题在内的更多领域）的代表们首先到达了那里，并要求坐到见证席右侧的座位上，而要坐在见证席上的是美联储主席本·伯南克、财政部部长蒂莫西·盖特纳和纽约联邦储备银行主席比尔·达德利。AIG（6 个月前曾接受美联储的财政救助）为了履行早前合同中的承诺，将向其雇员支付 4 亿美元奖金，而发放对象主要是对逐步减少资金损耗承担责任的金融产品部门。国会的愤怒将降临到伯南克和他的两位同事身上。

“这是一场非常重要的听证会，”马萨诸塞州国会议员和委员会主席巴尼·弗兰克做了开场白，“它不会被打断，我们心无旁骛。我个人的观点是：这场关键的对话——无论是一个句子还是一段话，即使是消极的观点也比保险杠上的贴纸强。那些贴纸无论贴在什么样的保险杠上都是一样。”粉色代码的抗议者们举起了牌子。

双方党派委员会的领导人开始做长篇演讲，随后三位见证人发表了开篇陈述。当盖特纳谈到“一项广泛的监管改革提议，特别是与系统性风险相关”时，弗兰克打断了他。

“请你们表现得成熟一点，好吗？”弗兰克对示威者说，“别再摆弄那些牌子了。如果你们的注意力不能高度集中，那就请离开这里。”

轮到伯南克了，“美国国际集团面临着严重的流动性压力，将迫使该集团陷入破产危机——”弗兰克又一次打断了他：“下一个举牌的将被驱逐出去。我不知道你是怎么想的，是什么让你表现得如此愚蠢。”

事先准备好的声明全部讲完后，弗兰克就告诉 60 多位委员会成员，他们每个人无一例外都有 5 分钟的发言时间。“我多么希望我们没有‘5 分钟制度’，我多么希望我们没有这么多的成员，我多么希望我可以不通过节食就减肥。”他说。

米歇尔·巴克曼（Michelle Bachmann），一位来自明尼苏达州颇具煽动性的保守派众议院女议员，两年后被作为共和党总统候选人而提名的她有一个短暂的转型，她想知道政府是否处在“一个抛弃自由市场资本主义，从而有利于中央集权政府进行经济规划的历史转型期”。她接着询问美联储的立宪问题，以及是否计划放弃美元而转向国际货币。

“你们三个是按照自己的意愿在进行工作吗？”罗恩·保罗（Ron Paul）问道，他是一位得克萨斯州议员，参加了 2012 年的总统竞选，并出版了《终结美联储》（*End the Fed*）一书，“资本主义是失败的，他们比以往任何时候都更需要我们去解决这些问题，你是否认同这一观点？”

伊利诺伊州代表唐纳德·曼祖罗（Donald Manzullo）面对伯南克和盖特纳，质问他们政府为什么要救助美国国际集团来帮助那些存款在该公司投保的人避免损失，而同时美国人的股票投资组合却遭受打击，“美国人民已经失去了 40%—50% 的养老金计划。”他说道。

“我们对美国国际集团采取措施的目的，”伯南克回答道，“不是为了帮助某些特定的交易对象。”

“但是你的确这么做了，”曼祖罗打断了他，“这就是发生的一切。”

美国人要支付 400 亿美元，“这样其他人就不会丢失他们的养老金计划，”曼祖罗说，“这就是发生的事实，不是么？”

“议员先生，”伯南克说，“那些美国人遭受的损失本来是……”

“你只用告诉我是还是不是。”曼祖罗说。

“……本来是更大的。”伯南克继续说。

“不是的，有谁损失了……”

“……本来是更大的。”伯南克试图再次回答。

“我问的问题是，”曼祖罗突然打断他，“那些向美国国际集团投保的人……得到了 100% 的赔偿，所以他们只遭受了很少一部分的损失，是还是不是？”

“那要视合同的具体性质而定。”伯南克说。

> 弗兰克再次打断了对话："我警告第二排的人，请停止打手势和对话……如果对话再被打扰，我将让工作人员直接送你们这些人出去。"

将其称作马戏团似乎对巴纳姆和贝利[①]来说是不公平的。

"审计美联储"

2009年春天，反对派和其他持不同政治意识形态的人们在一件事上达成了共识：最应该加紧应对经济危机的政府机构就是强大的美联储。

这一目标直接且符合逻辑。对左派人士来说，美联储已经被前主席艾伦·格林斯潘对自由市场的教条式思维所蒙蔽，因此不愿意监管大型银行，使消费者免受不良贷款的损害。对右派人士来说，美联储干预自由市场，10年间向经济注入了大量资金，然后在情况变糟时将银行从自己错误的决策中解救出来。两个阵营的人都把美联储视作一个监管缺位的神秘组织。2009年夏天的盖洛普民意调查显示，只有30%的美国人认可美联储的表现，这一数字甚至比美国国税局的还低。

伯南克和美联储在危机期间做出了一项重大决定——救助贝尔斯登公司和美国国际集团，通过"字母汤"式[②]的项目将资金注入金融体系中——这在政治上则被视为一个次级问题。伯南克和他的核心团队得出这样的结论：他们只需要做好自己觉得能够最大限度支持经济发展的事情，并寄希望于政治问题会自行解决，"如果我们能够击出'名人堂'级别的安打率，那么我们就会没事。"伯南克这样告诉他的顾问。换句话说，他们并不打算击中每一个球，但是他们需要不停地挥棒，做他们觉得最棒的事，只要结果是好的，他们的错误将会被原谅。

① Barnum & Bailey，巴纳姆贝利马戏团，又称玲玲马戏团，成立于1871年，是世界三大马戏团之一。——编者注

② 对一系列以字母命名的结构性金融产品的比喻，如前文提到的MMIFF、CPFF。——编者注

许多决定都是在午夜仓促做出的，涉及的问题应独立于政治体系之外。另外，如果消息没有被迅速泄露给媒体，从而使谈论那些悬而未决的问题变得疑点重重的话，向立法者介绍起来将会非常困难。国会总是滞后的，尽管实际上是他们最终控制央行当局及事态的发展，但由国会出面介绍基本情况却是在一项决策已经做出或公布之后。

每次重大金融危机的爆发都会引起人们对金融监管的反思，2008 年金融危机的肆虐，毫无疑问也将重复这一模式。2009 年 1 月，奥巴马总统举行就职典礼后，率先对金融系统进行了全面革新，“不能浪费这场严重危机提供的绝好机会。”奥巴马的第一任幕僚长拉姆·伊曼纽尔（Rahm Emanuel）在 2008 年 11 月这样说道。最初，新的政府希望国会能够及时通过一些金融改革方案，并于 2009 年 4 月举办国际峰会前实施。立法程序的迟缓证明这种想法是不现实的，但白宫仍迫切地想要继续。当财政部副部长尼尔·沃林（Neal Wolin）告诉伊曼纽尔起草一项法案需要几周时间，并且有上百页法案细节需要反复推敲时，伊曼纽尔仍想在几天内就完成法案，他指着沃林的电脑说：“坐下，赶紧开始打字吧！”

来自康涅狄格州的资深参议员克里斯托弗·J. 多德（Christopher J. Dodd），是参议院银行、房地产和城市事务委员会的主席。2009 年，他精心制作了一份金融改革法案，并试图使其通过美国参议院程序的严格考验。一位一呼百应的参议员可以放缓参议院的行事进程，包括从获得中层官员的批准，到通过奥巴马签署全面革新医疗保健制度的法案的几乎所有事。早前曾有一项不成文规定，只有在非常重要的情况下才能使用那项权力，但到了 2009 年，少数派例行般地阻止任何有争议的议案获得通过，并要求获得 60 票的绝对多数以及几天或几周的时间去消除异议。

多德是一位参议员的儿子，拥有长达 30 年在该机构工作的丰富经验，他预想到金融改革会按照那些过时的方式进行：两派政党贡献出他们最好的想法，并在谈判桌上敲定最终方案，这一方案一般要在座的 80 至 90 名参议员投支持票，“我不想坐在那里向参议院乞求这60票，不想让自己的脑袋被60把枪指着，” 2009年春天，多德这么对他的助手说，“但这次不一样，而且应该落到实处。”

他的核心策略是对美联储穷追猛打。

在房地产泡沫爆发之时，格林斯潘领导下的美联储没有合理使用其管理权限以控制住不良抵押贷款，多德对此感到非常愤怒。他并没有像其他同事那样，对央行有着根深蒂固的民粹主义者的反对，但多德的确看到了美联储在危机期间采取的不寻常行为——可以作为该机构过于集权的证据。在一次听证会上，他指出，尽管美联储在危机应对上失败了，但在那之后它却被给予了更大的权力，这就好像父母“给他们的儿子一辆更大、更快的轿车，就在孩子撞烂了原来的四轮马车后”。

多德也相信危机的根本原因在于，美国有太多不同的银行监管机构——仅在联邦政府层面就有5个监管机构，另外每个州还有独立的银行监管机构。银行有权选择牌照的种类和今后由谁对其进行监管，这反过来给了监管者采取不干涉策略的动机，唯恐银行转向申请其他牌照和监管机构，从而让他们失去与银行的关联及由此带来的资金。

多德认为，削减美联储的权限是促使两党达成共识的一条重要途径。银行委员会的共和党领导是来自亚拉巴马州的参议员理查德·谢尔比（Richard Shelby），他是一位激烈的央行反对者。谢尔比曾拒绝代表共和党对华尔街救助法案进行谈判，因为他反对以任何形式通过该法案，并且他认为美联储在21世纪初采取的低利率政策正是引起房地产泡沫的导火索。多德的计划是重置相互重叠的复杂的银行监管体系，将其打造成一个全新的、更为简单的制度，即削减美联储长期以来就有的监管全美国银行的核心权力。在多德看来，这是在对一个已经变得过于强大的机构进行控制。谢尔比的幕僚将这一策略形象地称作“去他的美联储”。

那只是美国参议院一个狭小的职权范围。在多德和谢尔比用自己的方式改变现代美联储的同时，另一个政治威胁也逐渐产生了。

得克萨斯州代表罗恩·保罗 2009 年正式成为共和党成员，尽管他对该党派的认同部分和不认同部分几乎一样多。例如，他反对伊拉克战争和巨额的国防开支，并赞成麻醉剂合法化。保罗先前曾以自由党被提名人的名义参加总统竞选；1988 年，他赢得了全国 0.5% 选民的支持，这对第三名来讲已经是足够好的成绩了。2008 年，他对总统竞选表现出更大的抱负并取得了更好的成绩，特别是到了 2012 年，他强烈的反政府立场引起了共和党初选选民的共鸣，这比该党派领导人之前的预期还要好。他如此强烈地反对当局，以致在白宫进行一些无关紧要的投票（例如，用一位已故当地官员的名字来命名农村的邮局，或者是将 5 月指定为心理健康月）时，保罗都很有可能成为 434：1 投票结果中那唯一的一个反对者。

似乎是理所应当的，保罗痛恨美联储。他赞同绝对的金本位制，以结束政府完全垄断货币发行的局面。纸币由政府发行和担保的理念，说到底是对那些极度不信任政府的人的一种诅咒。保罗还有阴谋论的倾向，他曾利用自己是众议院金融服务委员会成员的身份来质问伯南克（和之前的格林斯潘），而国会里再不会有人有这种态度。在 2010 年的一次听证会上，保罗认为美联储与水门事件有关系并在 20 世纪 80 年代向萨达姆提供资金，这被伯南克描述为“完全是在鬼扯”。

保罗对美联储长期以来的“讨伐”似乎变成了每个人都乐于参与其中的事。他的批评中有一项是指责美联储对国会和公众保留了太多秘密信息。他的答案是，法律需要给予国会更加自由地对美联储尽职调查的权力。在现有法律下，政府当局没有权力要求获得美联储对货币政策或在与外国央行交涉时如何做决定的内部工作机制的细节。央银家将保密视为保证其政策得到有效实施的关键——这给了他们更多自由去仔细思考而不受政客和公众的干扰。但这仅仅是放大了保罗和越来越多的其他同僚对美联储的印象——美联储的一些所作所为很邪恶。

保罗对其法案的命名可谓才思泉涌："审计美联储。"毕竟每家公司都将面临审计，任何一家与美联储规模相当的机构都有接受例行检查的义务。事实上，美联储在财务事项上已经受到内部相对独立的部门的审计，并接受国会调查部门的监督，联邦储备银行审计报告则由同一家负责全美主要公司审计的大型财务公司出具。

同预防诈骗和盗窃行为相比，保罗更想让国会涉足美联储对利率政策、外汇掉期和银行紧急援助的决定中。对美联储官员而言，保罗在寻找一个工具，允许国会将政治影响施加到货币政策中。这是一个不受欢迎的举动，知道你会在几个月后的国会听证会上为自己辩解是一回事，而知道审查者很快会传阅决策过程中的每一份文件又是另一回事。对保罗来讲，审计美联储只是一种策略，为了在他的反民主形象中加入一点民主色彩。

435 位代表中的 320 位，即接近 3/4 的众议院成员将作为联合提案人，最终在《美联储透明法案》（*Federal Reserve Transparency Act*）上签字。到 2009 年春天，审计美联储的努力已经收到了一定的成效。

美联储在政治上的回应

在美联储遭到攻击之时，其掌舵人自称已经变成了一名政客，而这并非天意。

本·伯南克并非生来就是华盛顿的经营者，他没有多少兴趣或者技巧去与人热情握手和溜须拍马。格林斯潘经常携同妻子——美国广播公司新闻评论员安德烈亚·米切尔（Andrea Mitchell）去乔治敦参加社交活动；伯南克则不同，他更喜欢在家里度过安静的夜晚，或者同妻子一起去剧院。伯南克接任美联储主席职位后，希望给这一角色增加更多的不透明性——不再像格林斯潘那样有时会表现出一副全能的形象，而是更加低调地行使自己的职能。

但金融危机排除了这种可能性。在危机中，民众需要有人站出来负责，伯南克确实做到了。但是，他给华盛顿带来的新鲜感以及行使权力时的不便也很明显，尤其在早期。他曾不止一次向他的职员表达这样的困惑—— 一位与他私交很好的参议员在公开的听证会上竟然指责他。当面对国会成员时，伯南克只是按照自己的方式行动，在他的权责范围内毫不避讳地解决问题，用他曾经用来教授普林斯顿大学本科生的简单语言解释经济学和美联储制定的各项决定。即使还需要一些演练，在就任初期，他经常主持其职员称为的“谋杀会议”，也就是时长几个小时的预听证会，在这期间顾问会提出一长串他可能会遇到的有关各种主题的问题，偶尔还会模仿国会中一些重要成员的风格。他研究出了一套通常都可以有效回应这些充满敌意的听证会问题的方法，即使提问的人处于盲目的愤怒中，他也能从容和谨慎地回答问题。只在很偶尔的情况下，他才会变得易怒和喜好反击。但是在茫茫的立法斗争中，仅有礼貌是远远不够的。

美联储并不是为立法斗争而设立的。它的立法事务办公室只有 5 人，他们更多的是去负责安排会议，处理通信事宜，而不是去向国会人员施加压力。为了应对政治斗争，伯南克雇用了一名新首席说客——克林顿政府财政部老手琳达・罗伯茨顿（Linda Robertson）。他也会比平时更关注国会成员。当田纳西州参议员鲍勃・科克（Bob Corker）想私下查看关于美联储救助美国国际集团的数百页机密文件时，伯南克欢迎他到美联储总部，邀请他吃早餐，并为他安排了一间可以舒适地花费数个小时去阅读这些材料的房间。

伯南克爽快地承认美联储曾经犯过错误，尤其是没能使用其监管权力减少不良抵押贷款的发放，以及没有在危机前几年就保护好消费者。他同意危机期间美联储实施的救助行动令人不快，即使他争辩说这些行动对于保护一个异常糟糕的经济形势是绝对必要的。但是，他认为多德和谢尔比异想天开的方案可能是灾难性的。他已经见识到其他银行监管机构如何在危机前不久以及危机期间陷入迷茫与混乱，这些机构仅能关注其监管的单个银行而不是去思考更重要的经济内部联系。

“主席先生，我知道你的目的——但是我相信，将稳定金融的管理功能从美联储实质地剥离出来是一个非常非常严重的问题，”伯南克在一次听证会上向多德说道，“我认为，将积极的银行监管职能从美联储中撤出对整个国家来说将是一个错误。”

但是由于此刻他们所处的政治处境，伯南克和美联储看起来已经准备好接受失败的惨重，“如果美联储需要重新选举，”一位国会助理向《华盛顿邮报》的记者说道，“他就会回家和家人度过更多的时光。”

伯南克并不是唯一一个反对多德提出的通过对美联储进行职能分离来开展金融改革的人。盖特纳认为，美联储在使金融体系对危机不再像从前那样敏感方面起到了关键作用。在他看来，不论前些年犯了什么错误，美联储在应对危机上都更迅速，而其他金融监管者却迟迟没有行动。它的员工更为精明，其印钞的能力以及作为最后贷款人发挥的作用在面对经济灾难时可以提供最后的保障支持。他认为，一个更为强大的美联储才是金融改革的基本目标，并且可以引入两名美联储职员作为与财政部的沟通负责人以帮助其了解情况。

2009 年 5 月 19 日，财政部部长召集起草金融改革法案的民主党参议院资深职员去财政部二层餐厅吃早餐。享用过咖啡和鸡蛋后，盖特纳列明了他的三个没有协商余地的目标：第一，美联储必须保持对任何一家足以在破产倒闭时危害金融系统稳定的大银行进行监管的权限——500 亿美元资产是他认为的一个门槛，“如果这不能实现的话，”盖特纳指着隔壁的白宫告诉他的民主党同僚，“我将会去向总统申请否决这项法案。”第二，央银在某种形式上必须维持 1913 年《联邦储备法案》第 13（3）条款。正是这项条款允许伯南克、盖特纳和其他同事得以在全美国金融系统范围中实施最后贷款人的职能——这成为一项合法的工具，使得央行得以实施对贝尔斯登公司和美国国际集团的救助计划，也使央行能够支持商业票据、货币市场基金以及其他市场。第三，监管机构新一届理事会要由财政部副部长负责，而不是新设一个岗位另行任命，理事会主要负责识别金融系统性风险，并指定哪家金融机构需要美联储进行重点监管。

当然，银行也对应当由谁来监管有自己的看法。从摩根大通、花旗银行等金融巨头到只有一个分支的微型州立机构，这些银行依然希望隶属于美联储的监管范围内，“美联储的审查人员就像银行家一样，理解银行家可能会遇到的风险，”美国独立社区银行协会会长卡姆登· R. 法恩（Camden R. Fine）说，“每一个监管者都有其自身的文化倾向，美联储的倾向是‘我们也是一家银行’。”多德不太著名的新过度监管者的观点给银行敲响了警钟。

在华尔街救市后，银行巨头在政治上成为有毒资产，所以他们必须很谨慎地同国会打交道。过于高调地标榜自己的位置，可能会适得其反。但却因为有了盖特纳，使得他们的情况变得有利——甚至能够威胁总统否决权。数千家小规模的银行只能靠自己，因为盖特纳根本不关心它们的命运，但这并不意味着它们是软弱无力的。想在华盛顿获得影响力，最好的工具之一就是简单的地缘学：有越多的国会成员认为你代表他们家乡的利益，他们就会更多地为你而战。这里有一个老笑话，最完美的军事飞机的各个组件是在所有 435 个国会行政区中制造的，以确保它永远不会被撤资。

美国的小银行在现实中最接近这架神秘的军事飞机。全美国的每一个城镇都会有社区银行。他们的高管和理事会成员一般都是社区骨干型的人物——他们会资助当地慈善团体，尤其会捐赠资金用于国会竞选。这使得美国独立社区银行委员会——他的 5 000 名成员运营着 2.3 万家银行分支机构，控制着万亿美元的资产，这在华盛顿形成了一股令人震慑的游说力量。

在同巴尼 · 弗兰克和多德的高级职员的数次会晤中，法恩提出了一项建议：社区银行永远不可能积极支持那些增加银行监管的法律法规。但是，只要国会让他的成员保持独立——并且依然让美联储作为他们的监管者，他们就不会对金融改革法案据理力争，“我告诉他们，我们会站出来反对多德的法案，如果该法案建议只保留一位监管者的话，”法恩说道，“他们威胁会摧毁联储，我告诉他们，他们会陷入斗争的深渊。”

一旦美联储监管所有美国银行的责任被撤销，还有一个团体将损失惨重。

对于组成联储系统的分布广泛的各联邦储备银行而言，《多德 - 弗兰克法案》（*Dodd-Frank Act*）在某种程度上已经构成了一个实际存在的威胁。各个城市的联储官员，像堪萨斯城、达拉斯和费城已经被排除在外，因为华盛顿和纽约的官员们已经做好了一系列救市决策。其他储备银行的主席们私下对伯南克都怀有很高的敬意；他们认为伯南克对他们也很敬重，比格林斯潘的敬意还多，伯南克会同他们交流且乐于听取他们的意见和担忧。但是一个不可回避的事实是，伯南克的美联储采取行动时却没有告知大多数它的组成机构，这已经损害了整个机构的信誉。

危机时代的一些决策总是如此迅速地被制定出来，以至于除了纽约，其他储备银行直到决策公开宣布之后才会知道。但至少储备银行主席们被迫参加了发布会来了解情况，发布会上美联储引导记者们去理解其在华盛顿的同事们所做出的最新决定。

也许对于这个国家的小银行来说，联邦储备系统中最重要的盟友是托马斯·赫尼格（Thomas M. Hoenig），从 1991 年起他就是堪萨斯城联邦储备银行主席。作为银行监管的资深人士，在 1982 年俄克拉何马州一家名叫佩恩广场的银行倒闭时，他一直掌管着贴现窗口。这家银行的倒闭反过来又导致伊利诺伊州大陆国民银行的倒闭，直到 2008 年经济危机之前，这一直是美国历史上最大的银行倒闭案。

赫尼格讨厌大而不倒的银行，他认为这些银行主要是得益于公共安全网，而小银行缺乏这样的保护。他还认为，伯南克所拥护的超低利率政策是金融危机的主要原因。通过参加他所在的联邦储备区的活动，包括位于全美国中心的 7 个州，但不包含任何大型银行，只有数百家小型银行，赫尼格很早就体会到公众对美联储怀有愤怒情绪。在新墨西哥州圣达菲的一次午宴上，在他发表讲话后，就是观众提问题时间。“这是我见过的敌对情绪最重的一群人，”他后来说道，“人们充满了愤怒。”

尽管地区联邦储备银行和华尔街救市计划无关，但如果反联储情绪导致这些机构失去监管权力，那么它们的损失会是最大的。监管银行是美联储分支机构最主要的工作内容。失去这个职能，它们几乎就无所事事了，除了给它们的地区性商业银行提供现金这种细节性工作。联邦储备银行主席们总是就什么对整体金融系统而言最优这一话题展开探讨，但政治敏锐的人会发现他们其实承担了很多风险。

在华盛顿，美国联邦储备银行监管方面的核心人物是丹尼尔·塔鲁洛（Daniel Tarullo），他是奥巴马委任的美联储理事会中一位严厉的法学教授。如果赫尼格任职的是一家给当地农民和工厂老板提供贷款的小城镇银行，那么，塔鲁洛的工作则充斥着诸如为高盛的利益去巴塞尔协商资本标准的旅行。赫尼格害怕塔鲁洛和理事会会乐于放松对小型银行的监管，如果这被认为是保持对大型银行的监管所必须牺牲的，“我感觉他们不会干涉，但这不是他们的问题，”赫尼格在华盛顿向他的同事们咨询时说道，“每个人都会受周围环境的影响，而他们的环境是华尔街，是国际性的，所以那才是他们关注的焦点。”赫尼格和其他一些联邦储备银行主席急于去华盛顿，以确保伯南克、盖特纳和塔鲁洛不会出卖他们与多德达成的协议。

为美联储一方抗争的多方力量形成了一系列有力的利益团体，但力量分配并不均衡：在联邦储备委员会的伯南克及其同僚、盖特纳和奥巴马政府、大大小小的民营银行、有着自己的政治经济联系的遍布在美国各地的储备银行。在2009年的金融改革中，要解决的问题是，是否能够化解对美国国会这样极不受欢迎的机构根深蒂固的憎恶。

地方储备银行的游说战

当2009年初总统奥巴马上台时，传统看法是伯南克将只能任一期美联储主席。他不仅没能阻止当代最严重的经济衰退，而且在民主党领导下的华盛顿工作，他却是一名共和党人。自1987年起共和党人士就一直占据着美联储主席的位子，即使已经有一位明显的民主党人选，这让民主党很不满。

拉里·萨默斯对其学界对手的恫吓是出了名的，因为在科学界发表了关于妇女的不礼貌言论，他已经被撤去了哈佛大学校长的职务。但他是位一流的经济学家，财政部前部长，如果奥巴马想在2010年1月份伯南克的4年任期结束时换人的话，他是最优人选。奥巴马刚开始上台组建经济政策智囊团的时候，就曾邀请萨默斯担任白宫的首席经济幕僚。这是奥巴马在经济危机时刻于白宫西厢中安排有经验的助手的一种方式。虽然对于财政部前部长的头衔来说，这实际上是降职了，但是萨默斯可以借此让自己成为值得美联储委任的忠诚战士。

在奥巴马上台后的前几个月里，伯南克始终和这位新总统保持着礼节性关系，但他们私下的交情并不深：在前6个月里，他们私下里只见过4次。同时，伯南克采取了一系列措施，既有象征性的也有实质性的，试图向国民经济注入信心。2009年3月，他接受了《60分钟》（*60 Minutes*）电视节目的访谈，这是22年来美联储主席第一次接受电视访谈——他在电视上宣称，有一些可察觉的现象标志着经济复苏的“新萌芽”正在生发。7月，他在堪萨斯城联邦储备银行召开了市政厅会议；这次会议连续三个晚上在美国公共电视网《新闻时间》（*NewsHour*）上播出。他激进的货币政策——当时已经宣布要购买1.75万亿美元债券，看似可以产生帮助美国经济摆脱崩盘危机的预期效果。并且不久之后就会宣布，衰退的经济在2009年6月就会走出谷底。

奥巴马政府中的一些官员认为伯南克的行为——尤其是公开露面，是他谋求连任的一部分比较明显的动作。

奥巴马关于任命谁将成为下一任美联储主席的会议在白宫秘密召开，会议成员限于总统、幕僚长拉姆·伊曼纽尔和财政部部长盖特纳。两位白宫经济顾问都是这一岗位的潜在候选人：萨默斯是伯南克的最优替换人选，经济顾问委员会主席克里斯蒂娜·罗默（Christina Romer）有可能成为一匹黑马。这使得奥巴马的主要顾问，即新任财政部部长盖特纳，陷于一个两难境地中：萨默斯作为20世纪90年代的财政官员，把默默无闻的盖特纳提拔至财政部在国际经济事务中的最高职位。而伯南克在危机最深重的时候是他的伙伴，自那时起他们一直很友好。

但是事实上，在盖特纳必须提供推荐人选、奥巴马必须做出决定时，并没有太多决定可做。伯南克已经承诺他会竭尽全力阻止经济崩盘。他已经获得了华尔街的信任；在《华尔街日报》对47位银行经济学家所做的调查中，除了一个人，其他人都认为他会连任美联储主席。那些投票支持他的参议员大部分都很尊敬他，即使那些反对美联储存在的人也是如此。

萨默斯当然可以胜任这份工作，但他能否比伯南克做得更好就不清楚了，而且萨默斯过于粗暴的性格也会弱化他的影响力。毕竟，美联储主席并不是自己做出政策决策，而是通过领导委员会达成共识，但萨默斯从来都不是共识的建设者。萨默斯在白宫奥巴马政府的工作意味着，在参议院获得支持很可能成为一项挑战。共和党可能会反对他，担心他一旦进入美联储就会受到白宫政府的影响。甚至一些民主党派人士也可能反对他，他们对他以前有争议的论述和在20世纪90年代参与放松对金融系统的监管感到不满。

由于经济的脆弱性，盖特纳和奥巴马都做出了一个保守的选择。在6月份伯南克与盖特纳的一次周例会上，财政部部长提出了一个问题："你愿意让总统在下届任期继续委任你吗？""是的，我愿意。"伯南克说。美联储主席已经筋疲力尽，某种程度上他宁愿回到普林斯顿大学，过安静的学术生活。但是他想完成他应对危机的未竟事业，他希望他的连任是认可他的作为的一种含蓄表达。在2009年的杰克逊霍尔会议开始前的晚上，伯南克被召到白宫——"盖子"盖上之后，意味着当天晚上不再有新的公告，所以白宫新闻团就可以回家了。在全世界都想看到伯南克是否会被委任的时刻，这一举动让人们不会太关注到他此时进入了白宫。会议持续了不到10分钟，奥巴马、伯南克和盖特纳都在房间中。总统表扬了他的工作，问他是否会接受下一任期的提名——但是要到获得政治优势时他们才可以宣布，之前需要保密。

那年在杰克逊霍尔，伯南克是否会连任是大家在茶余饭后讨论的热点话题。美联储主席已经知道了答案，但他没有给出任何暗示。下一周当总统在玛莎葡萄园岛度假时公告才会出来。伯南克不确定和度假的总统一同出现时该如何打扮，他依旧穿了平时的黑色套装；总统却没有穿夹克、系领带。当到达那座临时用来举行白宫新闻发布会的高中体育馆时，他们都调整了一下，使得着装看起来更为相似：伯南克摘掉了领带，而奥巴马则穿了一件运动夹克。

“作为大萧条起因的研究专家，”奥巴马说，“我确信本·伯南克从未想过他会成为负责阻止另一场萧条的团队成员。但由于他的背景、他的性格、他的勇气和他的创造力，这正是需要他帮助去完成的任务。这也是我为什么再次委派他接任下一任期美联储主席的原因。”

当然，还要假设参议院会支持他。银行委员会将在12月17日会面，决定是否将伯南克的确认书提交到全参议院——在他的任期结束前仅仅6周的时候。

克里斯托弗·多德在危机之前对美联储的行为表示了不满，但对美联储主席却给予充分肯定，“我认为应对本·伯南克担任美联储主席给予充分信任，以帮助我们驶出那些‘水域’，”他说，“当然他并不完美，但是我认为，在处于历史关键时刻的美国需要一些充满智慧的领导人，这样更有利于整个国家。”然后轮到理查德·谢尔比了，“这些年我们已经实施了很多法律，其证明了我们对美联储的信心，”他说，“我们相信美联储在实施这些法律时会充分考虑审慎性和必要性，但是，我现在担心的是，我们的信任和信心可能被放错了位置……在伯南克作为美联储的成员及担任主席时，我强烈反对美联储过去的一些行径，我对他所阐述的未来计划缺乏信心。”

随着其他参议员也依次表达了对伯南克的看法，趋势浮现了出来。对同一个人虽然都有不同程度的礼貌性表达，但共和党人强调的是消极的方面。肯塔基州的吉姆·邦宁（Jim Bunning），是4年前伯南克参选时唯一一位投反对票的参议员，他注意到一天前的《时代周刊》将伯南克评为“年度人物”。“伯南克主席可能不知道他是否真的需要被一家机构授予这一荣誉，而以前被这本杂志选入年度人物的还有斯大林（两次）、阿拉法特、希特勒、霍梅尼、普京、尼克松（两次），我祝贺他。”

银行委员会中只有一位民主党派人士没有投票支持美联储主席——但在10位共和党人中只有4位投票支持。尽管伯南克的委任书已经移交给了参议院各层级，但他依旧要面临下一次战斗。

多德针对美联储权力的挑衅计划引来了一些有权势的对手，但在2009年年底，他的政治逻辑依旧很坚固。谢尔比是个老谋深算的谈判家，总是含糊其辞，即使在共识即将要达成时，他也从不泄露他的底线要求。多德联合两党进行金融改革法案的目标有时看似就要达到，有时又渐行渐远。不论谢尔比多么希望与多德合作，对于共和党的总体立法策略来讲都是无关紧要的：反对奥巴马政府的一切主要措施并通过阻止其中一些人，进而把总统描绘成不能胜任的。多德很清楚这一切，但他也知道共和党人不想被看成是在庇护华尔街的利益。

经过数月毫无实质性进展的谈判，多德准备强制实施这一方案。2009年11月10日，他向参议院银行委员会提出了一项长达1 139页的法案，认为谢尔比和共和党要么会认真洽谈，要么就否决改革。该法案呼吁创建一个新的消费者保护机构来监管金融产品，如抵押贷款和信用卡。它也建议剥夺美联储监管银行的权力，并将其赋予另一个新的监管机构。它甚至呼吁地方联储主席由总统任命的官员来选择，而不是由联邦储备银行所在地区的商业银行家和商人选择。多德的提案是建立一个不同模式的美联储：不再是一个监管并服务于金融体系的保障机构，而应该像在2008年一样，美联储只关注货币政策，其他都不用管。

11月中旬，在法案开始修订的标志性听证会上，谢尔比很少关注这份2 600字的声明，而是继续攻击多德法案中的几乎每一个方面。该法案的消费者保护机构将创造“一个庞大的新官僚机构”。其银行监管的整合，旨在吸引谢尔比和其他共和党人，将“把所有银行（包括州立银行和联邦储备银行）置于一个单一的，庞大的联邦监管机构之下”。多德一直坐在那里听着，手指揉着太阳穴。谢尔比没有明确排除法案中的任何合作，但似乎也没有急于敲定哪一项协议。随着谢尔比每一次新的攻击，两党合作的梦想也在逐渐褪色。

在众议院，议会规则对大多数人来说都很容易执行，事情进展也快得多。巴尼·弗兰克正在研究一项法案，它将给予美联储在银行系统中更多的权力，这与伯南克和盖特纳的首选方法一致。但是，法案的其中一个组成部分反映了众议院民粹主义式的愤怒：弗兰克和北卡罗来纳州的众议员梅尔·瓦特（Mel Watt）提出了对罗恩·保罗的审计美联储提议的替代方案，将增加关于央行披露的新要求，但仍会防止国会在货币政策或美联储与外国央行交易方面的胡乱作为。

保罗大怒，他对全体委员争辩说“该法案将允许美国人民战胜华尔街以及大银行的特殊利益”。美国人民“厌恶秘密政府、政府失控和美国国会通过的不良资产救助计划基金等，没有人知道发生了什么”。

为了推动恢复审计美联储的提议，保罗与艾伦·格雷森（Alan Grayson，第一任佛罗里达州民主党人士，因与美国旗帜的关系而出名）一起在公众听证会上对抗美联储官员的异质理论，并在接受保守派电台主持人亚历克斯·琼斯（Alex Jones）采访时称美联储说客琳达·罗伯茨顿是“K 街的妓女”。众议院民主党领导人对伯南克和盖特纳的论点表示理解，保罗和格雷森“销售”的是承担更大的责任，而监管确实只增加了对货币政策的政治控制。

但是，美国国会的势头、权力中心的愤怒以及美联储的隐匿，有太多需要克服。《保罗 - 格雷森修正案》于 11 月 19 日以 43：26 的投票数被金融服务委员会通过，这是三个星期后在众议院通过的华尔街总体改革法案的一部分。

自 2010 年开始，多德改革金融体系的战略便陷入了困境。谢尔比一如往昔地与美联储对立，但多德与他就一个更广泛的法案所进行的谈判也并无进展，反而被谢尔比在共和党内上升的野心阻碍，这是多德的助手告诉他的。

多德不得不重新调整自己的目标。他依然希望削减美联储的权力，但没有谢尔比和保守派共和党人的支持，他就需要每一个民主党人和少数中间派共和党人的选票。那看起来似乎是不可能的。他自己党派中的许多成员，包括有权力的纽约州联邦参议员查克·舒默（Chuck Schumer），已经站在了盖特纳和奥巴马政府一边，他们坚决反对将监管华尔街的任务从美联储移出。

于是，多德开始退而求其次：资产在 500 亿美元以上的商业银行（在全美 8 000 个银行中资产排名前 30 位左右）继续由美联储监管，同时将小型金融机构交由一个新的监管机构进行监管。盖特纳和政府就上述方案似乎进行了公开谈判。这一方案将为财政部部长确保最大和最复杂银行的一阶目标服务——并非巧合的是，纽约联邦储备银行主席也受这些目标的监管且仍将在美联储的保护之下。在盖特纳和多德的第一次会议上，盖特纳甚至提到以 500 亿美元作为一个可能的阈值。伯南克则反对这种可能性。在参议员们举行的秘密会议上，当他们讨论起对大银行的监督问题时伯南克提出了严重的警告：没有对最大金融机构的监督，美联储就没有正确履行它作为央行的职责，并且整个美国的经济将会面临巨大的风险。在秘密会议上，国会议员认为，伯南克没有谈起失去对小型银行的监管也会面临同样严重的问题。但他重复强调的是，要正确理解遍布整个大陆 3 亿人的经济运作，美联储就要具有深刻了解全美规模较小银行的洞察力。伯南克认为，无法监管微型银行的联邦服务系统就只能依靠来自华盛顿和华尔街的优势来观察世界，这将会带来更大的风险。

然而，当小银行成为争论的焦点时，伯南克谈到遍布全美国的监管机构是如何有助于美联储更好地了解经济状况，从而对货币政策做出更好的决策的。迫在眉睫的大灾难似乎无处可寻。他当然不赞成美联储失去对小型银行的监管权。他似乎并不非常担心如果发生这种情况会产生怎样的后果。

在全国范围内，联邦储备银行的主席们开始了更加有力的行动，以保护美联储对所有商业银行的监管权。堪萨斯城联邦储备银行主席托马斯·赫尼格把它作为一个可以拿下的游说战——即使他和其他联邦储备银行负责人并不相信伯南克、盖特纳、琳达·罗伯茨顿和丹·塔鲁洛是在为他们争取利益。赫尼格和理查德·菲舍尔站出来为美联储系统中的行长同僚们敲响了警钟。

在电话及美国联邦储备委员会主席会议中——12 个地区储备银行的首脑商讨了运作事宜——赫尼格和菲舍尔向与他们在政治上不太合拍的同事们传达了明确的信息：我们的机构受到的威胁是真实的。我们不能指望华盛顿的美联储理事会保护我们。因此，我们必须利用手中每一个政治关系，把相关情况向国会反映。赫尼格稍后告诉他的同事："我们必须处在监管之中，如果你觉得它很重要，就做点什么。"

每一家联邦储备银行都有由 12 名成员组成的理事会，包括私人银行家、商人和其他团体代表。这些人基本都很富裕，且有一定的政治关系——他们是一支 144 人组成的队伍，遍布在全美国的每一个角落。许多联邦储备银行主席让其理事会成员打电话给与他们交好的立法者，劝说他们保护美联储。还有的致电本地银行家协会要求他们进行游说（其他人认为，这是一种讨好他们所监管的行业的不恰当的奉承行为）。联邦储备银行的主席们也开始访问华盛顿，与立法者们见面，让他们宣传其主张。有些人刚接触这项工作或从未和政治有过联系，他们是第一次会见所属地区的立法委员，这些经济学家正学习如何成为说客。2010 年年初，赫尼格不断到访华盛顿，长时间与国会议员们会面。他和他的工作人员完全是游说的新手，常常会低估在立法议员所在的 7 幢复杂建筑中穿行的时间。

联邦储备银行主席的说法很简单：从美联储剥离对小型银行监管就等于在关键位置切断了地区银行系统，让一切权力留在华盛顿和纽约，"我觉得在我心里这很重要，"圣路易斯联储主席詹姆斯·布拉德（James Bullard）说，"这个系统经过精心设计，在华盛顿有美联储的组成部分，纽约也有一家重要银行，以及设在全美国各地的代表。将它的原始协议部分保存下来似乎很重要。"

伯南克能否连任

民主党议员已经开始感到被攻击。其具有里程碑意义的健保法案 12 月在参议院通过了，但却是在经过了一场漫长而丑陋的战斗之后。他们被指责为华尔街利益的工具——多德采用缓慢且驱动共识的方法进行金融改革，并没有帮助他们改善这一形象。

经济衰退可能已经结束，但萎靡不振还在继续。截至 2009 年年底，失业率接近 10%，仍处于 20 世纪 80 年代以来的最高水平。在此背景下，一件不可思议的事情发生了：在 2010 年 1 月 19 日星期二举行的一次特别选举中，一位共和党人在马萨诸塞州入主参议院，该州是全美国最自由的州。这是为了接替传奇人士特德 · 肯尼迪（Ted Kennedy）的位置，他不久前死于脑肿瘤。这也就影响了民主党在 60 个席位中占据绝对多数的状况。

斯科特 · 布朗（Scott Brown）能战胜倒霉的马萨诸塞州首席总检察官玛莎 · 科克利（Martha Coakley）使很多人感到震惊，民主党人不仅要考虑他们的整个立法议程是什么，还要考虑为什么他们这么快就变得如此不受欢迎。最明显的答案是经济，它已经被华尔街破坏。在美联储的协助和引导下，传统的经验与智慧已经不起作用。这一点也得到了本 · 伯南克的确认。巧合的是，这是在他 1 月 31 日任期期满前不到两个星期——而且他还没有确认将会连任。

在这次选举的两天后，民主党参议员举行了每星期一次的午餐会来讨论他们的战略。在紧张的会议上，当选民们对经济和华尔街的救助感到愤怒时，党内许多自由派成员，甚至一些中立成员也是面色苍白。立法者被要求确认谁该为这两者负责，“马萨诸塞州对许多民主党人是一个警醒，”佛蒙特州的伯尼 · 桑德斯（Bernie Sanders）在那个星期表示，“人们对华尔街和国家的经济状况的反感和愤怒，已经让一些民主党人摸不着头脑，还说：‘为什么我们会重新任命一个人，而他还曾是布什政府的一员’？”

北达科他州的拜伦 · 多根（Byron Dorgan）是一个非自由的无政府主义

者，他站出来反对伯南克。另外两位左翼参议员，加州的芭芭拉·博克瑟（Barbara Boxer）和威斯康星州的拉塞尔·范戈尔德（Russell Feingold）紧随其后。对美联储主席的前景威胁最大的是伊利诺伊州的理查德·德宾（Richard Durbin），他是奥巴马的亲密盟友，在参议院排名第二的民主党人——多数党党鞭，他的工作主要是收集选票，他是保持中立的。

对伯南克任命的确认事关重大。否决将会使美联储在近 10% 的失业率和民众对金融市场的信心摇摇欲坠的情况下没有主席。此外，作为总统最引人注目的任命之一，如果被由他自己的政党所控制的参议院否决的话，这对奥巴马来说会是一大损失。一场战斗开始了。

“白宫的政治家们不喜欢伯南克，也不想参与其中，所以要说服他们参与很难，”一名参与其中的官员说，“但是，一旦他们意识到任命被否决将对总统造成怎样的损失，他们就会参与了。”

在白宫，拉姆·伊曼纽尔和大卫·阿克塞尔罗德（David Axelrod），作为奥巴马总统的首席政治顾问，已经开始了一场运动，以拉拢那些摇摆不定的参议员。伊曼纽尔的性格狂躁，在做众议院领导时获得了深厚的关系网，现在整天在打电话。总统本人也是，一直强调如果拒绝了伯南克，会对市场产生怎样潜在的灾难性影响。甚至希拉里·克林顿这位如此受欢迎的国务卿，在与参议员讨论关于外交政策事务的会话中也提到了伯南克的任命确认。

伯南克和他在美联储的盟友们正在用他们自己的方式为“战争”做准备。像美联储采取的大部分措施一样，准备工作进行得小心翼翼且有条不紊。他们在琳达·罗伯茨顿的办公室里建立了一个作战室，用来记录每位参议员了解到的东西和他们将带来的影响。他们是否愿意与伯南克进行会晤？ 42 位议员都接受了主席的邀请，这在罗伯茨顿和其他人的经历中是史无前例的。这是否会对建立一个充满共鸣的行业团体有所推动？美联储已经谨慎地与一些被锁定在与白宫的战役中的关键商业游说团体取得联系。

白宫谋求外界的帮助，并试图以此获得共和党关于美联储主席的投票。奥巴马政府被困在与美国商会关于总统的健保法案的凶猛战斗中，但游说团队的负责人汤姆·多诺霍（Tom Donohue）愿意为伯南克辩护，他呼吁了共和党参议员。金融服务论坛，由 20 个最大的华尔街公司的 CEO 组成，要求它的一些成员打电话给与他们有关系的参议员。杰米·戴蒙（Jamie Dimon），一位极具个人魅力的摩根大通 CEO，他的工作也是打电话。即使劳埃德·布兰克芬（Lloyd Blankfein），高盛（一个被政治遗弃的公司）的 CEO，至少也打过一个电话给参议员鲍勃·科克。

如果伯南克最终能够留任，这将部分归功于那些全美国最遭人厌恶的公司（帮助造成这场危机的各大银行）的高管的行动主义。

然而，美国最大的公司并不是伯南克唯一的盟友。1 月 22 日星期五，美国独立社区银行家卡姆登·法恩出城演讲时，收到一份加急短信：德宾想站出来反对提名。法恩回到华盛顿，在他的办公室成立了一个作战指挥部。他的游说人员负责收集情报——哪些参议员支持伯南克，哪些反对。法恩给每一个他认为愿意投赞成票的人打电话。所有人的这些努力主要是由于他们相信，无论小银行认为伯南克有何错误，他都会给它们一个公平的待遇。

“我们并不总是同意伯南克，但我确信，如果不是他，我们很可能会让某些不知道什么是社区银行的高盛副主席来运营美联储，我很担心这一点，”法恩说，“相比那些华尔街交易员，我更喜欢学者。”

伯南克在所有的喧哗中放低姿态，不知道已经发生了多少代表他自己的游说。罗伯茨顿要求国会评估不同的参议员在想什么，并向任何想与美联储主席对话的人提供电话或会议机会，人数少时直接带上去就可以了。

关于伯南克的争斗，已经不再是这位秃头前经济学教授是不是未来 4 年领导央行的最佳人选，而是关于美国政府是否会允许自己被纯粹的民粹主义式的愤怒所引导。

愤怒来自左翼和右翼。改革宣传组织告诉其成员："美联储主席伯南克花了数万亿美元拯救华尔街，但他却对普通的美国人视而不见。"隶属于茶党的南卡罗来纳州参议员吉姆·德明特（Jim DeMint）发表声明反对伯南克的任命确认，坚持美联储主席已经"导致在众议院和参议院对两党立法的斗争，要求全面审计美联储，让美国人知道发生了什么以及犯了什么错误。"电话和电子邮件轮番轰炸参议院办公室，其工作人员说，这虽比 2008 年秋天进行金融救助时的争论少，但也没少多少。

1 月 23 日星期六，多德和参议员贾德·格雷格（Judd Gregg）——新罕布什尔州的共和党人，发表联合声明称，他们预计伯南克将得到任命确认。渐渐地，以书面通知和电视采访的形式，潮流开始转向。

"将金融内爆归罪于一个人是完全错误的，"加州民主党戴安娜·范斯坦（Dianne Feinstein）说，"出于稳定性和连续性的原因，伯南克应获连任。"

德宾做出了他的决定，即便不情愿："我对美联储的政策和经济政策有一些疑虑，"25 日星期一，他在《面对国家》（*Face the Nation*）的节目中说道，"但我真的不得不说，这个人指导我们度过了大萧条以来这个国家所遇到的最严重的经济危机。"

共和党领导人小心谨慎地投票。一方面，他们希望奥巴马提名除伯南克以外的其他人。另一方面，伯南克已经成为他们保守主义的噩梦。他们似乎很享受民主党在这场确认战役中的神情紧张以及总统花费的时间和政治资本。通过掌握共和党的选票，他们可能会迫使更多民主党人投票支持伯南克，同时使反对方不受欢迎。这有助于解释参议院共和党领袖米奇·麦康奈尔（Mitch McConnell）在媒体见面会上的这种表现：

> "他在参议院将会有两党支持，而我预计他会连任。"麦康奈尔说。
> "你会投他的票吗？"节目主持人大卫·格雷戈里（David Gregory）问。
> "他将有两党的支持。"

> “但是，你还没说你将如何投票。”格雷戈里说。
>
> “明天或者后天，我会让你知道的。”
>
> “你对他的连任还有顾虑吗？”
>
> “我认为他会得到连任。”
>
> “但是，你对他的连任仍有顾虑？”
>
> “我的党内的一些成员是这样的，但我认为他会得到连任。”

麦康奈尔是正确的。1 月 28 日星期四，在伯南克的提名似乎将要破灭的一个星期后，参议院投票以 70∶30 的结果使伯南克获得了连任。18 位共和党人和 12 位民主党人投票反对他的连任，这是历史上两党对美联储主席投票数的最小差额。

但重点是他们抓住了宝贵的机会，伯南克又得到了 4 年时间。

已经没有时间庆祝，战斗已经转移到金融改革。地区联储主席采取各种游说方式，试图保住自己对银行的监管角色。他们的基本论调是：我们是使美联储根植于美国主街的机构；我们是大银行青睐的平衡机构，参与了华盛顿和纽约的救助行动。多德的计划是将资产规模在 500 亿美元及以上的大型银行置于美联储的监管之下，这将创建一个更偏重华尔街大型利益集团的系统。

“如果你是在华盛顿或纽约的央银，且没有其他网络，那么你就处于国家的政治或金融资本中。这样的话，要保持独立性会更难，因为没有外部因素来平衡这些利益。”费城联储主席查尔斯·普洛瑟（Charles Plosser）说，“我们美国曾有两个失败的银行——美国第一和第二银行。它们的失败正是因为它们没有平衡，其章程由美国国会撤销，因为它们仅为银行家和政治家运行，华盛顿、费城和纽约以外的人的利益都被忽略了。所以，美联储创建时的核心原则是分散权力。”

联邦储备银行主席们阐述了自己的情况，积极致电和拜访华盛顿的立法者们，据一位参议院助理说：“每当我抬起头，华盛顿似乎就又多了一位地区联储主席。”他们中的许多人似乎比伯南克更像天生的政治家，在处理各种独立政见的交互时有更多经验。例如，他们工作内容的一部分是在当地商会做演讲，试图说服商人认可其政策思路的正确性。

他们的大部分时间都花在向国会议员解释这些全国各地的不太广为人知的联邦储备银行都在做什么。一位国会议员曾到达拉斯联邦储备银行的办公室拜访理查德·菲舍尔，他对美联储支持华尔街大型银行和签署罗恩·保罗的《审计美联储法案》充满了愤怒。菲舍尔亲自批准美联储的每次贴现窗口贷款——即使发生在危机中，当时有一晚的贷款达到 90 亿美元，而就在这件事发生的前一天，贴现窗口已在这位国会议员所在的地区扩大了向银行的信贷。

“我昨晚刚刚借给你所在区的银行 10 000 美元。”菲舍尔说。这位国会议员吃了一惊——他不知道，美联储已经如此深入地参与了本地银行的日常业务。

“你是想参与这个决定？”菲舍尔问，“因为有效性的问题，如果你要签署罗恩·保罗的法案，你就将参与这项决策和制定货币政策。”

反对审计美联储

这是一个不同寻常的白雪皑皑的冬季，哪怕只有几十厘米的雪也让华盛顿无能为力。2010 年 2 月 5 日和 6 日，当近 1 米的雪落在杜勒斯国际机场时，联邦政府关闭了数天——这场暴风雪被通俗地称为“末日雪灾”。

联邦政府的关门为刚获得任命确认的伯南克和他最亲密的顾问们创造了便利，他们得以有时间思考在金融改革立法的最后冲刺阶段将采用的策略。雪依旧在下，除了几个保安，没有人在埃克尔斯大楼工作。伯南克召集一众同僚开会，包括美联储理事会副主席唐纳德·科恩；美联储理事凯文·沃什，他经常担任伯南克与共和党政客和华尔街 CEO 们的联络员；美联储首席律师斯科特·阿尔瓦雷斯；美联储主要发言人米歇尔·史密斯以及罗伯茨顿。塔鲁洛一心一意只对大银行感兴趣，已经知道太多美联储在国会的消息。

与会代表开始讨论美联储的核心原则和目标：是成为一家专注于货币政策和大型银行金融渠道的更加专业化的机构，还是应该在对全美几乎所有银行实施监管和保护消费者方面发挥更广泛的作用，他们在权衡利弊。一方面，更有针对性的机构可能会更有效。另一方面，伯南克及其顾问认为，美联储比大多数官僚机构在完成已被分配的任务时都做得更好。它吸引了高质量的员工，且运行良好，新的机构就不一定了。

什么是真正重要的？在不会引起太多问题的情况下可以放弃什么？他们很快得出结论：第一要务是保持货币政策的独立。因此要不惜一切代价反对审计美联储。

监管机构之所以需要保持对最大规模银行的监管是为了有效实施货币政策，以确保金融体系的运作。越来越显而易见的是，已通过的金融改革方案对美联储保证金融稳定的作用有更大的预期，并且它需要调节像花旗集团和高盛这样的金融机构才能做到这一点。伯南克的核心集团同意美联储也需要保持对小银行的监管：总的来说，为了深刻理解这一美国经济活动的主要推动部分，但同时却要受到来自美联储系统的约束，因此伯南克和他的同盟者更愿意放弃其作为监管机构保护消费者的职责。这从不是美联储的核心功能，事实上，伯南克倾向于国会成为这样的机构：如果你选择把它留给我们，我们将比过去更好地执行这些职责，但如果你想让它远离我们，这是你的特权。好消息是，这样的趋势似乎正转移至对其有利的形势。

在华盛顿美联储领导人和储备银行之间是存在偶尔的不信任的，但在2010年头几个月的关键时期，储备银行主席们变成了强大的盟友，彼此互相支持。伯南克与美联储的领导人们在华盛顿有了一些内部协议，涉及与盖特纳、众议院和参议院领袖的关系。但在更多情况下，联邦储备银行的主席们都与来自美国的国会议员及那些不是专家但能解释金融概念的经验人士有一定的人际交往。

末日雪灾被载入史册很久以后，参议院的缓慢机制还在研磨。随着时间的推移，不太熟悉金融监管的议员们开始关注《多德-弗兰克法案》。赫尼格是一个特别娴熟的发言人，但在伯南克和理事会看来却是一个眼中钉。赫尼格发表讲话抨击救助计划和“大而不倒”的文化，含蓄地批评美联储在危机时期的决策。他曾经默许了21世纪前10年中期可能激化危机的低利率政策，现在好像是为了将功补过，在2010年的每一次会议上，他都对美联储的货币政策决定持反对意见，反对央行维持低利率“延长期”的承诺。

这可能已经激怒了一些他在美联储的同事，但同时也加强了他在足以决定美联储命运的立法者中的可信度。如果你讨厌美联储在过去几年里做的事，我也是——他的行动已向立法者表明，但其回应的方式却适得其反。

赫尼格还追踪着这样的提案：为了给储备银行更多民主，将根据参议院的确认来任命其理事会主席。他和他在储备银行的同事们认为，对机构的政治控制权的增长已经很充分了——由华盛顿和纽约所做的决定的结果与地区性银行没有任何关系。

他们认为，纽约联邦储备银行很负责。斯蒂芬·弗里德曼（Stephen Friedman）是高盛前CEO，也曾是纽约联储的主席，同时他还任职于高盛的董事会。高盛在2008年9月将自己纳入美联储的监管范围之后，他被允许保留这两个角色——甚至当纽约联邦储备银行的贷款方案帮助扶持投资银行时，他收到来自纽约联邦储备银行律师的豁免，允许他购买更多高盛的股份。弗里德曼在2009年5月辞去主席一职后，其中的利益冲突被《华尔街日报》曝光。但在许多储备银行主席看来，这已经造成了对整个联邦储备系统声誉的损害。

“这真的要把我逼疯了，”赫尼格说，“这项豁免只是为一个高盛的人做的，而突然间全国各地的美国银行家都成了坏人。来自内布拉斯加州和科罗拉多州丹佛市的银行理事会的银行家们一直在说：‘这是什么鬼事？’”

当联邦储备银行主席们忙于游说以及卡姆登·法恩的美国独立社区银行协

会要开始大干一场时，多德的工作人员正致力于一个新的折中方案：美联储仍将监管 5 000 多个全国范围内的“银行控股公司”，但它不会再监管大约 900 个州立特许银行。罗伯茨顿在电话会议中向整个美联储系统的同事解释新出现的折中方案时说，“木已成舟”。但是，储备银行的主席们还没有准备好放弃州立特许银行。

赫尼格和理查德·菲舍尔说服来自得克萨斯州的共和党参议员凯·贝利·哈奇森（Kay Bailey Hutchison），主导修改多德的法案使之对美联储更友好。菲舍尔和哈奇森 1994 年在参议院时曾经彼此对立，这是菲舍尔在作为央银家的职业生涯之前冒险进入选举政治的一场不幸。在得克萨斯州混乱的政治世界里，他们在竞争前一直是朋友，之后仍然是朋友。但据法恩说，在哈奇森决定成为美联储监管小银行的倡导者的背后，有着不凡的历史。

“我们在得克萨斯州有很多社区银行，”他说，“而她在竞选州长。”

由哈奇森的工作人员起草修正案，将撤销法案中最后一个破坏美联储的残余策略。资产不到 500 亿美元的银行，将继续留在达拉斯和堪萨斯城及其他城市的联邦储备银行的保护伞下，而不是被分流移交给联邦存款保险公司和国家监管机构。哈奇森以参议院一位缄默的成员著称——既不是大型谈判的创造者，也不是过激言辞的实践者。但在这个问题上，政治野心和个人忠诚交织在一起，驱使哈奇森恣意地追逐目标，她用语言阐述的情况与菲舍尔、赫尼格和国际银行评级机构（IBCA）的非常相似：我们必须防止美联储成为仅仅由大型银行组成的“生物”。

5 月 5 日，赫尼格、里士满联储的杰夫·拉克尔、费城联储的查尔斯·普洛瑟以及明尼阿波利斯联储的纳拉亚纳·柯薛拉柯塔（Narayana Kocherlakota）在拉塞尔参议院办公大楼参加了听证会。这是一个封闭的会议，只有国会成员及其工作人员才允许进入。不带监控摄像头，也没有平时的长篇大论。本次会议是为了让立法者提出问题并获得答案。来自两党和国会两院的约 24 个国会议员参加了会议，这次会议由联合经济委员会主办，并预留了华盛顿美联储理事会理事的席位。

在近 90 分钟的时间里，国会记者团在门外挤成一团，国会议员一个接一个提出问题，他们显然很好奇联邦储备银行是做什么的以及为什么它很重要。他们的语气是热情友好的，并非像美联储在过去一年的讨论那样充满戾气。

储备银行主席们达成一致，方案终于得到通过。

大而不倒

审计美联储可能已在众议院高票通过，但克里斯托弗·多德推动的金融改革法案在参议院却无迹可寻。伯尼·桑德斯想改变这种状况，沿着罗恩·保罗的思路起草了一个修正案。

伯南克和盖特纳都看到了颁布这一修正案后将会产生的可怕后果：强烈的新政治压力作用于美联储的货币政策，这将不可避免地使决策者更不情愿做出艰难但又必要的决定。通过贴现窗口紧急贷款给银行这一行为需要进行披露，这会使银行不愿意使用此类方案，进而使金融危机更容易发生。考虑到几乎相同的规定先前已在众议院通过了，如果桑德斯的修正案在参议院以书面形式获得通过，它几乎肯定会成为法律。虽然会有一位委员来协调这两个版本在立法上的差异，但它不能很好地废止两个版本中都存在的东西。

多德和参议院多数党领袖哈里·里德很清楚桑德斯：如果他不同意修改他的修正案来保护美联储的独立性，使法案为他们和奥巴马政府所接受，那么他们就会利用参议院详尽的程序进行阻碍，阻止它不能进行表决。但是，如果桑德斯能与多德在透明度的主要目标方面达成一致，而在威胁美联储独立性的领域予以妥协，他们会全力支持他的修正案，并迅速采取行动推进表决。

5 月 11 日，桑德斯在参议院正式介绍他的修正案。他的工作人员劝他尽可能说得长一点；他们需要时间敲定一个提高美联储监管权的折中方案，“现在是时候了，我们一定要结束美联储的秘密，”这位白头发的佛蒙特州人说，“这钱不属于美联储。它属于全美国人民，美国人民有权知道钱到哪里去了。”

当他说话的时候，距参议院几步之外的多数党领袖办公室里，人们的脚步踱来踱去，桑德斯和多德的员工在两地来来回回，里德的顾问则处于观望中。桑德斯的人一致认为，货币政策不会受制于国会调查员的监督。多德的工作人员在公开美联储的紧急贷款方面做出让步，这违背了大银行和美联储的意愿——但经过两年的耽搁以后，这将有助于防止银行因担心名誉受损而调低贷款。多德的助手也同意了桑德斯的要求，对危机期间美联储的贷款进行从头到尾的调查和充分的公开披露。

他们达成的协议对每个人都很重要——对桑德斯这样的自由民粹主义者和来自茶党右翼的反美联储的人群来说，协议要求美联储比以往任何时候都要披露更多的运作信息。但伯南克、盖特纳和多德认为这种方式将使央行在需要的时候，丧失对抗通胀或支持银行系统的足够的自由裁量权。

“我不得不做出政治决定，”当天晚些时候，桑德斯告诉记者，“大家都告诉我——我的朋友告诉我、民主党人以及一些共和党人都在说，‘我们喜欢透明的想法。我们喜欢审计理念。但是，我们担心这会涉及美联储的逐日货币政策。我们不希望出现这种情况’。”

桑德斯原来的修正案原本是一场艰苦的拉票战，但折中的版本以 96：0 票数在参议院通过了。

一天后，5 月 12 日，是哈奇森修正案的转折点。经过整整一年的争夺、游说和施加压力后，在参议院的讨论已经不再是一个讨论。哈奇森和她的联席提案人，明尼苏达州的民主党人艾米·克罗布彻（Amy Klobuchar），每个人只讲了约 30 秒。

“这项修正案保证了国家的货币政策与缅因街相连，而不是只与华尔街有关。”克罗布彻说。引用她的选民之一，大急流城州立银行行长的话，她继续说："应该提醒所有参议员，美国联邦储备系统的建立是为了服务于美国所有地区，而不只是华尔街。"

多德有点反对这样的对比，正如一位又一位参议员从其所在的州的本地银行家那里听到的一样，如果他们看到削减美联储权力的目标急转直下，他们就会辞职。"我要反对修正案，但我不打算发言反对。"他说。他看了看哈奇森，举起他的手比画："我投降。"

就是这样。投票开始了。就在其位于堪萨斯城高处的办公室外的图书馆里，赫尼格和他的 4 位同事正通过电视观看直播。他们一开始还会写下每个参议员怎样投票，但几分钟后，显而易见已经没有必要再记录下去了。最终的投票结果是 91∶8，立法上推翻了多德的法案，美联储成为全美国几乎所有银行的监管机构。赫尼格下到堪萨斯城联邦储备银行办公大楼 9 楼，到银行审查员工作的地方——这个部门是 40 年前他开始职业生涯的地方，赞美了在后危机时代的谈判中因变为马前卒而士气低落的团队。

在著名的《多德-弗兰克法案》成为法律之前仍有几个步骤要进行，其中包括一系列通宵达旦的委员会投票会议，以便推敲出众议院和参议院法案之间的差异。在这一过程中，美联储厌恶的最后一个预案被否决了，即最有权力的纽约联储主席由总统任命，而不是像其他联邦储备银行的主席那样，由私人董事会的技术专家委任。但在每一个重要方面——货币政策的审核、大小银行的监管角色、伯南克的任命确认，美联储的战斗结束了，强大的美国联邦储备系统赢了。

但这是为什么？是什么让这个非常不受欢迎的机构脱颖而出，在危机中伤痕累累，却比以前更强大了呢？

不管美国国会多么希望惩罚美联储在危机期间的行动，但监管拥有万亿美元的银行的工作对任何人来说都会因太复杂而难以掌控。当立法者研究细节时，他们开始认识到，美国联邦储备委员会确实具备专业知识和能力来做这件事。

但也有一些运气成分。让一个美联储的人做财政部部长和总统最亲密的金融改革顾问，这样能保证政府会协助央行进行战斗，虽然不同的财政部部长和不同的总统可能有不同的侧重点。伯南克永远不会被顶级的立法战略家混淆视听，他应对立法者的方式暂时证明是很好的：当每次美联储被质疑过于诡秘和混乱时，他的回应都是认真而坦率的。

美联储在其一塌糊涂的治理结构中发现了令人惊奇的力量源泉：十几个联邦储备银行分散在全美国各地，私人董事会及数千社区银行都在其监管范围内。社区银行家游说的不只是自己关注的小问题，即谁来监管；还涉及事关美联储整体的其他事项，如货币政策的独立性和对伯南克的任命确认。

回溯到 1913 年，为了让《联邦储备法》通过所做出的一系列妥协可能已经创造了一个庞然大物。它的触角已经如此紧密地缠绕在美国商界和政界——大的、小的，国家的、地方的，以至于几乎不可能被杀死。

THE ALCHEMISTS

THREE CENTRAL BANKERS AND A WORLD ON FIRE

13

希腊新奥德赛

年轻的男子问："你确定吗？"

他充满怀疑地再次问："你，确定吗？"被问的年长男人叫乔治·普罗沃普洛斯（George Provopoulos），是希腊银行的行长。那个年轻的男子叫乔治·帕帕康斯坦丁努（George Papaconstantinou），是希腊新上任的财政部部长，他渐渐意识到这份他曾经梦寐以求的工作可能会比他想象的要更富有挑战性。

帕帕康斯坦丁努和他在泛希腊社会主义运动党的同事制订了最初的支出计划，预计他们国家的预算赤字将会占经济产出的6%左右。但在大选前的几个月，前政府在不积极征税的情况下提高了支出。2009年10月4日，等到选民开始投票的时候，帕帕康斯坦丁努发现预算赤字已经达到GDP的8%—10%。

希腊政府可能有它自己的预算和预测，但希腊银行的工作是接收纳税和清算流通支票，它比其他任何机构都更加清楚国家的财政处于何种情形。10 月 7 日早上，央行行长给新任财政部部长的消息非常惊人：先生，预测的赤字达到 12.5% 或者更高（多年以后，希腊政治家仍然面临那些质疑，即作为将要上台的政府，当他们在维护社会支出—— 一项看起来不可能完成的议程上辩论时，他们对国家资金短缺的情况知道多少）。

大约有 12 个专家围在一个巨大的会议桌旁，新政府邀请他们来解决其预算问题。每天都会发现一些错账——举个例子，一笔 6 亿欧元的医院欠款没有及时记账。到了晚上，帕帕康斯坦丁努在离开时会说："好的，朋友们，就是因为它导致了错账吗？"事实上从来不是。帕帕康斯坦丁努后来说："我们发现希腊政府基本上就没有预算。"

当所有数据都囊括其中时，连普罗沃普洛斯行长的保守估计也被证实为过度乐观：2009 年希腊财政预算赤字总计将达到经济总量的 15.7%，这一数字是当时世界范围内的最高值。

缩小巨额财政赤字的任务就落到了三位名为乔治的男人身上——帕帕康斯坦丁努、普罗沃普洛斯以及希腊前总理帕潘德里欧（Papandreou）。他们在雅典做的决定以及让 - 克洛德 · 特里谢和德国、法国及其他西方势力对决定的反应，将重塑欧洲乃至这个世界。

只有在退潮时，才知道谁在裸泳

一些国家是因为它们的银行面临着崩溃才经历了金融危机，而其他国家遭遇金融危机是因为其公共财政已经失控。历史教给我们一个亘古不变的道理：无论金融危机从何处开始，它很快就会扩散蔓延开来。当银行系统出现故障，经济就会不可避免地走向崩溃；与此同时，政府为了帮助银行摆脱困境就会承担额外的费用，从而使得公共财政变得紧张。当政府面临债务恐慌时，这个国家的银行就必然面临压力，因为预算削减会使经济更加疲弱，同时银行会因其持有的政府债券而遭受巨大的损失。

换句话说，银行业危机和公共债务危机就如同一枚硬币的正反面。但在2009年10月，当人们意识到希腊公共财政的真实情况后所引发的惶恐浪潮加深了这一内部联系。2001年，希腊采用欧元的决定将整个欧洲的财富与这一相对较小的国家紧密地联系在了一起——却没有给三位乔治以及他们身后1 100万公民留下必要的能够处理危机的常用工具。

乍一看，希腊加入欧元区17国是一个不寻常的选择。它在1999年的人均经济产出约为1.3万美元，仅为当时法国和德国的一半。因为贿赂行为猖獗，繁重的管理条例及其难以预测的强制执行使得希腊的商业环境功能失调。它的政治体系十分脆弱，民主体制尚未根深蒂固——直到1973年国家仍旧被军事独裁统治。但是，希腊有一些特别的东西，是与其在经济上很相似的友邻，如保加利亚和土耳其所不具有的：民主制度是在这里产生的，它是欧洲概念的发源地，是欧洲帝国的原型。从地理政治学角度来看，它是欧洲与阿拉伯世界的传统分界线。因此，面对所有难题，希腊是特殊的。

对于希腊人自己而言，加入欧元区的想法极具吸引力。在大多数西方工业化国家战胜通胀很久以后，希腊的物价在1973—1994年间的每一年都以两位数的速度在飙升。这意味着希腊的德拉马克会随着时间的推移稳定地贬值——这对国家的旅游业是个巨大的福利，但也意味着希腊人民的储蓄将要被风吹走了。通胀太高以至于放款人只愿意在非常苛刻的条款下将钱借给希腊政府或其公民。毕竟他们要考虑这样一个事实：之后被偿还的德拉马克的价值要低于他们之前所支付的。

1992年，当低通胀的德国能够以8%的利率获得10年借款时，希腊却不得不支付24%的利率。希腊主要政党、中左翼泛希腊社会主义运动党以及中右翼新民主党都是加入欧元区的热衷者，只有共计占20%人口的共产党左派和新法西斯右派是反对派。希腊银行行长乔治·普罗沃普洛斯在当时是一名大学教师，他说："希腊的慢性病，尤其在20世纪80年代和90年代不得不面对的停滞的GDP以及高通胀率、高利率的问题。从欧洲其他地方得到信用，尤其是德国，意味着低利率并能抑制通胀。"

它起效了。随着货币政策的决定移交给让-克洛德·特里谢以及他在法兰克福的同事们，希腊的通胀在21世纪的头10年徘徊在3%左右，借款成本也骤然下降。这种情况使投资者忽视了通胀的风险，当他们将钱借给德国或法国政府所获得的利率差不多时，他们也很愿意把钱借给希腊政府。2007年金融危机前夕，德国10年期借贷成本平均为4.02%，希腊大概为4.29%。投资者们把希腊债务看成是由管理良好的国家诸如德国、法国和荷兰等国所发行的债券的无风险替代物，他们不禁沾沾自喜。实际上，在欧洲银行的规则下，那些强国的银行能够购买希腊债务并将之视为无风险资产，同时他们也不需要持有资本，这给了他们极大的刺激。然而不幸的是，希腊乃至整个欧洲，并没有很好地利用这样的环境。正如普罗沃普洛斯所说："希腊需要做的，是利用它所拥有的低通胀率和利率环境对经济进行调整。"

而希腊人却仍在享受着他们的生活。一个众所周知的例子：21世纪早期，希腊政府在高盛集团的帮助下完成了一系列货币互换，这使得希腊政府能够在不发行债务（发行债务需要计入官方统计）的情况下借款。还有一些不那么广为人知的小伎俩，比如低估国家的军事开支（实际上是一项特别大的开支，且造成了与土耳其永久的紧张关系）以及帕帕康斯坦丁努的预算分析师所发现的那些无法解释的亏欠医院的债务。政府通过出售长期资产资助直接开销，并以此捏造数据，未来的机场建设费用就是例子。一位欧元区央行行长说："最严重的是，他们并没认识到自己在撒谎。我们渐渐发现希腊政府在国家运行方面有巨大的问题，那就是——欺骗、错账以及口头承认却没被记录下来的账单。"

古谚有云：只有在退潮的时候，才知道有谁在裸泳。2008年9月由雷曼兄弟破产所引发的金融危机使潮水退去——呈现出一个满是裸露的希腊人的沙滩。

在法兰克福，接到了希腊可怕的公共财政消息的让-克洛德·特里谢和帕帕康斯坦丁努同样感到吃惊。截至当时，欧洲央银将大部分工作人员用于欧元区去监督更大范围的经济状况。每位经济学家仅花费部分时间来追踪希腊的经济状况。情况在2009年后期发生了变化，随着国家贷款成本百分比的增高，欧洲央银对希腊的财政状况愈加担忧。在欧元塔大楼，一组被召集的经济学家被要求更深入地研究国家预算。到圣诞节前，他们被派去雅典开展秘密任务，那就是从希腊银行和财政部收集信息。

回想一下，对希腊可怕的财政状况的披露，金融市场的反应可谓是出奇的慢：10月初新政府上台时国债的收益率为4.48%。一直到月末，收益率才仅仅上升到4.69%，在年末上升至5.5%。具有讽刺意味的是，直到帕潘德里欧政府开始公布其关于缩减支出和征收更多的税这一打击市场的计划时，收益率才开始有了巨大的上升，在2010年1月末达到7%。

尽管这些借款成本的提高是温和的，但还是会对国家产生巨大影响。所谓"动态债务"是指：当一个国家承担了较高水平的债务时，即使它需要支付的利率仅有微小的上升也意味着一个大麻烦。2009年，希腊的总债务相当于142%的年度经济产出，所以，即便利率只上涨了一个百分点，也会给偿还带来巨大的困难。希腊处于危险的边缘，巨大债务会带来利率的上涨，而利率的上涨反过来又使债务不可持续。

这可不是杜撰。纵观历史，很多国家都曾处在这样的困境中。1944年，一个专门处理债务危机的机构建立，那就是国际货币基金组织，这一机构能够借钱给陷入财务危机的国家来帮助它们重新自立。虽然它自建立以来的60多年也犯过一些错误，但现在的国际货币基金组织已经学会如何为负债累累的国家提供援助。它也从20世纪90年代末的亚洲和21世纪初期的美国的经验中意识到，强制一个国家突然削减预算的诸多危害——其带来的萧条会引致社会不安和政局不稳。在雷曼兄弟危机初期，它组建了一个所谓的"危机经验丰富团队"来确保经验最丰富的员工们累积的知识能够传递给他们的年轻同事。

执掌国际货币基金组织的是多米尼克·斯特劳斯-卡恩（Dominique Strauss-Kahn），这位来自法国左翼社会党的法国财政部前部长是一个具有超凡魅力且与政治联系紧密的人。假设他能够避开其著名的性丑闻而成为竞选法国总统的候选人，是非常可能对尼古拉·萨科齐构成挑战的，这已经成为一个公开的秘密。

作为下一届总统的可能候选人，斯特劳斯-卡恩进入国际货币基金组织使得其在众多欧洲领袖中大大提高了自己的公信力，但对特里谢和其他一些人而言，把他引进国际货币基金组织却是一场厄运。一部分原因在于文化自负：我们是欧洲，是文明的发源地，可不是那些需要国际援助的微不足道的小国家。特里谢就国际货币基金组织的介入曾说过："这是一种耻辱。"特里谢也坚决地认为这里没有过，也不会有任何违约事件。希腊会偿还它的债务的。

特里谢拥护一种根植于道德主义的观点，这在德国尤其常见。希腊已经花费了太多并且承担了太多的债务。它必须削减开支并减轻赤字。如果它能表现出充足的勇气和政治决心，那么市场一定会用更低的借贷成本来回馈它。他很有信心：政府当局的果断行动会重新把希腊经济拉回到一种路径上，即通过提升投资者、企业家和消费者的信心来提升经济增长，"这非常重要，"特里谢在2010年1月说，"对于那些为了自身的繁荣和复苏愿意通过采取适当大胆的措施来纠正目前状况的国家。我们相信提升信心是必要的，而且在目前欧洲乃至全世界的经济形势下，信心是关键。"

特里谢也是如此，2009年年末到2010年年初，他深信希腊能够解决自己的问题，通过改革税收体制和削减政府支出，继而在债券市场重拾信心。希腊不需要来自国际货币基金组织或其他任何机构的紧急救助。一位国际货币基金组织官员说："欧洲央银所表现出来的态度就是，从我们面前离开，我们不需要你们这些人。我们是欧洲人。欧洲是我们自己创造的，我们能够照顾好自己。"另外一位国际货币基金组织官员补充道："特里谢就是'拒绝国际货币基金组织'的集团首领。"特里谢这样做并不是因为他反对国际货币基金组织，而是因为他希望欧洲政府能够承担起自己的责任。

特里谢同样坚持欧洲央银不应该采取任何措施帮助希腊摆脱困境，他在2010年法兰克福的一次问答环节中声称："任何政府、国家都不可能从我们这里得到特殊待遇。"虽然如此，还是有一些美国和英国的评论家发出警告说希腊的财政问题有可能迫使其退出欧元区。特里谢是如何看待这种可能性的呢？

这位欧洲央银行长答复道："我不会对荒谬的假设发表任何评论。"

希腊救助计划

假设你要去蒙特利尔——法裔加拿大人的大都市。如果你知道合适的路径，那就跳上一架军用飞机向北飞行4个小时。从格陵兰岛跨越戴维斯海峡，你将会发现自己在伊魁特—— 一个位于巴芬岛东南海岸的人口不足7 000的小镇。它一度是美国战斗机穿越大西洋参加第二次世界大战的交通站。现在它是努勒维特的省府，是加拿大目前最大、最年轻的首府，但却因为位置较为偏远而没有连接国家其他地方的公路。

这是全世界主要的财政部部长和央行人员在2010年隆冬所开启的旅程。加拿大并不是第一个选择交通并不便利的城市作为国际峰会的举办地的国家，2月召开的G7峰会的会议地点就是一个更为极端的例子。

做出这种选择有种种原因：保证官员们免受潜在干扰，包括任何嘈杂的抗议活动；庆祝当地原有的因纽特（Inuit）文化；试图劝说欧洲人取消关于猎杀海豹产品的商业进口禁令；提醒与会者加拿大与北极地区的紧密联系——以加强其对该地区石油储备的权力。无论这些考虑因素对于加拿大的权重是怎样的，这些位于世界权力之巅的人的言论会给整个世界产生深远的影响。

对于努勒维特来说，零下17摄氏度已是难得的温暖，与会人员在冰屋中得到招待，此外还有一些本土文化活动。其中，默文·金的一张照片被英国媒体取笑，照片中的他穿着一件巨大的毛皮衬里大衣坐在雪橇上。一位央行行长的通信顾问在行长临行前说道："看在上帝的分上，千万别被拍到用棍棒打小海豹。"在海豹的问题上，吃任何东西也应小心：除了加拿大人，所有官员都把最后一餐生的海豹肉跳过去了。美国人想在星期六就早早地飞回去，但却被迫在波士顿待了一夜；讽刺的是，在经历了北极地区宜人的天气后，华盛顿被一场暴风雪袭击，这也意味着他们的飞机无法着陆。

央行行长们穿着毛衣和运动外套而不是通常的黑色西服，他们被安置在佛罗比舍酒店（Frobisher Inn，北极东部最大的全方位服务商务酒店）的一个圆形会议室内，裸露着木梁的半球形天花板让人想到了冰屋。特里谢充满激情地向他的欧洲同事们发出了呼吁：希腊的状况是不可持续的。政府的借贷成本在上升，甚至在面对赤字削减计划时也依然如此。这暗示他可能会改变主意给希腊"特殊待遇"。法国、德国和西班牙的主要银行持有数千亿欧元的希腊债务，因此，希腊状况的恶化可能危及整个欧洲大陆的银行系统。在金融市场上，无论投资者是何时开始担忧希腊的，他们都已开始远离财政状况看起来也不稳定的其他欧洲国家的债券，尤其是葡萄牙、爱尔兰、西班牙和意大利，这一情形也越来越明显。

为了使自己的论点能够说服其他重要领导人，特里谢直言现在的威胁不仅仅针对希腊，而且会威胁到整个欧洲。这一问题必须被认真严肃地对待。欧洲的领导人们在离开北极区时已经对其中的利害关系有了更深的理解。当特里谢离开伊魁特时，被聚集而来的记者问到他关于欧洲前景的看法，他回答说："我很有信心。"

峰会上发生的另一件事是：被隔离在加拿大荒野中的世界经济领导人们一致认同，他们所面临的巨大挑战已经发生了改变。经济似乎是能够被治愈的，是时候把注意力从促进经济增长上移开了，已经不需要更多的刺激了。希腊问题被视为一种迹象，即是时候开始减少财政赤字了，已经不再需要更多的超宽松货币政策。甚至连本·伯南克，一个比同行们更担忧货币紧缩政策的人，将在几天之后的一次会议上解释美联储是如何计划退出量化宽松货币政策的。他在众议院金融服务委员会上保证："我们已经做出相当大的努力发展所需的工具来取消适应性政策，并且我们完全有信心在适当的时候有效地付诸行动。"

伊魁特是全世界央银家和其他金融领导人们开始货币紧缩和财政紧缩政策的一个伟大枢纽，"全球经济状况已经改善并且还在进一步改善中。"加拿大财长吉姆·弗莱赫蒂（Jim Flaherty）作为聚会的主持人，总结了在 2010 年 2 月 6 日的新闻发布会上所达成的结论，他还说："我们需要向前看，开始准备退出策略并向着一个更具有可持续性的财政路径靠拢。"换句话说：我们已经脱离困境了。

后来的事实证明，这一声明非常不成熟且代价高昂。

三周后，作为欧洲央银执行委员会成员及央行首席经济学家，哲根·斯塔克（Jürgen Stark）前往雅典。他被任命为官方观察员来观察希腊政府和奥利·雷恩（Olli Rehn）之间的谈判，奥利·雷恩是欧盟经济与货币事务专员。但这次希腊之行并没那么简单，还有更多的含义。欧元区的官员们在特里谢于伊魁特的努力游说下，已经准备在希腊政府无法在债券市场交易时向其提供金融支持。

但是，他们坚持希腊应制订大规模的预算削减、私有化以及改进税收征收制度等计划作为交换。特里谢关于诱导紧缩的信念占了上风。然而，德国政府要确保雷恩和欧盟委员会能够在谈判中表现出足够的强硬。这就是斯塔克来的原因。起源于德国的欧洲央银能够平衡任何帮助希腊人摆脱困境的诱惑。斯塔克，作为一名德国人，与雷恩一起作为欧洲央银在雅典的执行者。

3 月 1 日早上，当斯塔克走入希腊财政部参加会议时，帕帕康斯坦丁努表现出明显的紧张。最初他忽略斯塔克，只跟雷恩交谈。但斯塔克并不内向，也不了解帕帕康斯坦丁努。那个早上，他和雷恩一起边吃早饭边商量他们的策略。但分而治之在这场会议中没有任何效果。

2010 年，希腊财政部部长为他的国家提出了一个削减约 1/3 预算赤字的计划，从 2009 年约占经济产出的 13% 到 8.7%。这意味着希腊将减少 4% 左右的经济活动，这将会是一个非常明显的衰减（相比之下，美国经济在 2008 年萎缩了 3.3%）。为了避免这一痛苦的紧缩，预算削减需要一些其他经济变化来弥补：比如降低欧洲央银或提升其出口的贸易伙伴的利率，以及被特里谢认为能够提振信心的国际投资。但是，那天在雅典的谈判并没有专注于经济衰退的风险或任何可能会减轻痛苦的措施。他们只关注了紧缩将会于何时以及以何种方式发生。

对帕帕康斯坦丁努而言，好消息是桌子两边的人都喜欢他们听到的。斯塔克和雷恩被财政部部长游说成功，相信他的国家有积极的计划来改革财政，同时也有积极的政治意愿来落实。在希腊人的描述中，这一计划会增加国家的增值税及加强税收征管，冻结公共养老金，消除政府雇员的"14 个月工资"。原本希腊的工人们除了每个月的工资外还会收到所谓的第 13 个月以及第 14 个月的支票来覆盖节假日及暑假的支出。削减其中任何一项将会实际上削减支付工人这一支出的约 7%。

雷恩对记者说："这个结果来之不易，但赤字和债务的减少是必要的并且将大大有助于改善经济。委员会会继续支持希腊政府和希腊人民，使其经济恢复至可行状况。"同时，斯塔克在法兰克福向他的同事传达报告说，帕帕康斯坦丁努在对待削减预算的问题上严肃且认真。

穿着整洁的西装，戴着无框眼镜，从伦敦经济学院获得博士学位的温文尔雅的帕帕康斯坦丁努在与欧洲当局谈判时，就有一些迹象表明当局会对希腊实行紧缩。在与斯塔克和雷恩会见的三天后，有大约 200 名隶属于希腊共产党的工会成员袭击了财政部，从屋顶上横下一条呼吁工人起来反对削减预算的横幅。

雅典街头并不是唯一有不满的地方。随着对希腊救助计划的讨论的升温，愤怒在德国也开始膨胀。如果说希腊人讨厌失去第 14 个月的工资或养老金被削减，那么德国人也几乎一样讨厌对一个花钱大手大脚的国家进行金融救援。

在《图片报》(*Bild*)这个内容低级却有着很高发行量的报纸中，希腊民众的怒火被描述为是危言耸听和排外的。其在2010年冬天的头版头条包括“是希腊使德国银行破产的吗”以及“希腊人选择争吵和罢工，而不是储蓄”，甚至“出售你的岛屿，你这个腐烂的希腊，雅典卫城亦是如此”。

然而在2010年3月，欧元区对希腊的救援终于一起来了。3月25日上午，特里谢在布鲁塞尔的欧洲议会上递交了关于货币联盟的状态的常规证言，“尊敬的总统先生。”他开始用德语说，之后几条又改为法文，之后，大部分的证词都是英文。在近2 200字的演讲即将结束时，他插入一句听起来很难懂的话，以至于很多与会人员都没有意识到其重要性：“欧洲央银管理委员会希望将抵押品框架下的最低信贷门槛保持在投资级别BBB——并维持到2010年年底之后。”

关于这句话的解读是：尽管标准普尔和穆迪为希腊和其他欧洲国家的信用评估进行了下调，我们还是允许银行在欧洲央银以希腊债券作为抵押品以随时存取现金。这与特里谢在仅仅两个月前声明的立场相比是一个明确的转折，从本质上说明，欧洲央银甘冒风险来保持希腊的现金流入，同时也可以避免当欧洲银行突然开始抛售希腊债务时出现贱卖的现象。

在星期四那天发生逆转的并不止特里谢一人。德国总理默克尔此时已经改变主意，同意把国际货币基金组织考虑进希腊救助计划，认为其不仅能够提供额外的金融火力和经验，还可以提供进行强制“限制”和改革需求的信誉。不少德国国内评论家以及法国总统萨科齐认为她的新表态很尴尬——国际货币基金组织的参与将赋予作为基金会最大股东的美国高于欧洲的权力。

《法兰克福评论报》(*Frankfurter Rundschau*)发表社论：“她这是在背叛欧洲的理念。在呼吁国际货币基金组织方面，默克尔呼吁的不是别人正是美国，美国以其作为具有17%否决权的少数派控制着国际货币基金组织。这是多么糟糕的事态啊，对欧盟委员会和欧洲央银简直是一种耻辱。”

但是，默克尔有一位重要的盟友。早在 3 月 4 日特里谢就表示“虽然国际货币基金组织的技术支持非常重要”，但从金融角度来看，他“不认为引入国际货币基金组织作为帮助是合适的”。但随着政治局势的改变，特里谢的态度也发生了改变。值得注意的是，这个法国人几乎不承认他的观点发生过任何改变。在 4 月 8 日签署了关于引入国际货币基金组织作为援助来支持希腊的协议后，他说：“我自己从未说过，我的同事也没说过国际货币基金组织缺乏专业技术。”

星期四那天，特里谢和欧元区的 16 个国家的领导人在布鲁塞尔花了很长的时间讨论问题，终于在午夜之前发出了声明，这可以说是欧盟把简单问题复杂化的经典事例之一。大量时间不仅被浪费在诸如“国际货币基金组织是否可以参与”的问题上，还有其他一些问题——联合声明是指“欧洲经济政府”（即将被创立用来援助希腊）还是“欧洲经济治理”。法国非常希望是前者，而一些国家因更担心会割让国家主权而希望是后者。声明的最终成品只有一页半纸而且内容非常模糊，本质上是一个承诺，即欧洲的政府不会让希腊破产。声明说：“欧元区成员国重申，如果有需要，它们愿意采取坚决、协调一致的行动，以维护欧元区整体金融体系的稳定。”——好像仅仅一个保证就可以让私人市场借钱给陷入困境的国家。特里谢在新闻发布会上承诺说：“今天会议上决定的机制不需要像通常那样被激活。”

在公报中并没有成员给出欧元区各国政府可能愿意配置金融资源来援助希腊的示意。流传到记者中的消息是，数量仅是微不足道的 200 亿欧元，大约有 1/3 来自国际货币基金组织。任何此类支出将要求所有 16 个使用共同货币国家的同意；即使是斯洛文尼亚、马耳他或者塞浦路斯，在理论上都能够阻止集体行动。

这是欧洲领导人第一次承认现实，即因为存在单一货币的束缚，他们需要相互支持。但同样也失去了一个机会。这段时间对欧洲而言，解决希腊危机的成本并不高；希腊的经济总量大约只有欧元区整体的 2%。问题并非仅仅是简单地写张支票确保希腊的财政安全那么简单。事实上，2010 年春天从布鲁塞尔发出的讯息是，虽然欧元区的国家会支持它们的弱小成员，但它们很不情愿这样做——只有当它们完全没有其他选择，面临着巨大的程序障碍，并在障碍较难题而言微不足道时才会这么做。

金融市场没过多久就验证了这一结论。希腊政府 10 年期的借款成本，从峰会前一两天的 6.46%，第二天只降到 6.28%，几乎没有发生预期中的移动，要使市场确信欧洲会无条件地支持希腊，很难。更令人担忧的是，随着那年春天天气回暖，危机开始蔓延。

随着希腊国债和国家的信用评级直线下降，全球投资者们很快就问："下一个会是谁？"对许多金融机构和媒体而言，答案是一个缩写：PIIGS（是国际债券分析家、学者和国际经济界媒体对欧洲五个主权债券信用评级较低的经济体的贬称），即葡萄牙、爱尔兰、意大利、希腊和西班牙。在欧洲央银内部，官员对相同的地方会倾向不同的排序。他们首选的缩写，既把国家大致按照陷入财务困境从最严重到最轻的程度粗略排序，又能够对问题国家的人们少一些攻击性。因此，欧洲央银最终将焦点集中在了"GIPSI"国家：葡萄牙、爱尔兰、意大利、希腊和西班牙。

希腊的财政问题本应该可以用低廉的成本解决，它的整个经济总量加起来仅为欧元区国内生产总值的 2%。但是，随着希腊日益恶化的财政状况的解决进程一直缓慢且小心翼翼，欧洲领导人得随市定价。2010 年 4 月，希腊借钱的成本飙升至近 10%。其他 GIPSI 国家也同样面临成本上涨：爱尔兰 10 年期利率月初为 4.48%，到月末上升至 5.12%；葡萄牙借贷成本从 4.22% 上升至 5.14% 左右。

这是全球投资者的羊群行为。事实上，GIPSI 国家彼此都非常不同。这份名单包括了一个危机前有巨额年度预算赤字的国家（希腊），以及 4 个情况不同的国家。它包括两个相对总国内生产总值有巨额负债的国家（希腊和意大利）和三个不是这样的国家（在这一点上，西班牙实际上比财政状况稳健的德国有更少的公共债务)。它包括一个有灵活的劳动力市场和亲商环境的国家(爱尔兰),以及 4 个在解雇工人、减薪方面设置障碍,或者让企业能够适应不断变化的经济的国家。两个国家因为他们的银行(爱尔兰和西班牙)的巨额亏损而受拖累,而其他国家并没有。三个国家因为足够小,从而使得整个欧洲能够很容易负担得起他们的金融救援(希腊、葡萄牙和爱尔兰);另两个国家规模较大,使得金融救援可能会将整个欧洲大陆资源拉紧至突破点。表 13-1 显示了各国 GDP 总数及与德国的比较。

表 13-1 GIPSI 国家与德国对比

国家	2010 GDP(美元)	2010 赤字 /GDP	2010 债务 /GDP	商业环境
希腊	3 050 亿	9.6%	142%	#100
爱尔兰	2 040 亿	32%	96%	#10
葡萄牙	2 290 亿	7.3%	83%	#30
西班牙	1.41 万亿	9.2%	60%	#44
意大利	2.60 万亿	4.6%	119%	#87
德国	3.32 万亿	3.3%	80%	#19

注:资料来自 2012 年世界银行对 183 个国家在商业环境上的研究。

尽管 GIPSI 5 个国家面临非常不同的挑战,但市场起初对它们是一视同仁的。也许更有问题的是,欧洲各国中很多强大的政府也是如此,认为危机只是南欧各国肆意挥霍的结果,并依此制订了解决方案。

由于希腊 4 月份利率大幅上升,事情变得更加清楚,即仅仅做出保证支持国家正常运行的 3 月 25 日策略是行不通的。希腊有 85 亿欧元债券在 5 月即将到期,并且似乎越来越不可能以合理的利率滚动债务——政府为新发行的债券寻找买家。4 月 23 日,总理乔治·帕潘德里欧承认,人们越发清晰地认识到一个国家欠了很多钱后存在的债务风险。站在风景如画的希腊岛屿卡斯特洛里佐岛的海边,帕潘德里欧说:"正式请求我们的欧盟伙伴实行支援计划是希腊的迫切需要。"帕潘德里欧称希腊将需要 450 亿欧元的紧急贷款,"我们所有人——现政府和希腊的人民,继承了一艘即将沉没的船……我们正处在一个艰难的过程，是希腊文化的新奥德赛[①]。但我们现在知道来伊塔卡岛的方式，并且已经规划好了路线。”

值得记住的是，奥德赛的旅行延续了10年，其中还有食人族、一个把船长的男人变成猪的女巫以及一个暴力的独眼巨怪。希腊即将进行的航行也不会比这个轻松多少。

“闪电崩盘”

在帕潘德里欧承认没有国际援助希腊将别无选择后的4天，市场再次转向对希腊不利的方向而且很严重。标准普尔下调希腊债务到垃圾级，判断该国信誉甚至不高于最不稳定的借款人。希腊的10年期贷款利率在4月27日达到9.7%的新高，但实际上还是低估了其中的挑战。它不只是希腊正面临的一个较高的利率，还是其市场功能的关闭；实际上，不再有可行的市场能使希腊筹集到资金。欧洲领导人和国际货币基金组织回到谈判中，将其模糊的希腊救助概念转化为更多实实在在的东西。

所有牵涉其中的人都希望5月2日宣布的协议能够终结这场危机。这个协议要求，三年提供给希腊1 100亿欧元——这是目前的最新数目。其中大约800亿欧元将来自欧元区，其余的来自国际货币基金组织，这一部分是有附加条件的。由乔治·帕帕康斯坦丁努和乔治·普罗沃普洛斯与国际货币基金组织签署的长达81页纸的备忘录，列出了希腊政府削减开支，加强税收征管所要做的事情。它保证了“前期投入多年的努力调整”来减少年度预算赤字，从2009年的近16%的国内生产总值减少到了2014年的3%以下。为实现这一目标，希腊政府同意提高烟酒税，落实“专业人士推定征税”，让医生和其他高收入者无法轻易地逃避税收，并且减少公职人员的薪资。

① 古希腊英雄史诗，讲述希腊军队主要将领、伊塔卡王奥德修斯在特洛伊战争结束后，历经10年漂泊返回家园的故事。——编者注

欧洲央银埋头于各种谈判；如果其他欧元区国家政府要拿出资金来救助希腊，他们希望自家的央行也在船上，“我们还被各国国家元首和政府首脑要求在是否实行他们所想的双边贷款问题上做出独立的决策，”几天后特里谢说道，“他们的决策建立在我们做出独立判断的基础上。”为了显示自身的奉献，欧洲央银再次增强了它帮助希腊的意愿，通过欧洲各地的银行将降级债务作为抵押品。这一次，欧洲央银承诺将一直接受希腊的债务，不管其信用评级发生什么。

然而，这一切是有代价的。如果特里谢向希腊提供这种非同寻常的帮助，并把自己的资产负债表暴露在风险下，他就需要要求他的员工掌握希腊在其财政紧缩措施和改革进程中的第一手资料。根据对希腊备忘录的理解，一队来自国际货币基金组织、欧盟委员会和欧洲央银的工作人员每年会前往雅典 4 次，检查希腊履行协议的进展情况——以判断其是否满足接受下一笔救助资金的几个标准。希腊官员称这组队伍为“三巨头”。

一时间，由未经选举的官员运营的三个组织——其中一方是欧洲央银，将从拥有 1 100 万人口的民主国家的税收和支出政策中有效地提升影响力。欧洲央银被认为应与可能会影响其决策的政治家绝缘。但现在，欧洲央银将采取更多影响希腊政治家的决定——它将连同国际货币基金组织和欧洲共同体一起，指挥着他们。

金融市场有一种如释重负的感觉。公布声明后的星期一，GIPSI 国家的借贷成本下降，股市出现上扬。但在新兴模式下，情况的减轻将非常短暂。一周过去后，有两件事变得更加清楚：尽管欧洲和国际货币基金组织可能会对希腊进行援助，但是他们没有更广泛的计划来部署金融力量帮助其他可能会陷入困境的国家。而在希腊，有迹象表明政府已经达成的协议将导致接下来的很长一段时间将很难度过。雅典的街头爆发了抗议活动，成千上万的人聚集在议会前的宪法广场上，许多人带着木棒或锤子，或是投掷石块，或在无名烈士墓前质问礼仪卫兵。当 5 月 5 日疑似无政府主义者向马尔芬银行投掷了燃烧弹后，示威导致银行内的三人丧生。

在金融市场，发展的前景并不容乐观。希腊 10 年期借贷成本一周开始时约为 8.5%，在国际货币基金组织协议的温暖余晖下，星期四急增至 11.3%，在星期五达到 12.5%。这一趋势也迅速扩散到其他 GIPSI 国家。以爱尔兰为例，我们见证了它从 5.1% 上升到 5.9%。交易者屏幕上的光点可能使得受影响国家每年花费数十亿欧元来支付额外的利息，从而使他们本来就很悲惨的财政状况更加恶化。如果这种趋势持续下去，拥有超过 1.3 亿居民的 5 个国家可能很快就会破产。到那时，他们唯一的经济选择可能是从欧元区退出并重新推出本国货币，并迅速贬值以降低其债务负担。其结果肯定是引起整个欧洲市场甚至更广泛范围的混乱。

投资者开始怀疑，欧洲央银会采取什么措施来防止恐慌情绪的失控。问题的核心是私人买家抛售债券。欧洲央银能否利用其源源不断的欧元供给来购买这些债券，从而把利率拉低到更易于管理的水平？这违反了《欧洲联盟条约》，它规定不能为了资助政府而印钞。但是，通过在公开市场上购买债券而不是直接从政府购买，欧洲央银可能解决这一技术性问题。正如苏格兰皇家银行分析师在 5 月 5 日的一份研究报告中写道，他提倡这种行为，“打破规则总比毁掉欧元区要好！”

5 月 6 日，欧洲央银管理委员会召开定期会议，以决定是否提高或降低利率。该会议每年两次，会议地点不是在其位于法兰克福的总部，而是在欧元区各国的其中一个首都。这次会议在里斯本举行。特里谢在星期四早上主持了例会，会上来自欧洲各地的政府官员都会发言 5 分钟提出他们对经济状况的看法。按照特里谢的设计，他们未提到迅速发展的债务危机，相反，他们仅关注通胀数据，并得出结论认为利率应保持不变。特里谢在之后的新闻发布会上被问的第一个问题是：“购买政府债券是应对金融市场希腊财政危机后果的选择吗？你们今天是否讨论了这一问题？”

“关于第一个问题，我们并没有讨论。”特里谢并没有正式回答该问题。当另一位记者几分钟后再次提及该问题时，他回答说："我简短地重申一下，我们没有讨论这个问题，其他无可奉告。"

特里谢并没有提到债券购买计划的备案，这一消息引起了全球股市的抛售潮。这与两年前北岩银行经历的挤兑风波和雷曼兄弟的遭遇并无不同。只是现在缺乏现金流动性的是欧洲国家。

纽约时间下午 2 点 32 分，在里斯本的欧洲央银官员已经聚集在一起准备享用晚餐，虽然他们当日的工作很难完成——大型共同基金公司下了订单，以出售价值 41 亿美元且与标准普尔 500 指数整体价值相关联的合约。这笔交易本身充满跌宕起伏；由于投资者对最新消息的反应和在欧洲以外的国家投机买卖，市场的波动比平常更具有戏剧性，市场每天下跌约 3%。经过一系列还没有完全被理解的事件，这笔总额达 41 亿美元的订单——本不应该对 10 万亿美元市值的标准普尔 500 指数产生多大影响，与超高速的电子交易系统反应造成了大规模的市场崩溃。

到下午 2 点 47 分，道琼斯工业平均指数下跌了 1 010 点，美国股市蒸发了总市值的 9%。一些大公司如埃森哲咨询公司和塞缪尔 · 亚当斯啤酒制造商波士顿啤酒公司的每股股价，瞬间从两位数下降到一美分。下午 3 点后不久，市场回升到正常水平，收盘时全天下跌 3.2%，与之前发生的被世界各地称为"闪电崩盘"的糟糕状况并不远。

在如今数万亿美元通过自动化交易喷涌而出的世界中，相对于欧洲央银所做的事情，这一段小插曲与美国股市的脆弱密切相关。但它不是完全与欧洲的危机无关。因投资者担心希腊债务危机，股市已下跌整整一周。"闪电崩盘"仅仅是全球投资者对特里谢和他的同事们是否会进行干预以保持欧洲区团结的急切心情的一个特别不和谐的证据。考虑到早几个小时（几天）的不确定性，对于危机为什么会发生，欧洲央银官员的反应显得很不满意：我们是造成危机的罪魁祸首吗？

救市如救火

美国财政部部长蒂莫西·盖特纳一直奉行多种积极的经济外交。他的工作日程安排得很满，在会议的间隔期间，他不断用手机收集信息，比较笔记上记录的内容并试图说服他的同侪们应该怎么做、怎么说、怎么写。在5月的那个星期四，早上7点30分，盖特纳来到了自己位于宾夕法尼亚大道1500号的办公室。在随后的15个小时中，盖特纳将在城市另一端举行的金融危机调查委员会的听证会上作证；他三次走向隔壁的白宫，一次是参加高层人员会议，另外两次是会见奥巴马总统；他至少打了26通电话给美国各路政客和白宫幕僚，包括《华盛顿邮报》《纽约时报》和《华尔街日报》的记者们，以及他在央银的老朋友们。其中有一个电话是打给伯南克主席，一个打给默文·金，两个打给特里谢。在盖特纳的官方时间表上，最后一次通话是与参议院银行委员会主席多德交谈，结束于晚上10点25分（这几天就是《多德-弗兰克法案》谈判的最后关键几天）。

盖特纳当天以及随后几天提供给特里谢和欧洲其他官员的消息表明，对于这个问题，是时候结束权宜之计了。“闪电崩盘”仅仅只是提高了美国人的紧迫感，增加了来自世界各地的压力——它也同样来自英国和在国际货币基金组织的多米尼克·斯特劳斯-卡恩，因为欧洲人比他们之前的行动更加大胆了。

大约在“闪电崩盘”的同一时间，特里谢和他在欧洲央银管理委员会的同事齐聚一堂，在柏卡酒庄（位于里斯本南部的一栋15世纪的房产）用餐。在崩盘的那一刻，里斯本时间9点前几分钟，许多央银家的手机几乎同时开始振动。在用餐时间，他们无法真正参与到欧洲央银的机密业务中去。他们的葡萄牙客人以及很多男性客人的妻子都在场。然而，在那个时刻，德意志联邦银行行长阿克塞尔·韦伯（Axel Weber），由于比理事会的多数成员更加关心像葡萄牙这样的国家有没有充分地削减它们的预算赤字，于是询问葡萄牙官员该如何做以减少开支。他的回答呢？葡萄牙在考虑对公共雇员第13个月和第14个月的工资征税，这是葡萄牙工人收到的如他们的希腊同行一样的奖金。过去这部分收入是免税的。

韦伯吃了一惊。“政府雇员究竟为什么会收到第 13 个月和 14 个月的工资呢？”他问，“德国已经取消这个措施好多年了。”

特里谢一直等到晚饭结束后，在晚上 10 点左右召开秘密会议商讨理事会的下一步行动。随着利率的不稳定，如在 GIPSI 国家的上升，以及在像德国、法国、荷兰这样的经济较强的国家的下降，欧洲央银已经对货币政策失控。忽然之间，德国 10 年期利率（5 月 6 日为 2.79%）高出葡萄牙利率（6.14%）3 个百分点。同时与希腊的差距也在不断加大。这意味着，不同的欧洲企业和家庭，即使其他方面相同，仍会面临截然不同的财务状况。特里谢要求与会人员出谋划策以应对这一危机。

有一个人说话了：“我们必须购买政府债券。”欧洲央银是可以进入债券市场，购买证券，从而促使利率正在飙升的国家的利率下跌的。甚至不需花费太多，在买入债券上就可以改变市场的心理。它不是印刷钞票来资助政府，只是确保欧洲央银的货币政策发挥作用的举措。用行业术语来说，就是保证“货币传导机制”能够发挥作用。

有人对在里斯本那晚的想法提出了反对。例如，欧洲央银执行理事会成员哲根·斯塔克，他早前在那年春天负责希腊事务。但是，提出债券购买这一想法的人的身份给了特里谢一些暗示，他可以利用委员会广泛的支持展开这一行动。

这个人就是阿克赛尔·韦伯。

韦伯是欧洲央银决策机构一个强有力的存在。这一部分是由于他作为欧元区最大经济体的国家银行的领导者的工作，德意志联邦银行也是一个比任何其他央行实施了更多欧洲央银决定的机构。韦伯的影响力，有部分来自他作为特里谢可能继承人的身份。德国人至今还没有人担任过欧洲央银主席，特里谢 2011 年 10 月 31 日结束任期后，韦伯似乎是继任该职位最有希望的候选人。

他的影响力还有一部分来自他的个人魅力，甚至他的外表。相比他的大多数理事会同行，韦伯是一个学识更加渊博的经济学家，他毫不避讳地表达自己的看法。韦伯十分享受在激烈的辩论上互相交换意见。胸肌发达、身体挺拔的他，看起来有点像电视警匪托尼·瑟普拉诺（Tony Soprano）①。

特里谢知道，德国人将是启动债券购买的最大障碍。对欧洲央银为政府筹措资金的禁令是源于20世纪20年代他们在鲁道夫·范·哈芬史坦的帝国银行的经验，这是某种做法过于极端而可能出现问题的最生动的例证。对货币化的禁令是德意志联邦银行的首要原则。但是，如果韦伯可以允许有限地、战略性地利用购买欧洲央银债券的措施来缓解危机，特里谢将会有更多的活动空间，并且无须担心来自强硬的委员会成员的批评。

但是，当韦伯在第二天（5月7日，星期五）早上醒来的时候，他开始重新考虑昨晚还存在可能性的想法。也许他在以更加专业的、理论化的方式重新评估前一天晚上轻率决定的想法；也许他意识到，如果他赞同即使是有限的债券购买，也将会遇到许多的内部反对；也许鲁道夫·范·哈芬史坦的鬼魂在半夜拜访了他。

不管是什么导致了他想法的转变，韦伯登上了从里斯本飞往法兰克福的飞机，并在三个小时的飞行中写了一封电子邮件。他确定了几点关键想法。如果在各国政府没有坚定承诺要互相支持各自财政的情况下，欧洲央银要购买国债的话，将使央银，而不是民选官员，最终负责欧洲的金融福祉。希腊根本无力偿还债务，不仅仅是因为缺乏流动性，即使欧洲央银的债券购买也无法改变这一现实。无论如何，这种购买行为会违反创建欧洲央银的《欧洲联盟条约》精神，即使他们在技术上是合法的。欧洲央银也许可以向欧洲银行提供更多贷款，以确保金融体系有足够的流动性，但担心偿付能力受限于政府当局。它可以在市场采取几天的举动，以迫使政治家们采取行动，因此，如果欧洲央银现在介入，他们可能永远不会促成根本性改变。

---

① 美国电视连续剧《黑道家族》中的人物。

如果理事会要开始购买债券，韦伯希望他的反对能被公之于众，而这与欧洲央银的惯例相反。若特里谢未能在他的新闻发布会上公布这一事实，韦伯暗示，他将亲自告知全世界。

韦伯的飞机降落在法兰克福。他按下“发送”，电子邮件瞬间到达欧洲央银管理委员会 22 名成员的收件箱中。韦伯明确表示，如果他的同事用多数票否决了他，并决定购买希腊和其他陷入困境的国家的债券，将会付出沉重的代价。

当韦伯在去往法兰克福的飞机上时，特里谢正飞往布鲁塞尔。欧洲各国政府的首脑被安排在尤斯图斯·利普修斯大楼的 7 楼碰面，这座纪念欧洲统一的大型建筑，看起来像个会议中心。特里谢的使命是使他们相信，之前对希腊的救助是不够的。债券市场在诸多欧洲国家的形势都将发生变化，而不仅仅是希腊。

从深层次看，很多欧洲国家的总理和总统似乎并不理解风险的程度。特里谢公开了一个图，显示 GIPSI 五国债券的抛售在过去的几天已经加速。“我对各国政府想传达的主要信息是：你们有些人的行为表现得非常不恰当，为你们自己的国家埋下了脆弱的根源，这些后果也会对欧洲造成不利影响，”特里谢后来告诉彭博新闻社，“现在的形势要求大家都来承担责任。”

特里谢所指的责任是，创建一个可信任的保证系统，使得欧洲各国政府能够相互支持，并且合作采取行动，以确保没有一国政府发生债务违约。自从在里斯本的深夜会议上得到理事会支持购买债券的选票之后，特里谢更加有信心了。但这无法为欧洲的困境提供一个永久性的解决方案。他需要将欧洲央银购买债券的可能性作为诱饵，作为一种对政府积极行动的奖励。同时，特里谢不想明确表明可能性；毕竟，欧洲央银的重点是，做出它认为的最独立的决定，而不是让决策成为与民选官员交换意见的一部分。因此，在布鲁塞尔举行的讨论成为一种暗讽的练习，一次不成文的谈判—— 一次交换条件无法被命名的交换。

“我们将看到我们的做法，”特里谢说，那张图若隐若现在他身后的屏幕上，“但是我们尚不能对自己和你们负责。我们绝对需要你们的行动。”他对现场的人们说，他继续说下去的时候声音更响亮、更热烈。当一个财务上不大精通的政府首脑尝试向特里谢求证欧洲央银可能的做法时，他仍然是含糊其辞，也不做出承诺。但是，大多数国家领导者在享受丰盛的晚餐之后，了解了特里谢想要表达的到底是什么：欧洲央银将购买债券以缓解市场的压力，但当且仅当你们履行好自己的职责时。

一些国家元首在发牢骚，特别是一直促使欧洲央银更加激进的萨科齐。但至少特里谢引起了他们的关注。与会人员促使其财政部部长试着建立一种机制，以保全欧洲。不断夸夸其谈的意大利总理西尔维奥·贝卢斯科尼（Silvio Berlusconi）在晚饭后顺便拜访了记者室，并告诉记者，他坚信，救援计划在那个周末就会出现。“当一所房子被烧毁，水来自哪里并不重要。”他说。显然，他和许多国家的首脑都指望特里谢带领“消防队”。

“在亚洲开盘前”决策

他们已经有了时差反应并开始睡眼惺松，但等待他们的还有大量文件。对于央行行长们来说，巴塞尔就像是一个避难所。他们入住各自偏好的酒店——美国人青睐希尔顿酒店，许多欧洲人喜欢更豪华的三个国王酒店（Three Kings），他们暂时融入理解央行行长负担的紧密情谊中。他们前往一个被设计成乔治·杰特森工作室的建筑：一个圆柱形的塔，好像有人在中间轻轻挤压，基座弯弯曲曲看不到任何一条直线，仿佛曲线的优雅可以隐藏防爆石的厚度。该建筑可能模仿巴塞尔火车站，但在法律上却不属于瑞士的领土。就如尽管联合国总部设在纽约，但它其实是一个没有国家的实体，它属于全世界。外面有标志牌上写着“国际清算银行”，这地方很可能会被认为是“央行的央行”。在这里，特里谢、韦伯和大多数其他主要央行行长花了至关重要的几小时，来决定他们愿意在拯救欧洲的道路上走多远。

一般来说，在全球经济会议上，来自欧洲、亚洲、澳洲、北美洲和南美洲各国的 30 位央银主管人员进入会议空间，围坐在一个圆桌上，这些国家合计占 80% 的世界经济产出。会议中心有几个大屏幕电视，用于做演示。每位主管人员都带来一位副手，他们坐在后面一排，环绕着整个房间。通常由美国联邦储备委员会的负责人开始，对美国经济状况做一个简单的陈述，然后回答一系列问题：美国当局将如何减少财政赤字？美国住房市场究竟是怎么回事？然后，讨论轴心会转移到欧洲，再到中国、印度等新兴国家。这次会议持续了几个小时，耗费了这些决策者一整个上午的时间。

星期日晚上，他们会饱餐一顿。我们可以把分开吃晚饭的群体看成一个同心圆：在最外围，是副手们；接下来是较弱小国家的央银的主管人员；最后，就是最里面的圆。它的正式名称是"经济咨询委员会主管人员的非正式晚宴"。这是一场高级的正规晚宴。世界上最重要的央行主管人员聚集一堂共进晚餐，通常在国际清算银行的 18 楼：美联储主席和纽约联储的主管人员、欧洲央银主席以及日本、英国、德国、法国、意大利、加拿大、瑞士等央银的主管人员。该集团于 2009 年扩大到包括中国、印度、巴西和墨西哥的央行行长，这也预示着这些国家已经登上了全球舞台。晚宴的环境很好，所有食物、酒水都是精心准备的。早在担任美联储主席期间，本·伯南克指出，虽然被称为非正式晚宴，但他对同事说："这是我一生中经历的 4 个最正规的宴会之一。"

巴塞尔俱乐部、星期日的晚宴以及亲切的交谈，这些惯例自 1930 年以来就一直存在。"这些人只关心自己的问题，一点也不考虑别人的权利，"一位美国与会者在 1931 年说道，"就在他们围着桌子坐下的这两天，你几乎可以看到他们观点的变化，因为他们开始意识到自己的行为将会产生的影响……国际清算银行最大的价值不在于它可能采取的具体行动，而是它为这些央行人员提供了一种聚在一起来了解别国问题的社会压力。"在 1930 年国际清算银行创立后不久，央行行长们未能采取与那一天的极大恐慌做斗争所需的果断、友好的行动。也是在巴塞尔，特里谢将面对自己最大的考验。

纵观 2008 年的经济危机，美联储的领导人往往发现，自己要仓促地在星期日晚上赶在东京、中国香港和悉尼股市开盘之前做出重大决策。这种事情很常见，以至于本·伯南克开玩笑说，他会以“在亚洲开盘前”为其自传命名。而现在是欧洲人通过漫长的周末谈判与时间争分夺秒的时候了。

财政部部长都在布鲁塞尔；即将担任希腊总理的欧洲央银现任副行长卢卡斯·帕帕季莫斯（Lucas Papademos）正在监督会谈，并通过手机报告给在巴塞尔的特里谢。其他欧洲央银官员在法兰克福的欧元塔。一个电话直播会议使得包括伦敦、华盛顿、东京在内的各首都的财政部门和央银加入该行动。盖特纳向欧洲官员拨打了一系列私人电话，试图利用他作为一个经验丰富的危机管理者和世界上最大经济体的财政部部长的重要身份来促成行动。早在电话会议中，就有一个关于筹集 600 亿英镑紧急基金的讨论。盖特纳对这微不足道的金额感到吃惊，他提出这是远远不够的。为了让市场相信他们是认真的，这些官员将需要 10 倍之多的金额，这一情况与 2008 年美国政府的 TARP 银行救助计划很相似。欧洲人不情愿地同意，并开始制定更大的救援方案。

盖特纳也与特里谢频繁接触，他们在华盛顿时间星期五下午 1点30 分通话了一次，又在星期日上午 9 点 55 分再次通话。盖特纳和特里谢都并未谈及这些电话的内容。但其他官员说，在为盖特纳工作或与其一同工作的人都知道，到周末为止，欧洲央银几乎已经决定开始购买债券，但并未采取实质性行动，欲以此推动欧洲国家政府采取行动。事实上，美国人在帮助确保欧洲各国财长们正确解读特里谢发送给他们的加密信息中扮演了特殊的角色。特里谢是否明确地告诉了盖特纳他原来的计划？只有他们两个人知道。但事实是，特里谢和盖特纳有许多共同点，非经济学家的身份不妨碍他们擅长经济外交和外交斡旋，成为自己那一代最重要的经济政策制定者。盖特纳在纽约联邦储备银行期间，他们经常会花大量时间一起在巴塞尔共进晚餐。两个人都非常了解对方，无须太多话语，他们就可以明白对方所要表达的内容。

伯南克在他家乡的南卡罗来纳州大学发表毕业演讲（主题：幸福经济学）

期间，同时派出副主席唐纳德·科恩代表美联储赴巴塞尔参会。当伯南克在那个星期六下午 12 点 55 分在东海岸结束他的演讲时，收到一封转自其助手的电子邮件，邮件来自意大利央行行长马里奥·德拉吉，他是欧洲央银行长中比较受人尊敬和有影响力的一位，“德拉吉行长让我把这封信转寄给主席，并建议在星期日晚上或星期一早晨联合美联储、欧洲央银、瑞士国家银行、英格兰银行、日本银行、中国人民银行发表如下声明。”也即瑞士、英国、日本和加拿大等国的央银，“主要央行准备在今后为金融体系提供足够和即时的流动性。让我们携手应对外汇资金短缺的问题。”这是东部时间星期六下午 12 点 55 分，欧洲人正在寻求美国人的加入，并向外界显示他们在兑现阻止金融体系再次崩溃的承诺。

一方面，伯南克和科恩急于做任何他们所能做的事来帮助缓解欧洲的财政压力，并显示全球央行共同对抗危机的决心，但他们自身也处于微妙的境地。他们认为这些问题从根本上需要欧洲自己来解决，任何全球协调的行动只不过是象征性的。而此时，参议院在接下来的一周将为一系列影响美联储的《多德 - 弗兰克法案》中的主要内容进行投票。因此，有关美联储将提供数十亿美元贷款给外国人的头条新闻几乎起不到任何实质性的作用。伯南克甚至不能在做出决定前与主要的立法者进行通话，或者说，希望能收到他们的祝福；他争取的原则是，美联储必须做出独立于政治影响（远离民选官员的干扰）的决定。

伯南克星期日早晨召开了联邦公开市场委员会视频会议；总部位于华盛顿的美联储理事们聚集在“特殊图书馆”，它位于主席办公室的大厅下面，是一个令人感到亲切但又装饰华丽的会议室，其他来自不同城市的美联储官员也加入进来。从巴塞尔回来的科恩解释了欧洲那边的情况。公开市场委员会同意伯南克和科恩的建议：即美联储重新开放互换额度，当且仅当欧洲国家自己达成彻底的协议时才可以。

从本质上来讲，在危机中，包括欧洲各国政府、欧洲央银以及全球央行行长在内的所有人都应携手共进。然而，他们每一个都不肯先行一步，除非其他人也会尽自己的那部分责任。

联邦公开市场委员会会议结束后，内森·希茨（Nathan Sheets）这位美联储的国际顶尖经济学家，并跟随科恩到巴塞尔参加了会议，绕到预留用于访问央行行长的办公室，看看哪些人会参加重新开放互换额度公告的发表。他是一个送货上门的推销员，他的产品就是数十亿美元。

那个星期日，财长们齐聚布鲁塞尔，但那天也是以不幸开始的。德国财长沃尔夫冈·朔伊布勒（Wolfgang Schäuble）自从 1990 年在一次暗杀中受伤致残，余生便在轮椅上度过。他在赶往会议现场的途中病倒，被送往布鲁塞尔的一家医院。作为欧洲最大的经济体，德国将由一个比较年轻的官员——财政部国务卿约尔格·阿斯穆森（Jörg Asmussen）来代表。德国总理默克尔迅速派出一架飞机去德累斯顿接她的内政部长托马斯·德梅齐埃（Thomas de Maizière）送至布鲁塞尔。阿斯穆森无法代表政府进行谈判，所以去接德梅齐埃参加会议的几个小时，基本上是白费功夫。

这些财长之间要解决的基本争端是救助基金该如何组织。法国和大部分其他欧洲国家希望建立一个受布鲁塞尔控制并由欧元区成员资助的新实体。它会随时把钱借给陷入困境的国家——通过发行“欧元债券”，新的债务最终由所有欧洲政府承担，同时可以强行要求受援国执行援助条件。德国、奥地利和芬兰则更加希望它们有更大的力量来影响任何一揽子援助的细节。它们认为，法国的解决方案将要求它们寄支票到布鲁塞尔，但对于它们的钱是如何分配的却几乎没有影响力。这种分歧在 5 月 9 日星期日下午一直持续着，并还将需要数个小时才能迫使决议达成，即使特里谢暗暗地威胁可能取消任何欧洲央银的援助，并用亚洲市场开放的最后期限来施压。

星期日晚上，特里谢再次组织理事会，一些人亲自出现在巴塞尔的国际清算银行会议室，有的在法兰克福，还有些人则在他们自己的国家。现在是时候对这个自星期四晚上在里斯本开始，他们一直在断断续续讨论的想法做出正式决定了。欧洲央银是否会参与对希腊、爱尔兰和葡萄牙债券有针对性的购买，从而推动这些国家利率的下降，缓解人们的危机感，并继续保持其对货币政策的控制权？或它会对自己的权力持有更加教条主义的观点并且坚持避免违反条约精神以让所有民选官员承担拯救欧洲的压力？特里谢强烈主张前者。

他建议，即使欧洲央银从公开市场购买政府债券，它也应该通过其他工具使相同的资金量退出欧元区经济，所以采购将是“消过毒的”，也就是说，不会增加现有欧元总数。韦伯和斯塔克强烈反对这一行为，用类似于韦伯两天前在电子邮件中提出的逻辑加以反驳。只有当事情非常糟糕的时候，欧洲央银才应该干预债券市场——糟糕到迫使政府领导人不得不采取更果断的行动，而不是他们那个周末在布鲁塞尔讨论的行为的程度。

最终，委员会大部分人都赞成购买国债，同时也赞成不将这个秘密对财政部部长和国家元首们公开，直到他们达成自己的交易。如果他们发现欧洲央银已经决定干预，这将消除他们采取行动的压力。这次投票是实用主义对原则主义的胜利。韦伯和斯塔克是反对声音的领导者，荷兰央银主席诺特·韦尔林克（Nout Willink）随后也加入其中。

对于管理委员会同意向欧洲银行体系注入资金之后采取什么步骤的争议较少，这使得银行可以获得 6 个月的贷款，并重新激活与美联储的货币互换额度协议，这在对抗 2008 年金融危机中已被证明是非常有用的。

欧洲央银已经正式决定了。它将根据所谓的“证券市场计划”（SMP）购买债券。星期一早晨，欧洲央银只需要保持安静，直到政客们做出决定。毕竟，如果关于他们决定的信息在布鲁塞尔泄露的话，财长们可能不会再感受到同样的紧迫感了。

随着欧洲央银的行动，美联储也已准备好继续进行互换额度。巴塞尔时间下午 7 点 46 分，华盛顿时间下午 1 点 46 分，科恩给伯南克发送了一封电子邮件，主题为“互换是一种尝试”。

在布鲁塞尔，由于为德国找个谈判代表耽误了时间，会谈暂时停滞。当时天色已晚，却没有达成共识，“提到澳大利亚，”法国财政部部长克里斯蒂娜·拉加德（Christine Lagarde）说，“让我们忘了悉尼，专注于日本东京，并休息一下。”换言之，在澳大利亚股市开盘前，他们将错过凌晨1点的截止时间，所以会侧重于在凌晨2点日本股市开盘前达成一项协议。来自荷兰的建议最终成为折中方案：救助资金将首先由新成立的机构，即“欧洲金融稳定基金”（EFSF）管理，整个欧盟支持并授权借出约4 400亿英镑，以用于帮助陷入困境的各国政府。这个机构只会存在三年，三年后将被一个更永久的“欧洲金融稳定机制”（ESM）所代替。

法国人并没有得到他们的欧元债券，但德国人赢得了足够的让步，因为他们并未开出一张空白支票。国际货币基金组织承诺支援2 500亿英镑，保持欧洲对国际货币基金组织2：1的比例一直是希腊协议的一部分。这有助于使德国确信，接受救助资金的国家将面临艰难的预算削减条件。这也是一种海市蜃楼：虽然多米尼克·斯特劳斯-卡恩给予了资金，但他实际上没有权力这样做；这种决定需要国际货币基金组织执行理事会的投票，且世界各国都有代表参加。除了证明这个万亿美元的资金援助计划是如何临时的一种决策，它也是自信的斯特劳斯-卡恩先获得权力，却又担心官僚主义的一个例子。

凌晨3点15分，财长们终于在激烈的争吵中达成妥协，并宣布了他们的措施。他们错过了日本股市的截止时间，但显然，意识到欧洲的领袖们正在努力达成一致协定就足以安抚市场了。其公布不久，欧洲央银紧随其后加入了美联储和其他央行参与互换额度的行列。“管理委员会决定了多项措施来应对某些细分市场妨碍货币政策传导机制的严峻紧张局势”公告称，瞬间，欧洲央银的领导人认为，他们的行动不是挽救陷入困境的政府，而是确保欧洲央银能够控制欧元的价值。

对于韦伯来说，在关于购买债券的争论中落败并不是事情的结束。欧洲央银管理委员会成员的操作规则要求他们就如何投票保持安静。不同于美联储和英格兰银行会发布关于委员会成员如何投票的细节的备忘录，欧洲央银会将这样的信息保密 30 年。当然，这种机制的理论依据在于，它可以使欧洲央银的官员更容易在做出决定时符合欧元区作为一个整体的最佳利益，而不是只代表自己国家的利益。另一个基本的主要原则是，欧洲各国的国家银行（以德意志联邦银行和法兰西银行为例）将会执行欧洲央银管理委员会的要求并相应地购买和出售证券。正如 12 个美国联邦储备银行，这些机构才是委员会提出的政策执行者。

在韦伯看来，管理委员会已经如此彻底地忽略了它的规则和原则，以至于这些原则现在都出了问题。

管理委员会会议在星期日晚上结束后不久，韦伯召开了德国央银执行理事会电话会议。他和他的同事安德烈亚斯·多姆布雷特（Andreas Dombret）仍然在巴塞尔，其他理事会成员则在德国其他各地。根据职务要求，韦伯不应该告诉任何人有关管理委员会刚刚做出的任何决定，但是这件事情太过重要以至于他向理事会成员提出了一个很严肃的问题：我们应该这样做吗？德意志联邦银行是否应该跟随欧洲央银的脚步，购买价值数十亿欧元的希腊和葡萄牙债券，从而违反其长期奉行的不通过印钞资助政府的原则？

如果他们的回答是“否”，几乎可以肯定的是，欧元将在几天内解散，欧洲央银将失去所有信誉，而德国将被迫重新将德国马克作为其货币。全球金融市场将进入失控状态，这比雷曼兄弟破产之后的情况更为严重。考虑到这种险境，德意志联邦银行最终决定时刻关注这一事态，并违反了其常规做法，以防这一风险发生。但事实上，在那个时候，该行动是考虑到全球金融风险后大家一致讨论通过的，而不仅仅是一些业内人士知情。

韦伯在他星期五早上的电子邮件中威胁说，他将无视欧洲央银的保密原则，将自己的不满公布于世。特里谢只承认内部存在异议，“有一些决定是可以达成全体一致的，”他在 5 月 10 日接受彭博电视台采访时表示，“在购买债券这个问题上，我们占了压倒性的多数。”韦伯希望公众能清楚地知道他反对的原因。他的工作人员安排了《证券日报》（*Börsen-Zeitung*）星期一上午的采访，“购买政府债券会构成显著的稳定性风险，”韦伯告诉这家位于法兰克福的金融媒体，“这就是为什么我反对欧洲央银理事会的这一决定，即使在这种特殊情况下，我仍持反对意见。”

韦伯是众多德国批评者中最严厉的一位。《世界报》（*Die Welt*）在政策公布后当天写道：“头一天刻在石头上的东西不再具有任何效力，没有什么比欧洲央银丧失独立性更能代表这句话了。”与特里谢一同工作的一位人士说，他个人愿意接受因购买债券政策遭受的来自德国经济学家和记者的批评。这个作为德意志联邦银行行长、堪称完美的欧洲人，为这一职位恪尽职守、精明实际，赢得了人们的尊重。不过这一次，他被公众的种种质疑深深伤害了，而他的初衷不过是努力维持价格稳定！

有特里谢身边的工作人员说，特里谢对韦伯的公开反对非常不满。对这个法国人来说，这是一种侮辱，不仅冒犯了欧洲央银的规则和欧洲统一的理念，也违反了各央银行长在巴塞尔对彼此做出的承诺。

THE ALCHEMISTS

THREE CENTRAL BANKERS AND A WORLD ON FIRE

14

默文·金的演讲

这次聚会的官方名称是“市长设晚宴款待伦敦各银行家和商界人士”。然而每个人都知道，这仅仅是一次在针线街和伦巴第街交叉口的官邸举行的贵族乡村别墅晚宴。对于英国财政部的官员来说，这是一年中最重要的活动之一，当晚他们会穿着晚礼服，喝着美酒，听英国财政大臣和英格兰银行的管理层高谈阔论他们对于当今世界局势的看法。对于演讲者来说，这将是他们一年中最引人注目的演讲；他们可以借此宣传自己的宏伟计划，确保自己的想法不仅被房间里的金融家们所了解，还能够传播给全球范围内关注此事的那些人（这些人会特别关注每年6月在伦敦市长的格鲁吉亚宫里发生的事情）。

因此在2009年的晚宴开始前两天，英格兰银行行长默文·金的助手告诉财政大臣阿利斯泰尔·达林，默文·金的演讲还没准备好的时候，事情就显得很奇怪。达林在他的回忆录中写道："这让我感到很好奇。"毕竟，默文·金一向以其深思熟虑、内容准确的演讲而著称。他从不会将演讲稿的准备工作留到最后一刻。当达林在演讲开始前几个小时拿到演讲稿的复印件时，他才明白默文·金对演讲内容保密的原因。

默文·金轻描淡写地开始了他的演讲："过去这一年很不简单，这是值得记住但却不应该重演的一年。"

默文·金介绍了本次金融危机发生时的大致情况和余波，并提出了"财政政策也需要做出改变，以制订一个清晰的减少未来财政赤字的方案"的观点。他还提到，英国金融行业的监管思路应该从这次危机中吸取教训并做出一些改变。默文·金的眼睛里闪烁着激动的光芒，他继续说道："作为1997年工党政府改革的产物，英格兰银行对金融部门的监管权力非常有限，"他还用了一个巧妙的比喻来说明这个问题："央行发现自己处于一个尴尬的境地，就像一家教堂发现自己的会众只来参加婚礼或葬礼，却忘记了布道的工作。历史经验表明，仅仅通过振臂呼吁还不足以促使人们过上更好的生活；当人们被要求改变原本能使他们获利颇丰的行为时，警告也不一定有效。"

"因此，我们不十分清楚的是，如果我们所能做的不仅仅是布道或治丧，央行将怎样履行自己的法定责任。"

换言之，英格兰银行不能只告诉银行做什么。它需要更多的实际权力。明白了吗，财政大臣先生？

达林太明白这一点了。当他坐在台上试着不让自己的烦恼显露给数以百计盯着他看的银行家们时，他只成功了一半。"每个人都知道默文·金正在暗示什么，"达林后来写到，"这是赤裸裸地同金融服务管理局（英国1997年成立的用于监管银行的机构）争权夺利。正因为这样——现场的每个人都知道这点，这是对政府政策的直接挑战，对我来说也是如此。"

总是善于聚焦政府高层官员冲突的英国媒体这次不会失望。《独立报》（*The Independent*）的头条是《默文·金与财政大臣对于如何监管银行意见不合》;《卫报》(*The Guardian*）的标题是《默文·金在城市监管问题上向达林发难》；保守的《每日电讯报》(*Daily Telegraph*）这样写道："请快点放好你的书，默文·金警告达林"，并重点关注了默文·金所讲的故事中对于财政政策的看法和所表达的"迄今为止对财政大臣最为严厉的批评"。如果说默文·金是想对达林"动刀"的话，那他成功做到了。

对于作为财政大臣的达林来说，他正努力做好这次严重的金融危机的善后工作，这是他为非常不受欢迎的政府效力的最后一年，默文·金的评论对于他所为之服务数年的政府是比较典型的。"我再一次感觉到，默文·金已经决定了，由于政府的软弱，他不得不以一种从未尝试过的方式来漫谈；如果他认为自己在下一次大选之后还需要处理好与政府的关系，他此时是无论如何也不会这么做的。"达林在自传中写到。

"对于任何银行监管者来说，这都是危险的领域……他正越来越危险地逼近合法评论和参与政治角力的分界线。"

内部"叛乱"

现代民主制下的央银家最终都扮演了一个比其官方职责所规定的更重要的角色。他们的工作不仅仅是制定货币政策和监管银行，他们还是本国的首席经济学家。在理想状态下，他们应该是优秀的经济思想最具说服力的发言人，把政治家们带离错误的决策，并引导这些人制定好的决策。同时，他们应该对政治置身事外，将国家的重大决策选择权交由那些被选举出来的领导们。这种穿针引线的工作是他们面临的最大挑战之一。

他们可能只是出现在总统或财政部部长的旁边，正如2008年本·伯南克在美国政府针对银行救助所举行的辩论会上所做的那样。他们可以对一项政策提供隐性支持，正如艾伦·格林斯潘对 2001 年乔治·W. 布什的减税政策所做的努力一样。或者他们也可以在引导政府的政策上发挥更加积极的作用，就像让 - 克洛德·特里谢从 2010 年开始一直在做的那样。这些行动都需要一定的代价。上述每种情况下，央银家们作为一个中立的仲裁者或大祭司的成员，只对其技术上的决策负责的理念都被打破了。

2009 年和 2010 年，默文·金的舌头虽然说酸了，但肘部依然强劲有力，他一直以强势的姿态对待政客们，或者至少强势地对待那些刚好对相关事情负责的政客们。他在伦敦市长官邸演讲中所表达的对于财政赤字和银行监管的担忧，导致他直接与工党政府政见不和，却几乎与保守党的意见不谋而合；而此时保守党正在为夺回执政权的 2010 年度大选进行准备工作。默文·金的政治结盟的结果将决定英国的经济命运和其后的福祉。

与其他西方世界国家一样，英国从 2008 年危机中恢复之后，仍然心有余悸。在过去长达 15 年的繁荣中，英国重新回到了世界商业中心的位置，困扰伦敦的问题在于接下来将会发生什么。失业率已经从危机前的 5% 上升到市长官邸晚宴之前的 8% 左右。英国庞大的银行系统一片混乱，政府债务在不断扩大——从 2007 年占 GDP 的 48% 上升到 2009 年的 73%。2009 年 3 月，伊丽莎白二世女王被迫紧急与默文·金举行会谈——在她 57 年的任期内，这是她第一次坐下来与英格兰银行的官员开会。与女王交谈后，默文·金说道：“任何人不准对其他人吐露一个字。”但是在公开回答女王的问题“如果这个迫在眉睫的危机如此巨大，为什么没有人事前觉察”时，默文·金说：“每个人都知道危机要来，但是没有人知道它什么时候会来。这就像一个地震区域，人们能做的不过是将房子建造得更牢固些。”

市长官邸演讲的当天，英国可以从国际市场上以不到 4% 的年利率借款 10 年。但是对于默文·金来说，英国的财政状况比债券市场所表现出来的更加危险。美国政府债券是世界上最大和流动性最强的债券市场；发展中国家的养老基金或者主权财富基金总是会买卖美国短期国库券，而且数量非常巨大。这使得美国政府能够以比其财政状况所允许的更长期限来借钱（2009年夏天，美国政府债务水平达到其GDP的90%）。日本政府债券主要由本国公民以储蓄的形式购买，几乎成为一种爱国主义式的责任。这也同样使得日本政府能够以比其财政状况所允许的更大规模来借钱（同样在2009年夏天，日本政府的债务水平相当于其GDP的174%）。

但是，英镑不是美元那样的世界储备货币，英国人也不会像日本人那样投资本国政府的债券。如果投资者断定国家的财政状况到了破产边缘，他们会很自然地抛弃英国国债（或者叫金边债券，因为英国国债曾经是带有金色边缘的）。英国政府为借款所支付的低利率只能是很小的补偿。从金融危机中可以看出，市场情绪很可能快速转变而且难以预测。金融危机发生那年，英国政府需要借款1 750亿英镑以维持其正常运转，而且未来几年还需要同样的规模。如果国际投资者突然关掉资金的水龙头，将带来灾难性的后果。默文·金辩称，英国议会应该行动起来，以避免英国受到即将到来的债务危机的威胁。

2007年下半年危机爆发以来，默文·金主导了一场有限制的，甚至可以说是胆怯的应对行动，并且不愿意牵扯进银行的监管事务中；对他来说，这条路很长。就像美联储和欧洲央银一样，英格兰银行这次也抛弃了规则。默文·金认为，银行监管工作是一项法定工作，但却被做得一团糟，他对于银行家们明显的轻蔑态度在银行业的困境变得更加明显之后也加深了。但很明显，英格兰银行需要在银行监管方面担当更重要的角色。1997年成立的金融服务管理局（由英国前财政大臣戈登·布朗主持）在这次危机开始前完全没能做好其本职工作；它把更多的注意力放在了股票市场诈骗等局部问题上，却忽略了英国金融部门是否仍健康运行这一全局性问题。

在北岩银行破产后骚乱的18个月中，英格兰银行是唯一一家有能力、有资源来承担最后借款人角色的机构。然而，在默文·金执政期间，英格兰银行将主要精力放在了理论性的宏观经济学上，而关于银行系统内在运行的制度性知识的研究逐渐萎缩。2009年，英国议会通过了一项法案，第一次正式声明英格兰银行的目标之一是“促成保护和加强英国金融系统的稳定性”，虽然该法案并没有赋予其什么新权力。

广泛流传的说法是，英格兰银行行长只要抬抬眉毛就可以引导英国银行的行动，但是默文·金需要的是更加具体的东西。如果要英格兰银行站在这些银行的背后，那它需要一些能够帮助它们达成目标的实际权力。

市长官邸事件一周之后，默文·金在英国议会财政特别委员会面前做例行货币政策报告，此时在旁人眼中的是他与政府之间的敌对状态。默文·金没有对他在市长晚宴上的声明做出让步。在谈到财政政策时，他说道：“我认为，我们等不到议会采取行动以证明英国政府将削减财政赤字的计划，以及提高未来财政政策可信度的那个时候了。”

保守党反对派立即抓住他的声明来攻击政府。这是“戈登·布朗的税收和支出政策破产的一天”。在野内阁财政大臣乔治·奥斯本（George Osborne）说道。他继续评论说，金的发言“扫除了任何乐观地声称这届名誉扫地的政府有过什么可信的复苏计划的言论”。

达林正在起草政府的金融改革计划，并将在下周完成——有信号表明，监管责任将被分割，金融服务管理局将和英格兰银行、财政部共享权力。当被问及他是否对这份计划文稿贡献意见时，默文·金回答：“这取决于你怎么定义‘咨询’一词。我没有看过它的任何一份草稿……我不知道内容将会是什么。不管任何其他人有没有看过，我不知道。”从这点上来看，默文·金和达林之间的关系似乎非常紧张（可以作为对比的是，在同一时期，美国财政部部长蒂莫西·盖特纳的下属也在为本国的金融改革制订计划，伯南克和美联储深入参与其中；美联储的工作人员甚至会在一些技术问题上更加详细地与财政部讨论）。

“我和达林的工作关系很好，”那天早上默文·金对议会议员保证道，“任何时候我们的工作关系都没问题。”

在场的人几乎没人相信他。

当他没有试图用“天字第一号讲堂”（白宫）来引导英国议会的时候，默文·金需要先处理好自己的日常工作——即使他和自己的货币政策委员会的关系也已经变得非常糟糕。2009 年 3 月，他和他的同事一致同意将比较基准或者资金价格下调至英格兰银行 315 年历史上最低的 0.5%；该基准一般也被简称为“银行利率”。

他们本来还可以定得更低的，但因为担心许多建房互助协会发放贷款时和银行利率绑定，而如果利率过低它们将会停止借款。取而代之的是，他们加入了美联储和日本银行的行列，开始实行量化宽松政策，或者说用新创造的货币来购买更长期的政府债券以期推动更多资金流入实体经济。他们刚开始发行了 750 亿英镑，两个月后，这一数字增加到 1 250 亿英镑。

这次危机的早期阶段对于货币政策委员会来说是较和平的一段时间，主要因为其明确地知道需要做什么，以及它知道用团结来战胜恐慌。甚至在雷曼兄弟破产前，默文·金和丹尼·布兰奇福劳之间的不合也被暂且搁置了，部分原因是后者获得了更便宜的资金来源。

布兰奇福劳在货币政策委员会的任期在 2009 年 5 月结束。然而，默文·金和他的货币政策委员会成员们之间的矛盾再次爆发，并导致了史无前例的后果。英国经济在夏天的时候已经从急剧下降中复苏，但是似乎并没有表现出多大的爬升动力，而且通货紧缩的风险也没有完全消除。货币政策委员会 9 位成员都意识到，是时候放宽货币政策了。但问题在于，应该放宽多少？

根据默文·金 10 年前作为首席经济学家时帮助制定的规则，货币政策委员会在 7 月 31 日正式会议前的星期五早上首次集结。这次会议召集了几十个经济学家和全英国银行的其他职员，以及带着商业合同的“银行代理人”，这是一次全面了解英国和世界当前经济状况的机会。

接下来在做决定前的星期三下午，9 人委员会在彭伯利庄园的一个房间里进行了更小范围的会议。他们讨论了三个小时左右，并于星期四再次聚会讨论央行应该制定什么政策。最后的会议在上午 9 点开始，而这次会议必须在中午前做出决定并向全世界公布。

英格兰银行每月召开的制定货币政策的会议都是私人形式的，至少相对于美联储来说是这样的，美联储类似的会议有 70 人左右参加并且其中委员会占了 19 人；或者相对于欧洲央银也是如此，其委员会占了 23 人。美联储和欧洲央银庞大的政策制定会议意味着，他们必须依靠协议来规定在会议中谁应该发言以及发言的时长。

英格兰银行货币政策委员只涉及少数人，并以非正式的形式来讨论，以期更容易达成一致意见，除了这个内部规模因素之外，它与世界上其他的公司董事会的会议召集形式并无不同。在默文・金掌舵英格兰银行期间，这种结构更加弱化的组织形式使他在实际决策中相对于其他主要央行的同仁们来说，拥有更少的话语权。比如，他无法像特里谢那样，将潜在反对者的发言时间限制在 5 分钟以内。英国的政治文化允许人们自由地发表意见，并可以公开发出反对声音。2009 年 8 月 6 日早上货币政策委员会的会议就很能说明问题。

前一天下午的会议如同往常一样可以随心所欲，充满着玩笑以及各种突然的打断和补充发言。星期四的会议总是以央行行长的 5 分钟或 10 分钟发言开始，发言主要总结前一天的经济形势讨论以及为今天会议的决定设定框架。然后，负责货币政策的英格兰银行副行长查尔斯・比恩会再讲 10 分钟来介绍可选的货币政策方案——尽管一个认真的倾听者可能已经领会到默文・金自己倾向于哪个政策了。

查尔斯・比恩在 8 月份的那天解释说，根据英格兰银行的模型，我们必须再花 500 亿英镑购买债券以使通胀率接近 2% 的目标水平。然后默文・金逐个请其他 7 位委员会成员分享他们的见解。接着他明确地表达了自己的看法：通货紧缩的风险很高，可以动用比模型建议的更高水平的量化宽松政策。他脑海中想的是 750 亿英镑。

委员会存在的作用之一就是，当这种争议出现时将其消除。根据英国央行员工的分析，无论选择哪种水平的量化宽松政策，一年以后英国经济的情况都不会有多大不同。授权500亿或750亿英镑只是“半斤八两”——就像选择调低银行利率0.5个还是0.75个百分点一样。这次会议本来就是例行公事。

但对于那些仍然困扰着一些参与者的原因来说，并非如此。可能已经被长时间与金融危机的战斗消耗得疲惫不堪，每个人都心情急躁，他们期待8月可以享受一段假期。委员会成员的易怒性也有可能部分源自对默文·金的专横，以及其自上而下的领导方式的消极应对。默文·金似乎在期待类如他在危机最为严重的日子里所得到的对他观点的遵从，那时候货币政策委员会的不团结差点导致市场的慌乱，尽管许多委员会的其他成员试图再次表明他们是独立的政策塑造者。

当最后默文·金绕着桌子清点选票的时候发现，只有两名委员会成员——蒂姆·贝斯利和大卫·迈尔斯（David Miles），支持他购买750亿英镑债券的决策。其他6位成员，包括默文·金的两位高级副主席——查尔斯·比恩和负责金融稳定的保罗·塔克（Paul Tucker），央行的首席经济学家斯宾塞·戴尔（Spencer Dale）以及首席市场观察员保罗·菲舍尔（Paul Fisher），都投票支持500亿英镑的决策。这是默文·金在70多次会议中，第3次被多数票反对。

两星期之后，向公众公开的会议记录只轻描淡写地引用了在针线街的口头争论：“关于通胀前景的精确风险平衡，以及对于使用何种合适的政策来应对这种通胀前景的多种不同观点有多重要，委员会成员有许多不同的见解。”

但是这份公告清楚地披露了投票的结果，世人也因此知道，默文·金在他的委员会中遭遇了小小的叛乱。

针线街之王的胜利

2009年的最后几个月和2010年的前几个月，支持英国需要尽快处理好财政赤字问题的证据越来越多，至少对于默文·金来说是这样。10 月的希腊债务危机和 11 月在迪拜的债务危机表明，国际投资者对政府债券风险无忧无虑的日子已经远去。出席 2 月在加拿大伊魁特召开的 G7 峰会期间，默文·金除了玩狗拉雪橇之外，还和其他高官一起呼吁政府应该抛弃巨额赤字的政策。如果你稍微注意，甚至可以发现债券市场对英国债券的兴趣在下降：十年期金边债券的收益率从 2009 年 10 月初的 3.4% 已经上升到年底的 4.01%（不要去管 0.61 个百分点的上升并非必然意味着债务危机即将来临，或者这些幅度对于 2008 年年末雷曼危机之后利率上升的幅度确实不大这些事情）。

特里谢对于希腊债务危机评论说，削减财政赤字将提振企业的信心，以反击政府支出下降和更高税负带来的负面效应，而默文·金并没有发表类似观点。但这位英格兰银行的掌门人却认为，财政紧缩将至少在一定程度上提振信心，将比传统经济模型更能减轻英国的阵痛。在 2010 年 2 月的一次新闻发布会上，当被问到是否赞同特里谢认为削减财政赤字具有刺激作用的观点时，默文·金说道："这得看情况。我只是认为事实情况比说说'你必须始终快速地消除财政赤字'这样的话更加复杂。但有一点十分重要，而且可以解释为什么我完全赞同特里谢观点的是：任何时候政府都需要有一个清晰、可信的削减结构性财政赤字的计划。"

默文·金本质上和特里谢、伯南克都不同。伯南克遵循传统的凯恩斯主义观点，他认为巨大的财政预算会使经济受到损害而只能带来短期很少的收益。根本上讲，默文·金也不是特里谢"扩张性收缩"理论的追随者，从他的一些批评性观点就能看出。然而默文·金正在为风险管理进行辩护：当财政危机出现时，它不仅会破坏国家的经济，还会限制英格兰银行选择如何处理危机。可以佐证其观点的事实是，央行可以宽松货币政策并且使英镑贬值来从某种程度上减轻近期财政预算削减行为造成的不良影响。

但不管默文·金对削减政府债务的呼声如何，都不能使他更受执政党的青睐。"如果在星期二的唐宁街 10 号还有一些手机、订书机或者打印机仍然封存没动的话，我们可以打赌，它们在那天下午都会被扔向最近的畏缩在一角的职员，"《每日电讯报》经济版编辑在 2010 年 1 月写道，"因为那就是戈登・布朗得知英格兰银行行长那天晚上将演讲的内容的时候。尽管英格兰银行在私下里规劝，尽管布朗先生认为他已经保证过在默文・金任期结束之前协助消除那些讽刺的经济评论，狂暴的英格兰银行行长还是再次走出了这一步。"

与此同时，保守党把默文・金的评论作为证明工党政府在国家财政管理上软弱无能的证据。"这是在英国经济辩论中具有决定性的时刻，"在野内阁财政大臣乔治・奥斯本在 2 月份说道，"在这一刻，戈登・布朗对于财政赤字的辩护完全崩溃，人们对采取更加决断性的行动的共识正在形成。"

默文・金离那个将很快统治英国的人更近了，而他和达林以及工党政府的关系却愈加紧张。2010 年冬季和春季，默文・金 5 次在针线街会见乔治・奥斯本和代表保守派的未来首相大卫・卡梅伦（David Cameron）。关于国家的税收和支出政策，以及应该采取什么方法来改革金融监管，他们有很多可以讨论的。他们试图对此次会面保密的努力未能奏效，反而使人们更加感觉到是默文・金在给保守党出主意。曾于 2001—2010 年期间服务于货币政策委员会的凯特・巴克说："偏激的观点会认为，这是默文・金在努力搞好央行和下一届政府之间的关系。不偏激的观点是，默文・金对市场可能失去信心非常担忧，当然这也是很合理的，因此你可以辩称，默文・金认为'这种情形不能持续下去'的看法是正确的。但是，他表达的对于财政政策观点的方式却被解读出政治的味道。"

无论默文・金变成一个支持财政紧缩政策如此积极的倡导者的真正动机是什么，他似乎一直对奥斯本和卡梅伦本身无动于衷。2010 年 2 月 16 日，默文・金会见路易斯・萨斯曼（Louis Susman），他最近刚被任命为圣詹姆斯法院的美国大使，担负着修复美国和它的前殖民地宗主国之间的特殊关系，而他的办公场所在一栋可以俯瞰格罗夫纳广场的堡垒式建筑中。萨斯曼向华盛顿汇报了他从英格兰银行行长那里得到的信息："默文・金表达了对保守党领袖缺乏经验的担心，同时指出，该政党领袖卡梅伦和在野内阁财政大臣乔治·奥斯本对他们未来采取的财政削减计划将要面对的来自不同集团的压力并没有充分的认识。”

默文·金提到在和卡梅伦及奥斯本的会见中，当他问他们会如何削减债务时，他“得到的只是慷慨”。他似乎已经把这两位相对他更年轻的人——卡梅伦和奥斯本当时分别是 43 岁和 38 岁，看作无足轻重的角色。“默文·金还表达了他对目前保守党缺乏深度的担忧。卡梅伦和奥斯本都只有不多的几名建言者，并且不愿扩大他们自己的小圈子。卡梅伦 - 奥斯本之间的关系不同于新工党前几年的托尼·布莱尔 - 戈登·布朗团队。当作为反对党的一部分时，两个团队都能运作得非常顺利，但是一旦工党开始执政，裂痕就出现了。”

跟一个外国政要分享其对于英国未来领导人的这种看法，算是比较苛刻的评论了，尽管默文·金这么做的目的是想让他们保持信心。

2010 年 5 月 6 日英国举行大选；同一天，欧洲央银官员们在里斯本聚集并讨论如何拯救欧元区直到深夜；也是同一天，美国股市大跌。在永远悲观的戈登·布朗和低迷的经济影响之下，事情并没有向着有利于工党的方向发展。所有的选票都指向了工党的下台。最后的结果是，保守党在下议院 650 个席位中多得了 97 个，这些几乎都是工党丢失的席位。但这还不是卡梅伦和他的政党之前想要得到的决定性结果。他们还没有构成大多数，为了控制政府他们需要与自由民主党组成联盟。

仅此一次，英国政治势力中的第三党派有了实际的谈判权力，因为保守党和工党都争相拉拢自由民主党作为其联盟伙伴。默文·金既没有参与到这场谈判中，当然，他也没有完全与这些谈判撇开关系。自由民主党的谈判代表之一大卫·劳斯（David Laws）写道：“财政赤字就像我们讨论时总会接近的幽灵。这就是为什么英格兰银行的行长随时准备向我们介绍他对于英国目前面临的风险的看法。”保守党引用默文·金对于削减财政支出的支持作为证据，把自由民主党引导向更紧缩、更快的财政政策。5 月 9 日星期日（也就是特里谢和大多数其他央行银行家们正在布鲁塞尔敲定欧洲央银备受争议的债券购买计划的当天），据说内阁大臣格斯·奥唐奈（Gus O'Donnell）已经提出安排一场由默文·金进行报告的简要介绍会，以便让谈判代表们“明白经济形势的严峻程度”。

默文·金处在一个很有意思的位置，既正在巴塞尔和伦敦发生的重大事件的中心，而在物理上又与它们分割开来。他与世界主要大国的财长和央银家们举行了很长的电话会议，5 月 9 日星期日这天的会议持续到深夜（一位美国官员因从家中接入国际号码开会，最终花费了 800 美元的电话费）。会议中间有一段长时间的沉默，因为在布鲁塞尔的欧洲各国的财政部部长们将电话开启静音来表示他们之间的一些分歧。默文·金在这个时候展现了他调皮的幽默，他读出了当天的足球比赛分数来逗乐电话会议中的其他领导人们，人们开玩笑说这是他保持清醒的唯一方式。

当英国政客们最后终于就组成联盟和紧急的财政紧缩达成协议时，默文·金给了他们一种奖励。“对于新政府来说，目前最重要的事情是处理财政赤字带来的挑战，”他在 5 月 13 日举行的新闻发布会上说道，“这是目前英国所面对的最紧迫的问题……今天早上我已经被告知保守党和自由民主党所达成的协议内容，我很高兴其中对于加速削减财政赤字有清晰、具有约束力的承诺。”作为一个政府，那些将会在卡梅伦首相的带领下奋力发展英国经济的力量也是如此。今年第一季度，食品、能源以及其他商品的价格都急剧上升，尽管英格兰银行的量化宽松政策导致了英镑贬值，进口受到冲击。另外，一项削减增值税的刺激政策到期，意味着很多种类商品的价格将会继续上涨。在这些效应的综合作用下，导致了 3 月 3.4% 的通胀率远高于英格兰银行的目标水平 2%。默文·金和他在货币政策委员会的多数同事把这看成是一次性的价格上涨，而非那种将很可能带来利率上升的持续性通胀。“考虑到目前经济中闲置产能的程度，中期来看，我们预期通胀率会下跌到目标水平以下。”默文·金在 5 月 12 日的新闻发布会上说道，但也承认“存在较多的不确定性”。

除了通胀恐慌，欧元区危机还使得英国金融市场进入疯狂的动荡。英国大约一半的贸易都是与欧元区的国家进行的，这意味着欧元区的经济下行可能给英国的企业带来灾难性的后果。联盟还没有正式组建的时候，在那个重要的5月9日星期日，阿利斯泰尔·达林正在布鲁塞尔代表英国与欧洲财政部部长们一起，争取在澳大利亚和亚洲股市开盘前最终确定欧元区的救市计划。他作为财政大臣的最后一个官方任务确实比较棘手：英国的经济前景取决于欧元区的救市计划，但是达林又必须要尽量让英国为这次行动少付出成本。即将取代他担任财政大臣的奥斯本甚至怀疑达林会因为“窗帘制度”[①]放弃谈判。

奥斯本和达林不支持英国为任何欧元区的救市计划买单，但是对于紧缩政策却更有激情。联合政府组建之后的两天，也就是5月12日星期三，默文·金在新闻发布会上尽了一切努力，以在大选之前公开宣传和呼吁更紧缩的财政政策。但他没有坦率地说出他认为的保守党和自由民主党组成联合政府所需要做的事情。

> 目前，对于新政府来说最重要的事情是处理财政赤字带来的挑战。这是目前英国面临的最紧迫的问题，这需要全体议会成员一起面对。非常重要的是，应该采取直接的措施来证明政府对于处理赤字问题所做承诺的严肃性和可信度……我认为我们在过去的两周已经看到，对于希腊的例子来说应该是过去的3个月，冒着产生市场不良反应的危险毫无意义。

他传递给首相的信息换言之就是：兑现你做出的承诺，不要退缩了。

在货币政策委员会一项政策发布之后，委员会成员再次聚集来讨论是否批准将记录他们决策制定过程的备忘录对公众公开。这次讨论本身变得漫长且杂乱无章，54个小时的讨论之后，他们最终用一系列的要点来总结大家的看法以及做出最后结论的原因，大约有10页纸的内容。批准备忘录的会议通常是迅速的，而且是内部事宜：这些政策制定者们建议对备忘录草稿进行一些修

① 窗帘制度是指，当前执政的政府避免把下届政府牵扯进它不支持的政策的方法。——译者注

改——这个地方描述得更加精确一点，另外一个地方描述得更加模糊一些，这些微调得到了委员会成员的一致同意。

但是当真正到了批准5月10日的会议纪要的时间，又因为普选的事情耽搁了几天时间，且发生了一件奇怪的事情：在某一时点，这些委员会成员不得不排队进行投票。

按照默文·金的意愿，5月份会议的纪要草稿传递了货币政策委员会完全同意财政紧缩政策的信息，而这也是默文·金已经在他的公开声明中传达过的信息。“英国的财政在中期内需要进行重大的合并，”纪要提到，“也许因此需要一条比2010年3月份预算报告（通胀报告预测正是在此基础上进行的）中更加详细和高要求的财政合并路线，以避免债券发行成本不必要的上升。”

但并非英格兰银行所有人都确定目前已经到了政府行动如此激进的时机。鉴于目前英国经济仍然处于脆弱的后危机时代，同时还受到来自欧元区困境带来的威胁，一些委员会成员认为，如此激进地主张快速的财政削减政策是不明智的，考虑到市场只是释放了微弱的对英国政府债券丧失信心的信号，而且财政政策也不是央行的分内工作，情况就更是如此。默文·金是一个固执的人，因此最终大家对是否应该把这个材料包含进会议纪要里进行了投票。最终默文·金以6∶3赢得了投票，投反对票的包括去年夏天加入委员会的美国经济学家亚当·波森（Adam Posen）和在委员会服务了9年且最后一次参加会议的凯特·巴克。

对于针线街之王来说这是一次胜利，也是一次在未来会依旧萦绕身边的胜利。

后危机时代

联合政府听从了央行行长的建议。就在上台后两周的5月24日，奥斯本宣布了本财年60亿英镑的开支削减计划，在往年，该支出很可能已经在进行中了。这个数额也许只相当于英国经济的0.4%，但是考虑到削减计划即将以怎样的速度实施以及经济复苏的不温不火，即使对于财政紧缩政策的拥护者来说，这也是一个惊喜。被缩减的支出高度集中于具有象征意义且能占据头条的领域。比如，禁止公务员在出差时购买头等座车票，以及去除 3 000 多个行政部门的空缺位置以节省公务员工资成本。有一个计划是准备从“半官方机构”中撤资，这些机构也叫“半自治”非政府组织，比如本地发展机构、监管委员会、一些博物馆和艺术画廊等。尽管保守党和自由民主党已经避免了像国家安全服务这样的巨额支出领域，他们依然传递了清楚的信息：“丰裕的时代已经结束了，”正如自由民主党领袖尼克・克莱格所说。

6 月 16 日的市长官邸晚宴跟一年前相比相当温暖；今年央行行长和财政大臣在某种程度上是互相欣赏的。

奥斯本建议了一种将摧毁工党政府 10 多年前所建立框架的金融监管新方式，并使英格兰银行拥有直接监管银行的职责——赋予了央行行长在一年前的市长官邸晚宴中所要求的他和他的继任者应有的特殊权力。“只有独立的央银具有在现在和将来做出宏观审慎的判断所需要的广泛的宏观经济理解、权威和知识，”奥斯本告诉这些金融家们，“而且因为央银是最后借款人，这次危机的经验也表明，央行对它可能不得不支持的机构的每一方面都有必要的了解。所以他们也必须对日常的宏观审慎监管负责。”他将在第二天把这份计划的细节交给议会。这也证明了财政大臣和央行行长在观点上的互相调和。默文・金在他的发言之后也马上讲道，央行的优先工作之一就是，“接受财政大臣要求央行承担的新责任所带来的挑战……我本人欢迎这些新责任。”

默文・金还对政府财政措施进行了背书，并且强烈建议，一旦出现负面的经济后果，央行将采取救助措施。“我郑重欢迎财政大臣对英国财政做出承诺。我知道，有些人在担心财政过于快速的合并将威胁经济的复苏……。如果经济增长前景减弱，通胀的预期也会下降，那么此时货币政策可以进行一定的回应。”

奥斯本在 5 月提出的 60 亿英镑的削减计划只是开始。市长官邸晚宴之后的几天，财政大臣公布了其对未来几个财年的预算。他计划到 2014 年 4 月开始的财年之前大幅削减财政赤字超过 GDP 的 6%。该计划还包括将增值税从 17.5% 提高到 20%，这将使得英国货架上几乎所有商品的价格都上涨 2.5%，并为此给政府带来约 130 亿英镑的额外收入。除了医疗服务和国际发展部门之外，其他所有政府部门都将在 4 年内平均削减 25% 的运营成本。在一次接触中，奥斯本提出，取消财政部的“欧元准备部门”，该部门曾经的职责是为英国加入欧元区筹备基础工作。

在默文·金的鼓励下，英国开始了新尝试。曾经一度，英国政府能够借到 10 年期的资金且只需付出 3.5% 的利息成本，失业率接近 8%；奥斯本和卡梅伦通过削减开支和提高税负以先发制人地应对未来的债务危机风险。在这个过程中，他们面对着使正在起色的微弱的经济复苏停止的风险，并寄希望于他们的行动将激起消费者和商人们足够的信心，从而减轻他们哪怕一点点的痛苦——也许默文·金和英格兰银行将找到一条实行更加宽松的货币政策的道路。

在过去的几年中，默文·金有时会在市长官邸晚宴演讲的开始向观众提出一个问题，然后在演讲结束时给出答案。2010 年，他将上述顺序颠倒了。他对这些金融家们宣布，答案是“23”，并在演讲的总结部分给出了解释：

> 那么“23”是什么问题的答案呢？几个似乎合理的解释跃入脑海中。第一，23 是英国国家队在参加南非世界杯时派出的队员数。第二，距离英国最近一次赢得澳大利亚和新西兰地区的骨灰杯比赛（the Ashes）已经有 23 年。但这两个都不是，最终的正确答案是，23 是现任财政大臣和英格兰银行行长的年龄差距——乔治·奥斯本是年轻的那个。这样的年龄差正是人们热切期盼的，因为合理的动机是将决定货币政策的责任更多地分配给年长一代，以保护货币的价值；将决定财政政策的责任分配给年轻一代，从而让他们承担过高的债务压力……考虑到这样的动机，财政大臣阁下，我期待货币政策和财政政策会有和谐的合作关系。

对于经济政策的制定者来说，一个人阻止了一次危机却没有因此得到赞誉，是一件令人沮丧的事情。具体情况尚且未知。但对于英国经济来说确定的是，默文·金和奥斯本之间的和谐合作关系事实上将花费高昂的成本。

11月之前，《金融时报》捕捉到有关货币政策委员会主张紧缩政策的内部分歧的信息。诺玛·科恩（Norma Cohen）、克里斯·贾尔斯（Chris Giles）和丹尼尔·平洛特（Daniel Pimlott）在11月9日晚上报道说，"英格兰银行的高级官员对默文·金为政府的公共支出削减政策背书表示不满，并认为，他超越了货币政策和财政政策之间的分界线。"第二天，在默文·金的季度新闻发布会上，平洛特向他提了一个直接且记录在案的问题："货币政策委员会是否一致支持你，不管从规模和大小上看，其本质是政治决策的财政合并强烈背书的行为？"默文·金的回应最多只能算不坦白："在委员会中关于货币政策有不同的看法，所以我确定，关于财政政策也会有不同的观点，"他说道，"但我们不会坐下来讨论，因为这不是委员会的豁免事项。"

实际上，他们在5月对备忘录的公布事宜进行投票时，就这个问题进行了明确的讨论。认为自己的观点被默文·金错误地代表了的亚当·波森和凯特·巴克，向默文·金的发布会助理发出了最后通牒：除非默文·金收回他的声明，否则他们会将自己的反对公之于众。默文·金没有照办，所以他们也公开了自己的质疑。在25号召开的财政特别委员会之前的听证会上，保守党议员安德鲁·泰瑞（Andrew Tyrie）询问了亚当·波森关于《金融时报》文章的事情。这个美国人说到了有关5月份会议纪要的措辞的事：

> 委员会里的许多人，包括我和至少另外一个人在内……都很担心，在选举和不断的议论声中，这项声明是否被过度政治化了。我们用不同的方式来阐述那个观点。大部分委员会成员认为，报告中所使用的表述方式是较为合适的。这的确是对的，然而，包括我和至少另外一个人在内，都担心这种语言风格对一个声明来讲会不会过于政治化了。这是我个人的观点。

几天后，另一种货币也贬值了。维基解密［WikiLeaks，由古怪的瑞典人朱利安·阿桑奇（Julian Assange）发起，致力于揭露全世界的秘密］公布了一批世界各地的美国大使馆发往华盛顿的外交电报。其中，萨斯曼大使在他与默文·金早些年会议的一篇报道中显示出，丹尼·布兰奇福劳对默文·金做过冷酷且严苛的评价。默文·金的老对手丹尼·布兰奇福劳暗示默文·金将辞职，他在《卫报》中写道："默文·金对权力和影响力的渴望使他多次判断失误。由于颁布了损害英格兰银行独立性的联合经济政策，现在，他需要为自己造成的不可原谅的错误承担责任。他本该在政治上保持中立态度，但政治偏见让他难以站稳脚跟。"

尽管与萨斯曼的会面非常尴尬，但是布兰奇福劳夸大了默文·金所犯的错误，对年轻的卡梅伦和奥斯本是否具备足够经验的担忧在英国政治圈内广为流传，但这些讨论也只是私下进行的。电报并未显示默文·金在公开主张削减政府开支方面存在不一致的情况。卡梅伦冷静地处理了他所负责的那部分。在12月1日对记者的说明中，他的代言人说默文·金做得不错，并且"对默文·金的信心从来就没有出过问题，我的经验是，默文·金在经济政策上做过许多声明，而那正是人们所期待的"。这些评论看来将消除完全不理会这件事和任由默文·金孤立无援之间的差别。

在2010年年末和2011年年初，默文·金面临对他与托利党达成了心照不宣的协定的怀疑——即将坚持采取低利率政策作为快速止住财政阀门的交换。面对质疑，默文·金坚持声称没有这种讨价还价式的交易："我从来没有同奥斯本讨论过那样的提议，'如果我们收紧财政政策，你会放松货币政策吗？'"默文·金在2011年3月这么告诉国会委员会："从来就没有过那种对话。"

就像默文·金面临着政治难题一样，英国的经济也正在度过一个严重的滞涨时期，这对默文·金来讲将是最糟的噩梦——英格兰银行领导者们正遍地寻找解决之道。

英国的GDP在2010年的第4季度下降了0.4个百分点，在2011年年初略有回升，但经济增长太过缓慢，不能解决失业率上升的问题。英国的失业率在2010年年末为7.8%，2011年这一数字则上升至8%以上。同时，英镑走势越来越弱，燃料进口价格越来越高，增加的增值税抬高了消费者物价水平。而物价持续上涨则远高于英格兰银行订立的2%的目标——这一数字在2010年年末超过了3%，2011年年初则超过了4%。

失业率与通胀率的同时高企对英格兰银行行长来讲将是一个两难的抉择，这很容易引起货币政策委员会的分歧。在2011年2月的一场会议中，由9人组成的委员会想出了4种解决之道。这其中的差别则取决于他们从救助20世纪70年代大通胀时吸取到了怎样的教训。

一种极端是，鹰派安德鲁·森泰斯（Andrew Sentence）自2010年6月起就开始主张提高利率，这同货币政策委员会的其他成员看法不一致，直到2011年5月他结束任期。森泰斯意识到，不断上涨的物价会令买卖双方将高通胀视作经济新状态，就像亚瑟·伯恩斯在40年前所遭遇过的那样。这将形成"物价上涨—工资提高—物价上涨"的恶性循环。"尽管我热爱70年代的摇滚音乐，但那段时间经济所造成的混乱却是我们都不想再重新经历的，"森泰斯在2011年2月所做的题为"收紧银根的10个好理由"的演讲中说道，"但我们从20世纪70年代和80年代的大萧条战斗中吸取的教训之一是：确保所实施的政策具备可信度非常重要。为达到这一目标，关于降低通胀需求的声明需要行动支持。"

另一种极端是，鸽派亚当·波森—— 一位杰出的宏观经济学家，他分析了过去二十几年停滞的日本经济。到2010年秋天，他觉得观察得差不多了。9月28日，他发表了题为"我们需要做更多"的演讲。波森指出，英国和美国经济增速远低于其潜在经济增速，这意味着通胀率并非像近期物价显示的那样对经济是巨大威胁。如果英格兰银行仔细"看一下"抬升的商品价格和增加的增值税，它将发现，由于经济的疲软，实际物价有下行而非上行的压力。他认为，将20世纪80年代的经验照搬到2010年是不合理的，因为在2010年，英国和主要西方国家面临的基本问题是闲置劳动力和闲置工厂：

> 央行行长在这一点上的顾虑已经到了极端不合理的地步，当经济中的主要压力是反通胀时，我们这么做将可能对其造成巨大危害。当产出水平和就业率在长期内低于潜在水平时，对央行行长们来讲，还需要将持续衰退的产出增长率和生产力所带来的更多的负面效应考虑在内。这与20世纪60年代和70年代所实施的促进经济增长的货币政策大不相同，而由于没有考虑界限的问题，事实上，之后的潜在经济增速下降了。

换句话说，我们现在实际应对的问题，并不是我们父辈那一代的问题。在2010年10月举办的货币政策委员会会议上，波森投票支持释放500亿英镑的量化宽松政策，成为对放松银根的坚定支持者，而森泰斯则在2011年持收紧银根的态度。事实上，波森触犯了英格兰银行的规定，他在改选前给出了较强的显示出其政治观点的建议。一般来说，他本该在改选后说明的。但有时波森几乎要成为下一个丹尼·布兰奇福劳——作为在货币政策委员会上的一匹黑马，他比这位达特茅斯教授更善于将制度玩弄于股掌之间。

在2010年年末和2011年年初，默文·金阐述的观点介于森泰斯和波森之间。他经常比波森更尖刻地指出通胀风险，但也认为，银行最好注意一下高价的能源、增加的税收和下跌的外汇汇率给过去的经济带来的短期影响。尽管现在英国经济处在失业率和通胀率同时高企的混乱状态，但是英格兰银行将坚持其立场并维持其政策不变。

如果保守党和自民党联盟认为英格兰银行行长做出了通过放松银根来抵消紧缩的不成文规定，那么默文·金将非常沮丧。如果默文·金不能证明他的政策独立性，是否会带来什么不同后果；又或者，他同事里多一位不那么尖酸的同事，是否他的敌人会少一些。

从这场针线街的危机余波中我们得到的教训是：即使对这位“针线街之王”来说，权力也不是无限的。

THE ALCHEMISTS

THREE CENTRAL BANKERS AND A WORLD ON FIRE

15

QE2 的初次冒险之旅

记者们紧张地坐在位于华盛顿 1500 号宾夕法尼亚大道上的财政部一楼大厅里，边轻敲键盘边扫视四周，一遍又一遍地检查电脑以确保其运转正常。最终，道琼斯通信社的一部传真机传来一份文件，单独的一页纸上显示了这个地球上几乎所有交易者和基金经理都迫切想知道的内容：联邦公开市场委员会最近一次会议的结果。

在房间里的财政部新闻工作人员桑德拉·萨斯汤（Sandra Salstrom）按照惯例，不阅读甚至连碰都不碰那份文件。这么做是为了让央行从财政部那里获得更多的独立性。相反，道琼斯的记者杰夫·贝特（Jeff Bater）则把这份文件从传真机里拿出来并复印。当路透社的马克·费尔森塔尔（Mark Felsenthal）将复印件放在桌上时，30 多位记者（他们通常还带了几十人）会一窝蜂地挤进这个房间，冲向那些文件。这些记者们仅有 10 分钟的时间来将这 482 个字的声明编成一则引爆全球的新闻报道。

萨斯汤是那里的计时官，她用黑莓手机来计时。

“还有 5 分钟。”她提醒道。

“还有 2 分钟。”

“还有 1 分钟，接通电话吧！”现在，记者们获得了 60 秒的时间，可以与他们的编辑进行通话并将信息传输过去。

在下午 2 点 15 分左右，重大的时刻来临了，萨斯汤敲响了大钟。就像她第一次担当此职责时被反复提醒的一样，她猛地一拉铃以确保每个人都能听见。

在萨斯汤敲响钟后的一瞬间，消息已经传遍了世界上的每一个交易所。擅长解读美联储言论的新闻工作者敏锐地察觉到，隐藏在 7 个段落中的第 3 段话所表达的真实信息是：在接下来的 8 个月里，美联储将使用新发行的美元来买进 6 000 亿美国国债。

在美联储内部，这项被称作“大规模资产购买”的计划，是为应对已接近于零的短期利率而做出的试图在当前经济中增加货币供给的一种策略。本·伯南克可以花一整天的时间来解释 20 世纪日本银行推行的“量化宽松政策”与该计划的区别（两家央行都扩大了自身的资产负债表，但是日本银行只购买了短期政府债券，而美联储则购买了长期债券）。尽管对那些没有在埃克尔斯大楼里争论过的人来说，这并没有什么区别。但无论伯南克喜欢抑或讨厌，在 11 月的那个下午，全世界都将知道，美联储释放了第二轮量化宽松政策，这被称为“QE2”。

公众反应很及时，但令人意外的是这新闻并没有引起过多议论。大量美元将被释放到全球金融系统中。但美联储赶在公众舆论以及媒体邀请的美联储评论员发表非正式声明前，已成功地将其计划通过电报的方式发出了。标准普尔

500 指数在当天结束时上升了不到 0.4%，表现得较为平坦。对伯南克和美联储来说，这是一个值得庆祝的时刻：他们正引领市场朝着他们所希望的方向发展。事实上，即使是重大的新政策也能够在不中断的情况下宣布。

这项政策并不具有革命性，美联储的内部分析将该政策视作与削减短期利率 0.5—0.75 个百分点等效的一个行为。伯南克知道，他已经采用了足够大胆的措施，将美国经济从下跌的物价和低落的增长率中解救出来，避免重蹈日本经济近 20 年的覆辙。11 位政策制定者中只有一位存有异议，他就是堪萨斯城联邦储备银行的托马斯·赫尼格，他已经投票反对其他委员一整年了。

胜利的感觉不会持续太久。在决定实施第二轮量化宽松政策时，金融市场或许已经准备好，但很快便清楚的一件事却是，其他人并没有做好准备。

随着格伦·贝克（Glenn Beck）在福克斯新闻上听到其作为当晚阴谋论者的影响力已扩大至顶峰，美联储投放 6 000 亿美元以干预经济的行为在当天傍晚遭到猛烈抨击。“我早就说过，这可能是一个魏玛共和国的时刻，”贝克（并不是一个拒绝提起纳粹时期的德国的人）对将近 200 万的听众说道，“从很大程度上看，这是非常规和未经检验的。我的意思是，我确认津巴布韦曾尝试这样做过。这将是一场巨大的博弈。这可能是美国历史上最大的赌注，也是全球历史上的最大赌注。”选举失败的副总统候选人萨拉·佩林（Sarah Palin）相对而言较为低调：“我们不该玩弄通胀，”几天后她如是说，并第一次公开表明了对货币政策的兴趣，“也许是时候让伯南克主席停止这么干了。”

来自美国保守派的批评扩大到了活力充沛的共和党。在联邦公开市场委员会做出决定的一天前，共和党在中期选举中领先，并获得了众议院的多数支持。在共和党人的叙述中，美联储的宽松货币政策正在帮助并教唆政府过度开支。对 QE2 的反对变成了一个战斗口号。

“我们的国会在边征税边消费，边借贷边消费。而现在，我们的美联储在边印钞边消费，”将在新一届国会中担任众议院预算委员会主席的威斯康星州代表保罗·瑞安（Paul Ryan）在发布公告的几天后，接受福克斯新闻采访时说道，“美联储现在主要致力于掩盖财政政策实施状况非常糟糕的事实。美联储应该将保持货币政策的健康和公平作为重点，如果不这样做，我认为将在未来引发严重的通胀问题。”

美国保守派在海外有着一系列令人意外的盟友。“我不知道这一措施是否具有经济上的依据，”言语尖刻的德国财政部部长沃尔夫冈·朔伊布勒告诉《明镜周刊》（*Der Spiegel*）：“美联储的决定给全球经济带来了更多的不确定性……通过印钞，人为地压低美元汇率。”奥巴马总统正在为即将在韩国首尔举办的 G20 峰会做准备，到那时各国政要将对其展开激烈的讨论。“美国并没有意识到自身在稳定全球资本市场中的义务……”中国财政部副部长朱光耀如是说，“美国并没有将在新兴市场释放过多流动性所带来的后果考虑进来。”

德国人、韩国人及巴西人都在争论：随着美元如洪水般地充斥整个市场，美联储介入了一场试图通过令美元贬值而使美国出口商获益的货币战争。看似荒谬的是，美联储同时被那些暗地里破坏美国经济的保守党，以及在对外贸易中令美国获得不公平优势的外国政府所指控。但他们对 QE2 的激烈争论却是另有所图。

在首尔时，奥巴马因为这个自己没有决定权的决定被外国领导人抨击，而处于一个十分尴尬的位置上。在巴塞尔—— 一场世界央行会议（每年举办 6 次）偶然地被安排在周末，而此时正好是在 QE2 刚实施不久，美联储副主席珍妮特·耶伦和纽约联储主席比尔·达德利遭到了更加精通于经济的其他央行行长的质疑。在正式会议和私人晚餐上（比以往在巴塞尔举办的水准更高），美联储的不负责任遭到潮水般的谴责。

现在不是各国央行行长要指责美联储，而是银行经理们要这么做了。奥米德·马拉盖（Omid Malekan），一位 30 岁的不动产经理向 YouTube 视频网站上传了一个长达 7 分钟的短片，两只由电脑生成声音的卡通动物——不管他们实际上是兔子、熊、猪或狗，参与到苏格拉底式的讨论中：本·伯南克推行的量化宽松政策将令高盛公司获益。该短片病毒般地扩散开来，到 12 月中旬时，已被浏览 350 万次。11 月时，在美联储中伯南克最亲近的两名顾问，凯文·沃什州长和首席新闻发言人米歇尔·史密斯多次被发送视频链接后，他们认为有必要把这个短片拿给总统看。尽管在经济分析方面有一定的缺陷，伯南克还是认为这部片子相当有趣。

就算在美联储内部也存在质疑。做出决定后的星期一，沃什在《华尔街日报》上发表了一篇观点文章。"美联储，"他写道，"不是专门为破碎的财政、贸易或监管政策开设的修理店。"美联储的量化宽松政策需要被颠覆，他说："如果没有所谓的好处，并且潜在风险有可能实现，"随着美联储在债券市场发挥着越来越大的作用，"其是否会带来巨大风险仍有待观察。"虽然只是轻描淡写，但那些深知美联储表达方式的人很容易从字里行间明白：沃什非常担心自己在 5 天前支持的行动。当时几乎没有人知道，这篇文章是沃什和伯南克达成一致的成果中的一部分：主席将得到沃什勉强的支持来实施 QE2，几天后沃什将对他保留的部分进行公开解释。在刊登前，伯南克已经阅读并修改了这篇文章。

但是，沃什的忧虑只是对美联储诸多不满的一部分。托马斯·赫尼格唯一的官方异议反映在日程表中：选举权每年在 12 位联储央行主席间不断轮流，2010 年，4 位完全反对 QE2 的官员中，只有 1 位获得了选票。沃什和另外 2 名或者 3 名决策人则保留了意见。

在做出决定后的周末，亚特兰大联邦储备银行举办了"回到哲基尔岛"聚会，以纪念佐治亚州海岸会议 100 周年，在那次会议上，"有名无姓俱乐部"描绘了联邦准备制度的模式。星期五晚上，在深秋的寒风中，联邦储备银行官员、经济学家和记者们在曾是摩根大通的室内网球场和小型地下酒吧的场所成功举办了该聚会。费城联邦储备银行主席查尔斯·普洛索和那些可能是最健谈的联储官员们，与可能是最不健谈的克利夫兰联邦储备银行主席桑德拉·皮亚纳尔托（Sandra Pianalto）进行了交谈。

“你们是怎么得出我们达成了共识的结论的！”他向记者们咆哮着，“我们几乎没有达成任何共识！”

复苏之夏

这是如何发生的?

2010 年春天，美国经济似乎正在复苏。在进行长达 24 个月的裁员后，私人部门终于在 3 月开始增加就业。奥巴马政府将这场宣传之旅称作“复苏之夏”，并指出，财政刺激支持的项目有助于经济恢复。在美联储，每个人嘴上说的都是“退出策略”。在纽约联储的交易桌上，人们开始对造成流动性枯竭的方法进行着小规模的测试，即将多余的资金投放到银行系统之外。

伯南克和其他官员想确定的是，当需要收紧银根时，美联储有能力在不让物价失去控制而呈螺旋式上涨的情况下这样做。如果他们成功说服世人，将会极大地促进新一轮的经济增长：如果人们期待在未来有一个高通胀，他们将需要更高的长期国债利率，这反过来将导致更高的抵押贷款和企业贷款利率，最终不利于提振经济。美联储的退出策略至少在理论上能够降低通胀预期和长期利率，并促进经济增长。

但这样的计划从 2010 年夏天开始似乎是过早了。欧洲的接近崩溃使标准普尔 500 指数在 4 月 23 日到 7 月 2 日间下降了 16 个百分点。经济数据显示经济并未复苏，而是有可能放缓甚至进入衰退期。2010 年 5 月的就业报告于 6 月初出炉，报告显示，5 月仅仅创造了 41 000 个就业岗位，这对于 1.5 亿工人来说实在太少了，以至于根本不能说明美国经济的增长。随后这一数字超过了 8.4 万个，但即使是这样，就业增长依旧太疲软，无法降低失业率。

与此同时，通胀率维持在较低水平且不断下降。总体物价水平在几年前经历了一场狂野之旅，石油和大宗商品价格在 2008 年夏天骤然飙升，随着全球金融危机的爆发，在 2008 年年末跌至低谷，随后，在 2009 年夏天又有所回升。

但到了2010年中期，燃油价格不再是问题。现在，失业人数众多，以至于很少有美国人能获得加薪。由于有很多废弃的工厂和空置的办公建筑物，公司不需要提高价格就能扩张规模。美联储官员在早些年的时候同意“物价稳定”指的是消费者物价指数每年上涨2%。12个月过去了，2010年6月，消费者物价指数仅上涨了1.1%，当将波动较大的食品价格和石油排除后，这一数据甚至更低。

可能更令人担忧的是，投资者和其他经济决策者认为，极低的通胀将成为新常态。债券市场的投资者们希望，在接下来的5年里通胀率保持在平均1.2%的水平，这主要是基于包括与未包括债券收益率在内的通胀率之差。

没人喜欢自己购买的商品价格上涨。但对日本而言，物价和工资的下跌将带来更多经济上的损失。大量的债务无法清偿，人们宁愿手持现金也不愿消费，这将形成一个减少开支导致更少的工作机会从而进一步削减开支的恶性循环。一般来说，央行行长可以通过降低利率和增加货币供给以降低通胀和高失业率。但自2008年12月以来，美联储的目标利率几乎都停滞在零的水平，这种典型的工具看似并不可行。这让原本简单的决定变得更加复杂。

但即使是在经济数据变得更糟的情况下，伯南克仍小心翼翼。美联储趋向于行动缓慢，不想对最新的经济报告反应过度，从而引起市场的剧烈波动。政策制定者对经济中正在发生的事有基本正确的概念是很好的，但在2010年的夏天，美联储却没有这样做。

2011年7月，美联储政策制定者发布的官方预测显示，2011年美国国内生产总值将增加3.5%—4.5%，实际增速是1.6%。美联储低估了市场繁荣年代造成的商品过剩所带来的影响。房地产市场大崩溃、对商业信心的打击、仍需清偿的债务，将阻止经济增长。但这只是预测，即使有数据证明该观点是错误的，美联储却仍坚持这么做。

“我和我在联邦公开市场委员会的同事希望，在接下来的几年中，实现经济的温和上涨，逐渐降低失业率并抑制通胀。”伯南克在 2010 年 7 月 21 日对货币政策的年中工作汇报中这样告诉参议院银行委员会。他承认，经济增长的风险是“权衡下降趋势”，但引人注目的是，他花了 1/3 的时间讨论美联储可能会从支持经济增长的政策中如何退出。当涉及一位参议员所提出的问题时，他提到不退出的策略也只是一个遥远的可能。“如果经济复苏缓慢，”伯南克告诉亚拉巴马州的参议员理查德·谢尔比，“那么我们至少需要重新审视我们的选择，我们现在并没有对其进行完全的审核，因此需要思考更多可能性。”

在美联储的政策制定者和公众之间存在大量的“缺乏激进主义”——包括央行在内的政府机构已经做了他们所能做的促进经济增长的事，所以，所需的耐心已经准备就绪。企业家只要有足够的现金，就能十分轻易地进入债券市场。因此，他们并不将收紧银根看作对经济增长和雇用员工的制约。消费支出是一大问题。“我明天下午可以以 3.5% 的利率借到 20 亿美元，”大卫·斯皮尔（David Speer），一家拥有 6 万名员工的伊利诺伊工具公司（Illinois Tool Works）的 CEO，在 2010 年 8 月说道，“但是我用它来做什么？”

事实上，数周前，伯南克就督促美联储工作人员研究利用隐秘的方式来放松货币供给。例如，美联储可降低其向银行支付的储备金利率，将本就低至 0.25% 的利率调到更低。或者给市场一个更加明确的承诺，即保持当前超低的利率政策（当时，美联储的声明只是表示，利率预期将在“延长期”内保持较低水平）。但在 7 月 21 日的听证会上，伯南克仍不置可否。

“我们还无法准确地告诉你我们主要的政策选择。”主席说。

令人困惑的联邦公开市场委员会会议

联邦公开市场委员会每年举行 8 次会议，美联储高层官员提前一周登录到美国安全文档服务器上。在那里，他们会得到需要审查的最重要的简报材料。自 2010 年 6 月以来，这些材料被称作“蓝绿皮书”（Teal Book，即将蓝皮书和绿皮书这两种文件合并）。

在主席的严格监督下，蓝绿皮书包含了各种图表，以及美联储的经济学家对正发生在劳动力市场上的情况所进行的叙事性描述、通胀和人们对未来经济走势的预测。它还列出了未来三个可供选择的美联储的政策。选项 A 是，采取温和不变的政策，集中于放松银根以促进经济增长；选项 C 是鹰派的选择，主张紧缩货币供应以对抗通胀；选项 B 介于两者之间，几乎都是该委员会最终批准的，尽管有时仍处于修改状态。归根到底，是主席和直接为他工作的人将这些选择放在了一起。不可避免的是，可能性的范围反映了他自己的喜好以及对委员会上各种意见的猜测。

然而，在 2010 年 8 月 3 日当天，蓝绿皮书被上传到安全服务器上。在联邦公开市场委员会会议开始前 8 天，分布在全国各地的美联储官员通过不同的方式知道了可能被提上议事日程的内容。星期一上午的《华尔街日报》头版宣布“美联储正在进行意义重大的转变”。记者乔恩·希尔森拉特（Jon Hilsenrath）在其撰写的文章中表示，美联储官员“在下周开会时，将对似乎正失去动力的经济进行重新思考，在管理大规模的证券投资组合时，将考虑采取一个温和、但颇具象征意义的巨大转变”。

根据传统来看，覆盖美联储的小而独立的记者俱乐部必须遵守所谓的“联邦规则”。记者们可以使用在美联储高层员工采访中所获得的信息，但不能把它用在其他地方，就连美联储高级官员也不能这么做。相反，他们用一种奇怪的、几乎无所不知的方式写出了他们所知道的，但对于他们究竟是如何知道这件事的就不得而知了。所以，即使希尔森拉特的故事没有提示信息从哪里来的，这看起来也是一个没有问题的设想——无论对联邦储备系统的员工，还是对央行进行监管的分析师团队，他的主要来源是伯南克自己或与主席有着相似想法的人。

在这种情况下，全美国的美联储决策者对他们正从晨报上获悉的新政策深表怀疑。果然，当他们登录到安全文档服务器检查蓝绿皮书时发现，选项 B

呼吁美联储放宽货币政策。在下周会议中的一段休息时间里，一些政策制定者向伯南克的新闻发言人米歇尔·史密斯抱怨说，在政策转变之前就已经存在走漏风声的极大风险。

所以在 7 月 21 日至 8 月 10 日召开联邦公开市场委员会会议期间，伯南克没有给出任何美联储将采取行动的暗示。在那段时期存在着另外一份就业报告，但那是在 8 月 6 日发行的，也即在《华尔街日报》报道和蓝绿皮书出版后。纽约联储的分析师给出了在没有美联储政策调整的情况下将导致变化的新证据。在 2008 年年底推动利率接近于零以后，美联储迈出了采取非常规货币政策的第一步，采取第一轮量化宽松政策（QE1），使用新发行的货币来购买像房利美和房地美这种由政府扶持的公司所发行的抵押贷款证券，并为普通美国人提供住房贷款。这意味着，同时扩大货币供应并为缺乏现金的抵押贷款领域提供足够现金。

其结果是，到 2010 年夏，美联储拥有价值 1.1 万亿美元的证券。但银行当时的政策是，随着这些债券陆续到期，可以再融资或偿还抵押贷款，银行不会举新债还旧债。相反，它将允许注入金融系统的货币数量逐步减少。

但那年夏天的经济走势疲软，因为投资者将资金投入到美国所担保的抵押债券的避风港中，利率不断下跌。更低的抵押贷款利率意味着人们具有为美联储所支持的住房贷款进行再融资的动机。当他们这么做时，央银不会购买替代的抵押贷款，美联储实际上是在将钱从金融系统里抽出去，这完全违背了当经济形势不好时人们所期望看到的。纽约联邦储备银行主席比尔·达德利的员工最初估计，不动产抵押证券投资组合将在 2011 年年底有望缩减到 2 000 亿美元。当利率略有下降，这一数字将变为 3 400 亿美元，美联储将把这额外的 1 400 亿美元用于拉动经济。

为停止意想不到的收紧，联邦公开市场委员会需要对其政策进行彻底变革。就在 8 月 10 日会议之前，伯南克将会议的开始时间从 9 点改到了 8 点，这样委员会将有更多时间来讨论这种可能性。

显然在委员会里有很多派系。包括波士顿联邦储备银行的埃里克·罗森格伦（Eric Rosengren）、芝加哥的查尔斯·埃文斯（Charles Evans）、旧金山的珍妮特·耶伦（当时被提名为美联储新一任副主席，但尚未任命）在内的一部分人，看到了经济的下滑，他们认为，美联储需要采取积极的行动来阻止这一趋势。他们认为，改变房屋抵押贷款再投资政策只是在更大范围为经济注入资金的第一步。委员会的大部分人，包括伯南克、副主席科恩和追随他们的几位州长，都将改革视为一个必要的措施，但不相信它会在放松银根上走得更远。相反，这当然只是一个技术活，并非大交易。

另一组政策制定者，包括伯南克的亲信凯文·沃什和州长贝特西·杜克（Betsy Duke）都保留了重要意见，但也发现推翻改变再投资政策的逻辑将非常困难。在4位坚决反对改革的通胀鹰派的联邦储备银行主席（理查德·菲舍尔、杰夫·拉克尔、查尔斯·普洛瑟和托马斯·赫尼格）中，只有托马斯·赫尼格有投票权。

改变再投资政策的决定将于下午2点15分准时宣布，这将成为对美联储官员的罗夏测试（Rorschach test）：那些希望货币宽松的人可能认为这仅仅是一个开始，那些不希望货币宽松的人认为这只是一场小小的技术变革。

这种模棱两可的态度可能会帮助伯南克在委员会达成共识，但这除了给外界带来混乱外没有任何作用。美联储是否转变了其观点，复苏渐入正轨？这是一次大行动的开始，还是只是一场一次性调整？分析师们对美联储的下一步动作一无所知，他们很难找到相关立法。很多通常在会后演讲中解释自己观点的政策制定者正在度假。第一个讨论决定的是最新的联邦公开市场委员会的政策制定者，明尼阿波利斯联邦储备银行主席纳拉亚纳·柯薛拉柯塔。事实上，作为一名新人，美联储观察者仍不确定他到底是鸽派还是鹰派。

柯薛拉柯塔在再投资的决定上追随鹰派阵营，因为他们认为这一政策变化是一次性的。这是他在8月17日在北密歇根大学所做的演讲上说的，并且他补充道，这一决定“对金融市场的影响超过我的预期”。圣路易斯联邦储备银行主席吉姆·布拉德（Jim Bullard）是另一位新来者，因其对货币政策的独特视角而被世人所知（他反对在较长时间内保持低利率，并在一篇题为《风险的 7 种面孔》的论文中提醒人们注意可能的通缩风险）。他似乎在大规模、有计划地行动以便在放松银根方面更加开放，并认为新行动“可能是必要的”。在布拉德之后的是赫尼格，他再次警告人们，保持低利率的时间过长将带来极大风险。

那些在金融市场工作，因美联储的每个行动获益或受损的人，不知道这一政策将在什么时候结束。“围绕在现行政策周围的言论只是一个噪声，”美林首席经济学家伊桑·哈里斯（Ethan Harris）如是说，“在美联储内外都存在大量不同的观点，这令市场十分困惑。”

很明显，这世上除了伯南克外没人能够指望上。

遭到全世界反对的 QE2

在堪萨斯城举办的美联储杰克逊霍尔年度会议上，主席的演讲总能引起很大关注。伯南克每年会和他的同事一起花上几十个小时的时间以使他的报告内容恰如其分（具有讽刺意味的是，所有额外关注都集中在：这是唯一一次伯南克没有在电视上播出的演讲，只发布了演讲原文）。在夏天的早些时候，他计划举行一个有关经常账户收支的学术讨论。但该演讲被一场定于 8 月举办的会议所取代，这场会议将向世人详细解释美联储的想法。

在伯南克担任美联储主席的早期，由相关工作人员负责起草伯南克的演讲初稿。但是，他发现自己需要对初稿进行大幅修改，到 2010 年，他会亲自写初稿，然后把它交给工作人员，以检查和修订其中的数据和分析内容。对于 2010 年在杰克逊霍尔会议上的演讲，他采用了更多的合作方式。他的计划不仅包括同助手的一般讨论，还包括一系列涉及整个货币政策战略的框架会议。会议包括科恩（演讲发布的 4 天后，他辞去了美联储副主席一职，结束了其

40年的职业生涯）、沃什、米歇尔·史密斯和美联储的两位主要经济研究部门负责人，其中比尔·英格利希（Bill English）负责整理货币政策，大卫·斯托克顿（David Stockton）负责研究和统计。在伯南克的办公室里，他们讨论的不仅仅是如何最好地向世人阐述美联储的所作所为，还包括美联储是否应该做更多的工作。

就像在所有的现代央行中那样，在联邦储备系统中，由委员会来正式决定如何更好地平衡通胀和衰退。虽然，联储主席也只有12票投票权中的1票，但他的真正权力远不止于此。他能够制定议程，确定可供选择的方案；他可以将讨论引向他认为有用的方向，从而避免讨论那些他不赞成的方案。联邦公开市场委员会中有投票权的12位中，7位是来自华盛顿的官员，他们出于对组织的忠诚，通常会投票支持美联储主席，即使他们的意见会有不同。对在杰克逊霍尔会上演讲的深思熟虑将影响伯南克如何做出决定。

坐在最核心位置的是沃什，从一名投资银行家到白宫职员，再到2006年被乔治·W. 布什总统任命为历史上最年轻的美联储理事，沃什一贯反对推行量化宽松的新计划。根据沃什的判断，美国经济的问题不能通过注入更多的资金来解决。繁荣时期带来的过剩的房屋和极其缓慢的抵押品赎回将阻碍市场出清，债务将拖累家庭，州和地方政府的开支遭到削减。在短期利率接近于零的情况下，美国人可能已经获得远低于长期历史平均水平的30年期、4.4%左右的固定抵押贷款利率，信誉卓著的企业也能以同样的低利率获得贷款，以购买设备或建立新工厂。

尚不清楚向经济注入额外的几千亿美元是否将鼓励更多的经济活动。同时也会有风险：如果美联储拥有太多联邦政府的债务，这可能将扰乱世界上最大的美国债券市场。如果将私人购买者排除在外，市场就能正常运行吗？一旦美联储准备退出，他们会回到市场中吗？美联储的另一轮行动会让其更容易受到那些对政府干预经济持谨慎态度的民选官员的攻击吗？它会破坏企业的信心吗？

随着沃什准备好那些反对新行动的言论，伯南克和科恩则用一个更为简单的逻辑进行反驳。美联储的任务，就像国会所说的，是试图确保物价稳定和充分就业的“双重使命”。价格增长速度比美联储大多数领导人视为稳定的 2% 还要低。而就业市场不会像人们所希望的那样快速反弹。因此，伯南克和美联储的任务是，找到一种方法，向经济注入更多资金，即使他们不能确定这会带来多大的影响。

伯南克用一个特别的“转折点”理论解释了经济是如何运作的。美国经济能够仅仅由于不断扩大的劳动力和不断增加的工人生产力，每年增长 2% 或 2.5%。这意味着如果经济增长放缓持续下去，可能会造成一个恶性循环：更多的人失业、收入降低，人们对产品的需求降低，从而导致更多的裁员，最终引起经济衰退，甚至经济全面萎缩。如果美联储可以给予经济足够的动力，克服 2.5% 的增长障碍，可能将带来相反的结果：失业率下降，收入增加，带来更多的消费和工作岗位的良性循环。

最近的报告显示，2010 年春，经济以 2.4% 的增速不断扩张。换句话说，如果伯南克的转折点理论是正确的，将其一点点推向正确的方向可能还有很长一段路要走。没有抵押信贷市场出现的障碍和债务过剩带来的反作用，廉价货币不可能帮助经济增长，但它可能会帮助利润率实现增长。

伯南克认为，如果美联储将私人投资者挤出国债市场，私人投资者将不得不把钱放在别的地方。他们可能会购买企业债券，这意味着将有更多的钱用于扩大公司规模；他们可能会购买抵押贷款证券，这让美国人购买或再融资一所房子会更加便宜；或者他们可能会投资于股票市场，在这个过程中，股价将被推高，家庭财富也会增加。

在这些会议之后，伯南克和他最亲密的顾问已经起草了一份演讲，提出了决定是否实行新一轮量化宽松政策的成本与收益。“当我们再次回到杰克逊霍尔会议上，我想我们都同意这样的说法，即对于世界大部分地区来说，恢复和修补经济的任务还远远没有完成。”伯南克再次站在演讲台上，对着聚集在杰克逊湖别墅舞厅中的大约 110 人如此说道。演讲同时在线发表，世界各地成千上万的人们将会阅读到这份演讲的文本。

伯南克提高了采取新行动的可能性，但他还远远没有承诺行动。“如果必要的话，委员会准备通过采取非常规措施以提供额外的宽松货币政策，尤其是在前景显著恶化的情况下……与这个问题相反的是，在任何给定的时刻，每个工具所带来的好处是否远超过使用该工具带来的相关费用或风险。”换句话说，如果制订条件进一步恶化，QE2 将很大程度上被提上议程。

“美联储考虑更为大胆的动作”，这是《华尔街日报》的头条报道；“如果经济恶化，伯南克承诺重大的改变”，《华盛顿邮报》如是说。这也是公众的感觉。那些一直参与演讲的写作人则有不同的看法。美联储主席从不会说得那么明确，但从杰克逊霍尔会上的讲话来看，现在手头的任务是找出如何向经济注入更多资金的方法，并获得委员会对激进行动的支持。从与诸多顾问的私人会话中可以看出，伯南克已下定决心带领美联储大干一番。

仅仅在杰克逊霍尔会议讲话三周后，美国联邦公开市场委员会按期再次会面，再次对抗被悲观的经济新闻所渲染的大环境。9 月 3 日发布的 8 月工作报告再一次显示出，私企创造就业乏力，失业率也上升到了 9.6%，这与其他经济扩张的迹象相吻合。在全美各地，当联邦储备银行的主席们在 9 月 21 日举办的联邦公开市场委员会会议之前登录到安全文件服务器时，他们发现，选项 B 再次倾向于宽松的货币政策。

与此同时，在另一个仓促的委员会会议上达成的共识是：考虑到低通胀和低增长，放宽信贷这个办法是有效的。但是，在如何实现这个问题上，委员会会议没有达成一致。伯南克没有强迫委员们在这个问题上立刻做出决定。相反，他鼓励委员会成员标注他们同意在会后声明中发表的内容：通胀“目前的水平略低于”委员会的期望值，美联储“始终准备提供额外的适应性调整，以支持经济复苏，使通胀重回符合目标的标准”。换句话说即是：我们准备做一些事，即使我们现在还不知道要做什么。

渐进主义被证明是一个有用的方法，以使更多的美联储政策制定者同意伯南克的观点。时间可以提供更多美国经济确实停滞不前的证据，同时，那些对新政策持有保留意见的官员们相信他们的顾虑被认真考虑过。与此同时，伯南克的内部圈子发生了变化：科恩，既是格林斯潘的左右手，又在伯南克时期任美联储副主席，见证了美联储的变化，并于 9 月 1 日退休。奥巴马任命珍妮特·耶伦取代科恩作为副主席，尽管她要到 10 月 4 日才被任命，但她已经搬到华盛顿。毫无疑问，耶伦是鹰派人士——委员会中强烈倡导“随着经济表现不佳，通胀不是最大的威胁，必须要采取更激进行动”的成员之一。

比尔·达德利，继任蒂莫西·盖特纳成为纽约联邦储备银行主席，也相信央银需要做更多事情来刺激经济。更好的消息是，他知道如何实行它的实际、具体的细节，这确保了任何量化宽松政策的要求不会因为“交易员”引起的技术问题搁浅（“交易员”是纽约联邦储备银行市场部的叫法，指的是那些买卖证券来执行美联储政策的人）。达德利之前做过这些操作，所以他清楚地知道在执行中会遇到什么挑战。随着科恩的离开，沃什坚定地反对新的宽松货币政策，耶伦和达德利成为伯南克最亲密的盟友。

10 月 1 日，达德利发表了一个无疑很有意义的演讲。在对美国商业编辑与作家协会的发言中，他描述了美联储是如何在鼓励创造就业和保持通胀目标水平上失败的，并说明了购买债券可能会改善这两方面的情况。他甚至提出了一个经常被学者提出，但很少被政策执行者提出的相对比较受争议的观点：通过允许一段时期的“追赶”通胀，央银可以应对过低的通胀。然后他得出结论，无论何时，当央银的高级官员讨论他们可能会做什么的时候，所有的轻描淡写、术语或婉转曲折的说法，都是不标准的。“我认为，现在的失业率、通胀水平和它们回到与我们要求一致的水平的时间都是不可接受的，”杜德利说，“我们有工具可以提供额外的刺激，并且代价在可接受的范围内。因此，我认为进一步的行动是必要的。”

金融市场中的美联储观察人士经常高估了联邦公开市场委员会成员们协调

自己的演讲内容的程度。与一般假设相反的是，全美不同地区联邦储备银行的主席通常自己行动，而不是根据伯南克和他在华盛顿的同事的演讲行动，更不用说去执行伯南克和他的同事的命令。但是当达德利发表演讲的时候，情况却有点不同。根据传统，纽约联储主席是联邦公开市场委员会的副主席，他有责任确保他和委员会的大多数以及委员会主席所想的差别不太大。因为这个原因，达德利的演讲内容非常接近于提前宣布 QE2。

伯南克成功地建立了一个共识：某种程度的量化宽松是有意义的。他和他的盟友们现在需要着手把问题焦点由是否量化宽松转变到怎样量化宽松。就好像是在强调这个转变，在达德利发表演讲的三天后，他的主要副手布赖恩·萨克（Brian Sack）——执掌美联储市场部，将要成为负责推进新一轮量化宽松项目的官员，发表了自己的演讲。这个演讲以强调温和的《管理美联储的资产负债表》为标题，解释了新一轮债券购买遇到的技术性挑战和纽约联邦储备银行市场部是怎么克服它的。尽管萨克没有像达德利几天之前那样就一个新的购买项目是否有必要发表自己的看法，但是他在这么长的讨论中涉及这个问题，这一简单的事实给出了联邦市场公开委员会将会走向何方的另一个政策暗示。毕竟，他不会花几百个字去解释一个不会执行的政策。委员会的鹰派成员十分生气，他们被告知不要先于委员会说出即将要采取的措施，现在，达德利甚至是萨克——他们不是委员会成员，仅仅是工作人员，却这么做了。“我十分沮丧，”托马斯·赫尼格说道，“让纽约联储的主席和市场部那家伙在那里定义这些举措会有什么效果。”赫尼格和其他委员会成员把他们的反对告知伯南克。“我不会等到联邦公开市场委员会会议，”赫尼格说，“我很生气。”

2010 年 10 月 15 日，一个潮湿、寒冷、阴郁的新英格兰早晨，在快到 8 点 15 分的时候，波士顿联储主席埃里克·罗森格伦宣布召开银行的年度研讨会。11 年前，波士顿联储在佛蒙特州伍德斯托克聚集了许多经济学家以讨论“低通胀环境下的货币政策”。在那里，本·伯南克曾辩称，日本未能充分放松货币政策是由于“自我麻痹”。现在，回到相同的话题：伯南克的美联储是否也陷入了麻痹状态。在他的主题演讲中，伯南克没有留下任何怀疑他立场的地方。“考虑到委员会的目标，在其他情况都一定的情况下，我们有理由采取进一步的措施。”美联储主席那天早上说的话出现在了所有的金融新闻频道。在承认非传统政策措施可能有缺陷的同时，他补充说：“美联储仍然致力于追求实行促进充分就业和物价稳定的双重目标的政策。”

伯南克离开会议后不久，飞回了华盛顿。在随后的几个小时里，主要的学院派经济学家争论着当短期利率已经为零时，放宽货币供给的理论挑战。日本银行在 10 年之前遇到的挑战以及美联储现在努力克服的是，它不能将利率降到足够低的程度来刺激投资，即低于所谓的零下限。有些经济学家试图解决一个令人费解的问题：为什么利率不可能低于零。如果美联储试图设置一个负利率——即有效地对储蓄征税，会如何呢？哈佛经济学家、白宫前顾问格雷格·曼昆（Greg Mankiw）说道：“存款人将会说的是，‘如果他们要对我放在银行的钱征税，那么我将把我的钱放在家里。’该政策唯一能产生的是对安全资产的需求——我说的安全资产是指保险箱，因为他们会买一大堆保险箱，这样他们就可以把钱放在保险箱而不是银行，”他补充道，“解决这个问题的一个方法是由我的一个学生提出的，即宣布某些特定序列号的货币是无效的。不过我不会说他是谁，因为他想要成为一个央银家。”

当学者们在波士顿联邦储备银行自助餐厅旁边的会议室讨论时，也就是大概下午 2 点 30 分，与会的美联储高层官员悄悄地溜了出去，乘坐电梯来到了罗森格伦的办公室。在那里，他们登录到联邦公开市场委员会的一个秘密电话视频会议。联邦公开市场委员会的例会本应在两周以后，然而在伯南克早上的演讲后，市场已经充分预见到了 QE2 的观点。但是，美联储主席想要召开会议以确保有足够的时间来讨论开展这个项目的技术细节。美联储是否应该宣布一个提前购买的数量巨大的国债，比如 5 000 亿美元或者 8 万亿美元？还是应该在每一次联邦公开市场委员会会议上重新审视它，例如，从 1 000 亿美元开始，然后根据经济在此期间的状况要么宣布增加 1 000 亿美元，要么减少为零？这是圣路易斯联储主席詹姆斯·布拉德喜欢的方法。最后一个选项引起了伯南克的兴趣，但是从来没得到其他委员会成员的认可，即设置一个特定的长期利率的目标，然后通过购买债券来达到这一目标——无论需要购买多少债券。与会者还讨论了美联储是否需要改善它向公众传达其目标的方式，比如通过让通胀目标更明确或者伯南克开始举办新闻发布会。

三个小时的会议的实际目的是，确定哪些政策在委员会成员中得到广泛支持，哪些没有。但它同样是一种结合了毅力与耐心的最新策略性行为。在 8 月和 9 月的联邦公开市场委员会会议、伯南克办公室的小会议以及这种特殊的视频会议中，直到 11 月 2 日和 3 日的政策会议上完全提出 QE2 的决定前，委员会中没有人认为自己的声音被忽视了。伯南克从 8 月会议起，一直持续推进新的量化宽松，甚至给那些更加顽固的同事更多的时间去接受他的观点。然而，在采取这个新的非常规货币政策前，他还需要说服更多的人：全球最强大的 20 个国家的财政部部长和央银行长。

坐落于韩国东南角的庆州，由于没有自己的机场，需要从首尔乘一个小时的火车，到釜山后再换乘一个小时的汽车才能到达，这对于 2010 年 10 月 22 日和 23 日在这里参加 G20 峰会的绝大多数官员来说很难到达。伯南克曾希望不去参加，因为再加上往返的时间，两天的会议占用了他五天的日程（美联储主席通常乘坐商务机；如果他要搭乘美国财长的空军飞机，将会损害央银的独立性）。但是出于外交需要，他需要向其他各国解释 QE2。

这不是一个牵涉范围广泛的集会：20 个成员国分别都派出了它的财政部部长和央行行长，这 40 个官员每人带一个副手，有些还会带翻译；同时还有各种“荣誉”参与者，包括像国际货币基金和世界银行等国际组织和一些较大的非 G20 国家，如西班牙和越南。总之，大约有 100 人参加会议，它并不像一个内部集会。

韩国财政部部长宣布会议开始，欢迎与会者，并宣布行政公告。然后，根据传统，请美国代表发言，解释美国将会发生什么。通常来说，财政部部长盖特纳会主导这部分的讨论，但是这次，他把这个主要发言的角色让给了伯南克。伯南克负责解释美联储的政策举措，通过这一点，人们会广泛预期美联储将采取这个措施。盖特纳和凯文·沃什作为伯南克的副手，担心通报可能引起政治批评：为什么美联储让世界其他国家参与其国内的政治决策？所以伯南克小心翼翼地提到美联储只是可能会考虑新的资产购买，并没有表明这是一个绝对确定了的事。不过，谁知道这话的真实性有多少呢？

他说，美联储可能采取的行动是调整美国货币政策，使之正确匹配美国的经济状况。这并不是尝试着去操纵美元价值，尽管在外汇市场上可能产生的一个结果是美元的贬值。“我不是试图开始一场货币战争，”伯南克说，“我只是尽量阻止美国的通货紧缩和经济收缩。”

在场的一些官员——他们国家的公众会在三周后，其强烈地反对并拒绝接受它。德国人说，美国人正在冒大规模通胀和新的金融泡沫的风险，伯南克听起来却认为这是德国硬通货主义。巴西人说，数千亿美元的投放将进入石油市场，会推高能源价格，同时进入已经有大量“热钱”的新兴市场的股票市场，从而可能会导致泡沫风险。伯南克同情巴西人：他们所要做的是，避免从美国输入的通胀终结了他们通过压低本国货币相对于美元的价值来干预市场的政策。新兴市场的论点在伯南克看来，可归结为如下观点：美国政府需要做对他们最有利的，而不是对美国经济最有利的。

决定实施 QE2

就像他们每年 8 次的会议那样，联邦公开市场委员会的委员们从各地来到华盛顿，参加 11 月 2 日开始的为期两天的会议。他们入住费尔蒙酒店，然后乘车到达不到两公里远的埃克尔斯大楼。金融信息网络处于满负荷状态，不断在评估星期二共和党在国会选举中的胜利的影响与星期三下午即将宣布的 QE2 之间来回切换。他们把卫星卡车停在美联储办公大楼下。几个小时没有任何报道，但若美联储总部的白色大理石出现在报道者身后，会让报道更有分量。

“各位，下午好。”伯南克在星期二下午刚过 1 点时说。他欢迎了萨拉·布卢姆·拉斯金（Sarah Bloom Raskin）—— 一位新任命的州长，这是她第一次参加会议。他笑着指出，珍妮特·耶伦刚刚成为副主席，但已经参加过“几次会议”，然后会议开始了。

联邦公开市场委员会会议有一个固定的形式。委员会成员聚集在一个大房间，遵循严格的议程：首先是员工简报，然后每个官员轮流讲几分钟自己关于经济和政策的观点。这些参与者在走廊上喝咖啡的时候可能是“本”或者“比尔”，但当联邦公开市场委员会开会时，就是“主席伯南克”或“主席达德利”。自从 1995 年决定开始在 5 年内解禁会议记录，与会者就变得更加拘谨了，官员们诵读准备好的摘要而不是参与临时的讨论。甚至当在政策上没有争议时，委员会成员也会在他们会后声明的措辞上斤斤计较。过去 6 周里，美国经济增长“适度”还是“稳健”？只有联邦公开市场委员会会花几分钟讨论它们之间的区别。

QE2 的会议有一点不同。

“我们要行动吗？”这个问题或多或少在 9 月的会议上已经被解决了，主流观点趋向于答案“是”，两周前的电话会议已经足以确定这个项目的细节，剩下的只是政策制定者讨论出他们喜欢的方向。当 2016 年年初会议记录解禁时，人们会发现，量化宽松的强烈倡导者——耶伦和达德利，再加上芝加哥联储的查尔斯·埃文斯和波士顿联储的埃里克·罗森格伦，他们关于让 1 510 万美国失业者在低通胀情况下找到工作的观点听起来像是说教。

通胀的鹰派——分别来自达拉斯、里士满、费城、堪萨斯城联邦储备银行的理查德·菲舍尔、杰夫·拉克尔、查尔斯·普洛瑟和托马斯·赫尼格，他们的观点听起来更加慷慨激昂。他们描绘了 QE2 带来的丑陋景象：股市和商品价格的泡沫，央银因为帮助政府减轻赤字，为政府提供资金而印刷钞票，从而失去了其独立性。他们认为，央银不应该掌管超越其能力范围的经济两难问题。沃什——通常被认为是伯南克的亲密同盟，把他的反对和他在《华尔街日报》专栏上的激烈言论联系起来。有两次，人们因为他的鹰派作风戏称他为

“阿克塞尔”——暗示他听起来像是德意志联邦银行行长阿克塞尔·韦伯。

确切地说，两派都不是哗众取宠。大家接受这一决定，但是要确保在历史记录上明确每个人的立场。他们在房间里走来走去，投出自己的选票。鹰派中，沃什和其他大多数出于对伯南克的忠诚投了同意票，剩下的只有赫尼格投了反对票。最后的结果是 10∶1，声明敲定，给媒体的传真已经在财政部的地下室里准备好。

格伦·贝克、YouTube 和沮丧的 G20 成员们都在等待着。

QE2 的第一天

美联储的总部是一个巨大的、壮观的佛罗伦萨式建筑，离曼哈顿下城的华尔街只有几步远。它有坚固的石墙、厚厚的铁格栅栏保护低楼层的窗户，这对一个拥有世界上最大黄金储量的地下室来说并不为过。20 世纪 30 年代，第二次世界大战的乌云笼罩着欧洲和亚洲，世界各国政府纷纷认为纽约是比本国储存黄金更安全的地方。纽约联邦储存银行很乐意效劳，它提供了位于曼哈顿岛地下 24 米的地下室作为储存黄金之处。在那里一共有 122 个箱子，为其他国家和央银储存着黄金——它们确切的身份被严格保密。总的来说，以 2012 年年初的价格来计算，他们持有大约价值 3 500 亿美元的黄金，差不多是阿根廷一年的经济产量。

这对于那些想要拥有金条（按现在价格来算，大约价值 60 000 美元）和想要创造精彩绝伦的抢劫镜头的电影商们［像《虎胆龙威 3》（*Die Hard: With a Vengeance*）］来说是令人兴奋的。但是，对于纽约联邦储备银行来说，这仅仅是一个副业——相当于一个当地分行出租金库闲置的某个角落作为保险箱。真正的钱有 61 米高，存在一个和世界上任何一个办事处的会议室没有什么不同的房间里。这是蒂娜·马尔吉奥尼（Dina Marchioni）和她年轻的交易员于 2010 年 11 月的一个星期五开始实施 QE2 的地方。

联邦公开市场委员会只能制定政策的方向。纽约联储的员工通过买卖债券来真正干预市场，实施这一政策。委员会 11 月 3 日的会议制定的指令是，每个月购买 750 亿美元的长期国债，一共 8 个月，总计 6 000 亿美元。但是，究竟是什么债券，又是谁会买到这种债券呢？答案会在 11 月 12 日出现：购买的债券是在 2014—2016 年到期的国债，价高者得。

马尔吉奥尼经常在特殊场合带一些丹麦点心和百吉饼，QE2 伊始那天肯定也是这样，尽管历史并不会记录那天提供了什么早餐糕点。三个“交易员 / 分析员”坐在椅子上，面对着计算机终端。马尔吉奥尼坐在他们后面的会议桌旁观察他们。一个 IT 人员坐在旁边，以防计算机出现故障。乔什·弗罗斯特（Josh Frost）—— 一个穿着深色西装的瘦男人，是马尔吉奥尼的老板，在大多数时间都会留下来，以确保每一件事都进展顺利。办公室里有一个巨大的平板电视在播放 CNBC 的节目，一个数字时钟，沿着墙有三台平板电脑显示器的智能终端—— 一台通过彭博社的金融信息服务显示实时市场数据，另外两台则显示被称为“一级交易商”的位于世界各地的 20 个主要金融公司的报价。

当美联储准备购买债券时，交易大厅的每一个一级交易商的电脑上都会发出一种奇怪的声音。这是一种奇怪的、颤抖的声音。交易商有 45 分钟时间提出自己的报价——美联储并不介意这些债券究竟是这些大银行持有还是他们的客户持有。马尔吉奥尼的员工监控着输入的报价，当有一些不合常理的报价出现，即银行以过高或者过低价格将债券卖给美联储时——他们会在一个精致的手机上按下一个名为“炮塔”的按钮（马尔吉奥尼的面前则有一个超级炮塔），然后迅速联系摩根大通、巴克莱、高盛或者任意一家可以参与报价的交易商的交易大厅。

报价堆积如山：在 QE2 的第一天，交易商愿意卖出 290.39 亿美元债券给美联储。交易员看着由电脑排序好的报价，找到报价最好的交易。毕竟，2014 年 10 月到期的债券和 2016 年 1 月到期的债券的价格有所不同，他们的工作是确保提供相对最好的价格的交易商买到债券。

在离收盘还剩一分钟的时候，交易员的电脑开始闪烁红色的光。他们观看 CNBC，监控彭博社，确保没有重大的市场新闻。如果有重大新闻，他们会延迟拍卖结束的时间来让买家有时间调整报价。当时间到了，美联储的电脑会将所有报价排序以便选择最好的交易。2010 年 11 月 12 日，共提供了 24 种不同的个人债券，总价值 2 900 亿美元，为 16 种不同的债券提供了合理的价格，其中包括价值 1.41 亿美元的 2015 年 2 月 15 日到期的国债，其初步确定的收益率为 4%。

交易员购买了数千亿美元的债券，美联储将会拥有这些债券。债券卖出者——银行和他们的客户，在他们的账户中有了数千亿新创造出的美元，他们可以随自己的想法借出或者支出这些钱。在接下来的 8 个月里，交易员会重复 139 次这样的操作，直到额外的 6 000 亿美元在世界经济中流通。如果伯南克和达德利是对的，那么它会创造更多借贷和投资；如果鹰派是对的，那么它将带来更高的物价和经济泡沫。

疲惫的央银家

在决定做出后的几天中，随着反对 QE2 的论调不断升级，伯南克的美联储遭到了各方面的攻击——美国的保守党、外国政要、他们自己的一些同事以及一些金融评论家。保持沉默并通过正式书面声明沟通的传统，让美联储对给出回应略感准备不足。在做出决定的那个下午，伯南克的日程表上列出了两个小时的“与媒体见面”安排——但显然这些都是私下安排的。这些反击将会很难成功。

伯南克为《华盛顿邮报》写了一个专栏，于第二天发表。12 月，他罕见地参加了一个电视采访，这也是他再次参加哥伦比亚广播公司《60 分钟》节目。“现在的一个谬论是，我们做的只是印钞，”伯南克告诉主持人斯科特·佩利（Scott Pelley），“我们不是在印钞，流通中的货币数量没有改变，货币供应没有发生大的变化。”

伯南克非常聪明，首先利用这一事实：QE2 增加经济中的货币数量是通过电子渠道，而不是实际印刷更多货币。理所当然，在银行账户里的 100 美元和某人口袋里的 100 美元是一样的。第二点，关于货币供应是极端微妙的：美联储的购买会增加“基础货币”或者“高能货币”，只有银行或者个人的账户拥有多出来的美元。当他们借出或花费现金时，才会增加流通中的美元数量。这种解释是没有诚意的。

美国喜剧中心频道的《乔恩·斯图尔特的每日个人秀》(*The Daily Show With Jon Stewart*) 节目第一个指出，伯南克当时说的与 21 个月前在同一档节目中面对同一主持人所说的自相矛盾。2009 年 3 月，描述美联储更早一轮的资产购买时，伯南克说道：“贷款给银行，我们仅仅使用电脑来标记他们在美联储账户的大小，所以相比于借钱，这更像是印钞。”

“你们是在印钞吗？”佩利在 2009 年问道。

“是的，非常有效。”伯南克当时说道。

斯图尔特开玩笑说，美联储不是在印钞，它是在“想象”钱。

尽管如此，通过一些重要的措施，QE2 最终得以实行。在经济增长和创造就业方面，第二年的表现仍然极度疲软。在经过了一个经济数据指向新的衰退和非常低的通胀的夏天后，金融市场对量化宽松从 8 月还只是遥远的可能性，到 11 月初已经是事实做出了回应。通胀预期从 2010 年 8 月的 1.2% 增长到 2011 年年初的 2%，接近于美联储的目标。2011 年年初，美国经济滑向通货紧缩的可能性非常小，这支持了伯南克的理论，央银不能使物价下降。

然而，伯南克和他的同事们面临着一系列新的批评。一直以来，央行忍受着政治家们有关银根太紧、利率太高的抱怨。这是传统认为的保持独立性——有勇气在经济过热的情况下提高利率并认为通胀是个威胁。

但是现在，一切都逆转了，黑暗变成光明，政治家（至少右派的）在失业严重时期却强烈要求收紧银根。伯南克的委员会管理策略、三个月内三次联邦公开市场委员会会议、一系列演讲推进措施，可能是让持有广泛观点的庞大集团走到一起的最好方法。但它也有助于使这个举措看似向量化宽松迈进了一大步。同样的，宣布一个简单的巨大数目的决定当然也会起反作用。在美国政府过去已经颁布了 7 000 亿美元金融救市和接近 8 000 亿美元的赤字融资和开支计划后，新的 6 000 亿美元的债券对很多批评家来说听起来和前者更像——尽管它很可能减少了财政赤字，因为美联储归还了在国库券上赚得的利息。

美联储，就像《多德 - 弗兰克法案》讨论中说明的一样，其存在是因为国会的喜好。两个主要政党都毫无保留地抨击“印钞”这一想法，让伯南克和很多给 QE2 投票的联邦公开市场委员会成员对再次这样做持谨慎态度。美联储主席现在更明白，为什么 10 年前当日本银行要行动时会显得如此胆小。

“我比 10 年前更同情央银家了。”伯南克在 2011 年的一次新闻发布会上说道，脸上挂着疲惫的微笑。

THE ALCHEMISTS

THREE CENTRAL BANKERS AND A WORLD ON FIRE

| 第四部分 |

第二波浪潮 2011—2012

THE ALCHEMISTS

THREE CENTRAL BANKERS AND A WORLD ON FIRE

16

菜刀、三巨头以及杜维尔溃败

爱尔兰媒体给他起了一个绰号叫“菜刀”。2010 年 11 月 18 日星期四早上 8 点 45 分，阿贾·乔普拉（Ajai Chopra）离开都柏林的梅林酒店，步行 15 分钟到爱尔兰央银出席一整天的会议，全程都被摄影师跟拍。国际货币基金组织欧洲区的副总裁一夜之间成了爱尔兰最著名的人物。你甚至能在街头看见这样的宣传画：一个“撕毁提供给爱尔兰数十亿资金的协议”的人走过充斥着乞丐的街头，其象征的寓意不言而喻。

之前的 20 年中，爱尔兰一直是欧洲最伟大的经济成功典范之一，它从一个相对贫穷的国家崛起为欧元区最有活力的经济体。爱尔兰自由的劳动力市场和较低的公司税率让其成为正在寻找欧洲据点的跨国公司的热门目的地。爱尔兰政府的效率很高，几乎没有腐败，危机之前其公共财政也无可挑剔。但当

2008 年 9 月 30 日爱尔兰官方政府宣布为银行提供政府担保后，其财政状况急转直下。2009 年有个广为流传的笑话：冰岛（Ice land，其银行体系一年前崩溃）和爱尔兰（Ireland）有什么区别？答案是："一个字母以及相隔 6 个月。"

但似乎这个笑话在很多方面都被证明了其先见之明。正是爱尔兰和冰岛的区别让乔普拉来到这儿。首先，爱尔兰有自己的货币，本币对美元的汇率在 2008 年年末大幅下挫 58%，出口商品竞争力增强，为经济反弹做了铺垫。冰岛的失业率刚刚达到 7% 的高峰；而爱尔兰的失业率从 2008 年初的 4.8% 飙升至 2010 年 11 月的 14.3%。其次，冰岛的银行系统较小，即使机构倒闭也不会威胁到整个欧洲甚至全球的银行系统。而爱尔兰和冰岛情况不同，至少欧洲官员们普遍这么认为。

乔普拉在一次接受爱尔兰广播电台（RTÉ）访谈的时候说道："对于我的高知名度，我并不习惯。人们走向我，既礼貌又亲切地喊着我的名字，向我问好。我认为爱尔兰人的勇气会帮助它走出危机。"

诸多以提供救助贷款为条件、要求政府做大幅让步的国际机构的代表也是如此。克劳斯·马萨奇（Klaus Masuch），一位喜欢穿短袖衬衫、有着强硬风格的谈判专家美誉的德国经济学家，是欧洲央银在都柏林的代表。伊什特万·萨克里（István Székely）—— 一位在剑桥受教育的匈牙利人，他曾在本国央银和国际货币基金组织任职，是欧盟委员会经济和财政事务的总理事。记者聚集在爱尔兰央银门外向在场人群呐喊："国际货币基金组织？欧盟？欧洲央银？" 正如《爱尔兰独立报》(*Irish Independent*) 冷冷地报道："没人真正知道国际机构官员们的长相。"

尽管这是一个黑色幽默，但爱尔兰的确要过起紧巴的日子了，甚至要让渡一部分经济主权，这比希腊还严重。那年春天，在这个地中海国家，抗议者发动了全国罢工，试图攻占议会，并用燃烧弹袭击银行，导致三人身亡。相比之下，爱尔兰街头并没有出现明显的暴力活动，尽管廉价航空瑞安航空的 CEO 在出席都柏林机场一个新航站楼的开启仪式时，带了一口盖着爱尔兰国旗的棺材，风头盖过了首相。他说，航站楼对国际货币基金组织的官员来说，只是一个“漂亮温馨的休息室”。也许爱尔兰民众很快就会对他们自己选出来的官员失去信心了。正如《爱尔兰独立报》头条刊登的给编辑的一封信所示：“乔普拉比让我们绝望的官员们强多了。”

“我猜测年长的人会因为国家受到羞辱而感到失落，”《观察家报》（*The Observer*）引用一位大学生尼娅姆·诺顿（Niamh Norton）的话说道，“但事实是，大国主宰了事态的发展，爱尔兰只是一个小国。”

三巨头，希腊经济的未来

或许国际组织官员的名单稍有不同，但正在爱尔兰上演的救助小国的“剧目”数月前刚在希腊彩排完毕。2010 年春秋之际，希腊最重要的政治伙伴都齐聚一堂，马萨奇团队、丹麦经济学家保罗·汤姆森（Poul Thomsen）、比利时财政政策专家萨瓦斯·德鲁士（Servaas Deroose），他们三人分别代表欧洲央银、国际货币基金组织和欧盟委员会。这就是三巨头，肩负着拥有 1 100 万国民的希腊经济的未来。

吃着一家雅典酒店套房服务提供的三明治，喝着啤酒，他们探讨着能够吸取的教训。希腊政府在哪方面践行了其诺言？哪些诺言又没有做到？他们如何能够引导讨论方向，尽可能地推动希腊政府践行其诺言？楼下的会议室里，四五十位员工（或许更多）被分成小组，边就餐边讨论各自的结论和第二天的计划。

在通常持续两周左右的季度会议上（尽管有时候会延长到超过一个月），三巨头的代表会盘问各种政府机构——税务、能源监管、银行监管的中层员工，试图确定希腊是否践行了其领导人用以换取 5 月份国际社会救助时在协议中的承诺。大多数会议会使用英语，内容涉及希腊内政，希腊官员也理解所有外部人士只是公事公办。一些参加会议的人甚至感到高兴，终于有外部压力推动他们长久以来探索的改革了。

“权力走廊”以外却存在着一些敌意，普通民众将工资和养老金的削减归咎于这些来访者。马萨奇、汤姆森和德鲁士［之后是马赛亚斯·莫斯（Matthias Mors），接替其成为欧盟委员会的代表］三人在各自的组织中都相对默默无闻，但却常常在希腊报纸的头版上被口诛笔伐。他们不得不在警方的保护下出行，最终被迫更换酒店。他们起初住在布列塔尼大酒店，但当一些抗议者冲入酒店楼下的广场后，他们被转移到几个街区以外的希尔顿酒店。

三位官员试图解决他们之间的分歧。例如，政府雇员的工资需要削减多少？私营部门的长期项目需要多大程度的支持？讽刺的是，当国际货币基金组织成为雅典街头平民主义愤怒的主要目标后，它比三巨头中的其他两方更关心即将实行的紧缩政策对经济的影响。欧洲央银和欧盟委员会更加热衷于立即削减开支。尽管如此，这三位以及他们分别在华盛顿、法兰克福和布鲁塞尔的老板试图将他们之间的分歧控制在希尔顿酒店的套房内——对外则统一战线。

一位全程参与谈判的希腊官员说道：“他们彼此之间似乎有着非常良好的合作，对我们来说，他们之间并没有明显的摩擦。我听说他们之间有分歧，但这些分歧并未破坏三巨头之间的一致性。”

事实是，2010 年的希腊发现自己正处在这样的处境中：因为提供救助的条件，希腊央行和有关各方一道，在养老金、税收以及国有企业私有化等议题上对民选领导人发号施令。

民主制度诞生于希腊，却又在此湮灭。

抛开国家主权的因素不谈，事态正向正确的方向发展。2010 年 5 月 9 日周末酝酿的一系列干预计划成功了。包括欧洲各国政府和欧洲央银在内的欧盟机构都采取了必要手段，对防止希腊危机失控下了决心。当然，欧洲稳定基金更多还只是个想法，但只要 GIPSI 五国政府践行其承诺，投资者就会相信欧元区国家的债务不会违约。此外，欧洲央银在债券市场上的干预出奇地有效。五六月份，欧洲央银大规模购入了希腊、爱尔兰和葡萄牙的国债，之后市场运转良好，允许买方逐渐清仓。截至 8 月的最后一周，欧洲央银在证券市场计划下的债券持仓仅为 610 亿欧元。

这是欧洲央银行长让 - 克洛德・特里谢危机管理的巨大成功。他认为，即使欧洲央银干预的规模较小，但只要选对了时间和方式，就能极大地扭转市场情绪。购买债券计划的实施惩罚了下注欧元区崩溃的投资者，并让有意卖出债券的投资者担心和欧洲央银以及其无限的资产负债表对赌，GIPSI 债券在市场上的压力趋缓。例如，西班牙 10 年期国债的收益率从 6 月份的 4.9% 回落到 9 月初的 4%。

希腊首相乔治・帕潘德里欧在三巨头的推动下甚至取得了一些成功——实现了其削减养老金和提高税收的雄心。希腊财政部部长乔治・帕帕康斯坦丁努甚至求助于国际金融协会（IIF）—— 一个由主要的国债大银行买家组成的协会，组织一个非交易路演，借此他可以在主要金融中心和投资者会面，说服他们相信希腊政府修复财政系统的承诺，最终让他们重新购入希腊国债。

5 月的行动为欧洲解决其经济潜在的问题争取了宝贵时间。然而截至 2010 年秋天，欧洲的结构性缺陷迟迟没有得到解决。相比于其生产力水平，希腊人所承担的损失持续走高，德国和法国的银行有大量财政状况不良的政府债券的持仓。欧洲大陆的银行监管者为了检测潜在漏洞，对银行系统进行了压力测试，并于 7 月 23 日宣布了鼓舞人心的结果：大部分银行能够承受总数达千亿欧元的损失。但压力测试假定，所有欧元区国家的债务都可全额偿还，这回避了问题的实质。

随着欧洲各国政府深入探讨它们达成一致的稳定基金的细节问题，共同决议出现了争议的征兆。接着，也许是历史上最有影响力的“沙滩散步”出现了。

"沙滩散步"

德国总理默克尔正在努力应对接踵而来的压力。比起其他因素，她应对压力的能力才是决定欧洲未来的关键因素。

一方面，德国国内被他们要承担救助希腊这一责任的消息惊得目瞪口呆。就在救助计划谈判当天——5 月 9 日，默克尔的联盟在北莱茵 - 威斯特伐利亚地区选举中惨败，部分原因就是人们对她推动救助希腊行为的不满。并且，默克尔将在德国的宪法法院遭遇有关其承诺对希腊的救助计划合法性的持续挑战。另一方面，作为欧洲大陆上最有权力的女性，默克尔也算得上是欧盟的支持者，她下定决心实现其政治导师赫尔穆特·科尔设定的欧洲大陆统一的愿景。她 5 月 13 日在亚琛的一场演讲中说道："女士们、先生们，请大家不要回避这个问题。有关欧元区未来的危机并不是一场简单的危机，这是一场关乎生死存亡的危机，我们必须战胜它。一旦失败，它对欧洲和世界的影响将难以估算。战胜它，欧洲会比以前更加强大。"

2010 年秋，最让默克尔担心的是反对救助的热潮。甚至是执政联盟中的部分成员也开始提出一些合理、但听上去不那么舒服的问题：为什么德国纳税人被要求去救助希腊？为什么不优先考虑愿意借钱给希腊的人？希腊事实上已经破产了吗？公司破产时，投资者会损失一部分钱。但在这个计划下，投资了希腊国债的银行和养老基金并没有遭受哪怕是一欧元的损失。德国政客质疑道："为什么他们不能接受投资失误所带来的损失？"具有讽刺意味的是，这和希腊政客的想法不谋而合，后者更乐见其债务负担有所减轻，而不单单是债务重组。

如果以上代表柏林的思维，那么来自法兰克福欧元塔和德意志联邦银行的思路则恰好相反。欧洲央银认为，强迫希腊国债的债权人承担损失这一举措蕴含着巨大风险。特里谢和其他欧洲央银的官员认为，如果强迫希腊国债的债权人接受减记，会造成危险且会出现不可预测的连锁反应。投资者会认为所有欧元区国家的债券都蕴含高风险，进而抛售爱尔兰、葡萄牙、西班牙和意大利的国债，甚至法国也可能被殃及。德国和法国的银行作为希腊债券的主要持有者，有可能会陷入资本不足的境地，需要新一轮救助。

上述仅仅是可以预见的结果。国债是整个金融体系的基石。正如雷曼兄弟倒闭那样，希腊违约所引发的二阶效应非常难以预测。一个拥有自己货币的国家对债权人强硬是一回事，正如 2001 年的阿根廷和 1998 年的俄罗斯所做的那样。但作为共同货币联盟的一员，做同样的事可能会引发各种难以预料的问题。救助希腊政府和希腊的债权人在欧洲央银看来，只不过是阻止上述情况发生所付出的一小笔代价。

10 月 18 日，当欧洲各国的财政部部长齐聚卢森堡试图敲定 5 个月前达成一致的稳定基金的细节时，最重要的两位成员却缺席了。德国财长沃尔夫冈・朔伊布勒和法国财长克里斯蒂娜・拉加德分别代表了欧洲最有势力的两个国家，两人派出了他们的副手作为代表出席。两位财长都在杜维尔——诺曼底海岸一个有着星光熠熠历史的旅游小镇。伊丽莎白・泰勒和可可・香奈儿曾在那里度假，《了不起的盖茨比》（*The Great Gatsby*）中虚构的汤姆和黛西也曾在此度假，伊恩・弗莱明（Ian Fleming）也很有可能将第一部詹姆斯・邦德小说的场景设于该小镇的赌场。现在，朔伊布勒和拉加德这两位代表各自国家的头脑人物让这个小镇再次名扬世界。

齐聚杜维尔的目的并不是讨论经济，这只是德国、法国和俄罗斯的国家元首致力于讨论外交和安全议题的例会。但是，默克尔和法国总统萨科齐决定利用这个场合在两国之间探讨出欧洲未来发展的协议。他们在皇家酒店碰头，萨科齐在记者的注目下给了默克尔一个拥抱，并派一个助手帮默克尔取下外套。在深秋耀眼的夕阳下，两人被安全卫队簇拥着，远处的摄像师不断按动快门。默克尔和萨科齐沿着俯瞰英吉利海峡的大道散步，并达成了一项交易。

默克尔为了回应国内的政治压力，希望确保 5 月份达成一致的救助基金不会成为财政状况不佳国家的永久资金来源。她坚持，从 2013 年开始，所有需要财政救助的国家都必须允许对债权人的债务减记。萨科齐最初拒绝这一提议，但最终答应了，交换条件是默克尔放弃先前坚持的未能符合赤字限制的措施。这将会导致政府面临自动制裁，而该措施是用以确保未来的预算约束。

会谈后少顷，法国政府发布了法德联合声明，英文版包含 392 个字，而这些内容，即便是最为知识渊博的专攻欧洲经济政策的学者也不完全明白其真正含义（“执行该条约的预防性措施时，理事会应有权决定按总市值采取行动，以带息存款的形式逐步实行制裁……”）。之后，欧洲内部大部分讨论都围绕该声明对新财政规则意味着什么进行。但是对持有国债的投资者而言，真正的新闻在声明文件的末尾。公报认为条约应予以修订，“为私人债权人的充分参与提供必要的安排”。也就是说，如果提供更多救助，债权人必须买单。

在卢森堡的各国财长最初是从新闻报道中得知杜维尔海滩上达成的协议的。之后，刚过下午 5 点，约尔格·阿斯穆森代表朔伊布勒走入会场，打印了在杜维尔的同事传来的关于协议框架的电子邮件。许多在场的财长都很生气。他们自己正在试图敲定协议，然而欧洲最大的两个经济体却私下达成了一个会影响所有人的交易。《金融时报》引用一位匿名的外交人士的话写道：“尽管我们在某种程度上习惯了由德法两国主导，但这么做确实很明目张胆。”在大西洋对岸，美国人甚至没有意识到德法两国正在酝酿如此重大的协议，如果他们提前意识到了，财政部官员们必然会建议总统奥巴马致电默克尔和萨科齐，建议他们采取不同的方法。但是，没有人比星期一下午获悉这一消息的特里谢更为愤怒了。

默克尔和萨科齐达成一致的计划，与特里谢以及欧洲央银的提议完全背道而驰。特里谢希望在保护债券人的同时对受到救助的国家施加严格的财政约束，以防止新一轮的危机，而杜维尔的决定在以上两个方面都传递出相反的信息。特里谢在卢森堡当着其他财长的面，用法语向本国代表喊道：“你们会毁了欧元！”10 天后，当欧洲各国政府首脑齐聚布鲁塞尔时，他愈发直截了当。他的目的是给齐聚一堂的欧洲各国首脑就债券市场的运作上上课，并让他们意识到允许减记将对欧元区造成多么大的威胁。

特里谢仅仅发表了15分钟的演讲，援引了20年前他领导巴黎国际债务谈判俱乐部的经历。他提出，让债权人意识到他们将面临的损失是毫无远见的做法，这实质上将使债权人回避欧元区的政府债券，让救助的需求得以自我实现。政府竭尽所能进行救助，但是财政依然难以为继，事实就是这么回事。但警告投资者其债务会面临减记十分可笑，这只会增加违约的概率。在融资成本为5%的情况下，西班牙的财政状况尚可；但如果债券投资者认为在救助中会遭受损失，其融资成本可能上升至8%—10%，那就不得不需要救助了。特里谢说道："我们必须清楚市场是如何运转的。如果危机的机制涉及私人部门，那将是更为脆弱的部分。"特里谢用他独有的风格，生动地，甚至愤怒、夸张地做着手势，为了确保官员的注意力都集中在他身上。

英国首相卡梅伦对特里谢的言论深信不疑。但由于英国既不是欧元区成员国，也不向稳定基金提供资金，他的意见远不如萨科齐和默克尔的那般重要。萨科齐的反应非常负面，尽管他的反击似乎不只是由眼前的事情所引起。萨科齐经常对未经选举产生的欧洲央银领导们进行言语攻击，就算欧洲央银行长是他的同胞也不能幸免。几年前，他甚至把欧洲央银作为竞选时的议题，争辩说欧洲央银刺激通胀的政策正在影响法国商业的发展。

尽管他的公开表态要比在布鲁塞尔的讲话克制得多，但是特里谢对萨科齐和默克尔的慷慨激昂的反对意见很快就被媒体得知。几天后的新闻发布会上，这位欧洲央银行长采用了更委婉的方式表达他的看法，他强调说，国际货币基金组织并未宣布受救助国家的债券持有人将会受到损失。"国际货币基金组织并不把扰乱市场、投资者和储户的关系作为工作的前提假设。"特里谢在11月4日说道。

特里谢的警告为时已晚。杜维尔会面之后，债券市场已经开始表现得像特里谢所担心的那样。意大利、葡萄牙和西班牙的借款利率全部上升。最严重的是爱尔兰：萨科齐与默克尔见面的当天，爱尔兰10年期借款利率为6.25%；11月11日，该利率上升至接近9%。11月11日和12日，正在首尔参加G20

峰会的欧洲各国经济领袖们发表了一份声明，称现有的债券持有人最早在2013年以前都不会受到任何损失，希望以此缓解市场的焦虑情绪。但这并不足以缓解人们对爱尔兰与日俱增的担忧。

爱尔兰房地产和银行业的破灭已经拖慢了经济的发展速度，并减少了税收收入。爱尔兰仅银行担保就占GDP的40%。2010年，爱尔兰政府的预算赤字从3年前的几乎为零上升到GDP的31%，也就是说总欠债达到了GDP的92.5%。当2009年年底关于欧洲国家财政问题的担忧首次出现时，爱尔兰相对希腊和其他国家采取了更为主动的措施来减少开支和降低赤字。但是，爱尔兰的货币政策是由欧洲央银基于对欧元区全部17国利益最大化的考虑来制订的。爱尔兰央银不能独立通过发行货币来抵抗经济紧缩。由于与其他欧元区国家一样采取了过度紧缩的货币政策，爱尔兰只能眼看着经济走向萧条。

但是爱尔兰与希腊不同。尽管借款成本飞速上升，但爱尔兰政府其实还掌握着大量来自养老储备金的现金。爱尔兰不再发行新的债券，并希望利率可以再次下降，根据内部估算，他们手里的钱足够撑过2011年夏天。但是由于担心政府的偿付出现问题导致存款难以收回，爱尔兰的银行存款人开始提现他们的存款。爱尔兰银行只得向欧洲央银求助来获取足够的现金，因此，欧洲央银仍旧扮演着欧元区银行的最后借款人的角色。由于欧洲央银已经降低了紧急贷款项目的抵押标准，即使已被降级的政府债券依然可以作为央行借款的抵押，因此，爱尔兰银行可以用爱尔兰债券作为贷款抵押。

截至2010年11月，爱尔兰银行依靠欧洲央银获得来自欧洲其他国家的资助共计1 380亿欧元——相当于爱尔兰每年经济产出的89%。拥有10倍于爱尔兰人口的西班牙也在经历银行业危机，依靠欧洲央银获得了约为爱尔兰1/3的金额支持。欧洲央银的借款使央行的官员们很紧张：爱尔兰银行越依赖欧洲央银的借款，德国、法国和其他国的央行将会越暴露在爱尔兰政府最终会违约的风险之下。

三巨头再次登场

特里谢写信给爱尔兰银行表达他的担忧，暗示欧洲央银对爱尔兰银行的救助不会无休无止。他甚至公开表示，“机构‘依附’于央行资助是不正常的，我们一直在反思如何改进现有问题”。这样的表态使得爱尔兰银行业危机进一步恶化，因为存款人意识到欧洲央银有提高紧急贷款标准的风险，而没有了欧洲央银的资助，爱尔兰的银行会面临无力偿还存款的风险。

作为欧洲央银、国际货币基金组织和欧盟监督计划的一部分，特里谢建议爱尔兰领导人通过向银行注入新的资本来对其实施重组，正如当年早些时候希腊所采取的措施一样。欧洲央银认为，爱尔兰政府的最大失误在于未能及时削减支出来重塑债券持有人的信心。“我们无时无刻不在提醒爱尔兰政府及时采取大胆的措施，”欧洲央银执行委员会委员洛伦佐·比尼 - 斯马吉（Lorenzo Bini-Smaghi）在晚些时候面对《爱尔兰时报》（*The Irish Times*）的采访中说道，“特里谢先生在私下的谈话中几次向欧盟委员会和欧元区国家提到这个问题……2009 年，当爱尔兰政府宣布其大胆的改进措施时，市场反响很大。但这种措施在 2010 年就销声匿迹了。”

比尼 - 斯马吉的意思是：在爱尔兰采取削减财政预算之后，爱尔兰失业率已上升 5 个百分点，他希望政府加倍削减开支并提高赋税，企图以此换回债券持有人的信心。很明显，爱尔兰只依靠自己并不能做什么。

是时候让三巨头登场了。

11 月 21 日，对于越来越明显的事实，爱尔兰政府终于承认：三巨头支持的救助计划即将开始。11 月 28 日前，谈判结果是提供 850 亿欧元的救助计划。国际货币基金组织给出的借款利率为 3.1%，但是欧洲稳定基金的利率要高很多，爱尔兰最终须支付的代价为 5.8%——这是一个不菲的价格，表明了国际货币基金组织惩罚接受救助国家的意图。英国由于与爱尔兰密切相关，特别是与爱尔兰的银行业，因此慷慨解囊拿出 38 亿欧元，与之前对希腊极不情愿的救助形成了鲜明反差。

“我并不认为还有其他什么方法。”爱尔兰总理布赖恩·考恩（Brian Cowen）对记者说道。

在与三巨头谈判的过程中，考恩政府同意在2013年前削减150亿欧元支出（其中60亿欧元已在2011年实施），新增财产税，对最低时薪7.65欧元再削减1欧元，并且减少2万个公共部门的工作岗位。

但是谈话真正的闪光点在于，对盎格鲁爱尔兰银行和爱尔兰泛国建筑协会这两家财务危机银行的处置。这两家银行都已无偿付能力，并且已被国有化，政府希望购买这些银行债券的债务人都能分担损失。特里谢和欧洲央银出于防止欧洲银行全面失去信任的初衷，希望保证债务人毫发无损。

作为保证爱尔兰银行系统不致崩溃的最后借款人，同时也是三巨头之一的欧洲央银寄希望于通过谈判扭转局势。不论特里谢的措施对整个经济稳定性有多大的好处，从政治角度甚至道德角度来讲，这种行为都是恶劣的：在爱尔兰经济蹒跚不前、公务员裁员、税收提高，并减少社会福利的同时，政府却给银行债券投资人支付数十亿的资金。

爱尔兰总理考恩在两个月后下台，他所领导的爱尔兰共和党也在2011年的大选中惨败。考恩成为欧元区危机中第一位下台的国家领导人。但他并不是最后一个。

在爱尔兰的救助协议开始前9天，本·伯南克造访法兰克福，并在欧洲央银的会议上发表讲话。他对在场人员说，各国央行之间的国际合作对解决危机是非常有帮助的。“事实上，在全球金融市场一体化的时代，这样的合作是必需的。”他说。

虽然从货币市场三年前的第一次崩溃以来，主要央行之间的合作一直在继续，但现在大部分的责任已经从美联储转向了欧洲央银。伯南克和特里谢这对对抗危机的战友当天早些时候在欧洲央银行长位于欧元塔的办公室里进行了私下交流。美联储主席用手指着这位法国人的胸脯说："特里谢，现在轮到你了。"

欧洲央银在12月初升级了援助爱尔兰和葡萄牙的计划，再次启用购买主权债务的"证券市场计划"。曾在5月备受争议的做法现在已成为惯例。面对拯救爱尔兰银行这一头等大事，欧洲央银表示，它在未来至少5个月内将向欧元区银行提供无限制的3个月贷款。这是老谋深算的特里谢的典型做法：并不急着援助，直到其他各方（指爱尔兰政府和欧洲其他各国当局）采取必要的步骤。如果欧洲央银太早采取行动，将减少对爱尔兰的采取救助的压力，会使欧洲央银更加被动。

12月16日，欧洲理事会终于感到了一丝轻松，同时还展现出新的决心。面对杜维尔会谈后所有的市场负面反应，爱尔兰的救援和欧洲央银的新一轮干预又一次缓解了恐慌。欧洲领导人再次针对欧洲和欧元的未来发表了声势浩大的联合声明。声明指出："欧元区的国家或政府首脑以及欧盟机构已经明确表示，他们将作为一个整体，随时准备付出任何努力来确保欧元区的稳定。欧元仍是欧洲一体化的核心部分。"同时，该声明还概括了协议的7个要点。

新的一年里将进一步测试有多少欧洲国家准备用实际行动来支持这一想法。两个GIPSI国家现在正处在欧洲央银的监督下。葡萄牙是下一个，发生在雅典或都柏林的一切并没有给里斯本太多心存希望的理由。

谁会是特里谢的继任者

欧洲歌唱大赛是世界上最古老的真人秀。自1956年以来，来自欧洲各国的平民歌手互相较量。节目会在整个欧洲大陆播出，由观众投票选出最好的表演。这是《美国偶像》（*American Idol*）节目之前的"美国偶像"。在2011年5月的表演中，葡萄牙出了一个不同寻常的节目。由于年轻人对黯淡的经济前景的沮丧蔓延到对提名者的公众投票中，这个国家的代表节目不是往常活泼、流行的表演，而是 *A Luta É Alegria*—— 一首由乐队 Homens da Luta 演唱的具有讽刺意味的抗议歌曲，演唱者自称“斗争专业户”，并打扮成了拉丁美洲的革命者形象。

这首歌的合唱部分是被剥夺一切后的齐声呼喊，但是许多观众都感到迷惑不解，乐队不讲葡萄牙语，那为什么这个奇怪的组合能够进入到欧洲歌唱大赛的半决赛。“白天或夜间 / 斗争是快乐 / 街上前进的人们大声呼喊着。”Homens da Luta 乐队的 6 名成员唱道。它用葡萄牙语 geração à rascal 表达了一种沮丧心情，geração à rascal 就是“绝望的一代”，面对着这个机会越来越少的时代。“我们因为‘工作经验’要求而找不到工作，我们唯一的出路是移民。”29 岁的大学毕业生因斯・格雷戈瑞（Inês Gregório）在《金融时报》的报道中说，他是一名咖啡馆店员。3 月的一个周末，成千上万的人走上葡萄牙 11 个城市的街头。

整个欧洲大陆上，经济危机的压力正在转变为社会和政治压力，撕裂着欧洲统一的理想。GIPSI 国家的借贷成本再次上升，葡萄牙总理若泽・苏格拉底（José Sócrates）提出了缓解危机的工作计划。2011 年 3 月 23 日，面对“绝望的一代”的游行和高达 12% 的失业率，他在针对其计划的一次关键议会选举中失败，而后立即辞职，等待新的选举。

接下来发生的事都太过老套：三巨头来了。葡萄牙正式请求救助方案，谈判开始。到 5 月 5 日，作为第三个从国际货币基金组织、欧盟和欧洲央银获得救助的国家，葡萄牙承诺立刻大规模削减开支和增加税收。在因紧缩政策导致的经济绝望中，又一位国家领导人被迫离职。

5 月 11 日，希腊估计有 2 万人在雅典街头游行，抗议紧缩政策。国家的工会曾发动罢工，公共交通等公共服务停止运行。高达 16.8% 的失业率仍在快速攀升。“他们正在杀死我们及我们的孩子！”这是 BBC 援引一位 60 岁的家庭主妇里塔萨・帕帕达基（Litsa Papadaki）的话。这并非夸张：2011 年，希腊的自杀率估计为危机前水平的两倍。

民众的不满不仅仅体现在街头游行上。三巨头和希腊总理帕潘德里欧政府之间的紧张关系日益增长。因为借款者发现希腊未能履行其承诺，特别是对国有企业进行私有化改革，如电信公司 OTE 和比雷埃夫斯（Piraeus）及塞萨洛尼基（Thessaloniki）港口。劳动力市场改革本来旨在让雇主有更大的灵活性来解雇或削减工人的工资，该改革却被国际货币基金组织和欧洲央银的代表揪出，并由一家雅典律师事务所翻译成希腊法律，交付给政府作为立法法案。

这就是欧洲债务国的情况，但是社会压力也同样出现在债权国。在芬兰，在宣传反欧盟和反移民的运动后，真芬党在 4 月 17 日的议会选举中取得了令人震惊的成功。该党长期以来一直被指责其毫不掩饰的种族主义，此次选举却赢得了 19% 的选票和 200 个芬兰议会成员中的 39 个席位，是其有史以来的最佳表现。真芬党领导人蒂莫·索伊尼（Timo Soini）在电视上谴责救助葡萄牙计划，认为芬兰本可以否决："我不相信现存的救助计划将会继续。"

街头的抗议、冲突不断的政府、投票中的民族主义热潮，所有这些都与欧洲央银特里谢所执行的战略有关。但特里谢作为欧洲最有权势的人的身份已接近尾声，他的 8 年任期将于 10 月 31 日结束。但谁会接替他呢？

美联储主席由美国总统提名，同时必须得到参议院的确认，这个过程很简单。任命一个新的欧洲央银行长的过程一点也不难。从理论上来讲，这是一个由欧盟 27 个国家投多数票做的决定。然而事实上，只有组成欧元区的 17 个欧盟成员国的投票才真正重要，不使用欧元的国家与此无关。严格来讲，它是一国一票，但是很少有人会认为马耳他的观点实际上和德国的一样重要。

欧洲央银行长的选举实际是这样的：这是一个在欧洲各国的首相和总统之间讨价还价的问题。在其他条件不变的情况下，每个领导人最喜欢由本国公民来主导央银的运行。但政府首脑必须权衡他们对于自己同胞主导央行的渴望是否值得其付出的“政治成本”——即他们在其他一些谈判中可能不得不放弃的东西，无论是在与经济政策直接相关的领域或其他从农业到军备控制的任何领域。他们是否有一个有能力且可信的候选人来获得其他国家的支持？如何决定轮到谁担任？几乎不可能有两个法国人连任两个连续8年的任期，而且经常是大国和小国的官员轮流担任。例如，特里谢就是继荷兰人维姆·德伊森贝赫之后上任的。

这些被认为是高度机密，只有领导人自己或许还有几个可信的部长知道，从来不会成为纸上条文。公众可能不会发现每位领导人在谈判中的明确目标。

在这种背景下，阿克赛尔·韦伯出现了，他在2011年初被分析师们公认为特里谢最有可能的继任者。德国总理默克尔甚至在过去的几年里推迟了在其他国际工作岗位上对德国人的提名。但是在2月11日，韦伯宣布辞去德国央行行长职位，并退出欧洲央银行长的候选人名单，着实震惊了预言家们。估计这背后的原因可以成为对欧盟内部微妙政治关系的研究案例。

2010年5月，韦伯公开表示他对欧洲央银购买债券的不满后，在当年剩下的时间里一直处于异乎寻常的安静中。他在这一重大决定上显然是理事会的少数派，当他受到公众关注后，这一事实变得广为人知。韦伯仍然在欧洲央银扮演着重要角色，毕竟，他所领导的德意志联邦银行承担着比其他国家银行更多的责任来执行欧洲央银的政策。韦伯认为，在这样一个关键问题上持少数派意见，因此不可能领导欧洲央银。毕竟，在一个被多数票否决的组织中，其执掌的效果也很难保证有效。无论公众预期有多高，韦伯认为除非理事会改变决定，否则他的候选地位是站不住脚的。

他在撤出之前等了9个月。与他熟悉的人士认为，他的等候部分是为了观察在债券购买问题上是否有逆转的可能，部分是因为他不想被公众认为自己是在严重危机期间离开德意志联邦银行的。他可能也在等着观察默克尔在推选第一位来自德国的欧洲央银行长方面的积极性。几十年来，德国在国际组织中享有的地位一直与它的规模和财富不符，这也反映了第二次世界大战对德国登上世界舞台的消极影响。

默克尔渴望纠正这种不平衡。但她也是一个精明的战术家，懂得谨慎地使用她的政治资本。法国政府表示担心韦伯没有足够的灵活性来拯救欧元区。“欧元区需要可以随机应变的人，他要有机敏的智力。”萨科齐的一位不愿透露姓名的顾问这样告诉法国金融报纸《回声报》（*Les Echos*）。意大利总理西尔维奥·贝卢斯科尼公开支持意大利央行行长马里奥·德拉吉这位广受尊敬的央银家，但德拉吉可能更希望贝卢斯科尼闭嘴。其他欧洲领导人，尤其是默克尔，对贝卢斯科尼与黑手党的亲密关系以及缺乏严肃的态度非常鄙视。（与他对默克尔外表的直接侮辱相比，默克尔的评价算是轻的。）

2010 年 11 月，德国央行行长在德国驻巴黎大使馆发表演讲，并会见了法国政治和商业精英（据说给他们留下了深刻印象）。2011 年 1 月，在全球精英聚集的瑞士达沃斯世界经济论坛年会上，韦伯和默克尔同时出席，韦伯的盟友试图帮韦伯获得在场其他政治领导人的支持。但随着冬天的到来，他们发现几乎没有迹象表明欧洲政客或其他央行的银行家们对韦伯有足够的信心，使他能够赢得选举。他们也明白默克尔在玩一种精明的游戏，在支持韦伯的同时，又依然对劝阻萨科齐的态度不明朗。在他告诉默克尔之前，韦伯退出的决定被泄露给媒体，这导致了对总理的公开指责。“她当然生气。”《明镜周刊》这样报道，并画了一幅政府为此而混乱不堪的漫画。

谁会成为欧洲央银的新行长仍然是个问题。虽然德国还有很多其他有实力的经济学家，但默克尔失去了强劲的候选人。哲根·斯塔克可以信赖，但欧洲其他国家视他为典型的“德国派”——甚至比韦伯还要强硬和教条。考虑到斯塔克在欧洲央银执行理事会的任期已经接近尾声，关于他的候选资格存在法律问题。还有一些来自小国的黑马，如芬兰的埃尔基·利卡宁和卢森堡的伊夫斯·默施（Yves Mersch）。但实际上，在危机中只有一位候选人的能力及其可信赖度足以担任欧洲央银行长，他就是贝卢斯科尼曾支持的候选人。

德拉吉比伯南克早三年拿到麻省理工学院经济学博士学位，虽然他们在那时并不知道彼此。他曾帮助意大利加入欧元区作准备，结束了意大利漫长的高通胀时代，巩固了他作为最精英的意大利公务员、高能力技术官员的地位，使国家在看似永远充满不稳定性的民选政府的管理下运行。德拉吉在央行的同事们提名他为金融稳定委员会的主席，这是一个协调监管全球金融体系所面临的风险的机构。

对于是否任命他为欧洲央银行长，从欧洲领导人的角度来考虑，德拉吉的简历至少有两个优势：他曾在高盛担任三年的副主席，由全球大型银行导致的金融危机过后，高盛在政治上依然有很大的势力（高盛甚至参与帮助希腊掩盖其负债比重，虽然德拉吉否认曾参与此事，声称这一切在他加入公司之前就已开始）。当然，他来自 GIPSI 中的意大利，这个国家本身也即将要寻求救助。一个意大利的银行家怎么可能获得给意大利提供过救助资金的财务大国的支持呢？按照媒体的叫法，“超级马里奥”这次在德国、奥地利和芬兰还会那么不可超越吗？

德国国内的最初反应是负面的。《求你了，不要让这个意大利人上台！》小报《图片报》使用了这样的标题。“妈妈咪呀！对于意大利人来说，通胀是一种生活方式，像番茄酱与意大利面条一样平常。”《明镜周刊》对此表现得更加成熟，采用更柔和的国家典型形象的方式来描述两位来自芬兰和卢森堡的候选人，与德拉吉形成鲜明对比。“他们都来自有秩序的国家。”但德拉吉总是强调，防止通胀是他最重要的目标，这也招致了媒体和德国政治领导人的非议。

考虑到德拉吉成为欧洲央银行长对欧元的威胁，这也许不是最值得关注的问题，但它确实起了作用。曾经是路透社调查的由 45 位经济学家中的 29 票选出的最受认可的金融界人士，德拉吉很快成为“极受拥护之人”。甚至《图片报》也与他站在一边，4 月的报纸刊登了德拉吉戴着普鲁士头盔的图画，上面写着：“仔细看看，很明显，他很有德国范儿，事实上他是一个真正的普鲁士人。”

5 月 11 日，默克尔宣布她对德拉吉也得出了同样的结论。“他与我们关于社会稳固和经济稳定的想法非常一致。”她告诉德国《时代周报》(*Die Zeit*)，“德国可以给他投支持票。”不言而喻，她和她的顾问都已经没有更好的选择，至少没有一个能在整个欧洲获得广泛支持的候选人。在德国的支持下，德拉吉顺利通过了欧洲议会之前的正式流程。

特里谢的继任者即将上任，他所面临的挑战也会越来越艰难。

“为了实现 3.31 亿人的物价稳定”

在欧元历史上的头 10 年，有些事情并没有改变。某些国家，比如德国、奥地利和芬兰仍是债权人，支出低于生产，剩余部分转化为储蓄。其他国家，比如希腊、葡萄牙、西班牙成为债务人，支出超过了生产，只得靠借贷来维持经济运转。在希腊，借贷为挥霍无度的政府开支提供了资金。在爱尔兰和西班牙，借贷支持了房地产业的繁荣。这两种情况都意味着，一个国家的民众已经习惯于高于他们实际生产的收入。他们根本不像自己想象的那般富裕，无论如何，他们的收入需要回归现实。

通常，这种回归在很大程度上是通过货币价格变动实现的。希腊德拉马克兑德国马克的汇率将下跌。一夜之间，尽管实际工资不变，但是周薪 1 万德拉马克的工人的实际收入将会下降。工人们可能会变穷，用来购买汽油或进口葡萄酒的能力将会下降，但是他们的相对收入将与其相对效率相匹配。不需要政府官员做什么，竞争平衡就会恢复。

由于德国和希腊都使用欧元，所以失衡问题需要用其他方法来纠正。一是欧洲央银放宽货币政策并提高目标通胀率。如果允许债权国的物价和工资每年上涨 4% 或 5%，尽管债务国工资停滞不前，在几年内他们的相对工资就会回到与基本面一致的情况，经济增长也将恢复。但欧洲央银从未认真考虑过这个选项，它的目标是维持通胀率略低于 2%。如果反对通胀的德国人看到他们的物价每年增长4%—5%，一定会大惊失色。

另一个方法就是直接削减债务国工人和养老金领取者的工资。这就是特里谢和欧洲央银所采取的策略。他们称之为“内部贬值”：债务国不得不找到一种强制减少工资的方式，或是通过削减国家工资和养老金，或是通过与工会重新协商合同，或是其他类似方法。三巨头中，欧洲央银是削减工资的最强烈支持者。特里谢亲自与希腊高级官员探讨了这个问题，给他们展示了“单位劳动力成本”的图示，图上显示，希腊工人的工资相对于欧洲其他国家来讲，确实太高了。

问题是，通过削减人们的工资直接纠正不平衡时的经济阵痛——包括感受到的和实际的，都比采取货币贬值或通胀时更糟。经济学家称之为“名义工资刚性”。这似乎根植于人类的灵魂深处，人们宁愿自己的工资水平保持不变，而通胀实际上减少了他们薪水5%的价值，也不愿他们的雇主实际削减工资的5%。此外，当一国面临债务过剩的问题时，通胀使其更容易偿还这些债务，而通货紧缩和削减工资将会加剧问题。考虑到欧洲单一货币和欧洲央银不愿接受高于正常的通胀率，GIPSI国不得不以最痛苦的方式来纠正其长期失衡。因为他们无法管理他们的债务负担，这也使得欧洲财力充实的国家面临救助的风险。

面对不得不做出的调整，欧洲遭遇经济困境的国家最大的希望就是，欧洲大陆的其他国家能开启真正的经济繁荣。这样，至少能有更多对希腊橄榄、意大利葡萄酒和西班牙度假别墅的需求。在2011年的春天，特里谢和欧洲央银使得这种可能性完全破灭。

石油和其他大宗商品价格在今年年初有所上升，部分原因是来自中国和其他发展中国家的需求的上升，还有部分原因是中东地缘政治的不稳定。截至3月，欧元区整体的通胀在过去12个月达到2.6%，略高于欧洲央银2%的目标。即使GIPSI国家挣扎在两位数的失业率中，欧洲人口更加稠密的经济核心，如德国、法国、比利时、荷兰和卢森堡等实际上维持得相当好。

特里谢在3月初的会议上主导理事会对外发布即将加息的讯号。这些国家的利率在4月和7月分别上调了25个基点。当许多欧洲国家在经历萧条时，欧洲央银收紧了政策。4月的新闻发布会上，当被问到这样的行动是否将增加周边国家的压力时，特里谢几乎是不屑一顾的:“我只能说，我们负责确保3.31亿人的物价稳定。从欧元区开始到现在，我们所有的决定都是为了实现3.31亿人的物价稳定。”

西班牙不太走运。

现在回想起来，那些在2011年春季和夏季的加息似乎是当今时代最大的货币政策失误之一。但当研究它们与特里谢谈判策略的关系时，无论是欧洲央银理事会内部还是对其他欧洲领导人而言，它们看起来都相当好。

从2007年危机的初期，特里谢已被认为采取了十分大胆且非常规的措施，欧洲央银使用其一贯的货币政策直接支持金融体系。伯南克认为，购买政府债券和调整利率是同一武器库里不同的武器，然而，特里谢认为他们具有完全不同的用途，以至于在2008年夏天，当欧洲央银贷款给欧洲的银行时，他采取了加息政策以对抗通胀。

这使得特里谢获得了重要银行家和政治家对他的信任。例如，韦伯和德意志联邦银行对欧洲央银仍保持高通胀有信心，于是积极出借给各家银行数十亿欧元。2011年春夏的加息被认为是对抗通胀风险的好方法，但真正的原因是特里谢将永远不会承认的，即使是在私下里：作为对抗通胀的斗士，它们是用以维护他的信誉所必须付出的代价，这一信誉赋予他更多的自由，让他成为这场危机中的勇士。

投票甚至全体一致：希腊、爱尔兰和葡萄牙在管理委员会上的国民赞同加息。“我们认为需要发出一个强烈的信号，在这个意义上，它能够起作用，”一位委员会成员说，“如果我们错了，则可以很容易地在秋季扭转这一局面。”

与此同时，欧元区内部的政治裂痕愈演愈烈，主要集中于欧洲稳定机制以及它最终有何种权力。难道正如欧洲央银做的那样，购买一个国家的债务就是对市场的攻击？特里谢希望如此——整个欧洲的财政政策制定者的角色对他而言，似乎比欧洲央银行长这一角色更合适。

但北欧债权国丑恶的新政治势力正在使他们的领导人不愿意签署任何东西，这将使他们受惠于陷入财务困境的南欧债务国，尽管他们在 2010 年 5 月已做出承诺。因此，在 2011 年 3 月的管理委员会会议上，欧洲央银选择暂停证券上市程序，停止在公开市场上购买爱尔兰和葡萄牙的债券。特里谢曾见过这种模式：只有当市场迫使他们做出决定时，当选领导人才倾向于代表一个统一欧洲的利益。因此，欧洲央银将会作为旁观者，让市场做它们的工作，不管在此期间会给人们带来多少痛苦。

特里谢在下一步棋，牺牲自己的士兵以拯救皇后，但代价是欧洲经济将更缺少抵御威胁的力量。如果特里谢失败，该有多“壮观”。

THE ALCHEMISTS

THREE CENTRAL BANKERS AND A WORLD ON FIRE

17 欧盟委员会主席

2011 年 5 月上旬，卢森堡首相让 - 克洛德 · 容克（Jean-Claude Juncker）组织了一次秘密会议。四大欧元区国家的财长，加上他们在雅典和欧洲的同行特里谢，打算在卢森堡商讨如何处理希腊的事宜。去年 4 月，在他的官方援助请求中，希腊总理乔治 · 帕潘德里欧曾将他的国家形容为一艘沉船，而现在它似乎下沉得更快了。在过去的一年中，希腊的失业率已经从 12.1% 上升到 16.8%。10 年期政府借款利率已从 9% 提高到 15%。公共债务已经从 2010 年 GDP 的 148%，上升到 2011 年 4 月的 171%。2011 年 2 月，在全国大罢工的同时，10 万民众走上希腊首都的街头，抗议政府通过紧缩政策。在国会外迎风招展的旗帜上打着简单的标语："我们正在死去。"

虽然这次会面不够正式，但 27 个欧盟国家财长在这里却可以畅所欲言。

这次秘密会议在卢森堡举行，而不是布鲁塞尔，因为很少有新闻机构的办事处设在那里，这样他们来来往往被发现的概率就变得相当小了。

5月6日星期五晚上，特里谢坐车赶往会议时，他的手机忽然响起。有一些坏消息：德国新闻杂志《明镜周刊》已经捕捉到会议的消息，就在晚上6点前，在其网站上刊登了欧洲各国的高级财政官员聚集在一起讨论希腊退出欧元区，并重新建立货币体系的可能性的新闻。新闻中说，德国财政部部长沃尔夫冈·朔伊布勒将在会上反驳这种设想。他是有备而来的，相关部门研究显示，希腊退出欧元区将给希腊、德国、欧洲央银甚至是整个欧元区带来非常严重的风险。这一举动将"严重损害国际投资者对于欧元区发挥作用的信心"，报纸以此作为开头，而这将"导致危机的蔓延"。

特里谢大怒。他同意来参会就是因为这次会议是秘密性的。对外公开宣布的聚会会使市场预期期待一些重大政策的公布，而如果没有相应的政策公布，则会带来同等程度的失望和混乱。容克的发言人对新闻界否认存在这样的会议，后来又说"当时《华尔街日报》的人在旁边，所以我们有很好的理由否认正在举行的会议"，从而推翻了自己的谎言。

事实上，这次会议更多的是关于通过重组希腊债券，减少其债务负担的议题，只是因为有可能使得希腊退出欧元区而变得有些敏感。但秘密会议消息泄漏事件也象征着欧洲对于这次严重危机的反应很严肃。伯南克和盖特纳只要愿意随时可以进行私下交流，且他们的谈话会一直被保密。除了欧元区17国财长会议之外，欧盟会谈的细节永远会突然出现在一个国家或其他国家的报纸上。而在互联网时代，印在柏林一家报纸上的信息，在其墨迹未干之前早就被巴黎政府机关和伦敦交易大厅里的人们知道了。

会议开始的时候，特里谢毫不掩饰地让参会的官员知道他是多么愤怒。"我是不会参加原本是秘密会议，却又变为公开的会议的，"他继续说，"我在任何国家都没有见过这样的事。"然后特里谢拒绝继续参会，突然离开并返回法兰克福。

似乎并不只有希腊经济面临压力。

几天后，一个级别更高的三巨头会谈因为私人行为而被众人所知。5月14日星期六的下午12点06分，女侍娜菲萨特·迪亚洛（Nafissatou Diallo）走进了国际货币基金组织主席多米尼克·斯特劳斯-卡恩在索菲特酒店的套房（曼哈顿西44街一家法国独资豪华酒店）。9分钟后，她离开并声称遭遇了斯特劳斯-卡恩的性侵犯，而他后来却称之为一次非犯罪性的“道德缺失”。12点26分，斯特劳斯-卡恩也离开了该套房，去与他的女儿共进午餐，然后赶赴约翰·肯尼迪国际机场的23号航班飞往巴黎——他与德国总理默克尔定于第二天进行会谈。

下午4点40分，当飞机停在门口时，港务局警察以返还给他因为急急忙忙离开酒店而遗留的手机为借口，找到了斯特劳斯-卡恩。实际上，他们把他拘留并问了话。关于斯特劳斯-卡恩被逮捕的传言不到20分钟后便出现在推特（Twitter）上。晚上7点35分，《纽约时报》网站上发布了似乎是该事件的第一份可靠的报道。世界上最有权势的人之一、人们预想中的法国下一任总统，现在却在纽约警察局位于东哈莱姆的特殊受害者分部，并将可能被指控多项重罪，其中包括性犯罪、强奸未遂和性虐待。

斯特劳斯-卡恩很快就从国际货币基金组织辞职，以应对这场指控，而这项指控却由于检察官对迪亚洛的可信度失去了信心而被撤销了。而斯特劳斯-卡恩的性癖好曾在4年前就使得他陷入麻烦。当时，他与在国际货币基金组织的下属有了简短（据称是强制）的性关系。在纽约案件被驳回之前，又有另一名女子指控斯特劳斯-卡恩强奸未遂。他的职业生涯就此结束，无论是作为有希望的社会党总统候选人，还是作为欧元区危机的主要决策者之一。他的突然坠落以及他赤裸裸的庸俗，对于正在同危机斗争的同行们来说，无疑是一个巨大的震撼。

更为实质性的影响是，它使得斯特劳斯-卡恩的二把手，约翰·利普斯基（John Lipsky），在对希腊来说最为关键的时刻开始执掌国际货币基金组织。利普斯基，曾经是摩根大通经济学家的美国人，是一位有思想且备受尊敬的处理债务危机的老将。但他没有斯特劳斯 - 卡恩那样与欧洲领导人的深厚关系，同时也已经宣布计划在今年晚些时候退休，也就是说他只是一个“临时工”。

国际货币基金组织在这个时间出现领导真空非常不合时宜。希腊未能执行它承诺的作为其接受救助条件的多项改革措施，而三巨头正准备采取强硬手段。“目前比较公认的看法似乎都认为政府的计划没有起作用，”国际货币基金组织在希腊的代表波尔·汤姆森于 5 月 18 日说道，“如果未来几个月没有确定的结构性改革振兴计划，那么这些计划将不会留在正确的轨道上。除非我们看到经济振兴的迹象，否则我认为政府计划偏离了正轨。”也就是说：我们将暂停援助金的下一次付款，允许希腊破产，除非希腊政府逐步提高私有化和紧缩的程度。

希腊总理乔治·帕潘德里欧为改变希腊政府已经做了很多。作为往届希腊总理的孙子和儿子，帕潘德里欧对自己那项利用谷歌地图来查找、确认带游泳池的、却未申报遗产税的房子的计划感到自豪。郊区实际有 16 974 座房子带有游泳池，而不是之前报告的 324 家。税务调查人员还会在希腊夜总会停车场附近徘徊，记下豪华车的车牌号。他们发现，大约有 6 000 人开着超过价值 10 万欧元的豪车，却只申报了令人难以置信的不到 1 万欧元的年收入。

但追查富裕的逃税者只是比较容易的部分。即使在三巨头的成员中，也有一种观点认为，帕潘德里欧面临着一项艰巨的政治任务。“希腊眼前有一条前进的道路，但它不是高速公路。”2011 年 6 月，一位参与了三巨头的欧洲高级官员如是说。

私有化举措对于三巨头计划特别有吸引力，因为它可以一次性解决许多希腊现有的问题。如果政府满足部分私有化的要求，比如，出售垄断电力设施或比雷埃夫斯和萨洛尼卡这两个最繁忙的地中海港口中的多数股权，就能立即产生收益来偿还它的债务。这一举动也将有助于结束使希腊工资虚高的一种任免权的循环机制——政治家们会维持国有企业员工的高薪和豪华福利，以争取这些国企员工的选票。这将有助于使希腊的工资水平变得更具有竞争性，并提高其长期的经济前景。因此，私有化可以帮助实现特里谢长期以来追求的降低希腊单位人工成本的目标——如果新的私人企业主能够找到办法使工人的生产效率更高，那么效果甚至会更好。在这种情况下，希腊的工资不需要回落那么多，就能使其与欧洲其他国家具有相当的竞争力。

所有这一切的讽刺意味在于，一个社会主义政府正在被迫对希腊经济进行“去社会主义化”。帕潘德里欧自己的许多党内成员威胁要叛变，反对投票支持私有化，因为这违反了他们自己的信念。总理提出，如果反对派中“偏右”的政党——新民主党，同意与他的泛希腊社会主义运动党组建联合政府，他将主动辞职。但新民主党发现自己能够在帕潘德里欧的不知所从中获得很多政治优势，以便迫使他的同仁党员进行一系列非常不受欢迎的支持紧缩政策的投票。

“对于这个明显错误的建议，我是不会同意的。”新民主党领导人安东尼斯·萨马拉斯（Antonis Samaras）在5月24日与帕潘德里欧会面，拒绝与他的政府正在制订的安抚三巨头计划的合作后说道。双方合作的可能性很小。“我不是来与帕潘德里欧先生抢夺希腊社会的。我是来告诉他，他一定不能……继续进行这项对希腊人民的罪行。”共产党联盟的负责人亚历克西斯·齐普拉斯（Alexis Tsipras）说道。

帕潘德里欧试图凭借一己之力，通过议会强制推行私有化，所以他向自己的政党提出了一个严峻的选择：推行三巨头的紧缩措施或抛弃他作为他们的领袖。他呼吁进行信任投票，并于6月17日任命他的老对手埃万杰罗斯·韦尼泽洛斯（Evangelos Venizelos）担任他新的财政部部长，此举震惊了他的内阁。韦尼泽洛斯可能没有他的前任——伦敦经济学院的博士乔治·帕帕康斯坦丁努，具有那么丰富的经济专业知识，但他是一位经验更加丰富和精明的政治家，他还曾作为律师带领希腊筹备2004年奥运会。

仅仅两天后，韦尼泽洛斯被派往卢森堡参加欧洲财长会议。法国财政部部长克里斯蒂娜·拉加德虽然有望成为斯特劳斯-卡恩在国际货币基金组织的永久继任者，但与此同时，利普斯基采取了强硬路线并一直坚持。超过7个小时的会议持续到凌晨 2 点，他坚持向希腊投放下一笔 120 亿欧元的国际货币基金组织资金的两个前提是：希腊政府通过财政紧缩措施，这一点韦尼泽洛斯已经公开表示即将实现；欧洲其他国家承诺在未来一年支持希腊的现金需求。利普斯基要求国际货币基金组织不被抽干资金，并威胁如果没有得到应有的保证，他会扣留其援助资金。“我们都需要该计划得到资金支持的保证，包括我们的欧元集团合作伙伴要确保有足够的资金可用，”利普斯基在那天晚上告诉记者，“这些需要得到满足之后，我们才能继续前行，我们希望这些条件能得到愉快地满足。”

6 月 22 日，帕潘德里欧在他的党内成员中得到了足够的信任票。8 天后，通过获得国会 300 席中 155 席的微弱多数优势，帕潘德里欧和韦尼泽洛斯给不太情愿的立法机关提交了两个法案：500 亿欧元的私有化计划和 280 亿欧元的预算削减。笼罩着他们的是明确的违约威胁。如果他们拒绝了，三巨头将扣留其下一笔援助，那么希腊政府将发现自己无法支付账单。这些措施最终获得通过，帕潘德里欧立即从他的成员中解雇了那些泛希腊社会主义运动党成员中投反对票的人。

在克里特岛，泛希腊社会主义运动党总部发生燃烧弹袭击事件。国会大楼外面的宪法广场上，数千名示威者聚集。大多数是和平的，但一些团体对财政部纵火，还向佩戴防暴装备的警察投掷石块和燃烧瓶。作为回应，警方将闪光弹和催泪瓦斯罐扔进人群。整个雅典，最终有 99 人因为这次示威游行躺在了医院里。

希腊本有足够的资金来支付多一天的账单。但是，随着催泪瓦斯通过空气在雅典市中心蔓延，一个非常漫长而炎热的夏天才刚刚开始。

希腊债务重组

有时，一个国家会对其所欠的债务违约——就像俄罗斯在 1998 年所做的那样，当时，国际货币基金组织支持的救助计划并没能恢复全球投资者对于负债累累的俄罗斯国债的信心。但更常见的是，当一个国家不能支付其债务时，就需要与债权人进行一系列冗长的谈判。当然，贷款人更愿意他们最初提出的贷款条件中的每一分钱都能够得到支付。但即使做不到这一点，他们也希望能够在债务谈判的有序重组时有一定的话语权，而不是简单地被告知他们能够拿回多少钱以及有什么条件。对于所涉及的违约国家而言，这个过程有助于确保它在未来还能借到钱；对于贷款人而言，它提供了比借款人刚刚停止偿还贷款时更加有利的协议。

2011 年春天，希腊公共债务达到国内生产总值的 160%。这种状况即使在经济最好的情况下也很难承受，更何况希腊现在正处于经济萎缩。受到希腊债务危机影响的国际银行家逐渐得出的结论是，他们最终将别无选择而只能接受债务重组，自愿接受损失以换取有序谈判的资格，而损失的确认是该谈判的一部分。

委婉的说法是“私人部门参与”——这种说法自 20 世纪 80 年代初就呼吁由国际银行家们建立的、总部位于华盛顿的国际金融协会，在这种类型的高风险谈判中代表他们的利益。不久之后，另一个由三个首字母代表的组织将和国际货币基金组织、欧洲央银和欧盟一起来决定希腊的经济前景。

国际金融协会常务理事查尔斯·达拉拉（Charles Dallara）——美国财政部前任官员和摩根大通银行家，正参加一场有五六十名国际货币基金组织常务理事代表参加的聚会，在这里，他可以判断他们是否准备接受某种形式的重组计划。他询问了乔治·帕帕康斯坦丁努，然后问了特里谢。曾经的欧洲央银行长在面对欧洲央银现任行长时说话非常谨慎——在上一代忙于重组拉丁美洲债务时，特里谢是巴黎俱乐部的主席。“我尊重你正在改变的想法，”特里谢对达拉拉说，“但是我相信这不是正确的前进道路，我也不希望与你在这个问题上进行商谈。”

特里谢在公众场合和私下里都强调：“我们并不支持重组和债务减免，”他在 2011 年 6 月的新闻发布会上说道，“我们要排除所有不属于完全自愿或有任何强迫因素的念头。我们呼吁避免任何信用事件、选择性违约或者违约。这是我们的立场，是我们很长一段时间都已经明确了的事情。”他的理由源自其担心重组可能动摇欧洲其他国家的稳定性，并会开启一个危险的先例。

但特里谢不得不考量私人部门的参与可能对欧洲央银自身的影响程度。一方面，希腊银行通过向欧洲央银抵押国债以获得欧元的方式支撑着。如果希腊债券进行了重组，欧洲央银将不得不遭受损失或者切断银行的资金来源放任他们破产——或者两种情况都发生。这个损失不会落在任何机构，而是落在欧洲央银身上，因为其通过购买债券，成为希腊国债的主要持有者——据分析师估计，大约价值 450 亿—500 亿欧元。这也可能意味着，欧洲央银将在希腊重组中遭受损失，除非欧洲央银被给予特殊的待遇。

换言之，如果希腊进行债务削减，欧洲央银一定会遭受损失。如果损失太大，欧洲央银甚至可能需要向欧洲大陆各国政府再次融资。而只要欧洲央银需要筹集更多的资本，欧洲的政治家们将有权力对一直独立运行的欧洲央银产生影响，这确实是件危险的事情。特里谢自己从来没有在公众场合表达过这种忧虑，而总是用保证理事会金融稳定的理由来表达他对私人部门参与的反对。甚至接近他的人也不记得他在私下谈过独立性的问题。但这有助于解释为什么欧洲央银相对于会谈中的其他参与者（包括国际货币基金组织和私人债券持有者在内），更反对任何形式的债务削减。

国际货币基金组织的斯特劳斯 - 卡恩以及现在的利普斯基，基本认同欧洲央银不需要有债务重组的观点。但他们的工作人员并不是那么肯定。国际货币基金组织长期持有贷款的原则是，它应该只在相关国家有可持续方案的情况下才提供贷款——也即，只有当国际货币基金组织有充分的理由相信它贷出的资金能够收回，而这个国家也能走出困境达到可控利率下的合理债务水平时，才提供贷款。如果没有达到它的条件，国际货币基金组织是乐于支持债权人承受损失的。债券持有者的损失发生在欧元区内比在其他地区更可能对全球金融体系造成更大的影响，这一事实是一个大的并发症，但在这种潜在的想法背后有一个健全的逻辑：如果一个国家破产，最好面对事实，而不是在发生恶劣情况之后向其注资。

这就是国际货币基金组织官员在希腊已开始达成的共识。国际货币基金组织认可欧洲央银的说法："主权债务违约或无序的银行倒闭可能会通过欧洲金融业传导冲击波，流动性很可能再次干涸，并具有潜在的强大和负面的全球溢出效应。"这是一份 7 月的报告中的说法。不过，虽然三巨头的另外两名成员认为，这种负面的连锁反应只有在违约真实存在的时候才会发生，国际货币基金组织却认为，"即使在尝试避免违约的策略下，也能预计到传染的严重风险性。"

从 2011 年夏天开始，很明显可以看出特里谢激烈的反对是徒劳的。欧洲央银行长看到了全系统的风险和有道德风险问题的地方，就像人们面对一道数学题却没有解决办法一样。然而，这并不包括希腊政府。希腊政府在这个问题上已经考虑了除了债务重组的所有方案。对希腊政府来说，债务重组相当于叛国罪。"任何关于重组的会谈都是禁忌，"希腊一位匿名官员告诉《纽约时报》，"我们甚至从来没有提出来过。如果我们在欧洲开了这个先例，我们会被永远唾弃。"

6 月下旬，达拉拉前往雅典与帕潘德里欧和韦尼泽洛斯会面。达拉拉后来回忆说，当他向他们解释说，重组似乎是不可避免的之后，"震惊和惊讶写在他们的脸上，他们简直不敢相信"。

债权人进行合作的时机已经到来，他们需要制订出自愿的债务重组条款以作为针对希腊的下一轮援助的一部分。7 月 20 日晚上，特里谢从法兰克福飞抵柏林，他将与德国总理默克尔和法国总统萨科齐敲定一项协议的轮廓。他们达成一致意见：只要债权人自愿同意债务削减，欧洲央银就不会阻拦；欧洲央银也得到关于它不遭受损失的保证；而且会有公开保证，希腊只是一个独特的案例，债务重组不会发生在其他欧元区国家。凌晨 1 点左右，特里谢、默克尔和萨科齐向布鲁塞尔通报了协议达成的消息。之后，银行家和财政部部长之间的谈判在后来被称为“银行家的作战室”的地方继续进行着。

在欧洲议会总部内，一队由达拉拉和德意志银行的首席执行长、国际金融协会主席约瑟夫·阿克曼（Josef Ackermann）带领的团队，进行了一场即使是用欧元区的标准来看也异常复杂的谈判。这场谈判使欧洲政府（其希望债券持有人承担尽可能大的损失）陷入了与银行的对立中（它们自然也想承担尽可能小的损失，而且可能还占据上风，因为它们始终可以选择放弃自愿协议）；也使得那些本国银行在希腊有更多风险暴露的国家（如德国，其希望银行获得新的、更安全的债券，以帮助抵消它在希腊的损失）与那些在希腊有较少风险暴露的国家（它们更希望银行现在就承担这些损失）对立起来；当然，它也把欧洲央银与所有人对立了起来。

实际上，每个谈判者都在争取让其他人承受更多希腊债务重组带来的损失。具有讽刺意味的是，一个不起主要作用的“演员”是韦尼泽洛斯。至此，希腊几乎不能掌控自己的命运。

2011 年 7 月 21 日，经历过无数的角力才达成的协议得以发布，协议延长了希腊国债的期限、降低了债券的利率，也给予了希腊政府更多的时间来偿还更少的钱，并完全消除了一些义务。总体而言，相关安排到 2020 年为止可以为希腊节省 1 350 亿欧元，将其债券的平均期限从 6 年延长到 11 年，使其所负担的债务的净现值减少了 21%。同时，欧洲央银将得到对其损失的保护和特里谢要求的其他公开保证。国际金融协会相信，90% 的债券持有人会接受这笔交易，它将阻止可能将由欧元区成员国违约所导致的对欧洲金融体系的伤害。

“在这个提议下，全球投资界在认可希腊所面临的独特挑战上有所前进。”达拉拉在一份宣布这笔交易的声明中说道。的确如此，但是全球投资界也没有什么更好的选择。

继希腊在6月和7月的戏剧化情况之后，市场风声鹤唳。导致欧元区危机可能重现的一个问题是，当局似乎完全基于当前希腊的两难困境做出决定，却似乎没有考虑到他们的行为将会怎样改变其他 GIPSI 国家的市场行为。虽然这对于解决希腊问题来说是件正确的事，但如果它只是导致爱尔兰、西班牙和意大利的债券市场预期相同，则没有任何意义。在试图说服欧洲政治领袖对这些行动的影响时刻保持敏感的重量级声音中，特里谢是最强烈的。蒂莫西·盖特纳、默文·金及美国和英国当局、斯特劳斯-卡恩（至少在他被逮捕之前）也多次给予了协助。但不管特里谢多少次在比荷卢经济联盟峰会中慷慨陈词，或者有多少次他的警告被发生的事件所证明，他的意见似乎始终没能被接受。

事实上，在希腊债券持有人终于就减记进行谈判之后，全球投资者开始环顾四周，想知道其他欧洲国家的债券持有者在采取“自愿”损失的道路上可能陷入怎样的境地。爱尔兰和葡萄牙已经签订了给它们应急资金来源的协议，两国比希腊在履行其救助义务方面更可靠，所以没有什么理由认为它们会被切断其与国际货币基金组织或者欧盟的联系。从逻辑上来讲，投资者应将目光投向其余的 GIPSI 国家：西班牙和意大利。

如果这些国家沉没，那么对于欧洲及世界金融体系来说，风险将远远大于之前的情况。西班牙加上意大利的人口总数有希腊、爱尔兰和葡萄牙总和的4倍左右。早期的救援对于其他欧洲国家和国际货币基金组织来说是很容易负担的，然而后期拯救西班牙和意大利的成本则可能会使各国达到崩溃的边缘。这两个国家的体量巨大，因此都“大而不倒”并且“太大而救援不了”。

6月底，意大利政府还能以4.25%的10年期利率借款，大约比德国借款利率高1.25%。7月14日，希腊的减记正处于协商的时候，意大利政府举行定期的债券招标，寻求出售价值50亿欧元的5年期和15年期债券用以清偿到期的债务。但是，通常会购买它们的投资者——在米兰、法兰克福和伦敦等金融市场，都没有报出可覆盖类似债券典型成本的出价。由于围绕欧元区未来的不确定性，他们只会在收到比以往更高的收益率时才会购买债券。这一天只是意大利国债人气下跌的同时，利率又上升的其中一天。8 月的早些天，当时的利率曾升至 5.54%。

意大利和程度较轻的西班牙曾见证了一系列导致希腊、爱尔兰、葡萄牙陷入需要营救（除了现在）状况的事件，甚至现在还不清楚救援是否有可能。根据经济学家、记者卡洛·巴斯塔辛（Carlo Bastasin）的计算，如果法国和德国向意大利提供与对希腊、葡萄牙和爱尔兰同一规模（相对于其负债水平）的支持，那么它们就将自己的债务与 GDP 的比率增加 23—25 个百分点，这就会突然把它们自己的信誉推向令人质疑的地步。意大利的年度赤字实际上非常小，但却积累了大量债务总额，它需要自己找到一条出路，否则整个欧洲大陆都会有麻烦。

在 7 月底和 8 月初，让全球市场情况变得更糟的是，美国奥巴马政府和共和党人就提高美国债务上限的问题在众议院中处于僵局。如果上限未能提高，就意味着美国——其债券是全球金融体系的基石的国家，将开始拖欠债务。这一协议直到 7 月 31 日才达成，距离可能的债务违约期限只有 1—2 天。8 月 5 日，标准普尔将美国政府的信用评级从 AAA 下调至 AA +，理由是这个地球上最富有的国家存在着政治游戏。

蒂莫西·盖特纳在和特里谢及其他欧洲对话者的私人谈话中说："这其中有 1/3 是我们的错，2/3 是你们的错。"全球市场都是联动的。如果投资者看到大型危机没有尽头，他们会卖掉美国和欧洲的股票、西班牙和意大利的债券，以及石油和其他大宗商品期货。只有当他们开始相信全球政策制定者开始着手解决这个问题的时候，他们才会购买这些资产、出售那些被认为是安全但低收益的投资：德国和美国政府债务以及日元和瑞士法郎等货币。

特里谢结束债券购买并提高利率以迫使欧洲领导人采取行动的策略取得了成效。但突然间，欧元区危机的战斗者们已经花了两年时间试图避免的情况却开始成为现实，随之出现了围绕着欧洲主要经济体的恐慌，以及超出了决策者解决能力的危险情况。欧洲央银行长才刚刚到任三个月，而整个状况却不断升级甚至可能导致失控。是时候采取更果断的行动了。

在 8 月 4 日（星期四）召开的会议上，管理委员会决定重新启动之前的证券市场计划，该计划自春季以来一直处于停滞状态。但鉴于欧洲央银从未正式暂停该项目，特里谢对此保持谨慎态度。在那天下午的新闻发布会上，当《华尔街日报》的布赖恩·布莱克斯通（Brian Blackstone）询问银行是否将恢复购买债券时，特里谢说："你会看到接下来会发生什么。如果在这个新闻发布会结束前，你在市场上看到一些情况，我对此并不感到惊讶。不要排斥那种情况。"另一位记者，显然收到了来自同僚或其他来源的电子邮件，问道："特里谢先生，交易员告诉我们，目前欧洲央银在市场上要认购南欧债券市场。你能确认或评论此项操作吗？"主席咧嘴一笑，回答说："我想我之前已经说过。真的非常感谢你。下一个问题。"

成也特里谢，败也特里谢

当天市场崩溃了。最后事实证明，欧洲央银只恢复购买爱尔兰和葡萄牙债券，而没有扩大项目范围购买意大利和西班牙债券。这一行动似乎与要解决的问题的体量不符，同时"羞怯"的法兰克福也发出了一个令人费解的信息。特里谢真的准备采取一切行动来阻止恐慌继续笼罩欧洲吗？如果他真的打算这么做，他会要求什么回报呢？

特里谢的压力来自各个方面。默克尔、萨科齐和其他欧洲政治领导人想让欧洲央银在为时已晚之前，以更大的程度进入市场，以缓解意大利和西班牙的压力。美国、英国和国际货币基金组织的克里斯蒂娜·拉加德也是如此。考虑到央银必须独立于政治影响力之下自由做出决定的传统，所有各方都是在私下以微妙的方式主张购买债券。另一方面是管理委员会中的德国成员——欧洲央银执行委员会成员哲根·斯塔克、将取代阿克赛尔·韦伯作为德意志联邦银行的领导者的韦德曼，以及其他国家一些想法相同的央银领导人。2010 年 5 月关于原则主义和实务主义的争论，为了拯救欧元区而购买债券是否违反《欧洲联盟条约》精神的争论又回来了。

可能没有资源或者意愿来对欧元区第三和第四大经济体实施一个全面的三巨头救助计划。但在处理经济危机经验丰富的专家特里谢看来，解决这个问题的必要性就像其作为欧盟足智多谋的战略家需要处理任何帮助的承诺一样。在管理委员会会议后的第二天，即 8 月 5 日，特里谢发送秘密信件给意大利和西班牙的首脑，阐明他们需要做些什么来恢复市场的信心：如果他们同意这个计划，欧洲央银将会施以援手购买债券以缓解他们的市场压力。意大利的那封信是写给总理西尔维奥·贝卢斯科尼的，署名为特里谢和马里奥·德拉吉（后者的能力相当于意大利央行行长）。这封信用 720 个英语单词列出了欧洲央银希望贝卢斯科尼执行的整个政策议程，以作为接受欧洲央银提供帮助的代价。这一切都是为了使僵化的意大利劳动力市场能更好地适应经济现实。

“地方公共服务和专业服务的全面开放是必要的”，信中说，这包括“大规模私有化”。这也要求“工资集体协商制度的进一步改革”，它将允许雇主更容易地根据他们的需求分配工资和工作，而招聘和雇用员工规则的改变将使意大利顺利实现“资源向最有竞争力的企业和部门再分配”。其他要求包括制定法律执行赤字削减计划。这些都将需要意大利议会在 9 月底最终批准。“我们相信，政府将采取所有适当的行动。”特里谢和德拉吉写道。

贝卢斯科尼政府对于收到这样一封信表示愤怒。政府官员认为，这是在“保持国家运行的技术官僚”和“当选领导人”之间长期斗争的又一次斗争。贝卢斯科尼的支持者把意大利银行视为左翼、亲工会的组织，这封信主要是由德拉吉所写。这是一封怪异的信件，因为信中所要求的很多都是意大利工会深恶痛绝的。央银的人士说，这封信是由特里谢和欧洲央银起草的，德拉吉和意大利央行只是做了微小的改动。

贝卢斯科尼政府的藐视将会对央银家们产生深远的影响，但意大利的贷款利率在上个星期五（即 8 月 5 日）又上升了，总理和财政部部长朱利奥·特雷蒙蒂（Giulio Tremonti）几乎别无选择只能接受。贝卢斯科尼召开记者招待会，承诺加快减少财政赤字和采取其他措施，以让意大利更具竞争力。这很好地刺激了市场情绪，至少直到那天晚些时候当标准普尔下调美国信用评级时，情况尚且不错。

这次记者招待会是对秘密信件内容的一次公开接受。特里谢还得到了意大利政府的私下承诺，尽管欧洲央银官员并不指望贝卢斯科尼，因为在他们看来贝卢斯科尼的夸夸其谈并不可靠。“这是私人通信，但最重要的是公开表示，”一位参与此次机密公报的高级职员说，“你可以信任的只有公开承诺。”

6 周之后，米兰的一家报纸——《晚邮报》(*Corriere della Sera*)，得到了那封寄给意大利的信件。从特里谢和西班牙央行行长米格尔·安杰尔·费尔南德斯·欧德内斯（Miguel Angel Fernandez Ordóñez）到首相何塞·路易斯·萨帕特罗（José Luis Zapatero）都从未泄露信件的内容。西班牙似乎已经准备好接受大部分条款。不得人心的萨帕特罗已经承认，如果继续作为政党领袖，他所在的西班牙工人社会党已经呼吁提前举行大选，而他也将下台。和贝卢斯科尼不同，为了他自己的政治生涯，萨帕特罗没有反抗就同意了欧洲央银的建议。

在意大利和西班牙接受特里谢的条件后，管理委员会于 8 月 7 日，即星期日下午再次进行会晤。执行理事会的 6 名成员聚集在特里谢位于法兰克福欧洲央银 35 楼的办公室，其他人从各地以电话拨号形式加入。特里谢总结他的观点：他们必须采取行动以阻止局势失控，确保有能力阻止不同国家的利率失常来引导货币政策；他已经得到了西班牙和意大利将进行改革的承诺，以及法国和德国将更为迅速地推进欧洲金融稳定基金的承诺。默克尔和萨科齐发表联合声明，欧洲央银会议承诺将会致力于为欧洲金融稳定基金设置一个机构，他们强烈地暗示，该组织可以取代欧洲央银来履行购买债券的职责。

对管理委员会的质疑并没有起作用。他们只看到，欧洲央银再次放弃原则，冒着风险把资源用以帮助那些挥霍无度的国家。哲根·斯塔克是最强烈的反对者。一年前，他比他的德国同胞韦伯更加坚定地反对购买债券，只是他更谨慎地公开发表意见，因此并不为世人所知。但是，当他看到欧洲央银将他认为错误的做法变本加厉的时候，他终于狂怒了。斯塔克认为，欧洲央银给西班牙和意大利政府寄去的信件已经远远超出了它应该做的，不恰当地使得欧洲央银成为国际货币基金组织的欧洲版，同时违反了民主合法性的规则和欧洲央银的独立性。毕竟，如果购买意大利和西班牙的债券是货币政策，那么无论政府同意与否，它都应该被实施。如果它是财政政策，那也不是欧洲央银的工作，而应该由欧盟委员会和国际货币基金组织来承担。斯塔克畅所欲言并且直截了当，虽然他没有像韦伯一样威胁说公开发表他的看法，但是欧洲央银管理委员会的成员们完全可以确定的是，如果斯塔克在这个问题上站错了队，他在欧洲央银的职业生涯将不会太长。

在大约 4 小时的商议之后，特里谢举行了投票。斯塔克、德国央行行长韦德曼以及荷兰和卢森堡的央行行长均坚决地予以反对。第二天早晨，欧洲央银第一次开始购买了意大利和西班牙债券。这足以让这两个国家的贷款利率分别下降 0.8 和 0.9 个百分点。

刚开始，意大利似乎遵守实施削减预算和自由化政策的约定，这是从欧洲央银获得债券市场援助的隐性交易的一部分。8 月 12 日，贝卢斯科尼内阁同意削减 450 亿欧元的预算，把它用于平衡 2013 年的预算。这一系列政策中包括对富人增税，也就是对年收入超过 9 万欧元的人群多征收 5% 的个人所得税，并要求市政府削减地方政府的开支。带着他那典型的夸张表现，那天贝卢斯科尼指责意大利目前严峻的财政形势是由于其早期参与了希腊救助计划。“我们的心在流血，如果我们感到骄傲的关键是我们没有把手放在意大利人的口袋里，”总理说，“但是全球的情况变了，我们面对的是一个全球性质的挑战。”

很快，意大利税务人员从希腊人那里偷过来一个策略：通过查看法拉利和玛莎拉蒂的注册信息，并查看其所有人是否申报了低收入，“这是意大利真正的问题，”意大利议会成员告诉《华盛顿邮报》，“有些人拥有公园那么大的别墅和后花园，但依旧宣称一年只有 1.5 万欧元的收入。”

但是仅仅三个星期之后，贝卢斯科尼便在国会议员的压力下放弃了那9万欧元的附加税。意大利政府似乎失去了解决之道，但欧洲央银并不会就此罢休。由于欧洲央银在第一周买入了220亿欧元的债券，在第二周买入了140亿欧元的债券，意大利的10年期贷款利率在8月中旬降到了4.34%。但是关于贝卢斯科尼停止采取措施的消息从罗马传来，特里谢也放慢了购买债券的步伐。第三周，欧洲央银只购买了50亿欧元的债券，当然几乎全是西班牙发行的，而非意大利。9月上旬，意大利10年期债券收益率上升至4.92%。这是一场奇怪的游戏，法兰克福的交易员们以购买债券的行动来奖励贝卢斯科尼政府的顺从，也以此来惩罚对方的不顺从。所谓成也特里谢，败也特里谢。

“我想给欧洲打电话的时候，我可以打给谁呢？”这句话经常被认为出自美国前国务卿基辛格（虽然他不认为是他说的），这反映了美国和全球其他官员在与西欧接触时的困难——没有一个合适的途径，没有一个人能既权威又果断地代表一个有着几十个国家、操着不同语言的大陆。但是在2011年8月，这一切就已经改变了。在欧洲曾有一个集权式的权威人物，他是一个工作在法兰克福、有着法国口音的人，他利用取之不尽的欧元指引欧洲大陆上的各国元首和议会的行动。就像当时彭博新闻社的一个分析师所言，“特里谢已成为欧洲实际上的总统”。

但是事实很快说明，即使一个总统也是受限制的。

2011年9月和10月是欧盟的非生产性月份。贝卢斯科尼，因为与欧洲央银玩弄权术游戏和可能到来的腐败指控，成为一个笑话。西班牙政府在选举到来前也是摇摆不定。市场在最新的谣言或公告中剧烈动荡。

8月初，欧洲央银新的购买债券争论失败后，哲根·斯塔克就已经开始悄悄地为自己的退出做准备。为了避免扰乱市场，他要确保默克尔和德国政府有时间去安排一个执行委员会的替代者。从技术上讲，已经没有什么座位是正式预留给德国的，但这是不可想象的——6名执行委员会成员中居然没有代表来自欧洲大陆最大的经济体。斯塔克在9月9日宣布辞职。虽然欧洲央银的官方声明称，他是“因个人原因”离职，但接近斯塔克的每一个人都知道，这些所谓的个人原因就是，他认为欧洲央银大量购买意大利和西班牙的债券是无能的，违反了欧洲央银的规则。

那一天，对欧洲央银的分歧的担心导致市场又一次陷入了混乱。“这是一个非常不好的迹象，”《国际先驱论坛报》（*International Herald Tribune*）引用一位分析师的话：“这意味着欧洲央银内部的分裂，我们想到的是现在与正轨渐行渐远了。”但那一天的评论却没有提及斯塔克辞职的真正原因。很快消息便透露说，默克尔试图让她亲密的助手，德国财政部官员约尔格·阿斯穆森取代斯塔克。今年早些时候，她提议她另一个亲密的顾问延斯·韦德曼取代韦伯成为德意志联邦银行的行长。这两个选择的共同点是，他们并不能代表深受德意志联邦银行青睐的强硬和照章办事的风格。

默克尔本可以为上述任何一份工作在德国央行内选择人选，如德意志联邦银行执委会委员安德烈亚斯·多姆布雷特或者硬通货学术专家如沃克尔·威兰（Volcker Wieland）。然而，她需要一个更具政治倾向的经济专家，无论是保持欧元区的过程中部分缓解默克尔的压力，还是德国政府承担拯救欧洲的责任，都需要展现出更大的灵活性（韦德曼曾坚持更多传统的德意志联邦银行观点，即反对欧洲央银重新开放债券购买计划。但事后他似乎比韦伯更倾向于支持救市行动了）。斯塔克的离开确实反映了欧洲央银存在分歧，但他的离开意味着分歧至少没有变得更严重。

欧洲央银的债券购买措施确实争取了一定的时间，但是欧洲各国政府仍然需要创建一些持久的安全结构，以使他们之间可以随时准备互相施以援手。法国仍然倾向于“欧洲债券”，这样的话，债务将由欧元区国家共同担保，就像美国的政府债务不是由加利福尼亚州或纽约州来做担保，而是国家作为一个整体来做担保。这对面临麻烦的国家是有吸引力的，但对德国和其他债权国而言则不利，他们不想为债务人的挥霍埋单。只有这些国家放弃它们在税收和支出政策方面的一系列权力，并将权力集中于布鲁塞尔，各债权国才会开始考虑这样的安排。

当然，这也就意味着，这些欧洲国家要放弃行使它们的较大一部分主权。这么做甚至违反了 9 月 7 日德国宪法法院的裁决，这往往也是限制默克尔在谈判一个永久的欧洲稳定机制过程中的策略因素。这一次，在没有条约对这一计划进行约束的情况下，德国政府是不会向欧洲当局交出权力的。

还有其他更奇特的选择浮出水面，比如给欧洲金融稳定基金一个银行牌照，如果有必要的话，允许其自身发行债券和利用其资源来购买欧洲国家的债务。特里谢比较反感这个想法，因为这将意味着欧洲金融稳定基金能够获得欧洲央银的最后贷款人程序的帮助，这本质上是用欧洲央银的资源来支持各国政府。蒂莫西·盖特纳建议欧洲像 2008 年美国财政部和联邦储备委员会一样联合起来，美联储贷款作为杠杆用来扩展支持信贷市场的范围。这个提议再次打击了特里谢，因为它违反了《欧洲联盟条约》的精神。

特里谢为政治首脑们赢得了建立一个欧洲一体化新模式的时间，但是这些政治首脑们却在滥用这个机会。

欧洲一体化的一次“量子飞跃”

老歌剧院（Alte Oper）——法兰克福历史性的歌剧院，建于 1880 年，第二次世界大战期间被盟军的炸弹夷平，在随后的几十年里得以重建。这很大程度上要归功于一群热心公益事业、不懈努力的当地居民。上面的铭文写道：“致真实的、美丽的、美好的。”

2011 年 10 月 19 日，这座宏伟的纪念碑再次留下了欧洲保护工作者努力的痕迹。当晚的活动本是为了表彰特里谢，还有不到两周就从欧洲央银退休的他，将自己的 40 年奉献给了欧洲的理想。但实际的情况却是，一些汇聚一堂向特里谢祝酒的官员不是将那晚大部分的时光花在在歌剧厅的大会堂里享受安排好的节目，而是在偏僻的会议室里试图取消欧洲金融稳定的机制。在那里，他们显然辜负了即将离任的特里谢的打造欧洲共同文化和命运的愿景。

那个星期三晚上大约有 1 800 人在歌剧院。欧洲一体化的巨头一个接一个地走上舞台，在他们背后是欧盟的旗帜——法国前总统瓦勒里·季斯卡·德斯坦（Valéry Giscard d’Estaing）和德国前总理赫尔穆特·施密特（Helmut Schmidt），欧盟其他重要机构的主席——来自欧洲理事会的赫尔曼·范龙佩（Herman Van Rompuy）、欧盟委员会的若泽·曼努埃尔·巴罗佐（José Manuel Barroso）和欧元集团的让 - 克洛德·容克。德国总理默克尔和马里奥·德拉吉——特里谢的接班人也作了发言。

其中，施密特的演讲最令人难忘，他一直是欧元的主要设计者之一。“由特里谢领导的欧洲央银执行委员会是唯一一个证明了自己能够在金融和债务危机期间保持行动能力和有效性的机构，” 92 岁的前总理坐在轮椅上生气地说，“所有所谓的‘欧元危机’只是政客和记者无聊的闲话。事实上，我们面对的危机是一场欧盟作为政治主体的行动能力的危机。这种行动能力所具有的明显弱点相比个别欧元区国家过度的债务水平来说，对欧洲的未来的威胁更大。”

然后特里谢站上了讲台，看上去好像他在过去 1 年比过去 10 年老得还多。他的演讲带着他一贯的自信，却有着比平时更多的感情，让人想起遥远的过去。“单一货币是一种古老的思想，具有渊远的历史，” 他引用罗马帝国和 15 世纪波希米亚国王呼吁欧洲共同货币的故事，“经济和货币联盟的主要弱点在于它在经济联盟中的治理不足，而货币联盟则基本实现了预期。要加强经济治理是危机的第一个教训……我一直呼吁在治理方面来一次‘量子飞跃’。”

演讲后，特里谢获得了雷鸣般的掌声。之后，他和几个祝贺他退休的人走到旁边的房间，试图找出可能实现“量子飞跃”的方式。

国际货币基金组织的克里斯蒂娜·拉加德到场了。萨科齐也是如此，他离开在医院分娩的妻子，赶在最后一分钟到场。他试图悄悄从侧门进入，但作为法国的总统，在一个满是记者的现场很难不被注意到。欧洲舞台上最强大的“表演者们”在同一个房间，时钟在滴答作响：4 天里，他们被安排参加应该是他们最后的债务危机峰会，这将解决他们之间的分歧。

他们自称为“法兰克福小组”，甚至在几周后的一个国际经济会议上用一枚特殊的徽章表明身份。萨科齐主张给欧洲金融稳定基金一个银行许可证，但被默克尔和特里谢否定了。一个运用国际货币基金组织基金的复杂计划同样遭到了拒绝。

萨科齐和特里谢之间的争论变得如此激烈，以至于他们常常无意间使用自己的母语争论（英语才是这类会议的官方语言）。两人经常在被萨科齐看作特里谢的过分教条的货币政策的观点上发生冲突，看来，法国总统之前缺席演讲也并非巧合。他们也能够在一些小事上达成共识，但主要的问题——法兰克福小组最终如何能够在一体化上实现特里谢要求的“量子飞跃”依旧悬而未解，没有答案。

德拉吉很快就溜出来欣赏已经在大会堂中进行的节目：由欧洲央银和意大利银行共同主办、长达一个月的“欧洲央银文化日”庆典的首场演出。博洛尼亚的莫扎特乐团，由传奇指挥家克劳迪奥·阿巴多（Claudio Abbado）指挥，将演奏罗西尼（Rossini）和门德尔松（Mendelssohn）的同名作品。后者以他的第四交响曲为代表作，灵感来自这位德国作曲家在 19 世纪 30 年代初前往意大利的旅途中的所见所闻。在他 1831 年被送回家的信中，他预测，这首所谓的意大利交响乐曲将是“我创作过的最快乐的乐曲，特别是最后的旋律”。这首作品以欢快的那不勒斯和罗马民间舞蹈为参考。

特里谢、默克尔和萨科齐在后面的房间里互相抨击对方，并没有找到解决办法。门德尔松作品的尾声回荡在大楼中，音乐的欢快对比着欧洲的惨淡前景，似乎显得别有意境。

THE ALCHEMISTS

THREE CENTRAL BANKERS AND A WORLD ON FIRE

18

逃逸速度

里克·佩里（Rick Perry）不仅仅是得克萨斯州的州长，在许多方面，他代表了得州。他是一个农场主的儿子以及得州农工大学的毕业生，主修专业是畜牧学。他慢跑时会带着上膛的手枪，2010 年，他用这把手枪射杀了一只狼。作为州长，他推动了解决无合法身份工作者子女的学费问题——并且禁止了保护非法移民的“避难城市”。当佩里在 2011 年 8 月角逐竞选美国总统时，他在这个美国人口第二多的州非常受欢迎，拥有大量的支持者，是保守共和党所期盼的“顽固者”。他最终退出选举，评论员们讽刺他比“得州土司”更加软弱。但是，他最初被敏锐的分析家们视为可以击败共和党候选人的人物。

8 月 15 日，佩里宣布参加选举的前两天，一个身穿蓝色球衣的男子在艾奥瓦州锡达拉皮兹市的见面会活动中向他询问了关于美联储的看法。“关于美联储，说实话，我将不理会他们，”佩里几乎完全没有停顿，“我知道你有很多要问的问题。如果这个家伙从现在开始到选举前印更多的钱，我不知道你们大家在艾奥瓦州会怎样对待他，但是我们，在得州的我们会非常鄙视他。”

“我的意思是，在美国历史的这个特定时刻印刷更多的钱来玩政治是非常危险的，在我的观念中，这非常危险。”观众鼓掌了。本·伯南克曾带领美国和世界经济走出了 2008 年的金融深渊，在 2009 年保持了美联储的独立性，并且在 2010 年进行了第二轮量化宽松货币政策，该政策很可能避免了通货紧缩螺旋以及一场新的衰退。现在，一个主要的总统候选人暗示，对于央行行长的愚蠢行为，“在得州我们会非常鄙视他”。

在佩里做出评论的同时，美国经济正在经历第二段低迷的夏季。2011 年的前 4 个月的经济比较乐观，国家平均每个月增加 20.7 万个工作岗位。但是从 5 月到 8 月，平均每月新增工作岗位降低到了 8 万个以下，失业率为 9.2%。现在有各种各样关于糟糕的经济数据的解释，包括从欧洲出现的更多的金融压力，以及在夏天暴露的年初时一些可能被夸大了的缺陷数据。但事实很简单，经济增速似乎再次低于可以降低失业率的速度——伯南克顾虑地称之为“逃逸速度”，最近几个月，美联储都没有做出对情况有所改观的新动作。在第二轮量化宽松政策下的债券购买举动于 6 月 30 日就结束了，但美联储公开市场委员会并没有开启购买计划的倾向。

银行已经购买了大量的债券，并且将短期利率几乎降为零。它还能做什么呢？其中的一种可能就是如 2008 年年底发生的那样——启动大胆主动的政策。三年后，在一段持续的低迷而不是突然的恐慌的情况下，美联储能采取同样有创造力的对策吗？

内部有对什么才能确实帮助美国经济的疑问，外部有对央银想法的敌对势力，伯南克似乎面临着一个大问题。

现在是美联储重新审视所有可选方案的时候了。但是相比一年前，第二轮量化宽松货币政策刚刚推行时，有两个重要的不同点。第一，主要由于今年急剧增加的燃料成本，通胀更高了——8 月底往前 12 个月的通胀水平是 3.8%，去年 8 月，这个比率是 1.2%。

第二个不同点是伯南克和他的同事在第二轮量化宽松政策之后所经历的，在此期间，几乎所有人——从国会的保守派到德国的高级官员都攻击过他们 6 000 亿美元债券的购买计划。当然，央银希望为国家经济制定最好的政策，而不在乎外部的压力与政治上的攻击。但在实践中，他们看似明智或者可被人接受的举措总是被他们所操控的世界所影响。并且，2011 年，美国持续的对于宽松货币政策的敌意意味着，伯南克“居住”的世界是一个反对美联储采取更多的宽松货币政策的世界。

央银有一些主张采取更加激进措施的声音，也许其中最吸引人眼球的是诺贝尔奖得主《纽约时报》专栏作家保罗·克鲁格曼。但是在日常的政治讨论中，几乎没有什么争论：共和党人几乎一致反对宽松的货币政策，而民主党似乎没有表达他们的意见。

例如，在 7 月召开的参议院银行业委员会听证会上，伯南克的支持者、共和党参议员鲍勃 · 科克对伯南克说：“我发现美联储中的激进主义非常糟糕，对此我很担心。作为一个与你有良好私人关系的人，我想告诉你我已迅速地转到了想要剪掉美联储翅膀的阵营，因为我认为一些促使你做出使市场更加激进的措施会对市场造成长期的损害。”在同一个听证会上，民主党委员会主席蒂姆 · 约翰逊（Tim Johnson）仅仅以中立的语气询问了伯南克是否会考虑第三轮量化宽松货币政策，不管从哪个角度看都没有给予任何压力。

伯南克鼓励他的员工在宽松货币政策上开展头脑风暴来发现新的方法。以伯南克的判断，第二轮宽松货币政策的反冲效应会削弱政策本身的效果。这种反作用降低了市场对宽松货币政策的预期，甚至可能使企业和消费者在消费和投资上更加谨慎。当评论员大声抱怨美联储的软弱与不负责任时，经济活动者很难对未来充满信心。美联储工作人员因此特别努力尝试不那么浮华的方法，那些不涉及数千亿美元的债券购买计划。

美联储官员总是将宽松的货币政策的选项分为两组。其中一组工具可以用于调整美联储资产负债表上资产的规模与构成，第二轮量化宽松政策就是一个典型的例子。第二组选项则更加直接：利用与央银计划的交流和预期来调整经济中的货币价格。例如，自2008年年底以来，美联储宣称其希望将利率在“一段持续时间”内保持在“极低”的状态。这种方法是美国联邦公开市场委员会在8月9日的例会时通过投票的方法选定的。

为达到推动放松银根的政策，美联储官员在他们的保密材料关于分析和政策选择的“蓝绿皮书”中，提出了将低利率持续时间进一步延长的可能性。而美国联邦公开市场委员会的“保证”不会那般模糊，它可以确定低利率将会持续的时间。伯南克和他的同伴决定调整他们的声明，告诉这个世界，他们希望经济情况是：“联邦基金的低利率至少持续到2013年中期。”这不是革命性的消息——无论如何，分析师已经预测到利率会在接近零的水平保持那么长的时间，所以关于未来廉价资金的信息已经被包含在目前的借贷成本中。但是这足以表明，情况已经变得更加恶化，美联储正在寻找放松银根的办法。这也足以惹怒委员会的鹰派人物。

达拉斯联储的理查德·菲舍尔、明尼阿波利斯联储的纳拉亚纳·柯薛拉柯塔，以及费城联储的查尔斯·普洛瑟均投票反对这项提议。这是自1992年以来美国联邦公开市场委员会会议第一次有3张反对票，伯南克注意到任何进一步的宽松政策都会产生重大的内部异议。同时，伯南克主席在共和党初选中已经成了“出气筒”。这情形就好像其他候选人想在抨击伯南克这件事情上赶上佩里。

“我明天就要解雇他，”纽特·金里奇（Newt Gingrich）在9月7日的辩论中说，“我认为他是美联储历史上最会产生通胀、最危险、也是权力最集中的主席。并且，我认为他的政策加深了大萧条。”在9月底美国联邦公开市场委员会召开的两天会议中，众议院和参议院的共和党领导人甚至给伯南克发了一封信，提到美联储"在美国经济中，应该抵制进一步的经济干预"，这是一个非常明显的对货币政策施加政治压力的举动。

总之，随着美国经济状况的恶化与欧元区危机的加深，现在实施的非正常干预措施更加强硬了。美联储工作人员利用了另一个巧妙的工具，将能够允许央行放松货币政策，却并不会出现随第三轮量化宽松政策而来的狂飙突进。这种通过量化宽松政策影响经济的方法称为"资产组合平衡渠道"。当美联储仿照第二轮量化宽松政策期间购买 6 000 亿美元的长期国债时，拥有这些国债的投资者不得不将这些钱投入其他投资，比如公司债券、抵押担保证券或者股票。按照美联储的想法，无论钱流到哪儿都会帮助经济增长，无论是使得企业借款和家庭的房屋抵押贷款成本更低还是提振股市。

有充足的证据表明上述结论是成立的。例如，在美联储进行演讲或发表评论暗示将可能有更多的债券购买之后，股票都会不可避免地上涨。这种方法的成功揭示了一个有趣的可能性：如果美联储将资产从短期债券转移到长期债券，这可能在经济领域降低长期利率，从而鼓励企业投资与抵押贷款。该措施同时会提高短期利率，但是它可以被忽视，因为美联储已经承诺将利率保持在接近零的水平。理论上讲，从长远看，无论是短期还是长期借款，都会变得廉价。

这被称为"收益率曲线扭曲"，美联储在 1961 年曾经尝试过这种操作，当时被称作"扭曲操作"，这个词语来自对当时舞蹈狂潮的比喻。伯南克所掌管的美联储有着严肃的文化氛围，称这个经过深思熟虑后的策略为"到期日延期计划"。但是"扭曲操作"这个带有恰比·却克[①]风格的双关标题，却经常被媒体借用来描述这一政策。美联储的分析中认为，仅仅卖出 3 年内到期的 4 000 亿美元债券，同时买入 6—30 年后到期的 4 000 亿美元债券，将会对美国经济形成强有力的推动，几乎和第二轮量化宽松政策同样有效。

但是由于美联储并没有通过买入更多债券来发行更多货币，而且因为传统的政治家不太理解扭曲操作的含义，使得这一操作看起来受到 QE2 那样的反

① 恰比·却克：Chubby Checker，美国传奇摇滚歌手。——译者注

作用的可能性更小。“印钞”听起来很吓人，“延长联邦储备系统公开市场组合的持续期”对大多数人而言难以理解。从某种意义上来讲，这其实是量化宽松的隐身术，美联储公开市场委员会的鹰派们很清楚这一点。因此，菲舍尔、柯薛拉柯塔和普洛瑟再次提出异议。

尽管如此，大部分公众并没有提出批评。世界上主要报纸在美联储公开市场委员会会议后的两周内在 94 篇不同的报道中都使用了“扭曲操作”一词。而第二轮量化宽松政策宣布后的同时期内，这个术语出现在了 158 篇报道中。伯南克在他的学术生涯中一直在论证，不论是大萧条时期还是 20 世纪 90 年代的日本，央银家都有能力提振萎靡的经济，即使是在危机时期的最低谷。在担任美联储主席的第 5 年，伯南克依然坚持这一信念，但是他已经更懂得如何使用权力，使经济能从货币宽松中得到益处，同时不花费太大的政治成本。

7 500 亿英镑的“震慑战略”

如果说美国经济正在从前几年的创伤中缓慢复苏，英国经济只能说一点也没有恢复。通胀率和失业率依然很高，欧元区危机似乎每几个月就会给全球金融市场带来一波新的动荡。“同《谋杀》(*The Killing*) 这部片子的剧情相比，欧元区经济危机经历了更多戏剧性的时刻，最后的解决方案似乎刚出炉，就因为后续事件而被搅乱，”英格兰银行行长默文 · 金在 2012 年伦敦市长官邸演讲中，谈到这部源自丹麦的警察电视剧，当时它已经成为 BBC4 台的热播剧，“而丹麦甚至都不是欧元区的成员。”

事实上，特里谢和德拉吉曾经数次给美国、英国经济实施了比伯南克和默文 · 金所利用的更大的控制权。特里谢、德拉吉会定期同全球的同行们交流：或是通过私人电话，或是在巴塞尔会议上，或是在全球峰会永无休止的一系列会议场边。但是除了很少的共同干预措施，尤其是 2011 年 11 月底全球货币互换额度重启，他们基本上都会避开伯南克和默文 · 金，尽其所能地帮助本国国内经济走向最好的状态。

在英格兰银行所在地针线街上，你会有一种虚弱的感觉。“这就像每次你查看你的手机，”一位官员说，“在欧洲以外就会有另外一个讨厌的标题，而我们却对此无能为力。”英国 10 年前做出不加入欧元区的决定看起来是正确的：它的公共金融和西班牙的没有什么不同，如果英国货币政策是在法兰克福制定的，而不是伦敦，这个国家也许几乎已经陷入和 GIPSI 国家一样的下场了（尽管任何人都会猜测到，把英国也牵扯其中会对这个首字母缩写的提出者产生什么影响）。

即使欧元没有作为英国的流通货币，但是它依然遭遇了来自欧洲困境的大规模连锁反应。欧元区国家占据英国出口贸易的将近一半，英国银行有很大一部分的风险来自欧洲大陆，英国企业的信心也受到来自海峡对面《金融时报》上每日清晨发出的最新报道的影响。“我们不在欧元区并不代表我们就可以幸免于难。”默文·金在 2012 年用保守的方式如此陈述道。

在 2011 年那个令人沮丧的夏天，英格兰银行行长在温布尔登网球公开赛观看了男子单打半决赛，西班牙人拉斐尔·纳达尔（Rafael Nadal）击败了苏格兰人安迪·默里（Andy Murray）。这再合适不过了。默文·金坐在皇家包厢，旁边坐着新婚的剑桥公爵和公爵夫人，以及其他比负责经济政策更加有名的来自世界各地的明星，包括演员迈克尔·凯恩（Michael Caine）和《时尚》（*Vogue*）主编安娜·温图尔（Anna Wintour）。在皇家包厢是禁止使用手机的，因此，《星期日邮报》（*The Mail on Sunday*）推测默文·金在比赛期间是否会暂时失去联系。

文章以很大篇幅对此进行了报道。它对英格兰银行行长默文·金出席温网的情况用了 1 443 个单词来描述，声称他至少观看了 13 天比赛中 6 天的比赛。一张默文·金闭着眼睛的照片旁边附有说明，下面是指责性的文字：“7 月 1 日，星期五：在男子半决赛中，纳达尔击败了默里，而比赛中的默文先生却在打盹。在这一天，关于英国经济复苏状况不容乐观的经济数字一一发布。”

事实上，默文·金受到的来自报社和一些英国政坛的对手对温网公开赛下午的事件进行的直接攻击是不公平的。即使是英格兰银行中他的批评者们也说，默文·金是他们知道的工作最勤奋的人，他晚上和周末都会投入大量时间在工作中。就在他下午看网球赛的这几天，他也是早上和晚上都一直忙于央行工作。

但英国需要一个替罪羊。默文·金 2010 年主张的紧缩财政政策带来的冲击正被人们深刻地感受到，英国 2011 年上半年的经济几乎接近零增长。当时分析师们，包括英格兰银行的学者们，将此解释为一些临时性的原因，例如：那年冬天暴雪导致的商业中断；3 月日本地震引发的供给冲击；很多英国人在当年春天王室婚礼期间享受了额外的假期，从而导致生产力下降。但是现在回过头来看，这些都只是借口——英国经济确实已经跌入了接近零增长的状态。

2011 年夏天，英国的失业率从 3 月的 7.7% 上升到 9 月的 8.3%。但是通胀率依然很高，整个春天都在 5% 以上，这主要是由于油价上涨以及英镑贬值导致的进口商品价格上涨。夏天过后，这两个影响逐渐退去，表明通胀率最终会降下来。同时，经济陷入滞涨，这对英国人来说是可怕的局面，也使得英格兰银行面临着两难困境。

在英格兰银行内部，观点有所分化。货币政策委员会的 9 名成员中，有两名成员，马丁·威尔（Martin Weale）和斯宾塞·戴尔将通胀视为英国面临的最大威胁，并投票支持在 2011 年 7 月提高利率。持另一方观点的是亚当·波森，他认为经济下行和失业率上升才是英国的主要风险。他自从2010年10月以来，在每次货币政策委员会会议上都会主张进行新一轮量化宽松，实施英国版的第二轮量化宽松政策。而委员会的大部分成员在默文·金的领导下都支持不做任何变化。

面对这种情况，这种犹豫不决似乎是 2008 年夏天的重演：由于通胀高企，货币政策委员会中的一些成员主张收紧政策，另外一些成员又主张放松政策，而默文·金的态度岿然不动，成了这两种观点的分割线。但是两方成员在同政府官员的频繁交流以及仔细关注过默文·金的公开言论后，就会发现，货币政策并没有什么正式的变化，但默文·金在 2011 年夏天和秋天的想法已经发生了重大转变。

英格兰银行行长在等待时机，时刻准备着应对他越来越感到害怕的风暴的来临。

每过一个月，随着欧洲大陆的各领导人越来越茫然，默文·金提高了警觉。6月，他向议会财政特别委员会表示："我们只会在经济有更强劲增长表现、失业率下降而不是上升时考虑加息。"从而有效削弱了在失业率上升时央行会提高利率的预期。同时，他对英格兰银行将会购买更多债券奠定了基础，从而淡化了量化宽松是经济手段异类的看法。"我认为量化宽松完全是传统的货币政策工具，"默文·金说道，"这件事情我们可以做到。"

当年8月，货币政策委员会草拟季度通胀报告，这是央行领导人对经济前景看法的最详细的定期概要，这次委员会采取了不寻常的做法。当月欧元区内部破裂看起来越来越可能，默文·金和同事们认为，他们不能将可能发生的事情包含在预测中。如果崩溃确实发生，那么他们所做的预测就是无效的，就像3年前雷曼兄弟破产一样。因此，他们如往常一样预测GDP、通胀等指标，就像欧洲不会发生大规模内部崩溃一样。无论如何，这些指标都不可能被精确预测到。接着，他们增加了差不多相当于一页纸的星号，以解释补充他们的观点，即"当前欧元区的紧迫局势所带来的风险几乎没有可参照的指标"，因此在他们的预测中，很可能没有体现经济出现大幅波动的可能性。换句话说，欧元区崩溃的风险如此之大，以至于他们必须为这种脱离主流预测的做法负全部责任。

"英国面临的巨大风险主要来自世界其他地区，"默文·金在关于央行季度报告的新闻发布会上说，"我们必须同国外的同行合作，共同解决如何降低私人和公共债务过高的难题。但是当需要大的实际调整时，英国货币政策所能做的就很有限。英国货币政策在以后几个月中将不会影响通胀，但是它可以确保政策调整在低的、稳定的通胀率背景下才会操作。这正是货币政策委员会将要做的。"

在委员会9月初的会议上，默文·金和其他成员似乎正要推行新的量化宽松政策，他们形成了广泛共识，一致认为英国经济正在遭受来自欧洲的致命威胁，通胀正在消退。但是即便每个成员都对英格兰银行应采取的措施持有相同看法，默文·金还是主张再持续观望一个月。“这种态度就好像‘我虽然对前景感到紧张不安，但姑且让我们再观望一个月的经济数据’。”一位内部人士说道。金融市场在 8 月已经变得很混乱，导致默文·金也疑惑是否有必要迅速推出新的宽松货币政策。“我们很清楚 8 月已经有了重要的消息，尤其是在金融市场上，”默文·金后来说道，“可能正是这种波动性在下个月对其自身形成反作用力。我不认为我们存在基本面会改善的预期，但是波动性会下降还是有可能的。9 月时，基本上来说，如果下个月其他没有发生改变的话，我们就会进一步实施资产购买计划。”

果然，到了 10 月，金融市场环境并没有明显改善，货币政策委员会一致同意购买 7 500 亿英镑的英国国债或金边债券——这就是《每日电讯报》所谓的“震慑战略”。与各经济体的规模相比，这等同于美联储购买价值 7 500 亿美元债券；换句话说，相对来讲，英国第二轮量化宽松政策的规模比美国大 25%。波森是委员会中最保守的鸽派人员，一直主张只购买 500 亿英镑债券。但是默文·金的策略—— 一直等到有明确迹象表明经济将会崩溃、通胀减弱时，才会逐步实施自己的措施，意味着无论在英格兰银行内部还是外部，更激进的行为更可能被接受。

默文·金公开将这个行动描绘成对事件的简单响应：“世界经济发展已经放缓，美国、中国的经济发展已经放缓，当然尤其是欧洲经济发展已经放缓，”他告诉记者，“世界已经改变，因此正确的政策反应也要改变。”

绝望的时刻呼唤大胆的举动

本·伯南克 9 月已经实施了扭曲操作。默文·金在 10 月“发动了印钞机”。两个人都已经为他们的行动提前做了铺垫，因而能够在不搅动市场或者损害央行政治立场的情况下刺激本国的经济增长。在美联储和英格兰银行当前面临的零利率政策环境中，伯南克和默文·金都需要更谨慎地权衡成本和收益，不像在通常情况下还有空间去削减短期利率。2011 年秋天，英国和美国经济仍旧持续低迷，丝毫没有好转迹象，这使一些人认为他们两人的行动都过于谨慎——他们明显的行动主义让他们实际上成了 21 世纪的速水优。

另一些人开始做大梦，想象央行可能会采取什么措施来刺激使得各自的经济变好。芝加哥联储主席查尔斯·埃文斯——将很快成为美国的亚当·波森，在那个 9 月曾去伦敦做演讲，论证了更激进的行动的必要性。“假设我们面临着一个完全不同的经济环境，”埃文斯向伦敦这个欧洲经济和金融中心谈到，“假设通胀率已经达到 5%，而我们的通胀率目标是 2%。有人会对所有称职的央行行长都会做出强烈反应对抗这种高通胀率表示疑惑吗？是的，没有任何疑问。他们会立即行动，好像头发着火一样。我们同样会被激励着去改善劳动力市场的状况。”

美联储一直高估未来几个月美国的经济表现。例如，2011 年 1 月，联邦公开市场委员会成员达成的共识是，美国经济当年将增长 3.4%—3.9%；而实际上只增长了 2%。埃文斯非常急切地主张用更系统的方式解决这个问题：他论证说，与其在经济衰退时再考虑推出新政策，为什么不提前列举出几个特定的需要美联储对此做出特定反映的经济状态呢？比如，2011 年 9 月，美国失业率达到 9%，排除那些波动较大的食品和能源部门，价格已经同比上升了 2%。埃文斯建议，美联储应当宣布只要通胀率一直保持在 3% 以下，就将维持超低利率政策一直到失业率回落至——比方说 7%。

联邦公开市场委员会在一系列会议上讨论了这个想法以及它的很多改进版本。即使是美联储中更具鹰派观点的领导人，比如费城联储主席普洛瑟，也认为这个想法很有吸引力。毕竟，这可以使得世界很清晰地理解与预测美联储的政策，但他们在细节上存在争议。尽管埃文斯和联邦公开市场委员会中的一些鸽派人员可以忍受通胀率上升到 3% 左右，但很多其他政策制定者都不愿意公布——他们通常倾向于悄悄行动，其实他们可以容忍超过目标值 2% 的通胀率。

埃文斯的想法得到了反复仔细的推敲，但联邦公开市场委员会最近所达成的比较具体的决定是在 12 月会议上的一个决定，即决定开始向公众简要汇报委员会成员对未来货币政策的预期，比如 2014 年与 2015 年预期会发生多少次加息等。这只是提高未来货币政策透明度走出的一小步。

埃文斯在 9 月的演讲中也提到了相关的观点，在美联储以外也获得了一些人的支持，包括高盛研究团队、贝克莱银行经济学家以及奥巴马政府前经济顾问克里斯蒂娜・罗默。2011 年，美国国内商品服务总产值比危机前美国经济按照正常轨迹增长的情况少了大约 1 万亿美元。也就是说，经济体可以生产的价值和实际生产的价值之间的“产出缺口”为 1 万亿美元。那么，为什么不设定一个明确的目标，承诺将一直持续宽松货币政策，直到 GDP 回归到危机前的增长路径，即使冒着通货通膨率超过目标值 2% 的危险？

拥护者称这种方法为“以名义 GDP 为目标”，它实际上是央行做出的承诺，会一直踩下加速经济增长的踏板，直到经济危机的影响逐渐减弱。罗默认为这种方法和 1979 年保罗・沃尔克的做法类似。当时，沃尔克说服联邦公开市场委员会重建整个货币政策框架，把重点放在收缩货币供应量上以减轻通胀。“绝望的时刻呼唤大胆的举措，”罗默在《纽约时报》的文章中写道，“保罗・沃尔克在 1979 年明白了这一点，罗斯福在 1933 年理解了这一点，现在该轮到伯南克了。他必须抓住机会。”

在罗默写这段话的时候，伯南克已经派出联储经济学家去做一项广泛的学术研究，以便了解以名义国内生产总值（后简称名义 GDP）为目标的效果，并使用计算机建模方法检验其潜在的收益和缺陷。联邦公开市场委员会在 12 月 1 日、2 日的会议中听取了详细的述职报告，并详细讨论了这个观点。美联储官员的研究模型证明这个观点在理论上是可行的。但是这个方法同样有很大的缺陷。例如，只有当美联储可以在大约 10 年或者 15 年的长时间里确保一直能够实现承诺时，这个方法才有效。如果对雇用和投资具有决策权的人对美联储是否会遵守承诺尚存疑问——要知道每位联储主席的任期只有 4 年，那么名义 GDP 目标法就会失效。

而且，持续实施这一政策意味着，如果经济增长持续低迷，美联储将不会愿意接受高通胀率，但是他们实际上又对高通胀做出了承诺。打个比方，如果名义 GDP 的目标是 5%，但实际增长只有 1%，美联储就会实施政策以使通胀率达到 4%。而这可能会导致金融市场做出悲观反应，长期利率水平将会上升以反映通胀风险，普通民众也会对石油和其他商品的价格快速上涨表示不满。

在那个 11 月的星期二，关于名义 GDP 目标法以及相关方法的讨论持续了数小时。联邦公开市场委员会一些成员，尤其是那些鹰派成员，认为根本不用考虑这种方法，因为他们认为保持物价稳定和低通胀才是央行最重要的目标。他们绝不会同意一项容忍高通胀的政策。其他成员也持有一些更加微妙的观点。但是在讨论结束时，即使是委员会中的鸽派成员也不打算支持这项政策。美联储的方法将不会经历沃尔克式的巨大变化。伯南克私下与同事聊起这个话题时，总是会变得异常兴奋和尖锐，那些经济学家没有像联储那样仔细分析过名义 GDP 目标法的利弊，就敢自信地宣称这是美联储应该追求的政策，他显然对此很恼怒。

在 2008 年经济危机期间，伯南克召集美联储政策制定人员部署各种政策工具，以防止全球金融系统崩溃。他那安静、令人敬仰的领导风格，再加上金融恐慌的严重性，使得他的同事们都愿意跟随他快速行动。但是在应对持续的危机期间，如果伯南克尊重其他人的观点，也意味着提振美国持续萎靡的经济的行动会来得很慢。

同时，伯南克对一些美联储政策的潜在批评言论非常敏感。这些言论认为，美联储可以做得更好，如果美联储可以传达一种信念——美国将会回到危机前的样子，并且美联储为了达到此目标将不遗余力。然而，在这个每一个行动都会遇到阻碍的世界这似乎是一个挑战，因为这些政策工具有风险且未被实践验证过，也难以在委员的众多观点中达成一致。

“我不会再去呐喊了”

2012 年年初，伯南克和默文·金都在谋求政策的连续性。1 月，美联储将预期的加息时间从之前宣布的 2013 年中期推延到 2014 年年底。由于英国经济增长持续乏力，英格兰银行认为通胀率将会降低，因此在 2 月回归了量化宽松货币政策，再次增加 500 亿英镑的债券购买规模。美联储在 6 月的会议上决定实施“第二次扭曲操作”计划，在第一次扭曲操作的 4 000 亿美元规模的基础上，再置换出另外 2 670 亿美元的短期债券，换入长期债券。7 月，英格兰银行在量化宽松政策中又增加了 500 亿英镑的购买规模。

默文·金和伯南克一次又一次地选择了相对狭窄的政策集合，似乎不愿意采取任何会改写规则的政策。只有他们自己知道是不是因为他们从分析师那里得知，采取非传统的政策通常会失败，不管他们是被自己领导的委员会成员们限制，还是担心政治家们的反制。事实上，他们本来是可以采取更大胆、更有风险的政策工具的。但在 2012 年，伯南克和默文·金都犹豫了，寄希望于德拉吉和他的同伴们能够解决欧元危机，消除对美国和英国经济的压力。如果这样的话，他们就不需要采取更加有风险和没有确定性的行动了。

在 2012 年 5 月默文·金的新闻发布会上，天空新闻（Sky News）的记者埃德·康韦（Ed Conway）注意到，默文·金多年来一直在督促欧洲官员们对他们的危机采取更坚决的应对态度。“即使你已经快要跑到房顶上去专门针对这次危机奋声疾呼，却似乎没有一个人在听你讲话，难道你不觉得很沮丧吗？”康韦问道。

“我确实在这样做，”默文·金承认，他好像已经几乎默认了英国经济的未来将脱离他的控制，“我不会再去呐喊了。我只能停留在我以前的观点上，现在其他人必须要做出回应。”

THE ALCHEMISTS

THREE CENTRAL BANKERS AND A WORLD ON FIRE

19

超级马里奥的世界

帕纳吉奥迪斯·罗米里奥提斯（Panagiotis Roumeliotis）坐在国际货币基金组织的餐厅里吃午饭，而国际货币基金组织距离白宫仅有几个街区。罗米里奥提斯当时是希腊驻国际货币基金组织中的代表，在2011年的最后几周里这并不是什么轻松的任务。但是作为希腊的资深政治家之一，他很乐意做这份工作。他的手机响了。打电话给他的是乔治·帕潘德里欧。“我们需要你立即回雅典，”这位焦头烂额的首相说道，“我们想让你回来做首相。”

帕潘德里欧的首相位置已经保不住了。他的党派——泛希腊社会主义运动党在议会中只占有微弱的多数选票，而且对这位眼睁睁看着国家经济陷入萧条的首相已经失去了信心。他正在与对手保守党派——新民主党讨论建立联盟或者“联合”政府——共同选举一位无党派技术官僚来带领希腊成功度过国际债权人要求的改革，而后他会在接下来的下一轮选举中被替换掉。

罗米里奥提斯打电话给他的妻子。对于丈夫即将到来的升职，她一点也不兴奋："你绝不能做首相！他们会杀了你的！"罗米里奥提斯觉得，这种风险确实存在——况且在国家处于经济与政治坍塌边缘的时刻，担任首相本来就很可怕。但是，他不得不为了处于困境中的祖国承担起这个风险。他装好行李，然后赶到杜勒斯国际机场准备乘坐下午 4 点的航班去法兰克福，然后转机去雅典。

然而，当他到雅典的时候，新民主党领导人安东尼斯·萨马拉斯显然已经改变了认为罗米里奥提斯适合这个职位的想法。萨马拉斯坚决不同意让一个与令人痛恨的国际货币基金组织有关系的人当首相，即使罗米里奥提斯在那里代表的是希腊政府，而不是为国际货币基金组织工作。

所以，帕潘德里欧得继续寻找人选。他接下来打给了卢卡斯·帕帕季莫斯—— 一位退休的希腊经济学家、哈佛大学的公共政策客座教授。具有讽刺意味的是，帕帕季莫斯一直到最近都是三巨头中其中一位成员的高级官员：他一直到 2010 年都在担任欧洲央银的副主席。但不管什么原因，欧洲央银并没有像国际货币基金组织那样引起如此大的公愤，所以帕帕季莫斯被认为在政治上是更适合的人选。两天之后，帕潘德里欧辞职，帕帕季莫斯被委以重任，试图带领他的国家走出深渊。

这些事件发生的奇怪顺序凸显出欧洲领导人在 2011 年 11 月初应对危机垂死挣扎时，最有影响力的决策是如何被匆匆忙忙地做出的。帕帕季莫斯接电话的时候已经在欧洲了，所以他不需要像罗米里奥提斯那样远渡大西洋，倒也省心了。帕帕季莫斯本来安排在法兰克福与马里奥·蒙蒂（Mario Monti）一同参加一个小组讨论。蒙蒂是欧洲另外一个退休的智者。但是两人不得不取消见面：11 月 11 日，帕帕季莫斯成为希腊总理，11 月 12 日，蒙蒂继任意大利总理。马里奥·德拉吉担任欧洲央银行长的两周纪念日快要到了，西班牙首相何塞·路易斯·萨帕特罗（José Luis Zapatero）将在 11 月 20 日卸任。

在欧洲急需一个新开始的时候，各国政府发生了最高层次的人事变动。但问题是，新的团队是否会带来新的结果呢？

当 11 月 1 日德拉吉担任欧洲央银行长时，根本没有时间举行仪式。特里谢搬出了他已经待了 8 年的 35 层办公室，随后德拉吉搬了进去，甚至都没有添置任何私人用品。由于投资者担心，各国领导人在 10 月 27 日已经同意的欧元区一揽子拯救措施力度太小、时间太晚，他继任的那天是近年来全球市场表现最差的一天。欧洲各银行股价暴跌；法国巨头兴业银行股价狂跌 16 个百分点；西班牙和意大利债务利率相对稳定——但这也只是因为欧洲央银大量购买债券的结果。如英国《卫报》所说（不过稍微有点不公平）："马里奥·德拉吉在担任欧洲央银行长的第一天，就以不适当的规模开始购买他自己国家的债务。"

帕潘德里欧凭借在议会中占有的微弱多数的支持率，顶着尽力引导日益失调的国家走向正轨的压力，在前一天宣布了一个大胆的策略：他将举行全民公投，让希腊选民决定是否接受欧洲央银提出的救助条件，潜在的意思是，是否仍然保持欧元作为他们的货币、是否仍然留在欧盟。如果公众投了赞成票，帕潘德里欧将可以获得更多权力去做需要做的事情；如果公众投了反对票，这个国家肯定会拖欠债务，从而可能会被卷入经济漩涡。对于帕潘德里欧来说，这样可以使这个问题被严肃对待，而不再是敷衍了事。对于几乎每一个欧洲其他国家的领导人来说，这是一个不计后果和不顾一切的措施。正如一位欧洲外交官对英国《金融时报》所说的，这样做"相当于一个人高兴地在饭店吃饭时，不小心把罕见和昂贵的盘子摔碎了。这样的后果任何人都不会感到高兴。"

正当帕潘德里欧的声明对市场产生负面影响时，德拉吉在 11 月 3 日召开了他在欧洲央银管理委员会的第一次会议。他的风格不同于前任。他不太喜欢管理委员会成员冗长的独白，更喜欢干脆、集中的讨论。"会议是很有针对性的。不要高谈阔论，而要更加具体地进行分析。"一位同时参加过两届行长会议的人说道。当然，特里谢将冗长的独白转化为自己的优势，用精确的时间来确保会议朝着自己的方式进展。每位成员在详细解释自己的论述时所花的每一分钟，都不能背离特里谢想要的进展方式。特里谢召开会议，首先会阐明自己的观点和政策倾向，给其他 22 个参与者施加无形的压力，让他们同意自己的观点和政策，或即使他们不同意，至少也可以逼迫他们处于守势。

这种情况和伯南克在 2006 年继格林斯潘就任时发生在美联储的情况很相似，但不同的是，德拉吉扭转了这一会谈模式。德拉吉首先让同事们说出自己的观点，然后他再总结一系列观点，并提出自己的观点。这一次他的观点是，已经有明显证据表明，欧元区经济正在陷入新一轮衰退，这不可避免地会造成通货紧缩的压力，因此欧洲央银要想提振欧洲大陆的经济，必须采取降息政策。

星期四下午，在欧元塔，像特里谢在之前的 96 个月里那样，德拉吉站在媒体前解释说，在他作为欧洲央银行长召开的首次货币政策会议后，欧洲央银决定下调基准利率 25 个基点。第二次会议后，欧洲央银做了同样的事情。这两次行动扭转了特里谢在当年 4 月和 7 月推行的加息政策，事后看来，当时的加息是一种政策失误，甚至比当时批评家们认为的还要严重。尽管一系列调查和预测都表明欧洲经济正在进入一场衰退——参与这项决定的官员们说他们已经看到了令人信服的证据，但这对于德拉吉来说仍然是一个大胆的举动。他实际上已经消除了德国人对他这个意大利人可能会对通胀问题重视度不够的疑虑，他已经采取了果断、合理的针对性措施。这是欧洲央银新行长对自己领导力非常自信的表现。

欧洲五国领导人大换血

法国在当年召集 20 国集团国家元首召开会议时，提出的口号是："新世界，新观念。"但在全球最有权力的首脑们都聚集在法国南部参加为期两天的峰会时，他们的议程将会被旧世界的古老中心存在的老问题所占据 。

当美国和欧洲各国领导人都越来越清楚意识到，只在他们之间讨论全球性问题已经不再可行，20 国集团便成为在 2008 年金融危机最严重的时候进行全球政策协调的重要组织。如果领导人们想真正解决他们共同面对的挑战，发展中国家中的新兴经济体，尤其是中国、巴西和印度，需要在国际会议中占有一席之地。

这一核心观点毋庸置疑。但 20 国集团，包括世界上主要的经济大国，以及一些规模较小的代表一个地区的成员（例如，撒哈拉以南的南非地区和中东的沙特阿拉伯地区）在内，实际上是一个笨拙的、优柔寡断的组织。当 20 国元首和各自的财政部部长、工作人员和翻译人员与其他被邀请人员——比如联合国秘书长、国际货币基金组织执行理事等，一起坐下来时，整个事情有时候就变成了外交事务的艰苦演练。在会议结束时发布的会议联合公报所描绘的世界共同路线，往往含糊不清。在各国都有自己不同的利益时，怎么可能会最终达成一致?

2011 年的戛纳会议进展比往常更为艰苦。整个峰会期间几乎都在下雨。一些外交手段实际上是世界经济的超级大国的代表们给不幸的 GIPSI 国家同僚施加压力，且不论它们为全球利益考虑了多少，这看起来就像是恃强凌弱。尽管希腊不是一个官方的参与者，萨科齐、默克尔和法兰克福小组的其他成员在 G20 峰会正式开始的前一天晚上召集帕潘德里欧去戛纳，并给他下了最后通牒：如果坚持全民公决，必须是针对希腊是否继续留在欧元区这个更大的问题上。“公投本质上就是解决一个问题，希腊是否想要留在欧元区？”默克尔在晚宴上说道。而这次晚宴如《明镜周刊》所言：“食物做得很好吃，绝对是一位美食厨师的作品。但是这次谈话更像是发生在街角的餐馆里。”

此外，他们明确表示，不会发放下一批 80 亿欧元援助，除非希腊投票支持留在欧元区，或者取消全民公投。“我们要让帕潘德里欧……意识到他的行为是不忠诚的表现。”欧元集团的容克后来说道。帕潘德里欧第二天早上回到雅典，开始了新的策略，与新民主党的萨马拉斯讨论，在希腊的中间偏左和中间偏右政党之间建立一个联合政府，由一位技术娴熟但无党派的元老政治家领导。“帕潘德里欧成了希腊社会所有糟糕事务的出气筒，”希腊一位高级官员说，“他确实有带领这个国家渡过难关的意图，但他并没有能力令人信服地捍卫他的这个意图，并且他做得有点出格。戛纳会议上发生的事情对于希腊国家和他本人而言都是羞耻的。”

美国总统奥巴马几乎同萨科齐和默克尔一样自信，从戛纳影节宫会议中心的一个闭门会议穿梭到另一个，见到的更多的场景是他们同电影明星闲谈，而不是进行高风险谈判。奥巴马似乎是在向其财政部部长盖特纳和副部长布雷纳德取经，试图在欧洲危机事务中充当“催化剂”的角色。在 11 月 3 日这漫长的一天，帕潘德里欧改变了他的公投决定，德拉吉已经降息。这一日晚间，奥巴马和欧洲高层官员又开始共同对意大利总理西尔维奥·贝卢斯科尼施压。他们突然联合起来反抗他，理由是他虽然来到了戛纳，但却没有一个可信的计划让他的国家财政得到控制。

那个雨夜，意大利总理同意让国际货币基金组织监督意大利的经济管理，这在技术上来说似乎是自愿的，但其实这个决定经过了几个小时的恫吓威胁。“贝卢斯科尼在最后几个月遭受的来自他的同侪和市场的待遇，很像‘水刑’会议的最后阶段，”意大利记者卡洛·巴斯塔辛（Carlo Bastasin）写道，“这位上了年纪的领导人，认为自己是历史上最优秀的意大利政治领导者和世界上最具权威的人之一，但他甚至都不能予以反击……他觉得自己掉入了一个埋伏。”

意大利更进一步陷入了希腊和其他国家忍受的来自三巨头的侵入性监管。虽然在技术上是贝卢斯科尼选择服从国际货币基金组织的监督，但他是在无形的威胁下才这样做的：如果他拒绝的话，国际社会帮助意大利渡过难关的意愿就会蒸发。贝卢斯科尼召集他的议会偏向于他这边的能力已经减弱，而他同国际领导人之间的信誉也不存在了。在为一次正式合影留念做准备时，一张照片显示他在背后偷瞄阿根廷美女总统克里斯蒂娜·费尔南德斯·德·基什内尔（Cristina Fernández de Kirchner），这个举动尽管跟他的国家的经济状况没有关系，但显然不利于他在默克尔和其他欧洲领导人中间建立信誉。

随着戛纳会议的伤口越来越深，传统的看法是，这已经成为一场灾难。尽管国家领导人可以乘交通工具去任何地方，但是他们的员工则不得不步行或者乘坐公共汽车从酒店出发，他们身上雨伞挡不到的地方不可避免会被淋湿。这是全球经济前景悲观时的一次凄凉的聚会，但这不代表没有任何进展。希腊和意大利都会迎来一位比上一届领导人更可信的接班人。更重要的是，在欧洲领导人开始对美国和英国官员多次敦促他们采取行动感到愤怒时，新的声音出现了。其他国家的领导人也从地球上的各个角落，一遍又一遍地施加同样的压力，这种方式已经成为奥巴马和英国首相卡梅伦的老把戏了。

巴西、澳大利亚和其他国家的领导人都在指责欧洲本身经济的疲软。中国时任国家主席胡锦涛态度尤其明确，指明中国不会动用大量的现金储备来帮助欧洲，除非欧洲大陆已经有了帮助自己的可信计划。

如果默克尔、萨科齐和德拉吉之前对于世界是否正在等待他们做些什么尚有疑问的话，那么现在他们更加明白了。

接下来的一周，关于帕帕季莫斯和蒙蒂接管帕潘德里欧和贝卢斯科尼的讨论达到紧要关头。一些报道认为这些任命实质上是在法兰克福、布鲁塞尔和柏林做出的，而不是在雅典和罗马，表明欧洲央银、欧盟委员会和德国政府可以指示谁可以领导这些国家。事实比这更加微妙。希腊和意大利的高层消息人士说，他们没有得到其他人的任何具体指示，说明谁将是备选的首相；也没有外人干涉选择过程的细节。但与此同时，政党的领导人要参与协商谁会继任帕潘德里欧和贝卢斯科尼，所以他们知道内情，他们就是要选择一个能和三巨头以及其他欧洲国家政府进行可信谈判的领导人。

更具体地说，市场对意大利领导人施加了比德国总理默克尔能够施加的更大的压力：意大利 10 年期的借款成本在 10 月份时低于 5%。11 月 9 日，贝卢斯科尼下台的前一天，这一成本达到了 6.56%。如果持续下去，如此高的利率足以使这个国家破产。意大利有可能变得如同一个家庭在2007年经济危机最早期阶段面临的境况，当时一个家庭的次级抵押贷款利率已经上升到了根本无法偿还的高水平。而利率上升也反映了德拉吉和欧洲央银的影响力：在11月11日结束的当周，欧洲央银只买了30亿欧元的债券，而上周买了100亿欧元。欧洲央银缩小购买规模意味着更高的利率水平，也意味着向意大利议会成员施加了更大的压力，逼迫他们把贝卢斯科尼赶下台。

任命蒙蒂为欧洲第三大经济体意大利的总理，给了这个国家及时的信心。但仅仅因为默克尔和萨科齐并不是特别尊重贝卢斯科尼，在同欧洲领导人进行协商的时候，这个国家实际发挥的影响力比它的规模所应当具有的影响力要小。有了蒙蒂，意大利准备加入法国之列一同抗衡德国对欧洲的统治。两周之内，已经有两个意大利人可以对欧元区危机的进展产生重大影响——之前一直没有：这两个人分别是蒙蒂和德拉吉，他们被媒体幽默地称为“超级马里奥兄弟”。

11月20日，在西班牙选举中，马里亚诺·拉霍伊·布雷（Mariano Rajoy Brey）代表的人民党取得了压倒性胜利，结束了这轮领导人大扫除：这场危机到此为止，已经撤下了所有GIPSI五国的总理。

为欧洲筑建金钱之墙

德拉吉上任不久后的一个星期三，当欧洲的大银行家与德拉吉共进午餐时，他们呈上了来自法兰克福西邻的德国法尔兹地区的白葡萄酒。当客人品尝美酒的时候，他们不仅仅只是对当地的葡萄栽培技术给予了礼貌性的赞扬，还提出了一个可能有助于平息已经笼罩了欧洲和整个世界的恐慌情绪的萌芽版计划。

那些银行家领导的大银行是危机从一个国家传染到下一个国家的主要媒介，这些机构使得像希腊和意大利等国家的困难成为德国和法国等国的一大难题。欧洲大陆的各个银行已经过度承担了政府债务，而且随着债务价值的下降，它们的金融稳定性也出现了问题。2011 年希腊的政府债券就如同 2008 年的次级抵押贷款证券—— 一项曾经看似很划算的投资，结果却变得几乎一文不值。2011 年 11 月，各种资产类型的红灯都在闪烁，表明拥有这些资产的欧洲银行都会遭遇麻烦，例如，它们会面临越来越高的借款成本，这表明投资者对银行的偿付能力失去了信心。

当时，缓和外界对欧洲的担忧的一个主要方法是，使世界各国相信欧洲银行能够获得资金支持，欧洲央银也已做好准备，愿意并且有能力充当最后贷款人的角色。欧洲银行家们在午餐上对德拉吉说，如果银行在未来几年能获得更多资金方面的保证，这将有利于阻止主权债务危机引发银行业危机的恶性循环。

与此同时，欧洲以外的主要央行也在努力寻找阻止欧元区永无止境的危机继续削弱全球经济信心的方法。在危机的早期阶段，他们已经释放了数万亿美元和英镑的流动性，现在他们将要执行的方案又受到新技术和法律方面的约束（例如，伯南克和美联储在《多德 - 弗兰克法案》下受到紧急贷款的限制）。下一步该如何做困扰着德拉吉、伯南克和默文・金，他们召集下属们共同探讨找出可能性方案。尤其是默文・金，他比几个月前更加担忧欧元区问题对英国经济的冲击。他在全球各国中率先行动，为美联储和欧洲央银牵线，促成它们达成一致意见。

11 月 24 日星期四，是美国的感恩节。但在伯南克以及纽约联储主席比尔・达德利与家人观看橄榄球比赛或吃火鸡前，他们必须参加一个国际电话会议。经过三年来全球央行的通力合作以应对雷曼兄弟倒闭带来的恐慌后，对于如何再次应对恐慌，他们已经有了方案。之前并未得到国际上广泛认可的货币互换额度，现在虽然已经放开了，但是很少被使用。欧洲商业银行可以通过私人市场而非央行获得美元，这种方式也极具代表性。但在 2011 年全球经济充满不确定性的这段时间里，商业银行从私人市场融资几乎是不可能的。也许美联储可以想办法让其条款更有吸引力。

伯南克和其他联储官员不只是想试一试。他们希望通过降低货币互换的利率，为欧洲银行和其他国际银行提供更便宜的美元。工业化国家的主要央行，如美联储、欧洲央银、英格兰银行、瑞士国家银行、日本银行和加拿大银行，都将相继宣布这一举措。对日本和加拿大的银行而言，这仅仅是上台演戏，它们国家的银行并没有遭受任何压力，这次行动的主要目的是将美联储的美元引流到欧元区。这次雷曼危机给全球央行行长们一个启发——即使他们只是看起来在同台演出，也会有很大的影响力，所以他们都签约了。

所有央行的负责人们都在感恩节期间的电话会议上口头同意了这个计划，但他们仍需要组织货币政策委员会来正式通过会议计划。对于日本银行而言，这将非常耗时。因为它不像美联储一样可以通过视频会议进行决议，按照日本有关规定，日本银行必须举行一个面对面的会议，这大概需要花几天时间才能完成。纽约时间 11 月 30 日早上 8 点，全球六大央行宣布“共同采取行动，以加强对全球金融系统的流动性支持”。

实质上，这个举动使得全球各个银行从各自的央银贷款所需支付的成本下降了 50 个基点。从象征意义上说，这一举动还产生了其他影响。“终于，全球一致行动起来了！”《环球邮报》（*Globe and Mail*）的一个评论员这样报道，而《每日电讯报》则以“美国开始为欧元区解困”为标题报道了此事。全球主要股票市场飙升，美国、法国、德国股票指数涨幅均超过 4%。

三年前把全球经济从边缘拉回正轨的伙伴关系开始重新发挥作用。

第二天，德拉吉按照预先安排，在欧洲议会召开之前就露面了。首先，他用英语，接着用法语、德语和意大利语，问候了布鲁塞尔的官员们。接着，他就欧洲央银接下来采取的行动进行了详细的解释。“我相信我们的经济和货币联盟需要一个新的财政条约，对政府财政准则以及欧元区国家政府做出的共同财政承诺予以基本重述，”他暗示欧洲央银将在解决市场波动性的问题上采取合作态度，“其他因素以后可能会考虑到，但先后次序很重要。”换句话讲，欧洲央银会给予更多帮助，但这建立在欧洲大陆各国政府有一个更加具有持续性和可靠性的共同财政政策安排的前提之下。

当时很多分析师认为，德拉吉暗示欧洲央银将购买更多债券，是对政策当局的果断行动表示奖励。事实上，在这个时候，有些欧洲央银管理委员会成员认为已经出现了购债疲劳，尽管刚开始他们非常支持购债，但现在他们却越来越意识到，虽然购买意大利和西班牙的债券有利于缓解市场短期的担忧，但无助于促使他们想出一个长期解决方案。相反，欧洲央银正为政客的不作为承担更多风险，并给予掩护，购债的时间持续得越久，事情就会越接近真相。

德意志联邦银行对此一如既往地持怀疑态度，而德拉吉正想办法拉拢德意志联邦银行行长延斯·韦德曼和其他银行家们站在他这边。相较于购买政府债券，德意志联邦银行更喜欢采取措施向欧洲银行注入资金的做法：2010 年 5 月，在阿克赛尔·韦伯强烈反对购买债券时，他表示喜欢新的增加银行流动性的行动。

2007 年 8 月 9 日，欧洲货币市场第一次告急，当时欧洲央银的其中一项关键策略是，在较长一段时间内维持更加宽松的担保品要求，为欧洲大陆各银行提供资金。但是它们从欧洲央银获得现金的最长期限只有 13 个月。如果欧洲各银行能够得到保证，它们可以从欧洲央银获得超过一定期限（假如说三年）的资金，则不需要抛售意大利和西班牙的债券。实际上，如果欧洲央银能为各银行提供长期宽松的资金需求，它们就会支持政府债券市场。而且这样的话，欧洲央银也能保持其独立性，充当银行的最终贷款人，而不是直接向政府放款。

韦德曼和德意志联邦银行更倾向于将贷款期限扩展到两年，而且采取比大多数管理委员会委员要求的更为严格的担保要求。他们不希望商业银行过度依赖央银的资金救助。但这只是关于细节的常见分歧。12 月 8 日，经管理委员会的讨论和投票后决定，欧洲央银宣布，推出两项长期再融资操作，期限长达 36 个月，同时放宽了抵押物标准。

同样，德国人，包括哲根·斯塔克在内——这是他作为欧洲央银首席经济学家参加的最后一次会议，不同意连续第二个月下调利率，这完全扭转了当年早些时候特里谢上调利率的操作。斯塔克和少数人更倾向于推延降息的时点，除非欧洲央银有更充分的证据表明欧元区的经济增速放缓、通胀率下降。事实上，德拉吉的新闻发布会演讲稿已经按照不会进一步降息草拟出来了。但管理委员会大多数委员都认为有足够证据支持立即降息，而且德拉吉通常会采取多数获胜的原则。对特里谢来说，他会和斯塔克提前就接下来采取的政策达成协议，然后引导管理委员会做出决定。但这个星期四，斯塔克必须在会议结束和新闻发布会召开之前短短的两个小时里修改德拉吉的演讲稿。德拉吉甚至跟记者说："这是一次热闹的讨论，没有人应该滥用'热闹'这个词，因为我们毕竟是央银行长，而且我们意见的分歧在于加息的时机而非具体内容。"

德拉吉在他担任欧洲央银行长后的第二次货币政策会议上的胜利，并不仅仅是推出降息政策和给予欧洲银行系统巨大的支持；还在于他将政策从备受争议的购债计划转向能获得强大的德国委员会支持的行动，即使他们在具体的细节处理上存在争议。

长期再融资操作是一次甚至超出了欧洲央银内部人士预期的胜利。银行看到了锁定 3 年期、年利率仅为 1% 的资金机会，开始大规模向央行融资。在 12 月份的第一次长期再融资操作招标中，欧洲央银向 523 家银行提供了共计 4 890 亿欧元的 3 年期贷款。在第二次招标中，欧洲央银又向 800 家银行提供了 5 300 亿欧元的 3 年期贷款。

尽管在技术细节上存在差异，但德拉吉和欧洲央银的这次行动本质上与 2008 年伯南克和美联储应对危机采取的措施是相同的：用央银的钱在世界和金融危机深渊之间建立起一道资金壁垒。

德拉吉采取行动的第二天，也刚好是《欧洲联盟条约》这个对欧洲大陆经济命运有决定性意义的条约签订 20 周年的纪念日。这一天，欧洲各国领导人再次聚集在布鲁塞尔，为解决欧元区金融体系的问题出谋划策。这也是谋求促进欧洲各国互相支持的艰难进程中的又一次会议。这次聚会的头条新闻聚焦在英国首相卡梅伦和法国总统萨科齐在金融监管上的冲突上，前者希望能确保新规则没有威胁到伦敦作为世界金融中心的地位。但这只是一个插曲，会议的主要活动还是一如既往的单调乏味。

虽然如此，但并没有太大关系。多亏了“超级马里奥兄弟”的努力，这个冬天和春天会比较好过。从长远来看，虽然欧洲金融一体化的问题依然没有得到解决，但欧洲央银建立的资金壁垒已经稳定了银行系统。马里奥·蒙蒂开始在意大利推行财政改革，这在贝卢斯科尼时代只不过是空洞的承诺。意大利10年期借款利率从2011年11月25日的6.57%下降到2012年3月9日的4.19%。与此同时，爱尔兰和葡萄牙继续实施它们的救助协议，虽然过程痛苦，但已显示出高度的政治凝聚力；在右派新政府领导下，西班牙经历了一系列痛苦的改革；而希腊则再次成为局外人。

帕帕季莫斯是一个成功的经济学家和央行行长，拥有麻省理工学院的博士学位，处在欧洲政策制定的最高岗位，积累了30多年欧洲政策制定最具权威的工作经验，而且他还是哥伦比亚大学的教授。然而，他不是一个政治家。他讲话语气平静、缺乏领袖气质，认为他的国家面临的主要挑战是复杂的技术问题。正如一个典型的银行家会做的那样，应对公众舆论，帕帕季莫斯会通过冷静的分析来做出决策，而不像政治家那样依靠自己的直觉判断。即使对一个最熟练的政治家来讲，他的工作仍是一个挑战：他必须在百忙之中，在2011年12月组建内阁，将已经组成联盟的两党领导人谨慎地联合在一起，然后带领“一群经常斗得你死我活”的部长们一起工作。

这使得2012年1月和2月对“第二备忘录”（一套经修订确保希腊能获得援助资金前必须履行的条件）的谈判非常困难。事实上，帕帕季莫斯的个人信誉没能让希腊政治体系立即接受三巨头提出的减薪和私有化的要求。同时，他也没有让欧盟委员会和欧盟央银对他们的要求更加灵活。而由于多米尼克·斯特劳斯-卡恩没有参与其中，国际货币基金组织更不会放慢财政政策收紧的步伐。帕帕季莫斯和他的团队首先必须与三巨头讨论关于削减工资和不受欢迎的私有化措施实施的细节，然后再与两个政党联盟谈判，让他们与联合政府站在同一条船上。这些谈判经常会持续到凌晨的4点或5点。

最终的结果是，形成了两个总计82页的文档，宣布希腊将做出新一轮的让步。希腊联合政府将得到可以偿付其3月底即将到期的政府债务的救援资金，但不得不付出巨大的政治代价。

2月13日，大约8万人走上雅典街头，抗议国会刚刚通过的削减工资和养老金的决议。150家商家被洗劫一空，45处建筑物被烧毁，104名警察受伤。"这感觉就像是战争，"一个名叫迪米特里斯·阿尔瓦尼蒂斯（Dimitris Arvanitis）的守门人告诉《纽约时报》记者，"我不敢相信我这是在雅典。我一生都在这里工作，60多年来从没见过这种场面。"《民主》（*Dimokratia*）——一份希腊报纸在头版刊登了德国总理默克尔的一张照片，照片上的她穿得像个纳粹官员，戴着纳粹党徽，整个形象看起来像是受人摆布了一样。

这是联合政府败局已定的前兆，当时它成立还不到三个月。新民主党看到了希望，并要求举行新的选举。毕竟，泛希腊社会主义运动党执政期间，高达21.7%且仍继续攀升的失业率以及各种各样的紧缩政策让希腊人民饱受痛苦、怨声载道。这是一个令人吃惊的目光短浅的决定。随着更多经济阵痛的来临，让没有政治抱负的帕帕季莫斯继续执政、忍受民众的不满显得更加有意义，然后就可以在糟糕的经济结束时号召新的选举。

但帕帕季莫斯不是唯一一个惹上政治麻烦的希腊官员。安东尼斯·萨马拉斯和新民主党急于重新执政。最糟糕的事情还远未结束，新的选举即将举行。

欧元区遭遇政治分裂

欧洲央银资金壁垒的成功并不意味着一切都好。在那个春天，大多数欧洲大陆国家的经济都在衰退，甚至连那些经济保持持续增长的国家的增长速度也是极其缓慢的。2012 年上半年，意大利经济的年增长速度为 –3%，西班牙为 –1.5%，法国经济增速持平。在大国中，只有德国的经济以 1.5% 的年增长速度保持增长。欧洲大陆各国也出现了大规模的失业——2012 年 2 月，法国的失业率为 10%、意大利为 10.6%、爱尔兰为 14.6%，而西班牙则高达 24.4%。在经济实力强大的国家中，德国、奥地利和荷兰的失业率都处于稍高于 5% 的水平。

这是一个分化的大陆，一些国家的人民正处于经济温和增长或轻微衰退的环境中，而他们数以百万计的邻居正陷入困境中。但是欧洲央银只能对所有国家设定一个统一的利率政策。这意味着，20 世纪 90 年代欧洲怀疑论者的猜想得到了验证。

这个春天越来越清晰的是，即使在一个稳定的金融市场背景下，欧元区的现状仍令人难以忍受。GIPSI 国家采取紧缩政策带来经济萎缩的效应并没有因欧洲央银的降息而抵消。整个欧洲大陆讨论的关注点从紧缩转向增长。像意大利和西班牙这样的国家，将如何找到重返经济扩张的道路的方式，以使它们的财政问题更容易处理？

德拉吉发表特别声明，敦促政府不仅要关注目前节省开支方面的改革，更要关注加强未来经济增长方面的改革。德拉吉 4 月 25 日在欧洲议会上表示，“政府必须采取坚定政策来解决财政、金融和结构领域的主要缺陷”。并声称，相关已在推行中的措施“要以促进经济增长的结构性改革来实施，以此促进商业活动的繁荣、新企业的建立和就业的创造。在这些方面，政府应该更有所作为”。

也就是说，鉴于欧洲央银既不能根据欧洲各国不同情况单独地调整其货币政策，也不愿意以经济实力强大的欧洲国家忍受高通胀为代价，来帮助 GIPSI 国家摆脱债务困境，所以那些当选的官员应该肩负起找到驱动欧洲经济增长的政策的重任。欧洲央银的态度发生了迅速转变，而在特里谢领导下的欧洲央银曾经强调，政府削减赤字的重要性高过一切。

在将重点从紧缩向增长转变方面，没有哪个国家比法国更具有戏剧性。在4月22日和5月6日举行的两轮总统选举中，弗朗索瓦·奥朗德（François Hollande）对阵萨科齐。奥朗德是在斯特劳斯-卡恩在纽约遭捕并受到指控后，成为法国社会党2012年总统大选候选人的。而萨科齐与默克尔在一起通力合作的三年时光里——头条新闻撰写者们将法国总统萨科齐和德国总理默克尔称为“默克齐”（Merkozy），法德两国的伙伴关系深刻地影响着欧洲大陆对危机的应对行动。

在这种伙伴关系中，法国总统经常主张更深入的欧洲一体化和慷慨地帮助有需要的国家。但是相较于制定特定的政策，萨科齐似乎更致力于与默克尔保持良好的关系。这使得他给人留下的印象是：习惯于提出一个引人注目的方案，而不是给出正确的答案。

奥朗德在竞选时不仅仅树立起了行动派的形象，还承诺，在提高富人税率削减预算赤字的同时，保持社会福利，而且这些措施将立即付诸行动。更重要的是，对于欧洲整体而言，他对德国主张任何时候都采取紧缩政策的“一刀切”式修复欧洲经济的模式抱有怀疑态度。加上蒙蒂赢得意大利大选，奥朗德的当选使得默克尔的政策主张面临孤立的困境。而从此刻开始，她的这个主张已经失败了。

这也标志着在全球危机早期阶段国家领导人们协调合作的彻底谢幕。现在只有默克尔一人仍坚守着。在一些国家——英国、西班牙和葡萄牙，选民推翻了左倾党派而支持右倾党派，而在其他国家——法国和2008年的美国，右倾的选民支持左倾的党派。而默克尔不仅在政治上幸存下来，而且在2012年中期获得了很高的支持率：德国的经济表现一直比其他西方大国要好，很显然这一切并非巧合。选民其实并不知道他们想要选出什么样的领袖，只知道他们想要的领袖跟目前的不同。

在这个政治动荡的年代，希腊的选民似乎想要一些与众不同的结果。5月6日，在奥朗德战胜萨科齐的同一天，希腊人投票选举将取代帕帕季莫斯联合政府的议会。选举结果令世界震惊，但至少没有使希腊境内的不满升温。

根据希腊民意调查显示，选民压倒性地反对政府已经通过的三巨头协议。但大多数人仍想继续留在欧元区。坦率地讲，这是不可调和的观点。如果拒绝救助协议，这个国家为支付其短期债券将迅速耗尽资金。这不仅包括国际债权人的债务，还包括支付给政府职员、医院和军队等国内债权人的薪水。不同于一个拥有自己货币的国家，希腊不能简单地通过印钞票来偿还债务，否则通胀的后果将会很严重。拒绝三巨头要求的决定意味着，希腊要采用一种新的德拉马克或者其他独特的希腊货币。

基于高通胀的预期，这种新货币兑欧元肯定会大幅贬值。对于没有将欧元存放在瑞士或者德国银行而把欧元藏在家里的希腊人而言，他们的储蓄财富将大量蒸发。这也会降低希腊人的实际工资，一举达到欧洲央银希望希腊减薪的意图。但是，希腊的出口贸易和旅游业将变得更有竞争力，给潜在的经济增长恢复奠定了基础。当游客决定要在希腊或是意大利度假时，希腊绝对是更划算的选择。

“Grexit”，即表达“希腊退出欧元区”的合成词，不仅出现在各大报纸的头条，而且成为政府高级官员讨论下一步该怎么做的议题。希腊离开欧元区的可能性在两年前是如此不可思议的事情，欧洲领导人鄙视那些公开讨论此议题的评论员们，而现在，它已经是公开讨论的议题了。

在 5 月 6 日的希腊选举中，激进左翼联盟以 17% 的选票赢得选举，在上一轮选举中，他们只赢得了 5% 的选票。其中，希腊的新纳粹政党金色黎明党在议会大选中，从上一轮 0.3% 的选票上升为 7% 的支持率。大部分希腊选民看到执政党带来的经济绝望，拒绝了他们极端的做法。即使与泛希腊社会主义运动党联盟，新民主党也未能获得议会的多数席位。在与小党派谈判毫无结果后，由于没有联盟形成，选举又得重新举行。新一轮选举在 6 月 17 日举行，新民主党和泛希腊社会主义运动党勉勉强强赢得了足够的选票来组建一个新的、脆弱的联合政府。希腊政府的核心已经形成，但岌岌可危。

以经济为良方

2012年7月，德拉吉使用了一个不寻常的比喻来描述在解决欧元区的结构性问题时面临的挑战。“欧元就像一只大黄蜂，”他说，“这是一个自然谜题。大黄蜂本来不会飞，但事实上它做到了。所以欧元是一只顺利飞了好多年的大黄蜂。我想人们会问，‘怎么会呢？’——可能是空气中有某种东西可以让大黄蜂飞起来。而现在空气里肯定有东西发生了变化，就像金融危机过后经济发生的变化那样。这只大黄蜂必须变成一只真正的蜜蜂，而这就是欧元区目前正在做的事情。”

在这个演讲中，德拉吉承诺：“欧洲央银准备不惜一切代价来保护欧元。相信我，这就足够了。”但是在欧元区由经济分裂走向血腥的政治分裂的2012年夏天之前，欧洲央银能够完成这个目前看起来不可能完成的任务吗？60年的欧洲一体化进程已经清除了欧洲大陆狭隘的政治极端主义，带来了20世纪的伟大剧变。这是战后欧洲的终极理想，也是欧盟和欧元背后鼓舞士气的力量，是让-克洛德·特里谢作为一代首相、总统的“人生罗盘”的最高成就。

2012年5月底的一个星期一晚上，在布列塔尼格蓝德酒店的屋顶露台上，游客们用不同国家的语言说说笑笑，与远处的帕台农神庙合影，享受着14欧元的杜松子酒和奎宁水。这时，不远处的噪声响起，戴着白色头盔和防暴装备的警察冲出议会大厦，形成一道防御线。大约500多人向宪法广场前进，一些人挥舞着巨大的希腊国旗，还有一些人挥舞着点燃的火把，鼓动当地人占领议会大厦的城堡。

酒保解释说，这是新纳粹党的示威者：“他们每隔几个晚上就会游行一次。”他们边前进，边用希腊语高喊着口号。黑夜将欧洲分成了两半，一半是活泼的、开放的、愉悦的场景；另外一半是单调的、孤立的、充满愤怒情绪的氛围。

央银家们的工作似乎常常是处理枯燥的技术性事务，但是德拉吉的任务不仅仅是处理债券市场和救助工作。危机发生的 5 年后，他的任务是尽快摆脱愤怒的极端分子给爱琴海带来的没落。只有重新让国家的经济走向正轨，才能再次抑制人们心灵深处丑恶的本性。

THE ALCHEMISTS

THREE CENTRAL BANKERS AND A WORLD ON FIRE

重回大提顿

2012年8月30日，在他们为艾伦·格林斯潘举杯庆祝的7年后，同时也是第一波重大危机来袭，他们聚集在大提顿共同讨论住房融资问题的5年后，全球央行行长们重回大提顿国家公园杰克逊湖酒店，思考他们所创造的世界。无论是2005年的颂歌还是2007年的警示，这一切似乎都很遥远。

自欧洲央银成立以来，这是第一次执行委员会中没有任何成员出席的会议：马里奥·德拉吉和他的同僚都在法兰克福忙于制订应对欧洲危机的最新计划，分身乏术。远道而来参加会议的官员似乎也已经精疲力竭，被几年来加班到深夜的工作所累垮。就连晚上蓝鹭酒吧的气氛似乎也压抑了很多，没有像通常那般热闹了。

星期五晚上的娱乐活动也莫名地缺少了活力。2007 年，马语者演示了如何驯服野生马。他说同样的方法也可以促进非马群体间的信任和信心——可以激发群体成员的妙语连珠。“它是否适用于商业票据市场呢？”2007 年，当地的牧场主带来了由木头和布料做的牛，教央行的银行家们如何用绳索套住它们。一位美联储官员在成功的套住其中一头“牛”后，由于拉绳子过于用力导致一个塑料牛角脱落。如果这种情形也能被比喻为一个经济学原理的话，恐怕没有人会再开玩笑了。

各主要央行已经采取远超出其几年前所认为可行的措施。欧洲央银已经购买了一些欧元区国家的国债，违反了其盟约不成文的精神，并使其自身卷入了一些民主国家预算、税收和监管决策的争论中。美联储已经抢救了投资银行和保险公司，维持 4 年的零利率，实施量化宽松政策，并购买了 2 万亿美元的债券。英格兰银行也加入了欧洲央银和美联储的行动，政治上陷入了令人不安的纠结，也不得不大幅扩大其资产负债表。

这些是因为什么呢？主要西方发达经济体的经济都是烂摊子，美国、英国和其他最强的欧洲经济体经济的实际增长率都大幅低于其潜在水平。在欧盟和美国，2012 年的夏天有 1 300 多万人失业，如果延续 2007 年之前的趋势，那么情况本不会这么糟糕。这一代年轻人面临着惨淡的职业前景，而这一代退休老人则发现自己的毕生积蓄在危机中毁于一旦。在一些欧洲国家中，极端分子在采取行动，希腊就是最显著的例子。到了秋天，新纳粹金色黎明党成员以令人发指的频率对移民和其他非希腊人进行暴力袭击。尽管采用了相对和平的方式，西班牙和意大利的街头也发生了骚乱。

在杰克逊霍尔，迈克尔·伍德福德（Michael Woodford）——哥伦比亚大学的经济学家，也是世界上最受人尊敬的货币理论家之一，他走上台阶，在麋鹿角般的水晶灯下开始了枯燥的“利率下限条件下的宽松政策”的演讲。即使不故意点破，面孔严肃的伍得福德也认为，美联储和英格兰银行在危机中采取的利率政策自始至终都是错误的。

“目前的结果并不能说明，在当前的流动性条件下央行的工作会比较容易，”他说，“对我来说，似乎只有少数政策可能有效，在其他条件下这些政策似乎比央行用于安抚公众时采取的行动更为有效。”在超过3.9万字的演讲中，伍德福德指出，央行一次次转向的原因在于它们并没有践行其未来政策的承诺。

他认为，全世界的量化宽松政策如果独立实施的话，基本不会产生什么效果。美国、英国和部分欧洲国家被说服——一旦情况有所起色，他们的央行将退出刺激性货币政策。在不知道他们的央行下一步将采取什么政策的情况下，他们没有理由相信本国的经济将会真正发展和腾飞。美联储的“指导政策”申明从现在到未来的某一天会保持一个低利率预期，这同样是有问题的：央行已经基本表明，它预计到经济形势如此糟糕，因此将会多年保持低利率——这绝不是一种能激发信心的预测。

我们可以把央行看作一位将油门一脚踩到底的司机，每当车走得快一点的时候，他就稍微放松一点油门。保持高速的关键并不是一味地猛踩油门，而是在车提速后的一段时间内保持油门的位置。

“仅仅表达对未来经济发展道路的观点是没有意义的，央行现在希望仅靠人们的信任就使他们自动地相信它，”伍德福德说，“如果仅靠演讲就可以做到，而不用采取什么行动来证明，那确实很神奇。”

在对现代炼金术感到厌烦和沮丧的伍德福德的听众们中，肯定不止一个人希望能有一根魔杖，可以用魔力来消除这一切。

清算欧洲危机

“我从未规划过我的假日，我只出去几天，”马里奥·德拉吉在7月的访谈中说道，“有一件事是确定无疑的，我不会去波利尼西亚，那太远了。”所以最后地点改成了怀俄明州。

德拉吉已经下定决心对欧洲危机进行最终清算，而期间经历了将近三年的三心二意而又过于谨慎的试探，造成了再三的拖延。欧洲央银两次采用名为“证券市场计划”的债券购买和“长期再融资操作”，这将向欧洲银行业注入千亿以上的欧元，以此来恢复欧洲经济的正常运转。但是这些政策更像是止痛药而不是对症下药，只不过延迟了欧洲需要面对的艰难抉择。对于欧洲未来将是什么样子，欧洲央银怎么做才可以达成预期目标的问题，德拉吉在寻求一个永久性的答案。

自 6 月以来，德拉吉一直在指导欧洲央银的工作人员，并与在执行委员会的关键盟友约尔格·阿斯穆森和伯努瓦·科瑞（Benoît Coeuré）共同制订如何使欧洲央银更为系统地捍卫欧洲发言权的计划。与此同时，德拉吉开始了一系列灵活的外交行动。他向德国财政部部长沃尔夫冈·朔伊布勒和总理默克尔的高级幕僚简述了计划，希望能够获得德国政府的支持。他会见了一些此前曾一直反对购买债券的央行行长，比如芬兰、荷兰和奥地利的央行行长，希望可以说服他们同意一个更为周全的计划。私人晚宴、殷勤的电话以及在国际会议和首脑会议场边的对话—— 一旦有机会能和对计划有帮助的人交流，他就会马上抓住。

当德拉吉私下努力的同时，他也有公开表示。7 月 26 日，德拉吉在位于伦敦西侧的兰开斯特宫做出的关于全球投资会议的讲话，对欧洲经济及其所面临的挑战做出了全面概述，可基本上没有什么新的想法。德拉吉在已经定稿的版本上随意添加了几句话，但在发给记者的版本上却没有这几句，这使得欧洲央银不得不在官网上发布更新后的讲话内容，以使其“与德拉吉的演讲一字不差”。

德拉吉实际上是预先宣布了某件将要发生的大事。在没有与理事会的同事们进行交流的情况下，德拉吉就做出了大胆的承诺：“欧洲央银将不惜一切代价保留欧元。请相信我，这就足够了。”他领导着各利益相关方——金融市场、政治领袖、他的同事们，都指望着欧洲央银能采取新措施。结果早已注定，他说得非常肯定。

欧洲央银已经使用了数千亿欧元进行干预，但是却没有什么整体战略，只是在最后时刻采取行动，而且当条件似乎有所改善时，就弃之不理。德拉吉认为，如果规定在什么情况下应采取什么措施，欧洲央银会变得更好，而一旦这样的规定制订好，欧洲央银就愿意挖掘潜在的资金。

对于德拉吉的伦敦演讲，大多数的新闻报道将“不惜一切代价”作为标题。但是演讲的结尾在某些方面更为重要也更难以分析。如果某国政府存在更高的违约风险，那么其国债的收益率会越高，德拉吉认为这是市场正常运转的结果，高风险国家的风险溢价更高。但如果高利率是因为货币存在“可自由兑换”的风险，或者担心欧元的消失，这是一个完全不同的议题。“在一定程度上，这些溢价与我的交易对手的内在因素无关——这就是我们的任务，也是我们的职权范围。”

换句话说，如果投资者抛售西班牙和意大利国债不是因为担心自己不能得到偿还，而是因为担心欧元的崩溃，那干预市场就是欧洲央银的责任。

“这就需要我们处理这种金融分裂来解决这些问题，”德拉吉说道，“我就讲到这里，我想我的发言已经足够真诚和坦率了。”

与恶魔做交易

当韦德曼被默克尔任命为德国央行行长的时候，他似乎比前任——韦伯所采取的方法更为灵活。他的整个职业生涯一直在试图平衡教条主义、德意志联邦银行对通胀的反感态度与追求更适用于政府的工作方式等公共政策主张。人们期望他在默克尔政府执政期间及以后会成为一个独一无二的央行领导人，在继承德意志联邦银行光荣传统的同时，竭尽全力找到拯救欧元区的方法。

但是一旦入主德意志联邦银行后，韦德曼就迅速明确表示，他和他的前任一样，都将致力于坚持原则。他对于德拉吉明确表示要无限超发欧元的承诺非常愤怒。“我认为这是一个政治问题，需要政治的解决方法。“根据一篇报道所言，韦德曼在 7 月的一天打电话给德拉吉如是说。

在 8 月 1 日的晚宴中，即管理委员会会议的前一天晚上，德拉吉说出了自己的想法。他说这肯定违反了欧洲央银关于央行货币化债务的创始条约。欧洲央银不允许用印钞的方式为政府融资。但是因为投资者下注欧元将消失而导致诸如西班牙和意大利等国利率上升的时候，难道欧洲央银进行干预使该国的利率回到目标利率不合适吗？难道这与欧洲央银的目标不一致？更何况如果欧洲央银避开长期债券，而恰恰是长期债券的价格最能反映市场对国家财政前景的预期。比较好的做法是，欧洲央银在购买债券之前，应正式请求援助并且按国际货币基金组织的规定提交文件。

尽管对于欧洲央银先前的干预存在众多非议，德拉吉发现，他的同事比他预想的更容易接受他的观点。只有韦德曼坚决反对。尽管韦德曼保留了自己的意见，但荷兰、芬兰和奥地利的央行行长都表达了与其不同的观点，赞同德拉吉。欧洲央银的职责就是调配欧元打击投机，避免欧元区的崩溃。德拉吉曾要求德国财政部部长沃尔夫冈·朔伊布勒公开回应欧洲央银提出的债券购买计划，他也确实回应了。默克尔政府基本上是让德拉吉在德国随心所欲。通过一些巧妙的外交手段，德拉吉成功地将韦德曼与德意志联邦银行分开。

晚餐后的翌日上午，欧洲央银召开了例行利率决策会议。快速的午餐后，德拉吉再次站在了记者面前。虽然前一天晚上已经说得很清楚，大家对于新的债券购买计划表示支持，但是央行需要一个月来准备细节。市场一开始对于没有正式的公告表示出了失望，这种失望的氛围在世界范围内传播开来。交易商又看了一眼德拉吉向新闻界发表的声明。德拉吉说：“欧洲央银可能实施足以达到其政策目标的公开市场操作，但细节将在未来数周内决定。”

德拉吉和他的盟友在执行计划时，韦德曼在冷眼观察。在欧洲央银内部正在梳理需要做什么的非常时期，这位德国人提出要去杰克逊霍尔，它距法兰克福有 18 个小时的旅程。他在 8 月 29 日接受《明镜周刊》的采访时表示："欧洲的统一框架的外延已经扩展，在有些时刻甚至被无视了。"通过央银购买债券"就是逼迫我提供货币为其融资"。在德国最有影响力的杂志封面，韦德曼双眼凝视远方，双手紧握，大标题为《德意志联邦银行的反叛》。

这并不重要。德拉吉的活动已经成功。接下来，9 月 6 日的管理委员会会议几乎是虎头蛇尾，德拉吉和阿斯穆森提出了他们花了几周准备好的计划。韦德曼又一次表示反对意见。在接下来的投票中，结果是 22∶1。

德拉吉到达法兰克福的时间是星期四下午。根据央行行长低调保守的习惯，德拉吉宣称："管理委员会今日决定在欧元区主权债券二级市场进行直接货币交易（Outright Monetary Transactions）。"这又是一个新的缩写："OMT"，它代替了早期证券市场计划的"SMP"。

OMT 计划将重点放在陷入困境的国家中期国债——3 至 5 年的国债而不是长期国债。该计划的理论基础主张，这将确保市场继续通过高利率的长期债务，对肆意挥霍的国家施加压力。政府在接受救助的同时也要受到严格财政条件的束缚。当被问及该程序是否得到一致通过时，德拉吉风趣地对记者说："只有一个人投了反对票，你猜是哪位？"

不到两周后，韦德曼在法兰克福一个致力于金融历史研究的机构中发表演讲。在演讲的开始部分，他讲述了货币的古老起源，作为交换手段的货币曾经是贝壳、盐或是动物皮毛。而现如今，货币已经作为"社会公约"，不再以有形资产作为支撑，而是通过央行发行。说到歌德的家乡，韦德曼将《浮士德》视为经济学的寓言。"梅菲斯特（Mephistopheles）[①]进一步调动起了大家的热情，"他说，"'这种纸更为方便，也不是很多 / 如果是黄金或白银，你会知道你有什么 / 你也不必交换或以物换物 / 只是在酒精和性爱中麻痹了你对需求的意识。'这种明显的祝福让相关人员喜出望外，但他们并没有意识到，有一天他们会失去手中的东西。"

①《浮士德》中的反面主角，玩世不恭，诱人堕落。——编者注

韦德曼并没有直接提及欧洲央银的新计划，但是考虑到演讲的时间与地点，以及他公开反对债券购买的立场，我们可以做一个明喻：德拉吉就是梅菲斯特，欧洲在与恶魔做交易。

但是，韦德曼的反对仅仅停留在文字上。他和德意志联邦银行的同事不愿采取终极的一步，即拒绝跟从欧洲央银的命令执行计划。这将导致其与德国政府产生分歧，导致宪政危机。在新闻发布会上，德拉吉宣布了新计划，并被问到韦德曼是否给他施加了压力。“我认为我作为行长是幸运的，在过去的几个月中，我们在重要和根本的决定中取得了一致意见。当然，我不会期望永远的一致，但是我希望有一天能够实现。”德拉吉说道。

“我就是我，”这位意大利人说道，“我认为这项工作需要做一件事……你必须考虑你的上司，在做决定的时候不要受到外界压力的影响。”

没有上限的量化宽松政策

伍德福德在杰克逊霍尔解读他论文的三个小时前，伯南克发表了讲话。和往常一样，他的讲话是经过深思熟虑的，因为他知道全世界都期盼这座“探险屋”可以给世人一盏明灯。

伯南克谈到，自 2008 年年底美联储开始使用量化宽松政策和其他工具来帮助经济复苏以来，虽然时不时有经济下行的风险，所幸风险并没有真正发生。但是美国的经济增长速度过慢，失业人数居高不下，通胀率基本不构成威胁。“我们不能对于国家所面临的令人生畏的经济增长压力视而不见，”这位美联储主席说道，“劳动力市场的停滞需要得到更多的关注，不仅因为它造成了人才的极大痛苦和浪费，也因为高失业率将对美国的经济结构造成伤害，而这种不良影响可能长达数年。”

在此背景下，伯南克继续说道：“要认真考虑政策工具的不确定性和局限性，在价格稳定的前提下，美联储将根据需要提供更多的政策宽容度，以刺激经济的强劲复苏，并促进劳动力市场情况的持续改善。”

事实上确实如此。

演讲中的弦外之音值得注意。伯南克为新一轮宽松货币政策留出了空间，但是他并没有明说将会采取什么措施。美联储会使用第三轮量化宽松政策，展开新的一轮债券购买计划吗？它会将“扭曲操作”的标的扩展到长期债券或是承诺保持比先前承诺的更长时间的低利率吗？如往常一样，伯南克并没有详细说明。

私下里，这位美联储主席已经在数周前决定，美联储需要采取更多行动，而不仅仅是目前一系列临时性、一次性措施。在杰克逊霍尔之后的日子里，伯南克开始对联邦公开市场委员会的同僚们进行引导沟通，使大家得出相同的结论。他给同事打电话、发邮件，当他的同事在华盛顿美联储理事会时，他就会和他们面谈。

联邦公开市场委员会的一些成员已经决定采取行动，伯南克的支持者包括珍妮特·耶伦和比尔·达德利以及一些新兴的思想领袖，比如来自芝加哥联储的查尔斯·埃文斯和来自旧金山的约翰·威廉姆斯（John Williams）。而联储的鹰派，无论如何也不会为宽松货币政策投赞同票，包括里士满联储的杰夫·拉克尔和费城联储的查尔斯·普洛瑟。伯南克关注的是摇摆不定的投票者，他们并不是在联储中讲话会得到极大关注的主角。但是伯南克知道，如果新政策能有他们的支持，那么这项政策才会发挥作用。

伯南克同亚特兰大联储的丹尼斯·洛克哈特（Dennis Lockhart）和圣路易斯联储的詹姆斯·布拉德进行了当面交流，并给明尼阿波利斯的纳拉亚纳·柯薛拉柯塔发送了电子邮件。他会见了杰里米·斯坦（Jeremy Stein）和杰伊·鲍威尔（Jay Powell），这两位美联储新理事仍在摸索自己的风格，并警惕一些非常规宽松政策带来的风险。伯南克曾与州长伊丽莎白公爵共事（公爵是一个不愿意支持宽松政策的独立银行专家），需要根据他的要求在不触及原则的情况下调整措辞以达到妥协。在这些谈话中，伯南克一边看到了同僚可能愿意做的事，一边试图说服他们，联邦公开市场委员会需要的不是简单地看每个单独的选项，而是一个伍德福德式的承诺以提振美国经济，直至其恢复正常。

9 月 12 日，在杰克逊霍尔演讲两周后，委员们在埃克尔斯大楼齐聚一堂。这毫无疑问是伯南克的手笔，委员会同意伍德福德的主张，承诺将保持宽松的货币政策直至达到特定的失业率或通胀率为止。

但是对于目标的具体数值存在不同意见。所以一开始，委员会决定购买更多的债券——每月 400 亿美元。加之扭曲政策已经开始执行，这就意味着，美联储每 30 天就要额外向金融体系注入 850 亿美元。而且公开市场委员会承诺："如果劳动力市场前景没有显著改善，委员会将进一步购买机构抵押贷款支持债券，进一步扩大资产购买计划并且适当采取其他政策工具，直到在价格稳定的大背景下，经济形势出现改善。"委员会期盼："在经济恢复活力后，高度宽松的货币政策仍会在相当长的时间内保持适度宽松。"

意思就是：我们将向经济系统持续注入资金，直到就业市场出现改善或是通胀开始成为问题。我们会采用任何必需的规模直到实现目标。我们不会将脚从油门上抬起，除非汽车到达巡航速度。

市场一直在热切地猜测第三轮量化宽松政策到来的可能性。结果，他们得到了更大的东西：没有上限的量化宽松政策。

然而，伯南克并没有止步于此。一年多来，他和委员会努力克服这种见解，查尔斯·埃文斯首先提出，承诺继续向经济注入资金，直到失业率降至特定水平或通胀上升至一定水平。伯南克和在联邦公开市场委员会的其他许多人认为，埃文斯的理论显然把美联储未来的利率政策与经济的发展紧密联系在了一起。也许仅仅将失业率公开透明这一行为就将迫使美联储开始提高利率——它能容忍通胀到什么程度，而这会让企业和消费者对未来更有信心。因此，这是一个应对伍德福德对美联储政策的批评的可行方法。美联储有太多的问题需要解决，但其领导人不想发出这样一个信号——让公众以为他们制定政策仅仅只是基于两个数字，也不想用“变化的门限阈值”这样的概念使人困惑，即这种已在内部广为人知的策略：他们的长期目标是通胀和失业率。

2012 年 12 月 12 日，在接下来的另一个联邦公开市场委员会会议上，伯南克举行了惯常的新闻发布会。“现在就业市场盛行的趋势代表着巨大的人力和经济潜力的浪费。”他在那个星期三下午说道。联邦公开市场委员会认为，失业率应保持在 6.5% 以上，只要通胀率不超过 2.5%，它将适当保持超低的利率政策。伯南克已经想出了另一个策略，即用另一个新颖的工具来帮助美国经济走出低谷。他已经经历了一次轮回。无论是好是坏，10 年前向日本强调经验主义的必要性的那位教授现在正在解决经济灾难。他是一个为反对经济政策失败主义而奋斗一生的人。在 2012 年，他赢得了胜利。

英格兰银行的无为而治与英国经济的自我修复

2012 年 10 月，当默文·金走上南威尔士商会的讲台时，他感觉自己像是莎士比亚。他引用《理查德二世》(*Richard II*) 中的“sceptered isle”来描述“英伦岛”的状态，承认在全世界的合力下，英国不能独善其身。“这一个镶嵌在银色海水之中的宝石，更像是在暴风雨中颠簸的船只。”

不过，当美联储和欧洲央银在 2012 年的夏天开始大胆采用新政策来对抗经济波动时，英格兰银行再一次选择了无为而治。英国经济在很多方面并不如美国，部分原因是始于 2010 年的财政紧缩政策。默文·金估计，英国的经济活动与原本 2007 年前的轨迹相比至少降低了 15%。与此相反，美国的经济活动与潜在的相比只降低了 6%。

两周前，默文·金在另一个演讲中引用了凯恩斯和乔西亚·斯坦普（Josiah Stamp）之间的对话，后者是一位伟大的英国实业家。“长时间普遍存在的失业现象，对于经济运转的这个大机器来说，难道不是一种荒谬的现象、失败的表征、令人绝望和无奈的故障吗？”1930年，在大萧条发生后不久，凯恩斯如此问道。“你的语气相当强烈，”乔赛亚·斯坦普回答说，“你并不期望能在几分钟内完成地震灾后重建，对吗？我不同意这样的想法：如果不能将一个复杂的机器立刻修好，就是一种失败。”

当默文·金在秋天卡迪夫来调查英国的经济形势时，他看到了发生故障的“机器”——但是它也在缓慢地自我修复。“经过一段时间不平衡的扩张、不断增长的贸易赤字和债务水平、银行系统的崩溃，世界范围内的发达经济体都面临着一次巨大的调整。如此大规模的调整要求我们需要精神鼓舞的年轻一代，能长时间地生活在阴影里。”默文·金说道。他并不排斥重返量化宽松，但是要保证满足它使用的前提条件。不过他的语气与德拉吉和伯南克相差甚远，后两者都已明确承诺要使经济发展恢复稳定。

“印钞并不是从天而降的甘露，”默文·金说道，“经济中的调整并没有捷径可走，我们需要耐心。”

每一届任期都有结束之时，对于针线街的默文·金来说，这样的一天也正在临近——他的任期于2013年6月结束。2012年11月26日，财政大臣乔治·奥斯本在议会宣布了默文·金的继任者。默文·金的继任人选早已显而易见，以至博彩公司都停止了赌注，大家都认为保罗·塔克——这个因保持金融稳定而备受尊敬的副行长，将继任英格兰银行行长一职。然而，震惊世界的是：英格兰银行的第120位行长不再是英国人，而是加拿大人马克·卡尼，政府选择他作为默文·金的继任者。20年来，默文·金在所处的银行系统及经济体中，已经占有强有力的主导地位。选择卡尼为下一任英格兰银行行长，传达的一个明显的信号就是，英国政府已经开始重新思考了。

央行的历史就是文明的历史

危机过后的第5年看起来就像第1年一样。

当其他央行采取行动时，英格兰银行再一次无动于衷。针线街的领袖们确信尽管困难重重，英国的经济已经在寻找正轨了。

欧洲央银采取了大胆的干预措施，目标直指金融市场。在德拉吉的领导下，欧洲央银已经采取了比任何人在 2007 年 8 月预测的更为积极、更为频繁的干预措施。当时，特里谢的假期被法国巴黎银行的电话所打断。现在特里谢正舒适地坐在法兰西银行的一间巨大的办公室套间内。他偶尔会去做演讲，或是做像局外人一样影响着世界性的事件，或是不受打扰地享受着他在圣 - 马洛的时光。

美联储，第一家采取降息来应对 2007 年金融危机带来的广泛经济损失的央行，在 2012 年，它又比其他同行在宽松货币政策上更进一步。来自南卡罗来纳州狄龙镇那位安静、理智的教授已经成为一个精明的华盛顿权力掮客，因为他善于利用自身对经济史的理解将政策制定者拉拢到自己这边。伯南克的政策是否能够将美国经济拉回正轨，仍是一个悬而未决的问题。但是他的学术知识告诉他，处理这个问题的最好办法就是降低货币的成本，而他也做到了。

这些带领世界上最主要的央银度过超级危机的男人们有着不同的设想，面临着不同的挑战，也有着不同的领导风格。但是他们得到的共同结果是：危机爆发 5 年后，世界经济看起来依然萎靡不振。全球性的大国没有爆发战争、欧洲依旧统一。尽管希腊和西班牙或许存在经济衰退，但并没有爆发过惊天动地的、让人失去信心的超级通胀。这些都不是必然的。和平与繁荣从来都没有像事情进展顺利时看起来那么根深蒂固。相反，它们需要像伯南克、默文·金、特里谢等人的小心呵护——虽然他们经常做出一些不受欢迎的举动。这听起来像是在明褒实贬地咒骂他们，但是，避免大灾祸并非易事。

央行行长的判断远远谈不上完美，他们的错误——允许雷曼兄弟破产、英国过早实行紧缩政策、欧元区面对危机的犹豫不决，会造成持久的经济损失。每一个人在离开其机构时都留下了一个与其继任时完全不同的摊子，他们与政治变幻有着更为紧密的联系，并与巨额融资紧密地交织在一起，有了这种卢比孔式的交叉，根本不可能回到过去。没人会说美联储不能救助投资银行，或是英格兰银行不会向国会鼓吹如何管理其资产负债表，抑或是欧洲央银绝不会给政府财政以支撑。

亚当·波森，在他作为英格兰银行货币政策委员会成员的最后一天，激烈地反驳了迈克尔·伍德福德在杰克逊霍尔的演讲，后者认为央行应该使用先例或是政治手段来停止它们必须要做的事情，以确保经济的健康发展。“直至今日还认为央行参与是试验性的、史无前例的，甚至是臭名昭著的危险的政治手段，从货币政策的角度来说，这实在是一种落后的观点，我们不能给这些莫须有的论调任何凭据……”波森说道，“这种观点认为，存在某种原始的、纯洁的央行，在大众看来，它们就像是修女般的神职人员，一旦干预金融市场就是它一辈子的污点……这是对经济和大众的一种非常原始并且反理性的认知。”

波森在回答一个同行听众的问题时指出央行应该做得更多：“央行能够并且应该从这里继续向前深入，基于伍德福德在他演讲后半部分集中展开的分析来看，央行应该继续边说边做，多说多做。”

本·伯南克、默文·金和特里谢从鲁道夫·范·哈芬史坦、蒙塔古·诺曼、阿瑟·伯恩斯和速水优的失败中学到了教训。他们的继任者也会从他们的失败中得到教训。民主社会赋予了央银巨大的权力，但有些事情非常重要且在技术上太过复杂，以至于并不适合于投票表决。我们不该期盼完美，但是我们需要看到进步。央行的历史其实也是文明的历史：一点一点地探索，尝试着学会如何管理一个公正、繁荣的社会，日积跬步，向着一个更好的世界迈进。

未来，属于终身学习者

我这辈子遇到的聪明人（来自各行各业的聪明人）没有不每天阅读的——没有，一个都没有。巴菲特读书之多，我读书之多，可能会让你感到吃惊。孩子们都笑话我。他们觉得我是一本长了两条腿的书。

——查理·芒格

互联网改变了信息连接的方式；指数型技术在迅速颠覆着现有的商业世界；人工智能已经开始抢占人类的工作岗位……

未来，到底需要什么样的人才？

改变命运唯一的策略是你要变成终身学习者。未来世界将不再需要单一的技能型人才，而是需要具备完善的知识结构、极强逻辑思考力和高感知力的复合型人才。优秀的人往往通过阅读建立足够强大的抽象思维能力，获得异于众人的思考和整合能力。未来，将属于终身学习者！而阅读必定和终身学习形影不离。

很多人读书，追求的是干货，寻求的是立刻行之有效的解决方案。其实这是一种留在舒适区的阅读方法。在这个充满不确定性的年代，答案不会简单地出现在书里，因为生活根本就没有标准确切的答案，你也不能期望过去的经验能解决未来的问题。

而真正的阅读，应该在书中与智者同行思考，借他们的视角看到世界的多元性，提出比答案更重要的好问题，在不确定的时代中领先起跑。

湛庐阅读App：与最聪明的人共同进化

有人常常把成本支出的焦点放在书价上，把读完一本书当作阅读的终结。其实不然。

时间是读者付出的最大阅读成本

怎么读是读者面临的最大阅读障碍

“读书破万卷”不仅仅在“万”，更重要的是在“破”！

现在，我们构建了全新的“湛庐阅读”App。它将成为你“破万卷”的新居所。在这里：

- 不用考虑读什么，你可以便捷找到纸书、电子书、有声书和各种声音产品；
- 你可以学会怎么读，你将发现集泛读、通读、精读于一体的阅读解决方案；
- 你会与作者、译者、专家、推荐人和阅读教练相遇，他们是优质思想的发源地；
- 你会与优秀的读者和终身学习者为伍，他们对阅读和学习有着持久的热情和源源不绝的内驱力。

从单一到复合，从知道到精通，从理解到创造，湛庐希望建立一个“与最聪明的人共同进化”的社区，成为人类先进思想交汇的聚集地，与你共同迎接未来。

与此同时，我们希望能够重新定义你的学习场景，让你随时随地收获有内容、有价值的思想，通过阅读实现终身学习。这是我们的使命和价值。

图书在版编目（CIP）数据

炼金术士 / (美) 尼尔・欧文著；巴曙松，陈剑译
.-- 成都：四川人民出版社，2021.7
ISBN 978-7-220-11964-4

Ⅰ.①炼… Ⅱ.①尼… ②巴… ③陈… Ⅲ.①中央银行—研究 Ⅳ.①F830.31

中国版本图书馆CIP数据核字（2021）第033304号
著作权合同登记号
图字：21-2021-203

上架指导：金融危机 / 金融史

LIANJIN SHUSHI
炼金术士
［美］尼尔・欧文　著
巴曙松　陈剑　等　译

责任编辑：邓泽玲
版式设计：湛庐CHEERS
封面设计：湛庐CHEERS

四川人民出版社
（成都市槐树街 2 号　610031）
唐山富达印务有限公司印刷　新华书店经销
字数 402 千字　710 毫米 ×965 毫米　1/16　印张 25　插页 17
2021 年 7 月第 1 版　2021 年 7 月第 1 次印刷
ISBN　978-7-220-11964-4
定价：119.90 元